吕世伦法学论丛

第十五卷

当代西方理论法学研究

Study on the Contemporary Western Theoretical Jurisprudence

吕世伦　主编

黑龙江美术出版社
Heilongjiang Fine Arts Publishing House
http://www.hljmscbs.com

图书在版编目（CIP）数据

当代西方理论法学研究 / 吕世伦主编 . —— 哈尔滨：黑龙江美术出版社，2018.4
（吕世伦法学论丛；第十五卷）
ISBN 978-7-5593-2762-8

Ⅰ . ①当… Ⅱ . ①吕… Ⅲ . ①法学－研究－西方国家 Ⅳ . ① D90

中国版本图书馆 CIP 数据核字 (2018) 第 082772 号

当代西方理论法学研究

Study on the Contemporary Western Theoretical Jurisprudence

主　　编 / 吕世伦
出 品 人 / 金海滨
责任编辑 / 赵立明　王宏超
编辑电话 / （0451）84270530
出版发行 / 黑龙江美术出版社
地　　址 / 哈尔滨市道里区安定街 225 号
邮政编码 / 150016
发行电话 / （0451）84270514
网　　址 / www.hljmscbs.com
经　　销 / 全国新华书店
制　　版 / 黑龙江美术出版社
印　　刷 / 杭州杭新印务有限公司
开　　本 / 710mm × 1000mm　1/16
印　　张 / 17.25
版　　次 / 2018 年 4 月第 1 版
印　　次 / 2018 年 5 月第 1 次印刷
书　　号 / ISBN 978-7-5593-2762-8
定　　价 / 112.00 元

探索理论法学之路

（总序）

《吕世伦法学论丛》出版了，此亦垂暮之年的一件快事。值此之际，几十年求法问道的点点滴滴，学术历程中的风风雨雨，不免时常浮现脑海，思之有欣慰也有嘘唏。当年如何与法学结缘而迈入法学的门槛，在浩瀚的法学领域中如何倾情于理论法学，理论法学的教学与研究中所经历的诸般坎坷与艰辛，对自己平生言说作文的敝帚自珍之情，如此等等，都时常萦绕心间。借这套书出版的契机，整理一下思绪，回首自己的学术人生，清贫守道，笔砚消磨，个中冷暖甘苦，或可絮叨一二，喟然叹曰："著书撰文求法意，一蓑烟雨任平生。"

一、"我是中国人"的觉醒

我的法学之梦是在一种极为特殊情况下形成的。本人出生于甲午战争后被日本军国主义侵占的大连地区。少年时期读过不到两年的私塾，先是接受童蒙类的教育，继而背诵《论语》《唐诗三百首》等。稍长便开始翻看一些信手拈来的古典小说如包公、彭公、施公"三案"书，当代文学小说，"四大才子书"等。尽管很多地方似懂非懂，但读书兴趣愈发深厚，颇有贪婪的劲头。彼时追求的是知识，与政治无关。进小学不久，太平洋战争爆发，学校里不准孩子讲中国话，只许讲日语（叫"国语常用"），否则便会遭受处罚；每周除了上几堂日语会话之外，其余时间便是军训，种地，四处捡废铁、骨头和采野菜，支援"大东亚圣战"。社会上传播的声音，一方面是因不堪忍受横征暴敛、苦工奴役、饥寒交迫、恐怖虐杀而引起的怒吼，另一方面是关内尤其是隔海相望的山东不断流进八路军率领群众抗日壮举之类所引起的欢呼。大连地区迅速变成一座即将爆发的反日火山。我们中间，也与日俱增地盛传鬼子兵必败的消息，背地里玩着诅咒日本的各种游戏。对我来说，这是头脑中第一次萌发反抗外敌压迫的观念。

1945 年 8 月 15 日，我的心灵受到从未有过的巨大震撼，因而这一天成为我永生难忘的日子。那天，我亲眼看到的历史性场景是：上午，日本宪兵、警察及汉奸们还在耀武扬威，横行霸道，民众敢怒不敢言地躲避着他们；而正午 12 点，收音机特别是街心的高音喇叭突然播出"裕仁天皇"宣布日本无条件投降的颤抖声音。顷刻间，人们蜂拥而出，塞满街巷，议论着、欢呼着，脸上挂着喜悦、激动的泪花。大连 42 年被殖民地化和民众被“亡国奴”化的耻辱，一洗而净。大约半个小时之后，鼎沸的人群中响起一片“报仇的时候到了”“抓狗腿子去”的喊叫声，瞬间大家三五成群地分散奔跑而去。我们几个小朋友也兴冲冲地尾随大人们四处颠簸，眼瞅着一些又一些“狗腿子”“巡捕”从各个角落被揪出来示众和推打；一些更胆大的人则手持棍棒，冲进此前唯恐躲避不及的“大衙门”(警察署)和“小衙门”(派出所)拍桌子、缴枪，而这些往日肆无忌惮的豺狼们，则个个瑟瑟发抖，交出武器，蹲在屋角，乞求给一条活命。

“八一五”这天上、下午之间的巨大反差和陡然引爆的空前的中华民族大觉醒，对我有着决定性的影响，就是使我确切知道了自己是一个中国人。追想起来，几世代大连人的命运，是那样难以表达的不幸。从我懂事的时候起，总听到老人们念叨：“这世道，大清国不回来就没个好!”这是由于他们所经历的是大连被沙皇俄国和日本占领，不知道有个“中华民国”，也不知道有个大人物孙中山，而一直没有忘记自己生下来就是“大清国”的子民。

行文至此，我不禁忆起1944年冬天遇上的一件事：一天下午，金州城东街一个墙角处，有位衣衫褴褛、踏着露出大脚趾的鞋子的醉汉坐在地上晒太阳。不一会儿，迎面走来个腰挂短刀的日本警察，用大皮靴狠狠地踢他，问“你是什么人?”汉子被惊醒，连忙回答：“我是中国人。”那警察更凶恶地继续踢他，说：“我要踢的就是中国人!”汉子赶快改口说：“我是满洲国人(指伪满人)。”警察也说不对。汉子显得不知如何应答，便冒出一句：“我是日本人。”警察轻蔑地反问：“你够格吗?!”还告诫：“记住，你是洲人。”(当时日本把大连地区叫做其所属的“关东洲”。)“洲人”，这个怪诞的称呼，包含多少令人心酸苦楚的蕴意。其时，我脑际里随即浮现一种强烈的感受：做一个中国人，做一个有尊严的中国人是多么艰难，又多么值得珍惜啊!

二、马克思主义的启迪

日本投降之后，大连地区一天之间变成无人管理的“无政府”状态。此时，出现了大多数人以前未曾说过、处于秘密状态的共产党与国民党两股力量的争夺战。街墙上贴满红红绿绿的条幅，红色的歌颂共产党、毛主席、八路军，绿色的歌颂国民党、“蒋总裁”、“中央军”。有识者解释，这叫“标语”。1945年8月22日，在居民的欢迎下，苏联红军进驻大连，社会秩序有了个支撑点。但苏军却并不怎么管事，其欠佳的纪律又造成新的秩序问题。当时，更醒目的现象是，猛烈的意识形态争夺战展开了。一方面，莫斯科国家外文出版局中文版的马列书籍大量输入，而且大都是漂亮的道林纸的精装本，堆满街道，几乎不要用钱购买。其中，我印象最深的有《马克思恩格斯选集》《列宁文选》(上、下集)、斯大林的《列宁主义问题》、《联共(布)党史简明教程》及《1936年苏联宪法》(又称“斯大林宪法”)等，还有不少马克思主义经典著作的单行本。继而是刚刚闭幕的中共“七大”文献，如毛泽东的《论联合政府》、刘少奇的《论党》、朱德的《论解放区战场》。另一方面,国民党则以"正统"自居,兜售蒋介石的《中国之命运》和一个日本人写的《伟大的蒋介石》等几本书。当时,我面对这些令人眼花缭乱的各类书籍,感到非常好奇,尽力收集,而且勤奋阅读,细心琢磨。不用说,许多东西看不懂,但慢慢也大概知道什么叫马克思主义、列宁主义、社会主义与共产主义;而毛泽东的著作通俗易懂,讲的又是中国的事,读之更觉亲切。当然,作为一种先进的博大精深的意识形态体系,不会那么容易就能把握,遑论尚处在幼稚时期的人。但我确信它是真理,内心里希望追随它。由于这个缘故,便自觉地按照中共党组织的号召行事。当时主要围绕三个主题进行宣传活动:第一,拥护党组织领导的"人民政府";第二,中苏友谊,向苏联"老大哥"学习;第三,解放战争的胜利。我还曾参加过金洲皮革厂"职工会"的成立工作,在城墙上刷大标语,在北城郊"山神庙"的外墙壁上办黑板报。1947 年进入中学之后,担任校学生会学习部部长与校通讯组组长,组织各年级喜欢写作与思想进步的同学,以消息报导、文艺小品或散文等形式,给大连地区各报刊撰稿,宣传党的政策。自己先后在《旅大人民日报》《民主青年》杂志及苏军司令部机关刊物《实话报》(即《真理报》的另一种中文译名)和《友谊》杂志等发表数十篇文章。

这一时期,由于读马列书籍引发了对理论的兴趣,我逐渐尝试写点小型评论,如对"生产力要素"的讨论、评维辛斯基联大演讲"原子弹已不再是美国专有的",等等。使我无法忘记的是,从那时起,我已开始申请加入仍没公开的中共党组织,但因为出身家庭非工人、贫下中农而未遂愿,只能于 1948 年春加入"东北青年联合会"。就读高中期间,作为校党支部培养的"积极分子",我担任"党的宣传员",每周六下午到低年级各班讲解政治时事。我继续利用课余时间为报刊撰稿,获得过优秀作品奖。临近毕业,按照组织分配,经过简单的培训,我成为大连中学的一个教师。我讲授的是政治课,主要内容包括介绍毛主席和列宁、斯大林著作里的一些政治观点以及中国人民政治协商会议《共同纲领》。在《共同纲领》的备课与授课中,我认真比照那本一直保留着的《1936 年苏联宪法》,这是平生第一次关注到法律问题,并对它产生了兴趣。后来还翻阅过新中国成立初期为数很少的几个立法文件。从此,我对政治理论方面的爱好逐渐同法学理论融汇起来,自此终身行走于这条专业道路。

二、正式迈入法学之门

1953—1957 年,我在中国人民大学法律系读本科。因为学法律是当初报考的第一志愿,所以学起来很带劲。客观上,这四年恰逢国家处于完成国民经济恢复,转向全面进入社会主义经济建设的新阶段,因而猛烈的政治运动较少,大学生们能安稳地学习专业。通过一批青年老师的热心教学,学生系统掌握到苏联专家传授的苏维埃法学理论;有的老师还尽量做到联系当时中国法律的实际。除了课堂教学以外,还有较长时间到法院、检察院、律师所实习,来应用所学的东西。此间,令学生们获益匪浅的马列主义基础(《联共(布)党史》)、中共党史、哲学、政治经济学这"四大理论"课,对确立与强化未来一代法学家和法律实务家的马克思主义世界观与方法论起到重要作用。确实,离开这种世界观与方法论,很难称之为社会主义国家的法学。我热衷于理论法学的学习与研究,与此有重要联系。

本科毕业后留校任教,我选择了法理专业。十分遗憾的是,恰好从1957年起,政治运动浪潮一个又一个地滚滚而来。反右派,高举"三面红旗"(总路线、大跃进、人民公社),反右倾机会主义,"四清",社教,直至十年之久的"无产阶级文化大革命"。显而易见,这么一来,留给教师们教学与科研和学生们课业学习的时间,几乎化为乌有了。即令断断续续上一些课,皆是重复政策性的内容而且每门课彼此相差不多,即"党的领导"与"群众路线";对立面便是批判"右派"观点。这种情况同1958年中央北戴河会议有很大关系。当时,中央一位领导人说:"什么是法?党的政策就是法,党的会议就是法,《人民日报》社论就是法。法律不能解决实际问题,不能治党、治军,但党的政策就能解决问题。"另一位领导人补充说:"我们就是要人治,不是什么法治。"接着,各层级的领导干部便迅速传达和贯彻首长讲话的精神。我们教师正是以这种"人治"思想为指导,国家的宪法和为数不多的几部立法也被淡化了。

1958年开展了"大跃进"运动,法学研究也跟着"大跃进"。法理方面,撰写《论人民民主专政和人民民主法制是社会主义国家的锐利武器》(出版前,作为兼职党总支学术秘书,我建议改为《论人民民主专政和人民民主法制》);刑法方面,撰写《中华人民共和国刑法是无产阶级专政的重要工具》;刑事诉讼法方面,撰写《中华人民共和国司法是人民民主专政的锐利武器》。其中都突出"专政",而社会主义法制如何保障和发扬社会主义民主则没有得到应有的研究与阐发。至于民法和民事诉讼法,因对私有制与私有权利的恐惧,没有出版教科书,也很长时间不开课。司法中的"重刑轻民",在学校中亦有明显的反映。事实证明,用政策替代法律、以"无法无天"的群众政治运动当作治国基本方略、讲专政不讲或少讲民主、重权力轻权利、重刑事法轻民事法,把法律程序说成是"刁难群众"等,皆同人治思想密不可分。

此外,当年还曾出现过的一种情况是,反右派之后,为配合批判资产阶级观点,还搞了一段时间的"教学大检查"。即发动每个学生仔细翻看课堂笔记,查找"错误"观点,然后写大字报贴在学生宿舍楼侧的墙壁上公示。例如,一些大字报认为"人情""爱情"这类字眼是"不健康"的,把自由、平等、人权、人性等词说成是资产阶级或右倾的,甚至个别大字报上说"人民"的提法也"缺乏阶级性"。在这种出口即错、动辄受咎的情况下,教师便难于登讲台;要讲,只能念中央文件和首长讲话。至于撰写文章,更令人不安:多一事莫若少一事,与其挨批判不如落个清闲自在。在国际间法学信息交流方面,新中国成立之后,来自国外的图书资料已基本上见不到,但毕竟尚有苏联的东西可谈。比如,我们能订阅到《苏维埃司法》等杂志。1959年中苏交恶,读俄文资料的机会也失去了。之后,除需要批判右派言论、右倾机会主义、资产阶级法律思想之外,当然还需要批判苏联修正主义，法学的政治螺丝拧得更紧了。简言之，随着政治运动不断升级，尤其是十年"文革"的暴风骤雨，"知识无用"论、"资产阶级知识分子统治学校"论，以及"四人帮"倡导学生反对教师、"交白卷"等，不一而足。

我之所以回忆这些，不光是表明此二十余年间自己成长的客观环境与条件，更重要的是要总结在这样的环境与条件下自己的法学思维受到哪些影响。从积极方面说，它确实不断地强化我对党的领导、社会主义道路的信念。从消极方面说，主要是"极左"思想的影响。这些在我的讲课和撰写的文章中，都不乏明显的表现。

毛主席从来强调学习马列，在"运动"中尤其如此。学马列很投合我的喜好。在长期坚持翻读马克思主义经典著作的基础上，又加上系统的"四大理论"和国家与法权理论等课程的培养，我在法律系讲坛所授第一课便是"马列法学著作选读"，对象包括本科生和研究生班。这些法学著作有：毛泽东《新民主主义论》《论人民民主专政》，马克思、恩格斯《共产党宣言》《法兰西内战》，列宁《国家与革命》等。可以说，我备课认真，讲课严谨。如，为了讲《国家与革命》，除广泛查阅国内资料之外，还看过苏联和日本出版的相关书刊，一般都做笔记或摘要。日本共青团（左派）机关报《青年战士》登载的长篇论文《〈国家与革命〉研究》，我甚至全部译出。凑巧的是，"文革"中人民大学解散，我被分配到北京医学院宣传组，仍然负责学院和各附属医院领导干部（也包括"工宣队""军宣队"负责人）学习马列著作的讲授工作。虽然这个讲授说不清有几多效果，但我本人是负责任的，积累下一大堆资料和手稿。

在法律科学研究方面，我深知一个理论法学教师欠缺扎实的学术功底是难以胜任的。这就需要以多读书、勤思考为依托，并训练撰写论文。1958 年，我作为法律系科研秘书，不仅要定期向最高人民法院和司法部报告系内学术动态，还在《法学研究》杂志上发表相关的通讯报道。在 1959—1961 年三年经济困难期间，党组织要求师生尽量多休息，"保证身体热量"，因而"运动"也暂时中止。

新中国成立后，党中央一直强调批判资产阶级法律观。因此，平时我经常考虑，要批判就必须弄清其对象究竟是个什么情形，否则就会陷于尴尬的境地。鉴于此种想法，我便集中力量阅读或复读西方法学名著以及法律思想史类的图书，觉得心得不少，制作了许多卡片，对西方法律思想史滋生了浓厚的兴趣。1963 年 4 月，我在《人民日报》理论版发表《为帝国主义服务的自然法学》，继而在该报内部刊物发表《美国实在主义法学批判》。可以想见，在当时对发表文章存在恐惧心理的法学界，载于中央机关报上的这篇文章不免产生一些震动。自不待言，在那种"极左"大潮下，作者亦备受影响，从两篇文章的题目上就可看得出来。翌年，我又在《人民日报》国际版上发表了一篇关于美国儿童状况的政治短评。"文革"前夕给《光明日报》撰写《读列宁〈国家与革命〉》论文，打过两次清样，报社方面也收到人民大学党委宣传部"同意发表"的回复。但是，"文革"凶潮突然袭来，报社编辑部也被"造反"，那篇论文亦不知所踪。此前，我还曾与孙国华教授合作，在《前线》杂志上发表《国家与革命》讲座文章。1958 年，《苏维埃司法》杂志刊载《美国人谈美国司法制度》论文，我读完后便顺手翻译出来，并在1959年春《政法译丛》上发表。同年，从苏联归来的朋友送给我一本《苏维埃刑法中的判刑（函授教程）》小册子，以为颇有新意，便翻译出来交人民大学出版社打印。在日文资料方面，除前面提到的研究列宁《国家与革命》的论文外，还翻译过《现代法学批判》一书；该书重点是对西方和日本新兴起的"计量法学"的社会法学思潮的系统评论，国内尚没有介绍过。

四、后半生的理论法学探索

终于熬过漫长的十年"文革"，国人无不欢欣。1978年，十一届三中全会提出"改革开放"新政策，使社会主义中国社会、经济、文化和科学焕发勃勃生机，亦为法治建设和法学繁荣创造空前有利的条件。邓小平深刻总结新中国成立以来成功的经验与失误的教训，提出始终以经济建设为中心，实行民主的制度化、法律化，大力建设社会主义法制，提出"有法可依，有法必依，执法必严，违法必究"十六字方针；提出近期需要培养一大批法官、检察官、律师。这就为中国社会主义法学的发展开拓了坦途。我的法学生涯由此而发生巨大的转折与提升。党中央倡导解放思想与实事求是的精神，使我倍加注重独立思考，走学术创新之路，理论思维与方法亦有颇大改变。与此相应，教学与科研的热情与进取心更加高昂。

我开出的课程，先后有：本科的西方法律思想史和全校法学概论，硕士生的法理学、现代西方法哲学、黑格尔法哲学、马列法学原著选读，连续多年为法学院和全校博士生进行法学专题讲座。此外，应邀为中国政法大学前五届研究生和西北政法大学（当时称"西北政法学院"）开讲"现代西方法理学"课程；为浙江大学分出来的杭州大学和安徽大学本科讲授西方法律思想史；为国内数十所高校及日本一桥大学、关东学院大学、山梨学院大学、立命馆大学等做过法学专题演讲。在吉隆坡，同马来西亚下议院副议长和前财长进行中国法学问题的交流。

近四十年来，在报刊发表法学论文300余篇。与授课情况相一致，科学研究的主题集中于三个方向，即：理论法学①、西方法律思想史与现代西方法哲学、马克思主义法律思想史。

（一）发表的主要论文

（1）理论法学的论文。第一，法的一般理论，其中除纯粹法理学②之外，还有法哲学、法社会学、法经济学、法政治学、法伦理学、法文化学、法人类学、法美学等边缘性诸

① 理论法学包括法的一般理论和法史学两大部分。但是，法史学内容广泛，涉及古今中外，故应把它从理论法学中分别开来，独成体系。

② 纯粹法理学指专门研究法律概念与规范的学科，也有西方学者称之为"法教义学"。

学科。在法学的这些学科领域中,发表的论文多寡不一,有的学科极少涉及。第二,在研写论文的过程中,每每重视紧密联系中国特色社会主义理论与国家建设,尤其法治建设的论文。其内容包括普法评论,党的政策与法,社会主义民主与法治,人治与法治(大辩论),法治与德治,人权问题,当代中国社会性质(社会主义社会还是契约社会),社会主义市场经济的法律精神,依法治国基本方略,根本法·市民法·公民法·社会法,以人为本的法体系,从法视角研究市民社会的思维进路,和谐社会与法,法治思维与法治方式,社会主义政治的制度化、规范化、程序化,法学的基本范畴(权利与权力、权利与义务、职权与职责),社会主义司法制度,廉政建设,国家主义与自由主义法律观评析,公平与正义,中国先贤治国理政的智慧等。

(2)有关西方法律思想史与西方法学家的论文。第一,对西方法学思潮研究的论文,涉及自然法学、人文主义法学、分析实证主义法学、社会学法学、历史法学、存在主义法学、行为主义法学、经济分析法学、功利法学、德国古典法哲学、新康德主义法学、新黑格尔主义法学、符号学法学、美国现实主义法学、斯堪的纳维亚现实主义法学、后现代法学、女权主义法学、种族批判法学等。第二,对西方著名法学家的研究论文,包括托马斯·阿奎那、孟德斯鸠、卢梭、斯密、休谟、康德、黑格尔、费希特、彼得拉任斯基、杜尔克姆、赫克、马里旦、德沃金、拉德布鲁赫、布莱克等。第三,对西方政治法律制度的评论,包括政党政治、三权分立、选举制度、司法制度及现代西方主要政治思潮。

(3)马克思主义法律思想史和马克思主义经典著作的研究论文。第一,马克思、恩格斯法律思想研究,其中包括:马克思、恩格斯法律思想史教学大纲,马克思、恩格斯法律思想的历史轨迹,马克思主义与卢梭,马克思主义法哲学论纲,《黑格尔法哲学批判》中的法律思想,《德意志意识形态》中的法律思想,《共产党宣言》中的法律思想,《资本论》及其创作中的法律思想,《路易·波拿巴的雾月十八日》中的法律思想,《反杜林论》中的法律思想,《家庭、私有制与国家的起源》中的法律思想,恩格斯晚年历史唯物主义通信中的法律思想。第二,列宁法律思想研究,其中包括:列宁法律思想史的历史分期,列宁社会主义法制建设理论与实践,《国家与革命》中的法律思想,列宁民主法治思想。第三,毛泽东、邓小平法律思想研究,其中包括:毛泽东民主、法制思想研究,毛泽东湖南农民运动时期的法律思想,邓小平中国特色社会主义法律理论解读,邓小平民主法制思想解读,邓小平民主法治思想的形成与发展。

(二)出版的法学著作

自人大复校以来,出版法学专著40余部,其中不含主编的“西方法学流派与思潮研究”丛书(23册)、“西方著名法哲学家”丛书(已出20册)。

(1)理论法学著作。包括:《法理的积淀与变迁》、《法理念探索》、《理论法学经纬》、《社会、国家与法的当代中国语境》、《当代法的精神》、《法学读本》、《以人为本与社会主义法治》(司法部法学理论重点项目)、《法的真善美——法美学初探》(国家社科基金项目)、《法哲学论》(教育部人文基金项目)等。

(2)马克思主义法律思想史著作。包括:《马克思恩格斯法律思想史》(初版与二版,国家第一批博士点项目)、《列宁法律思想史》(国家社科基金项目)、《毛泽东邓小平法律思想史》、《马列法学原著选读教程》等。

(3)西方法律思想史著作。包括:《西方政治法律思想史》(教程)、《西方政治法律思想史增订版》(上、下)、《西方法律思潮源流论》(初版与二版)、《西方法律思想史论》、《黑格尔法律思想研究》、《现代西方法学流派》(上、下)、《当代西方理论法学研究》等。

(三)论著的意义与创新

尽管我在学术上执拗地努力,并出版了若干本著作和发表了一批论文,但表达的多属平庸之言。然而近几年来,经常有人尤其学生,非让我谈"学术成就"。每逢这种情况,我总是闻而生畏,设法回避,但有时又不允许我闭口不说。在这里,就把我考虑过的和别人概括的看法略示如下,就算是对自身的一点安慰吧。

(1)马克思主义法律思想史"三部曲",是国内率先出版的著作①。该书的策划、研写和出版的过程,长达30余年之久。作者们埋头于马克思主义经典作家们浩瀚的书海中,竭尽全力进行探索才得以成书;每出一本著作皆需耗时数年。其中《马克思恩格斯法律思想史》(一版)在市场上销售告罄之后,又忙于出修订版(二版),也很快售完。直至近几年,仍陆续有人向出版社或主编索取该书。可以看出,它是备受欢迎的。当然,"三部曲"的主要意义并非在于其出版早的时间性,而在于能够帮助读者特别是从事法学研究的读者系统地了解马克思主义经典作家们有关法学的基本观点与其发展的历史脉络,并以之作为思考法律现象和问题的指导思想。平素间,亦可作为阅读或查阅马克思主义法学经典著作的得力的工具书。

(2)我在研究西方法律思想史的历程中,一个新的起点便是与谷春德教授一起编写的《西方政治法律思想史(上、下)》的教程。这是高等学校恢复招生之后面世的国内第一部西方政治法律思想史教程,因而产生了广泛的影响力。此后,我主持编写了关于西方法律思想源流、现代西方法学流派、现代西方理论法学和两套"丛书",以及与此相应的一批论文。这些著作与论文,有些属于论述性的,有些属于评介性的。对于读者来说,或者用于教材,或者作为理论观点的参考,或者当成资料,都有一定的意义。

在这些著作中,需要专门说一下《黑格尔法律思想研究》,它开创了国内研究黑格尔法哲学之先河。我国黑格尔研究泰斗贺麟先生在《光明日报》上发表的书评里写道,该书"熔哲学与法学于一炉,可以说填补了黑格尔研究的一个空白"。

(3)《法的真善美——法美学初探》,是我用三年时间同博士生邓少岭探讨国内外均涉足颇少的问题,遑论法美学学科。此间,我们发表多篇相关的学术论文,并在这个

① 喜见2014年11月公丕祥、龚廷泰二位教授主编的《马克思主义法律思想通史》四卷本已出版,该书比我们的"三部曲"更为详尽与深刻。

基础上凝结成一部专著。它获得学界的赞许,还获得司法部的奖励。

(4)《法哲学论》。参与写作者有文正邦教授及张钢成、李瑞强、吕景胜、曹茂君等博士,亦系国内头一部系统阐发法哲学的作品。全书分为本体论、法价值论和法学方法论三部分,有青年学者对此研究分类持不同意见,这是令我高兴的好事。从总体上说,该书自成一体,有独立见解,而且引用率较高。

(5)论著中的主要创新观点。

第一,关于民主、法治问题。在法治与人治的大辩论中,我与合作者发表《论"人治"与"法治"》一文,力主法治,并有说服力地解释了"人治论"和"人治法治综合论"的偏颇。《人民日报》以"不给人治留有地盘"为题,转载了论文中的基本观点。在民主问题的讨论中,我率先提出政体意义上的民主和国体意义上的民主的区别,指出前者属于形式民主或程序民主,后者属于实质民主或实体民主,该观点得到普遍的认同。

第二,从法的视角阐发社会主义社会与市民社会的关系。我在《市场经济条件下的社会是怎样的社会》《"从身份到契约"的法学思考》《市民法·公民法·社会法》《"以人为本"的法体系》[①]等论文中指出:在现今的我国社会,社会主义属性是本体性的,而市民社会是从属性的;社会主义社会是"有契约的社会",而非等同于西方19世纪的"市民社会"或"契约社会"。

第三,批判国家主义与自由主义的法律观。我认为,马克思主义法律观是通过批判这两种法律观,或者说通过这两条战线的斗争而形成的。沿着这样的思考,对西方的政党政治、三权分立、选举制度进行批判性研究的同时,也对国家主义进行系统的探索,揭示了国家主义法律观的几个基本特征,即"重国家、轻社会,重权力、轻权利,重人治、轻法治,重集权、轻分权,重集体、轻个体,重实体、轻程序"。无疑,这种理论探索对我国民主与法治建设是有重要意义的。

第四,人权观点。从20世纪90年代初我国正式宣布"人权保障"伊始,便流行"主权是人权的前提和基础"的命题,而且把它当作不容争辩的真理。我在仔细考察马克思、恩格斯和列宁的人权思想之后,辩证地分析该命题。在《人权研究的新进展》论文中,我指出:从国家主权对国内人权的管辖、反对西方国家人权话语霸权和保护国家主权的独立性而言,这个命题是可取的。不过,从权力(主权)与权利(人权)二者基本关系方面来说,这个命题则是不正确的、不可取的。因为,在民主国家尤其社会主义国家奉行"人民主权"论,权力(主权)来自权利主体的人民并且是以服务人民权利为目的的,即通常所说的"人民当家作主"。所以,权利应当是权力的前提和基础。文中所讲的结论和基本论据均出自马克思主义经典作家的指教,是经过历史实践验证过的真理。这种论述尽管引起一阵"风波",但最终还是被广泛地默认,以至于很少有人再提

① 后三篇论文系与任岳鹏博士合写。

起那个命题了。后来，我又发表《权利与权力关系研究》[①]一文，进一步强化前述观点，具有很强的说服力与启发性。

于今，我已是80岁的老迈之人。回顾过往时日，自知碌碌无功，但却没有枉费宝贵的光阴。时至今日，倍感欣慰者有二：一是，目睹一茬又一茬学士、硕士、博士学成离开，并各有所长、各有作为，在各个岗位上为中华民族伟大复兴的梦想而奉献力量。二是，眼下幸运地逢到一个机会，将自己一生在理论法学方面的重要论著（其中许多得益于合作者的启发与帮助）予以系统整理和付梓。这是对个人学术经历的一个回顾，也希望可以得到更多的批评和指教。

在此选集的策划出版过程中，史彤彪、吕景胜、冯玉军、李瑞强、任岳鹏等多位教授与博士以及北京仁人德赛律师事务所负责人李法宝律师，对拙作的出版事宜先后予以大力的支持和帮助。拙作的出版资助款来自一直关心我的学生和学友以及南京师范大学法学院、南京审计学院法学院。我的2000级学生王佩芬为拙作出版的各项繁杂工作，陆续付出一年有余的心力和辛苦。这里，对于前列的相关人士与单位，一并表示深深的感谢，并铭记于怀。

吕世伦
2018年5月

① 与宋光明博士合写。

第十五卷出版说明

本书是对当代西方理论法学横向研究的专著，其中包括西方学者普遍关注而又对理论法学发展具有重要意义的八项课题：法律形成与演进学说；法律的概念与本质学说；法律制度学说；法律政策学说；法律程序学说；法律意识学说；法律行为学说；法律秩序学说。书中对每项学说的背景、理论渊源，各派代表人物的相关观点，各派观点的合理性与局限性及其理论与实践意义，对当前我国的借鉴性问题，均给予表达。

本书原由中国人民大学出版社出版于1997年7月。本次编集，在原版的基础上订正了个别错讹，其他一仍其旧。

编 者

2018年5月

前　言

据已知的信息,截至目前,献给读者的这部《当代西方理论法学研究》所采纳的题材,即按照理论法学的主要课题来系统地研究当代西方理论法学,尚属国内外的第一次尝试。有鉴于此,我们以为很有必要把同本书有关的几个问题,加以扼要说明。

一、当代西方理论法学思潮研究的情况与趋势

在我国,对于当代西方理论法学思潮的研究,起步于20世纪60年代伊始的、对现代西方法学流派的研究。这个时期研究情况的特点是:从事研究的人员很少;对象范围仅限于几个主要流派及其代表人物,理论资料零散,一般地采取“革命大批判”式的方法,缺乏全面性和实事求是的科学探讨精神,因而收效甚微。

“文化大革命”之后,情况发生了巨大的变化。北京大学法律系、中国人民大学法律系和中国政法大学等单位,率先开设“现代西方法理学”或“现代西方法哲学”(两个名称是被当作同义词使用的)课程。相应地,出版过几部内部教材。在此以后,几位老先生及继之而起的青年学者也先后出版了为数极少而内容较为类似的著作。

统观近十几年当代西方理论法学的研究趋向,大体上可以概括为如下几点:第一,从研究当代西方理论法学的代表人物,发展为研究当代西方理论法学的学派。第二,从研究自然法学、分析主义法学、社会学法学三大主流派,发展为研究新出现的各种学派及其理论倾向。第三,开始注意到对当代西方理论法学具体课题的研究。在这方面,一位优秀的年轻学者张文显教授撰写了《当代西方法哲学》(吉林大学出版社1987年版),该书是从法哲学角度进行课题性研究,而且也是一次颇为成功的尝试。可惜的是,直到现在,还没有第二本书与之呼应。

二、研究当代西方理论法学课题的意义

1. 实际意义

当代西方理论法学诸流派的学说,特别是它们关于理论法学一些新课题的观点,都是第二次世界大战后国际形势和西方各国社会、经济、政治、法制等发展变化的一种理论表达。这些成果是丰富的人类法律文化成果的积淀,蕴涵着许多适合现代各种性

质国家法制建设所不可缺少的共同的规律性的科学成分。我们要认真贯彻中共中央最近明确提出的“依法治国,建设社会主义法制国家”的方针,就必须对上述成果加以借鉴。尤其需要强调的是,本书从当代西方理论法学各流派中提炼出来的若干课题,有助于有条不紊地开展借鉴工作,使我们在借鉴时更加具有针对性。

2. 理论意义

首先把当代西方各种学派的理论法学观点综合起来,尔后再归纳出若干基本课题进行专门研究,这对于传统的按照排比人物和罗列派别的研究方式则是一大突破。如同前面已经指出的那样,这种从新方位和新角度出发来探讨当代西方理论法学思潮的做法,反映着学术研究发展的大趋势。其理由在于:第一,只有把当代西方所有的主要理论法学流派的观点综合起来进行分课题的研究,才能找出不同学派在理论上的共同点。第二,唯有分课题地研究,才能针对整体的当代西方法学思潮的主要问题进行深入考察,有利于得到理论上的升华,从而避免大而化之、人云亦云的表面性倾向。第三,这种研究可以使大学生(主要是研究生)所学的“法理学”与“现代西方法理学”或“现代西方法哲学”两门课程结合得更为紧密。也就是说,以马克思主义法律观为指导,使中国的“法理学”能够及时而深入地借鉴和吸收当代西方理论法学的新成果,从而不断地充实和发展。

三、本书的主要内容

经过作者们多年的反复思考,本书集中地探讨当代西方理论法学家们所共同关注的如下几个课题:

(1)法律的形成和演进的学说;

(2)法律的概念和本质的学说;

(3)法律制度的学说;

(4)法律政策的学说;

(5)法律程序的学说;

(6)法律意识的学说;

(7)法律行为的学说;

(8)法律秩序的学说。

当然,当代西方理论法学的具体课题还有很多,但从已经搜集到的材料看,这八项肯定属于当代西方理论法学家们所普遍关注的话题。

本书比较周详而深入地分别说明了上述八项课题的社会背景和理论渊源,归纳各派代表人物在该课题上的主要论点及其相互关系,分析不同学派对各个课题的观点所包涵的合理性和局限性,论述当代西方法律思想家们所研究的每一课题的理论意义和实践意义,尤其是它对当前我国法制建设的借鉴性问题。

当代西方理论法学派别林立,不仅不同派别的代表人物们的观点互有对立和差异,而且同一个流派内部的思想家们之间也是见仁见智。这就决定了要研究不同流派及不同思想家们对于不同理论法学课题的观点,确实有很大难度。为此,就需要从各个课题的整体出发,综合众多思想家们在该课题上的不同见解,然后再回到同一课题所要求的结构中去。至于完成本书提出的全部八项课题,就更为艰苦了。

我们从切身体验中知道,要完成本书给每位作者规定的任务,必须对当代西方理论法学诸流派有长期的研究,熟悉当代西方理论法学家们的有关观点,收集资料齐全,并且对于每一课题都要有较为深入的独立思考,能够提出创造性的理论见解。事实情况正是,我们对八项课题中的每一课题都付出了心血,在创作的道路上一步一个脚印艰辛地钻研。

四、方法论问题

本书研究当代西方理论法学诸课题的思维方法,有两个基本点:第一,把“法理学”(法的一般理论)中的某个主要问题,同当代西方各理论法学流派在该问题上的观点结合起来,进行对比思考。第二,把当代西方理论法学各流派及其代表人物对于同一个课题的观点加以综合比较,发现它们的共同点和不同点。对于拙作的任务而言,第一点是研究的外在条件,第二点是研究的内在根据。没有第一点,我们就无法确定需要研究和加以把握的、关于当代西方理论法学各派别的共同问题,即课题。没有第二点,我们就无法对当代西方理论法学各派别在某个课题方面的具体观点开展分析、研究,即无法着手和完成拙作承担的任务。

概而言之,本书采取的研究方法主要是比较方法,包括马克思主义理论法学观点与当代西方理论法学观点之比较,当代西方不同理论法学流派间以及同一流派内不同代表人物间的理论法学观点之比较。与此同时,还采纳从具体上升到抽象的归纳法和从抽象再上升到具体的演绎法,以及二者相结合的方法。

拙作的研究方案是主编人在长期对研究生进行“现代西方法理学”或“现代西方法哲学”的教学和科研过程中逐步酝酿、确定下来的。书中的八项课题的每一项都有详细的写作计划,叶传星、龙警儒、邹列强、汪湧、郑国生、姚建宗、曹茂君、彭汉英等同志参与了本书的写作。而且完成初稿后均进行打印,以便详细征求有关专家学者的意见。这样做对于弥补缺漏、纠正错误,确有裨益。在此,我们再次向这些专家学者表示由衷的感谢。

最后,我们还热切地期望能够得到广大读者的批评和指正。

吕世伦
1996 年 12 月于中国人民大学

目录 CONTENTS

第一章　法的形成和演进论——法人类学的阐述 …………………………………… (1)
第一节　法的界定及其要素 ………………………………………………………… (1)
第二节　法进化的动力和模式 ……………………………………………………… (9)
第三节　马克思主义研究法的进化问题的思路 …………………………………… (24)
第二章　法的概念和本质论 ………………………………………………………… (32)
第一节　当代西方法哲学界关于法的概念和本质研究的一般情形与趋势 ………………………………………………………… (32)
第二节　三大主流法学派关于法的概念和本质研究简述 ………………………… (36)
第三节　综合法学对法的概念和本质研究述评 …………………………………… (44)
第四节　批判法学对法的概念和本质研究述评 …………………………………… (49)
第五节　经济分析法学对法的概念和本质研究述评 ……………………………… (54)
第六节　行为主义法学对法的概念和本质研究述评 ……………………………… (58)
第三章　法律制度论 ………………………………………………………………… (64)
第一节　西方法律制度思想的概况 ………………………………………………… (64)
第二节　当代西方法律制度思想诸形态 …………………………………………… (75)
第三节　当代西方法律制度思想评析 ……………………………………………… (101)
第四章　法律政策论 ………………………………………………………………… (107)
第一节　概　述 ……………………………………………………………………… (107)
第二节　拉斯韦尔和麦克道格尔的法律政策学 …………………………………… (110)
第三节　三大主流派的法律政策思想 ……………………………………………… (119)
第四节　其他学派的法律政策思想 ………………………………………………… (130)
第五节　对当代西方法律政策思想的评析和借鉴 ………………………………… (134)
第五章　法律程序论 ………………………………………………………………… (138)
第一节　导　论——历史的回顾 …………………………………………………… (138)
第二节　法律程序的现代理论 ……………………………………………………… (146)
第六章　法律意识论——社会学派的阐述 ………………………………………… (173)
第一节　法律意识研究成果的概况 ………………………………………………… (173)
第二节　法律意识在法律控制中的地位 …………………………………………… (175)

第三节　法律意识传播的途径 …………………………………………… (177)
第四节　执法者的法律意识 ……………………………………………… (180)
第五节　公民的法律知识水平 …………………………………………… (183)
第六节　法律社会学研究法律意识的技术和方法 ……………………… (185)
第七节　当代西方社会学派法律意识研究成果的借鉴意义 …………… (188)
第七章　法律行为论——D. 布莱克的阐述 ………………………………… (190)
第一节　行为主义法学产生的历史背景 ………………………………… (190)
第二节　行为主义法学的理论渊源 ……………………………………… (192)
第三节　布莱克法的行为理论概述 ……………………………………… (195)
第四节　对布莱克法的行为理论的评价 ………………………………… (217)
第八章　法律秩序论 …………………………………………………………… (222)
第一节　法律秩序的概念 ………………………………………………… (222)
第二节　法律秩序的形成和发展 ………………………………………… (235)
第三节　法律秩序的运作与模式 ………………………………………… (249)

第一章　法的形成和演进论——法人类学的阐述

探索事物进化的规律性、了解人自身及其周围的世界，是人类永恒的愿望和梦想，人们为此付出了艰辛的努力。对被称为“法”的社会现象，在其发展历程中走过了什么样的道路，是什么因素决定了这条道路，它的进化趋势如何等问题的研究，正是这种努力的一部分。人们为此提出了种种理论。比如，英国的霍布斯、洛克和法国的卢梭等人的自然法理论认为，人类历史上曾经存在一种“自然状态”，在自然状态向社会状态（国家）的过渡过程中产生了法。德国的黑格尔在其充满辩证法的气势恢宏的理论体系中，也为法的演化规律留下一席之地。但是这些研究都不是严格的实证研究，自然状态在很大程度上是作为一种理论假设。法的发展在黑格尔那里则淹没在精神逻辑之中，人类是否真正存在过所谓的自然状态，法是如何从社会中成长起来的，它在各种社会形态中演化的内在逻辑何在等，则没有得到很好的研究。法律人类学的研究部分地填补了这项空白，为真正科学的理论抽象提供了实证材料的根据。马克思主义者在研究法的进化问题时，应当充分注意和利用法人类学的有关研究成果，努力达到历史与逻辑的统一。这里就利用人类学的材料和方法，从分析法的定义开始，通过说明法与国家的固有关系，法与其他社会关系的联系，来把握法的进化的规律性，并力图阐明马克思主义对于法的进化的理解，以及这种理解的合理性。

第一节　法的界定及其要素

一、在社会的整体性中研究法

除了极端的纯粹法学者和某些自然法学者，人们一般都从社会中来把握法，着力探索法的文化背景、法与其他社会现象的关系。人类学者则注重实地调查，即采用所谓田野工作法，从对一个社会的经济、政治、文化等各个方面综合考察中，来界定法的概念、功能，分析其发展趋势。如英国人类学者B.马林诺夫斯基（Malinowski）注重法赖以存在的社会结构，从日常生活来理解法。[①] 这种研究方法是可取的。美国人类学者E. A.霍贝尔（Hoebel）指出：“每个民族都有其社会控制系统。除了极少数的民族以

① 参见［英］B.马林诺夫斯基：《蛮族社会之犯罪与风俗》第一章，林振镛译，华通书局1930年初版，上海文艺出版社，1987年影印。

外,其他各民族都有作为他们控制系统一部分的复杂行为模式和制度机制,我们正是将此称为法。因为,人类学认为:'法仅是我们文化的一个方面——即运用组织化的社会强力来规范个体和群体的行为,阻止、矫正和惩罚对既定社会规范的偏离'。"[①]许多学者都有相似的观点。我们赞成把法与社会联系起来认识法律现象,把法看成民族文化、社会关系的表达。事实上,马克思主义一向认为,对法的产生、发展,法的存在方式、发挥功能的方式等的认识,必须与整个社会经济结构、政治结构、文化状况等相联系。法从来都不是孤立的,它不是自变量而是因变量。当代人类学的研究证实了这一点。但与马克思主义的理论相比,西方人类学的做法显然有其不足,他们更注重现象的描述和解释,理论的抽象不够。另外,对于社会整体性把握的角度也各不相同。这首先表现在对法的内涵的理解上。

二、法的构成要素

许多法人类学者都在自己研究的基础上制定了法的定义。这些定义分别强调了不同的因素,有的宽泛一些,有的限制因素更多一些。美国法人类学者 L. 波斯皮西尔(Pospisil)认为,在法的定义上,法律人类学共有三种传统:其一,认为法是规定一定行为的习惯或规范,它不需要领导者、法律权威、司法判决等特殊的因素。这种定义过于宽泛,业已过时。其二,与前者针锋相对的概念,力图规定法的硬性标准,把它从已有的习惯整体中区分出来,使之成为分析性的概念。这种概念的缺陷在于,它不是基于广泛的跨文化的研究和经验,而是从民族中心主义出发,即拘泥于狭隘西方文明传统的术语。其三,把法视为一个可以广泛地运用于各种文化背景的概念。[②] 这几种法的概念使我们看到,法的过于宽泛的理解(如把法等同于习惯或一切社会控制形式),或者过于西方化的理解(如按照欧洲的法律模式提出的定义),都无助于认识法律现象。

下面拟从几方面来分析法的构成要素。

(1)权威化的物质力量的必要性。一般说来,权威的存在是法的产生的一个前提和基本要素。E. A. 霍贝尔说,权威就是指引他人行为的明确的能力。权威必须凌驾于诉讼当事人之上,有能力向其他社会成员赋予权利和义务,并对违反者实施制裁。但具体到权威必须达到什么水平,才足以产生法,学者们则争议很大。E. A. 霍贝尔说:"如果对某一社会规范的违反会招致正式的拥有社会公认的特权的个人或群体使用物质力量或以物质力量相威胁,那么该社会规范就是法律规范。"[③]英国人类学者雷德克里夫-布朗(Radcliff Brown)接受了美国社会法学创始人 R. 庞德(Pound)的定义,认为:"法是通过组织化的政治社会系统运用暴力的社会控制","在一些简单的社会中

① [美]E. A. 霍贝尔:《原始人的法》,4 页,哈佛大学出版社,1964。

② 参见[美]L. 波斯皮西尔:《法人类学:一个比较的理论》,12—18 页,哈波尔和罗尔公司,1971。

③ [美]E. A. 霍贝尔:《原始人的法》,28 页。

没有法，尽管都有由制裁支持的习惯"①。他们把官方的权威作为法的要素之一，认为权威的集中必须达到一定程度，具备相应的行使权威的手段，才有可能产生法。当然，权威性的物质力量的存在，并不排斥其他保障社会规范付诸实施的权威形式，如嘲笑、舆论等。在较原始的社会中，集中的、以强力为后盾的权威可能不存在，在维护群体的稳定性和秩序中起更重要作用的是非物质性的、非暴力的权威。在这方面，人类学家已搜集了丰富的材料。E. A.霍贝尔认定的法进化的第一阶段和第二阶段的社会都是如此，如安达曼岛民（Andamanese Islanders）、绍绍恩印第安人（Shoshoneindians）、澳大利亚土著人、柴恩人（Cheyenne）、克瓦人（Kiowa）、北美西海岸印第安人等。② 有些学者不强调权威的物质强力的性质，认为任何水平上的权威都是构成法的因素。L.波斯皮西尔认为，任何群体内部都存在权威。他把权威分为四类：非正式而绝对的权威，正式而绝对的权威，非正式而有限的权威，正式而有限的权威；各种权威的差别主要是量的而非质的差别，各个层次上都可能产生法。③

在各个社会中，权威的发展程度确实是不同的。这种不同不但表现在量的方面，也表现在质的方面。权威是从社会内部成长起来的，经历从弱到强、从自愿服从到强制服从的发展过程；而使用物质力量来维护和行使权威，是权威发展的比较高级的阶段。从分散的权威到集中的权威，从地方性的权威到中央集权的权威，从基于血缘、年龄、性别、能力等的权威，到基于掌握一定物质制裁手段的权威等的发展过程中，可能伴随着权威性质的根本变化。也就是说，权威逐步成为社会中一定阶级的权威，成为逐步凌驾于社会之上的、与社会相脱离的权威，即以物质强制力为后盾的国家权威。只有这种权威，才是构成我们称之为"法"的社会现象的因素。权威化的物质力量一旦发展到国家的水平，便意味着权威自身发生了质的变化，从而与以前的权威形式区分开来。尽管从其他角度对权威所作的区分也有其合理性成分，但无疑我们的这种区分更能抓住权威发展中的根本。

同时，还应指出权威在解决群体内部或群体之间冲突的过程中的地位和作用是不断提高的。从一般的说服、调解及中间人在双方间的奔走，到有权做出有约束力的决定，再到形成专门审理诉讼，并且保障判决执行的相应机构的产生，在这一连串的过程中，最有意义的转折点是由最终形成的国家来主持司法事务，处理争端。群体规模愈扩大，社会复杂性愈增长，就愈要求有更大的权威来处理公共事务，愈要求用地域性的权威逐步代替、超越血缘性的权威，这便促进了权威水平的不断提高。在权威发展的较低的层次上谈论法，会扩大法的外延，从而模糊了法的真正富有独特性的内涵。这种思考方式是某些学者的一种不自觉的通病，是必须加以克服的。否则，不会得出科

① ［英］雷德克里夫-布朗：《原始社会的结构和功能：随笔与演讲》，212、216—217页，纽约，自由出版社，1952。

② 参见［美］E. A.霍贝尔：《原始人的法》，293、305页。

③ 参见［美］L.波斯皮西尔：《法人类学：一个比较的理论》，58—61页。

学的结论,甚至还会造成新的混乱。

(2)制裁及其性质。权威与制裁密切相关。拥有什么样的实施制裁的手段,是权威水平的一个重要表现。尽管学者们一般都承认制裁是法的构成要素之一[①],但对制裁的方式则看法不一。E. A. 霍贝尔等人强调物质强力制裁,一个社会没有这种制裁方式及相应的权威就不能说该社会存在法。L. 波斯皮西尔认为,在许多民族文化中是缺乏物质制裁的,不能把物质制裁作为法律制裁的绝对必要的形式。他主张法律制裁形式也应当包括非物质的形式,如放逐、嘲笑、躲避、拒绝过错人的意愿等。这些形式可能比物质惩罚更有效。[②] 卡巴库人、非洲的努埃尔人和古西人、爱斯基摩人等许多民族中确实存在这种情形。在卡巴库人那里,公共谴责是最厉害的社会制裁。爱斯基摩人有一种独特的以斗歌决斗来解决争端的方法。伊弗高人通过神判、角力赛等来解决纠纷。[③] 我国各少数民族历史上也存在神判的制裁方式。[④] 英国的费恩认为制裁不一定要按照I. 奥斯丁法理学,看作是违反规则后的惩罚。原始社会里最重要的制裁有三类,即舆论的制裁、自食其果的制裁和迷信的制裁。[⑤] 这也表明,某些原始社会中物质制裁并不是主要的制裁方式。物质制裁本身也可以分出不同阶段。专门化的机构和实施制裁的专业人员的出现,是物质制裁的高级阶段。这种制裁的专门化,表明了社会复杂性的增加和社会控制能力的强化,以及社会权威的进一步强化。这种专门化的制裁的形成和发展与国家的形成是一致的,国家要求这种制裁形式作为社会控制的最重要的保障机制之一。当然,并不是所有形成专门化物质制裁的社会都已形成国家了。

必须强调,作为法律要素的制裁并不是包含心理制裁、舆论制裁等在内的各种形式的制裁。否则,法就无法与其他社会调整形式区别开来。而且法律制裁也不只是一般的物质制裁,它还往往要求有专门化的机构和人员。这些机构和人员就成为国家机器的不可缺少的一部分。的确,法的实现过程在许多情况下,确实并不需要以法律制裁形式出现的国家强力的直接干预,但这并不是说法本身的构成中不包含制裁的因素。

(3)权利和义务的分化及其水平。权利与义务并不总是与法相联系的,但法的要素中必须包含权利和义务的划分与分配。有许多学者注意到,在较原始的社会中,也有比较清晰的权利义务划分。北加利福尼亚的乌洛克印第安人有详细而精确的赔偿

---

① 在这方面,B. 马林诺夫斯基是个例外。他认为,法的要件是相互性、系统性、公开性、夸大性等;人们是基于互助的原则、相互义务之平等的分配把他们联合起来。法的实现并不依靠制裁。参见《蛮族社会之犯罪与风俗》,56、71 页。

② 参见[美]L. 波斯皮西尔:《法人类学:一个比较的理论》,89 页。

③ 伊弗高人和爱斯基摩人的做法,可参见 R. M. 基辛:《文化、社会、个人》,397—398 页,沈阳,辽宁人民出版社,1988。

④ 参见夏之乾:《神判》有关章节,上海,三联书店,1990。

⑤ 参见[英]雷蒙德·费恩:《人文类型》,109—112 页,费孝通译,北京,商务印书馆,1991。

规定，对杀人（杀社会地位高的人与杀普通人也不同）、诱奸、丈夫打妻子、用死者的名字等都有相应的赔偿金额。这些印第安人有强烈的区别权利和义务的感觉，也承认私人违法的相应赔偿，但这些规则得以维护既不靠法庭也没有任何正式的程序。[①] B. 马林诺夫斯基也强调原始社会中存在完整的权利义务观念，有一种律例支配部落生活的各个方面，规定亲属之间、部族之间、宗支之间的种种关系，维持经济作用，这就是"民法"[②]。在极简单的社会中，权利义务是不容易区分的，但是至少在完整的法律权利和义务产生之前，产生了一定的非法律意义上的权利和义务，这就是在直接社会的意义上使用这一对范畴。这种权利，"不是指社会阶级的规范性调整器，而是指社会生活的另一种现象，即社会上认为正当的某种行为自由、行为的正常性；是指作为客观的社会规律性、人们日常活动的其他条件直接作用结果的自由。"[③]这些权利和义务并不体现阶级的要求和权威，而只是社会生活的内在自然要求。在原始社会的末期，权利和义务才逐步增加了表达特定阶级的利益和意志的内容，并且支持这些权利和义务的权威和制裁也逐步达到国家的水平。恩格斯在谈到原始公社制度时多次使用了权利一词，如父权、母权、选举和罢免长老的权利、习惯权利等。他曾就此声明说："不过它是不大恰当的，因为在社会发展的这一阶段上，还谈不到法律意义上的权利。"[④]这提醒我们不能把原始公社中的权利义务等同于法律权利义务，但他实际上并不是认为原始社会中不存在权利和义务。人们经常引用恩格斯的另一段话来说明原始社会中没有权利和义务的划分。恩格斯认为："在氏族制度内部，权利和义务之间还没有任何差别；参加公共事务，实行血族复仇或为此接受赎罪，究竟是权利还是义务这种问题，对印第安人来说是不存在的；在印第安人看来，这种问题正如吃饭、睡觉、打猎究竟是权利还是义务的问题一样荒谬。"[⑤]这是否就表明原始社会不存在权利和义务呢？有些学者指出："权利和义务之间还没有任何差别"，是指既是权利，又是义务，是权利义务的合一，是权利主体与义务主体合一，是强调社会行为的实施的可能性和必要性，而不是说在社会关系中没有权利和义务的共识。社会行为无权利义务之分，并不否定权利义务关系的存在。[⑥] 另外还要指出的是，恩格斯这里所举的只是社会关系的一部分。有些社会关系，如在买卖关系、信贷关系中权利和义务的区分是显然的。这便是以习惯、禁忌等形式出现的权利和义务。[⑦] 这种权利和义务为最初的法律调整提供了前提。最初的法

① 参见［美］罗伯特·勒德费尔德：《原始法》；［美］P. 波汉南（P. Bohannan）编：《法律与冲突》，9—10 页。

② 参见［英］B. 马林诺夫斯基：《蛮族社会之犯罪与风俗》，69 页。

③ ［苏］C. C. 阿列克谢耶夫：《法的一般理论》（上），49 页，黄良平、丁文琪译，孙国华校，北京，法律出版社，1988。

④ 《马克思恩格斯全集》，第 21 卷，53 页，北京，人民出版社，1965。

⑤ 《马克思恩格斯选集》，2 版，第 4 卷，155 页，北京，人民出版社，1995。

⑥ 参见夏勇：《人权概念起源》，8—9 页，北京，中国政法大学出版社，1992。

⑦ 这里应当注意的是，我们不认为所有习惯都是构成法的因素。有些习惯在原始民族中也不同于另一些可称"准法律"的习惯。我们反对"习惯即是法"的观点。

往往就是对习惯的国家认可。而统治者有意识地创制法律，则是在更晚的时候。习惯是法的雏形，习惯是一种可用以把一定的行为规则奉为法律的现成形式。有些学者则认为禁忌是法的源头。[①] 这种看法不免片面，但这些禁忌规定也确实是后来形成的一般法律禁止的一个组成部分。

从总体上看，在社会发展的早期阶段，权利和义务的规范性水平并不高。个人与整体的直接同一和整体对个体的决定性，往往使权利和义务合二为一。

随着个人的行为自主性的增加，二者的区分才趋于明朗。权利和义务作为法的因素，不只是特定的权利义务。这种以权利和义务为内容的社会规范必须是具有普遍应用的性质，即形成规范性的社会调整，而不只是个别性的调整。由特定的权利和义务上升为非特定的普遍的权利和义务，是社会控制水平提高的重要标志。

当代人类学者主要从以上几方面来定义法这种社会现象。由于他们分别强调了各种因素的不同方面，他们对各种因素的具体理解也各不相同，因而在各位学者的心目中，法也是多种多样的。但他们有一个共同的贡献，即努力向人们展示一幅更丰富的法律发展的图画，力图破除欧洲中心主义和种族中心主义的痕迹，把西方对法的理解看成人类文明的一种独特经历。西方的法律模式并不是人类法律的样板，每个民族都可以有适应自己民族生活的社会控制系统。而传统上，在对非西方社会的大量人类学考察之前，人们往往依据欧洲独特的法律传统和历史发展过程来理解法，并把这种对法的理解作为文明的标志，西方法的进化道路被作为普遍的法的进化规律，与它不相符合的社会控制制度都被认为是落后的、非法律的制度。这些偏见由于法律人类学者的努力而得以消减，人们开始相互尊重其他民族的法律传统和对法的理解。但我们不能不看到，西方法人类学者在确定法的标志时也有一个共同的缺陷：他们对法的理解过于宽泛，没有抓住法律现象区别于其他社会控制现象的最本质的东西，从而模糊了法与其他社会控制形式的差别。尽管他们从权威、制裁等方面来分析法的要素的做法并无不可，但很少有人真正认识到权威、制裁等发展中真正有决定性意义的转折点，这个转折点就是国家和阶级的产生及其对法的诸因素的影响。因此，他们对法的认定就缺乏说服力。这些标准都是非本质性的，相互之间的差别也没有涉及法的本质，而多是基于在功能上的不同理解。如果仅从一个社会的社会控制的功能或结构上来理解法律现象，那么在法的定义上的争执和对法的宽泛理解是很难避免的。因为，社会控制形式本身并不能指示出什么是法。针对关于法的多种定义及相互间的争论，有的学者倾向于搁置这种争论："没有人会争论我们称作经济的东西的普遍存在。不知有金属或陶器、仅以掠夺式狩猎和采集所得食物为主的澳大利亚原始居民，尽管有关技术的记载是原始的，货物运输和服务系统是简单的，但还是有经济。如果经济只是关

① 参见秋浦：《关于法的起源》，载《贵州民族研究》，1992(1)。

于‘人们怎样谋生’，那么法律——在我看来——只是关于‘人们怎样在相对有秩序的社会存在中谋生’。如果一个社会能有经济而无须十进数计算系统、金钱及银行，那么我想，一个社会就可能或甚至必须有法律而无须法典及法院。当我们一开始渴望了解人们试图解决争端、消除冲突及控制暴力的方式时，我们自己的法律系统（法院、法典）的这些特点就成为法律领域文化实验的例子，而不是标准。"[①]这种观点可以说是最宽泛的功能主义的观点之一，它几乎把法等同于社会控制，并把研究重点放在对原始社会的社会冲突和社会控制的理解上，而不拘泥于法的某种定义形式。应当承认，在研究原始民族的社会生活时，制定一个有更大包容性的法律概念并不是没有丝毫理由的，而且"人类学家们都认为，至少在当代的原始社会里，有一种独立于宗教和其他社会习惯的社会现象，这种现象用‘法律’这一术语来表示是合适的"[②]。为方便起见，我们可以把这种现象称为"准法律"现象。它主要表示在国家出现之前非国家水平的规范性的社会调整形式，以区别于宗教等调整形式。材料表明，在原始社会中多种社会调整形式的区分已可能相当清晰，而不是我们通常简单化地认为法、宗教、习惯、道德等的完全不分、浑然一体。当然这诸种社会调整形式与法的最终区分，应是"准法律"获得了国家的属性、成为真正的法之时。

三、我们的看法

马克思主义在研究某一社会现象时注重历史与逻辑的统一，认为理论范畴的界定应建立在对历史发展逻辑的考察的基础上。马克思主义对法的理解的独特之处在于，它是把法看作一种阶级现象；把法看作与国家产生过程相一致的现象。这与西方人类学者的思路有很大不同。在前阶级社会中，显然并不存在马克思主义所理解的法。马克思主义法人类学的任务之一，是证明法如何与国家相联系，而且这种联系是法所固有的。前面指出，如把法的定义放宽，就可以承认在原始民族中存在法，而且要对这一说法从定义上进行直接反驳是不容易的。在某些民族中确实存在着"准法律"现象，它与法有着某些相似性。这些民族自身可能感觉不到在法与"准法律"之间的本质差别，作为观察者从不同角度对它们进行考察得出多种结论是正常的。马克思主义法人类学力所能及的事情是，论证在阶级社会中肯定存在一种与国家的功能直接相关的社会控制形式，即法律现象。这种现象作为阶级统治的工具与前阶级社会中的功能有根本区别。从阶级、国家的角度对法的理解最能抓住法的本质特征，从而最真实地阐述法的进化规律。而对法的其他理解则忽视了法的阶级性的本质。这些理解包括两种情

① 转引自［澳］M. 克雷齐尔：《法律人类学评介》，傅再明译，载《国外社会科学》，1987(11)。

② ［英］R. W. M. 戴俄斯：《法哲学》，5 版，390—391 页，伦敦，巴特沃尔斯出版公司，1985。

况：一是前面提到的认为前国家的社会广泛存在“准法律”现象；二是在阶级社会中，在承认国家法的同时也承认非国家法（“活法”、超国家法等），这主要是一些法社会学者的看法。这几种观点其实考察的并不是同一种现象，因而得出不同的结论是很自然的。这里暴露了人类学自身的一个局限性，它只能说明某一事实的存在，而不能在事实价值上做出抉择，说明谁对谁错，即不能做出定性判断。这样，问题又回到了理论本身的争执，归结为定义的争执。西方的功能主义者、结构主义者以及某些法社会学者显然不是从本质论的角度来认识问题的，但他们在一定程度上也能够对事物做出正确的认识，因而我们不能简单地用“不科学”“不正确”等词来完全否定其理论价值。

在法的定义问题上往往出现一些简单化的做法。这些做法表面上看像马克思主义，实际上却不能令人信服。比如，从考察对象 A 得出结论 B，从考察对象（A + C）得出结论 D。这两种考察对象是相交叉的，有时名称也一样。在这一过程中，常犯的错误在于用 B 来代替 D 或者用 D 来反对 B，把 A→B 的论证过程强加于 A + C→D 的论证过程，并用一方的正当合理性来论证另一方的不合理性。实际上，这两种论证过程可能都是有道理的。在法的定义问题上的争论就有这种情形。有些人以国家制定或认可并由国家强制力保障的有关权利和义务的社会规范作为考察对象，结论当然是法有阶级性。另一些人则把国家以外的某种层次的权威所制定并借助某种制裁来保障实施的关于权利和义务的规范作为考察对象，其结论自然是法并不必然和国家阶级相联系。可以说双方的观点就其论证过程而言都是说得通的。在反驳法律多元论时，如果只是说这种观点没有反映法的本质，因而是不正确的，这种论证过程从人类学的角度来说是不够充分的。法为什么具有这种本质、法的本质的构成要素如何等，都是等待证明的东西，它不能直接作为证据来使用。当然要论证法的本质，单靠法人类学的努力是不够的。

从法人类学角度来看，马克思主义的法概念应当包括如下几方面因素：①存在着集中的法律权威，这种权威的水平是国家作为权威主体。②制裁的水平是以国家机器为依托的国家强制力。③存在分配权利和义务的明确的社会规范，并且这些规范适合于进行规范性的社会调整。这些权利义务作为直接意义上的社会自由和责任，反映着更深刻的经济制约性。如果承认对法的更宽泛的理解具有某种合理性的话，那么，在我们的理论框架内，这些“准法律”只是我们所理解的法得以产生的前奏和准备，而不是完整意义上的法，不能把它们同法相混淆。从法的概念看出，法的形成是这些“准法律”因素不断进化、逐步积累的过程。这是个从量变到质变的过程。这些因素的成长也不是完全平衡的。比如，有的民族有较完整的权利义务形式，却没有较高的权威和制裁的水平。法的真正形成，要求诸因素都达到相应的水平。

第二节　法进化的动力和模式

根据我们的定义,法不是从来就有的,它是各种相关社会现象发展到一定水平而出现的一种必然的历史现象。那么,法从无到有、从低级到高级的历史类型的转换的动力因素何在呢?

法律人类学者是从多个方面来思考和说明这一问题的。由于对法的自身属性理解不同,他们强调的重点也不相同,有些地方甚至是直接相冲突的。现在,我们分别分析一下这些因素。

一、人口增长

人是构成社会的主体,人及人自身的生产能够促使社会结构发生变迁。法国社会学者 E. 杜尔克姆(Durkheim)强调了这一点。他指出,在古代,社会是人们的简单集合,人们有共同的生活空间,他们为完成共同的任务,首先是为生活而共同劳动。社会秩序通过"机械的团结性"来维系;法是"压制法",通过报复来维护。在这里人们做同样的工作,有同样的经历,了解其他每个人,其交往是简单的、迅速的、直接的。导致这种情形变化的原因在于人口的增长。随着人口的增长,现有资源及其使用方式变得不充分,土地开始短缺,食物和水供不应求。因此,人们便开始形成工作的专业化,出现劳动分工。这改变了原有的生存方式。由分工造成的不同的日常生活,导致不同的信仰价值、利益和规范的多样性。由此逐步形成了通过协调来维系社会的相互依赖性的"恢复法",社会靠有机团结来维持。① 法国的 E. 杜尔克姆的从压制法到恢复法的法律演变模式论,由于其过分的思辨性而遭到许多人类学者的批评。如 L. 波斯皮西尔指出:E. 杜尔克姆仅仅拘泥于西方的信条而忽略了部落社会。他对古代社会统一性的认识是不准确的。他也没有认识到同一社会存在各种法律水平的司法制度,在一方面是惩罚性的,在另一方面则可能是恢复性的。比如在新几内亚的卡巴库·帕潘(Kapauk Papuans)人中,在家庭层次上主要是恢复性的法律制度;而同时,在一个更大集团的系统中则主要是运用惩罚性的规则。与之相反,提罗(Tirol)农民在家庭的法律水平上的特征是绝对依赖惩罚性的制裁,而乡村、地区和国家的法律水平则主要利用恢复性制裁。② 这种批评尽管是严厉的,但是没有直接否定人口增长对法的作用。人口的增长不但可以引起社会分工的发展,还可以引起交往压力的增加。美国社会学者 B. 梅休(Mayhew)研究了这一点。他以鸡尾酒中发生相互关系的可能性

---

① 参见[美]D. P. 约翰逊:《社会学理论》,225—235 页,南开大学社会学系译,北京,国际文化公司,1988。

② 参见[美]L. 波斯皮西尔:《法人类学:一个比较的理论》,174—175 页。

为例说明，合作与冲突增长的潜在可能性比人的数量增加快得多。如用数学术语来表达就是，人口以算术基数增长，交往压力则是以几何基数增长。[①] 有学者论证了人口规模与社会复杂性、政治权威之间的正比关系，即人口越多，社会复杂性就越高，政治权威的水平也就越高。[②]

我们认为，人口增长及其所带来的压力确实是引起社会变迁的动力因素之一。从人口少的地方小群体到大社区、从低人口密度到高人口密度的发展趋势会促使社会关系趋于复杂，促使权威和制裁水平逐步提高。恩格斯也指出这一点，他把人类自身的生产，即种的繁衍看作是制约一定社会制度形式的两种生产因素之一，认为人口的增加会促进公共权力的成长。[③] 但人口增长并不能直接促成法的产生。在某些人口状况相似的情况下，完全可能有不同的社会控制形式。这些社会中法是否存在及法的功能等都会不一致。人口因素总是与社会的其他因素相结合而起作用。

二、社会组织的形式

社会组织的结构和复杂性的不同，对社会控制形式的要求也不同。但一个社会组织的结构越复杂，产生法的可能性就越大。在过于简单的同质性社会中，法没有存在的必要，因为社会冲突及其解决不会形成对法这种社会控制形式的需求。而一般来说，社会组织的规模越大，其内部冲突就会越频繁，社会控制的水平也会越高。有学者指出，队群、部落、酋长领地和国家这四种进化表明了从简单形式到复杂形式，从小规模的地方自治到大规模的地域性联合组织的演化趋势，还表明了从少数临时的非正式的领导，到大量永久性的专业化的政治官员，从没有政治权力到对公众实行专制的中央集权的力量的演化趋势。[④] 在规模相似的社会中，内部结构的不同所引起的差别便更明显。美国学者 R. 施瓦茨（Schwartz）研究了两个以色列公社，说明在规模相同的情形中，不同的所有权结构对社会控制形式的影响。一个公社叫柯布茨（Kibbutz），其内部一切都是平均分配，社员居住在归公社所有的房子里，在公共食堂就餐，儿童被送进公社的保育院和学校，各项工作均由全体成员分担，工作轮换进行，以使所有人都能获得从事各项工作的经验。另一公社摩沙夫（Moshav）则不同：土地归公，大部分农用机械也归公，但土地归私人耕种，收成好坏由自己负责，生活安排也是私人的；每个家庭有单独住房，并且多相距很远，儿童由各家各户自己抚养。此外，两公社的其他条件都很相似。双方的司法状况却很不相同。Moshav 发展出“正式”的法律制度，有司法委员

---

① 参见［英］R. L. 基德尔：《联结法与社会》，63—64 页，新泽西，普林蒂斯－豪尔公司，1983。

② 参见［美］C. R. 海尔皮克：《社会进化的原则》，237—252 页，牛津克莱恩东出版社，1986。

③ 参见《马克思恩格斯选集》，2 版，第 4 卷，2、171 页。

④ 参见［美］C. 恩伯、M. 恩伯：《文化的变异——现代文化人类学通论》，410—412 页，杜杉杉译，沈阳，辽宁人民出版社，1988。

会负责诉讼和处理争端,实施公社的规则,还有成文的程序和规范。可是 Kibbutz 则完全没有这些。造成这种差别的原因在于,Moshav 把家庭而不是公社整体作为正式的生产单位,这必然要出现法律这种控制形式。而 Kibbutz 公社成员之间的亲密性过大,各成员不能随意脱离集体,其生活是共同的,讥笑、横眉冷对、公众谴责、沉默对待、对个人细微要求的非正式拒绝、在工作中的不予合作等,都能够使不循规蹈矩者的生活极为悲惨,因而实现公社内部的控制和秩序并不需要特别的机构。[1] 应当注意的是,Moshav公社的所谓法律并不是我们所称的法,而只是作为比一般习俗更进一步的以权利和义务为内容的社会控制形式。这种社会控制,还没有明确表达社会分层和财产的差别,仍属社会自身的、为全社会服务的调节器。可以预言,随着该社会财富差别的增大,这些机构处理冲突的功能也会发生变化。Kibbutz 公社的社会控制主要依据习俗的力量。由于该社会亲密性强,同质性强,社会成员之间的影响直接而有力,相互之间也没有多少竞争利益,个人对集体有更大的依赖性,集体的习惯规则更容易被接受和遵守。如果个人的独立性较大,集体的自发作用就会削弱,习惯作为一种直接的力量也会逐步衰微,而逐步失去其维系社会内部秩序的凝聚作用。在这种情况下,更有力的社会控制会应运而生,新的权威形式也从社会内部生长起来。Kibbutz 社会的这种高度一致性一旦受到外部的冲击,很容易就会被破坏,原有的社会控制也会失去其有效性。此时,社会为了自身的生存,必须寻找新的社会自我约束机制。

社会组织自身结构的另一个方面,即该组织内部的社会关系是复杂关系还是简单关系,对该社会的社会控制形式有一定的影响。复杂关系是指社会成员双方存在的多种性质的关系,它往往是多种目的,这种关系的稳定程度较大。简单关系则只是为了某一目标而与对方发生的关系,这一目标一经达到,双方的关系即告结束。材料表明,在一些较简单社会中,复杂关系发生得更频繁,这种复杂关系本身就是一种重要的控制形式,处于复杂关系之网中的人们往往要顾及双方许多其他方面的关系,在行为时的任意性就较小一些。因为对其中每一种关系的破坏都有可能牵一发而动全身,招致各方面的反应。而在以简单关系为主的社会中,社会主体之间的这种直接相关性则处于次要地位,社会内部的相互制约性就只能靠外在的、凌驾于关系人之上的权威性的社会控制来达到。法律无疑是一项重要的选择。美国法社会学者 D. 布莱克(Black)指出,多重关系频率的下降,增加了运用法律实现社会控制的必要性。[2] 在以复杂关系为主的社会中,社会控制的水平一般较低,它不需要更多的控制形式,个人在社会中的身份特征更为明显,个人的独立性更弱;而简单关系的发展,则可以把个人从复杂的、固定的身份关系之网中更大程度地解放出来,个人作为社会关系主体有更大的主动性。因而,从复杂关系向简单关系的过渡是社会进步的一个侧面,是社会关系发展的一个

① 参见[美]R. 施瓦茨:《法律控制的发展中的社会因素:两个以色列居民点的案例研究》,载《耶鲁法律杂志》,第 63 卷,471 页,1964。

② 参见[美]布莱克:《法律行为》,41—48 页,纽约学术出版社,1976。

标志。当然,这里还有更深层次的问题要回答,即为什么会出现这两种关系,它们之间又为什么会有转化等。下面将涉及这个问题。

三、商品生产和交换的发展

从采集到食物生产的发展,促进剩余产品的增加和私人占有财产的可能性,也开始出现专门的商品生产和交换。在原始社会中,商品生产和交换的规模都不大,人们作为整体来活动,财富的所有权属于集体,个体缺乏占有、支配一定物品的权利,再加上某些社会盛行的挥霍和分散剩余财富的制度(如波利尼西亚人的“夸富宴”等),这些因素都会阻止生产的进一步发展。但生产力的不断发展毕竟是不可避免的。在第二次社会大分工形成以后,部落内部的各家庭之间的交换发展起来,而这种交换并不是严格的商品交换。最初的商品交换发生在各个部落或公社之间,只是整体才作为交换的主体。马克思指出:为使让渡成为相互的让渡,人们只需默默地彼此当作可以让渡物的私有者,从而当作独立的人来发生关系就行了。然而这种彼此独立的关系在原始共同体的成员之间并不存在,商品交换是在共同体的尽头,在它们与别的共同体或其成员接触的地方开始的。[1] 这里有两点值得注意,一是商品交换最初发生在原始共同体之间;二是商品交换必然逐步带来个人的独立,商品生产和交换的发展必然冲击建立在血缘关系之上的共同体的稳固性。它一方面促使地域性交往的增加,另一方面造成共同体内部的财产差别的增大,并且极为有力地促使私有制的发育。商品是天生的平等派,它需要平等的主体身份、生产条件、交换条件和交换规则。[2] 商品也是天生的不平等派,它必然带来财富分配和占有上的不均,并逐步形成更大的以阶级对立形式出现的差别。从另一角度看,商品生产和交换的发展,必然使商品生产者和商人逐步挣脱血缘的绝对束缚,而取得更大的主动性。这种主动性的发展是人类历史上有决定意义的事实,是人类走向自由的最初步骤之一,尽管在这以后的相当长时期里,这种自由都是很有限的。我们认为这种社会行为自由、行为的独立性是构成权利的核心要素,而对一定权利的确认和保障,正是法的真谛所在。当然,这里所涉及的权利来源只是一个方面,而不是全部,从其他角度也可以创设权利。有些学者认为法律现象只同“商品交换关系”,或者只同“占有”、同“物权关系”有关的种种观点,是不完全正确的。[3] 但是,我们却必须看到,商品生产和交换本身就有一种对规则的天然要求,即要求用规则来为商品生产者提供稳定的、有保障的经济联系,确立其地位,建立相应的经

① 参见马克思:《资本论》,第1卷,67—68页,北京,中国社会科学出版社,1983。

② 参见《马克思恩格斯全集》,第46卷上,195—196页,北京,人民出版社,1979;第46卷下,472页,北京,人民出版社,1980。这里强调了商品交换中必然存在着“人的法律因素以及其中包含的自由的因素”。

③ 参见[苏]C. C. 阿列克谢耶夫:《法的一般理论》(上),52页。

济环境等。马克思说:“交换的不断重复使交换成为一个有规则的社会过程。”[①]商品交换过程中规则的兴起,主要是个自发的过程,而同时又是个必然的过程。[②] 这些规则作为习惯权利和义务,使后来构成法律规则的实体性因素,只需经过国家的确认,它便成为法了。因此,商品生产和交换关系的发展,会有力地促进社会控制形式的转换,而且社会分工和商品交换是国家和法产生的根本动力。恩格斯指出:“在以血族关系为基础的这种社会结构中,劳动生产率日益发展起来;与此同时,私有制和交换、财产差别、使用他人劳动力的可能性,从而阶级对立的基础等等新的社会成分,也日益发展起来;这些新的社会成分在几世代中竭力使旧的社会制度适应新的条件,直到两者的不相容性最后导致一个彻底的变革为止。”[③]恩格斯比较了易洛魁人与雅典人、希腊人的不同,说明商品、货币对于社会发展的重要作用。[④]

四、阶级的划分和国家的产生

人类学者一般认为国家是权威发展的高级阶段,与之相伴随的制裁水平也同时获得新发展。但正如对法的标志存在许多争执一样,对国家的构成要素及促使其产生的动因也有着许多争论。西方人类学者并不把法与国家直接联系起来,甚至反对这种联系。但是我们认为,如果对国家没有本质上的理解,如果不把法与国家密切相联,我们就不能真正理解法的产生和法的进化。国家与法的产生是同一过程中的两个方面。它们的形成基于同样的经济条件,在职能上相互关联。

对国家的起源和形成的动因,人类学者提出了种种理论,如从人口密集程度、小块疆域的外来入侵者的征服、君权神授观的形成等方面来探讨。[⑤] 美国人类学者 C. R. 海尔皮克(Hallpike)认为,国家出现的一个必要基础是合法的权威,影响国家生成的因素是疆域原则、战争(这是地方公社扩大的基本手段和达到政治权威的捷径)、贸易和市场、都市化、灌溉等。[⑥] 而有些学者则明确反对从这些方面来解释国家的起源。美国当代进化论者 E. R. 塞维斯(Service)提出一些否定的结论。如战争作为合作的动因以及消灭和征服较弱组织的手段,在人类发展中是普遍的,不能用来解释国家的发生;生产的增加,特别是在灌溉农业中,作为地方生产单位的技术,远在国家发生之前就有了;人口增长是国家发生的必要条件,但不是根本的条件;被认为是人口集结的都市化,显

---

① 《马克思恩格斯全集》,第 23 卷,98 页,北京,人民出版社,1972。

② 马克思强调了规则和秩序是一定生产方式所必不可少的因素。参见《马克思恩格斯全集》,第 25 卷,894 页,北京,人民出版社,1974。

③ 《马克思恩格斯选集》,2 版,第 4 卷,2 页。

④ 参见《马克思恩格斯选集》,2 版,第 4 卷,107—110 页。

⑤ 参见[英]M. 布洛克:《马克思主义与人类学》,92—93 页,冯利、覃光广、陈为译,北京,华夏出版社,1988。

⑥ 参见[美]C. R. 海尔皮克:《社会进化的原则》,252—260 页,牛津克莱恩东出版社,1986。

然是随着国家的起源而发生的，并与所存在国家间战争形式和强烈程度相联系；阶级分化以及随之而来的为保护特权阶级而产生的强制，在研究国家起源中是个无用的观念，因为早期文明的阶级奠基在政治上而不是在经济上，一个政府为保护自身所作的强制不可能用来解释该政府的发展。[①] E. A. 霍贝尔则指出，部落法显然并不是征服的结果，支持这些法律制度的社会结构并不是征服国家。"法是社会内部力量的固有产物，是人们达到和维持自我约束秩序的努力的创造性成果"。虽然他并不否认在较高级的社会中，征服国家支持相应的法律制度，如东非的国家、阿兹特克和印加帝国等，但他强调这样的事实，即原始法的发展并不是作为剥削的工具，而是社会成员在寻找把他们的社会规范过渡为行为，维护其规范和解决利益冲突时为适应其内部状况而提出的一种建议。[②] 这些研究一般只是从形式方面说明与国家和法产生相关的一些因素，并没有真正说明促使政治权威不断进化的根本力量，没有从人的活动以及人们之间的相互关系的发展的角度来阐述国家的本质。对国家的起源和本质作了最真实和充分说明的是马克思主义。英国人类学者 M. 布洛克(Block)说："马克思主义认为国家是随阶级的出现而产生的，这是一个极其大胆的理论。依目前的历史学知识和人类学知识之水平，还不可能做出判断马克思、恩格斯的这一理论究竟是像他们论述原始群婚制那样显然错了呢，还是像他们论述氏族组织那样大体是对的。"又说："马克思、恩格斯的观点至今仍被人类学家所接受，与其说人们是把它作为一种国家起源学说来接受，不如说是把它作为一种分析国家性质和国家功能的工具来接受的。"[③]这种观点显然带有片面性。实际上，恩格斯对国家起源所作的阐述是迄今最有说服力的理论。国家是经济利益互相冲突的阶级之间不可调和的斗争的产物，是"从社会中产生但又自居于社会之上并且日益同社会相异化的力量"。"曾经有过不需要国家、而且根本不知国家和国家权力为何物的社会。在经济发展到一定阶段而必然使社会分裂为阶级时，国家就由于这种分裂而成为必要了。"[④]马克思主义揭示了在原始社会中，社会组织的权威不断增长的秘密只有从原始社会的生产关系入手，才可以说明这一点。

阶级的产生和阶级对立，无疑是国家产生过程中的有关键意义的事实。一些西方人类学者正是对阶级的存在提出疑问。有人认为，在无国家的社会里存在明确的阶级，如北非的塔雷哥人(Tuareg)有一个统治阶级控制着大量的奴隶，但传统上并不存在任何集中化的权力。[⑤] 在波利尼西亚，还在国家组织出现之前就出现了明显的阶级分化，大多数自由社员实际上已经完全被排斥于公共事务的管理之外，这种阶层结构本

---

① 转引自[美]塞维斯：《国家和文明的起源》(1975)。参见中国社会科学院民族研究所和中央民族学院民族研究所编：《民族学译文集(一)》，104—105 页，北京，中央民族学院出版社，1987。

② 参见[美]E. A. 霍贝尔：《原始人的法》，326—328 页。

③ [英]M. 布洛克：《马克思主义与人类学》，92、94 页。

④ 《马克思恩格斯选集》，2 版，第 4 卷，170、174 页。

⑤ 参见[英]M. 布洛克：《马克思主义与人类学》，92—93 页。

身已保障了统治阶层的社会和财产地位。[①] 这就是说,阶级的划分并不必然直接带来权力的集中化。另一方面,有的学者则说:"在早期国家里,公社所有权仍是控制土地的最普遍的形式,因而我们认为,私人所有权不应被认为是构成分层的绝对因素。对资源的不平等获得并不表现为建立在生产方式控制关系的差别之上,而是建立个人在家族和宗族体系及国家的社会政治组织中的不同地位之上。""并没有阶级建立在对生产方式的控制的基础上——这通常被假定为成熟国家组织的典型特征;……阶级斗争和公开的阶级对抗,并没有在早期的国家的特征中发现。"前面提到的塞维斯也明确反对阶级斗争在国家形成中的作用。[②] 这就是说,国家的出现并不是以阶级对抗为前提的。这些挑战,并没有也不可能动摇国家产生的根本规律。但是,这提醒我们,马克思主义应不断地运用新的人类学、民族学材料来充实和印证这个规律。

国家在产生过程中,对社会控制的要求越来越高,对规范性社会调整水平的要求也逐步强烈。阶级的对抗使原有社会控制形式失去作用,规范性社会调整的阶级倾向性日益明显,必须依靠更强有力的权威和制裁才能实现。国家对法的进化的促进作用,主要表现在两个方面。一方面,国家作为一种政治权威形式,是关于权利和义务的规范成为法所必须的,国家的重要职能之一就是以法的形式使社会生活规范化。与"准法律"现象相比,法获得国家的支持,在制裁水平和权威水平上都不同于前者。国家的支持相对于法的权利义务的内容而言,属于形式方面。国家的促进作用表现为确认和保障,而不直接涉及社会自由和责任的创设与否。另一方面,国家存在的事实本身就会产生一系列直接表达统治阶级的意志的法律,以直接维护其政治统治。这部分法直接体现政治统治的要求,这对法律调整提出了一系列新的要求。正如恩格斯所指出的:"从前人们对于氏族制度的机关的那种自由的、自愿的尊敬,即使他们能够获得,也不能使他们满足了;他们作为同社会相异化的力量的代表,必须用特别的法律来取得尊敬,凭借这种法律,他们享有了特殊神圣和不可侵犯的地位。"[③]政治统治本身产生一系列的权利和义务,这些权利和义务是构成法的实体性方面的有机部分。这实际上是国家自身职能的某些方面的法律化。当然,这部分内容决不是法的实体性要素的全部。总之,法的产生与国家的形成两种现象之间有着内在的一致性,国家的形成最终完成了从"准法律"到真正的法的过渡。在这以后的历史进程中,法与国家共同经历了几种社会形态,将来他们也会一起失去其存在的必要性,成为历史的陈迹。

国家和法在形成过程中,还有一种现象值得注意,即战争对社会进步的促进作用。征服和战争对法的产生有一定的促进作用。L. 波斯皮西尔认为法律水平变迁可以通过三种方式来达到,即通过组成政治联盟的正式协议(如国际法等),通过一个群体被

---

① 参见阿·姆·哈扎诺夫:《原始公社制度的解体与阶级社会的产生》,载[苏]A. N. 别尔什茨主编:《原始社会》,126页,北京,中央民族学院出版社,1987。

② 参见[美]H. 克雷森:《早期国家:结构的方法》,553—554、588页,海牙,莫托,1978。

③ 《马克思恩格斯选集》,2版,第4卷,172页。

另一群体征服并把以前的群体作为新的更大的政治结构的一部分而予以保留，或通过缓慢的进化程序，逐步出现为群体所接受的有约束力的法律阶层。[①] 这种观点把征服作为促进社会控制形式变迁的重要因素。恩格斯研究了战争的作用，他认为在氏族公社的高级阶段，军事首长、议事会和人民大会构成了发展为军事民主制的氏族社会的各机关，战争以及进行战争的组织已成为民族生活的正常职能，掠夺战争加强了最高军事首长以及下级军事首长的权力，这些促成氏族制度转化为自己的对立物。[②] 恩格斯把军事民主制作为向国家过渡的形式，是从摩尔根的观点中得到的启示。摩尔根认为，在低级野蛮社会，是一权政府，即酋长会议；在中级野蛮社会，是两权政府，即酋长会议和军事指挥官；在高级野蛮社会，是三权政府，即酋长会议、人民大会和军事指挥官。[③] 这种过于机械的进化步骤已受到批评。有学者指出，许多资料表明，原始公社制度的解体不一定采取军事民主制形式，采取以较大程度的社会分化为基础的另外一些途径是可能的。[④] 尽管军事民主制不是普遍的过渡形式，但战争和征服能够有力地使社会结构发生变化则是无疑的。战争可以提高政治权威的水平，可以带来更多的财富，从而使氏族内部的财产差别更悬殊、更普遍化；战争可以带来社会组织规模的扩大，从而增加内部社会调整的复杂性；战争要求有更细致和全面的规范来约束社会成员等。这一切都表明战争和征服也是促使法和国家产生的动力因素，不过这种促进作用有时并不是很直接的，不是决定性的。

五、法的进化是多种因素综合作用的结果

上面列出的促成法的形成和发展的诸因素不是彼此孤立的，不但它们之间有着密切的联系，而且诸因素相结合共同起着作用。这诸种因素构成了社会的复杂性。社会复杂性的增加，增加了法的产生的可能性。在社会复杂性中，起决定作用的是生产力、社会分工和生产关系，当然前两者并不直接引起法的产生和进化，但是法的进化的最深刻动因却正在于这两者。社会分工和生产力的发展，可以使人的能力得以提高，使人类在人与自然的关系中获得更多的自由。这会进一步引起社会关系尤其是生产关系的进步，并要求社会的自我调整、自我控制能力的相应提高。起初，这完全是社会的自发要求，权威和社会控制也只是作为从属于社会的工具，尚没有发生根本的异化。但到后来，社会复杂性的增长便不得不求助于表面上凌驾于社会之上、充当社会冲突调停者角色的国家和法了。在论及法的概念时，我们已表述了这样的观点，即社会复

---

① 参见L.波斯皮西尔：《法人类学：一个比较的理论》，121—124页。应当注意的是，L.波斯皮西尔的法律定义很宽泛，一个社会中同时存在许多法律体系而有不同的水平，法律水平是可以变化的。

② 参见《马克思恩格斯全集》，第21卷，187页，北京，人民出版社，1965。

③ 参见[美]摩尔根：《古代社会》上册，257页，杨乐菾等译，北京，商务印书馆，1987。

④ 参见[苏]A.N.别尔什茨主编：《原始社会》，126页。

杂性的增长，要求社会调整水平的提高。这里要分析一下构成社会复杂性的诸要素，是如何结合起来并作用于法的进化的。

英国法社会学者基德尔（R. L. Kidder）曾对研究法的起源的观点进行分类，认为这些观点可以概括为三大类：一是从习惯的角度来研究；二是从社会结构来说明，法是适应一定社会结构的需要而产生的；三是从社会冲突来说明，法是社会中一定阶级为了谋取其利益，在社会中居于主导地位而使用的工具。① 这三种研究方向也反映了在什么是推动法进化的动力上的争论，尤其是从结构论和冲突论的角度说明法的进化时，人们的立足点也确实存在一些差别。结构功能论的总的思路是，法是在其他社会控制机制变得太弱，而不足以维持社会的秩序和整体性的地方逐步发展起来的，法实际上起着一种"填补空白"的功能。这种结构功能论也用以论证法的进化的步骤，即其进化的动力就是社会结构自身的要求。但有人认为这是一种消极的进化论模式，它未能充分表明人们在法的产生和发展过程中的积极作用，未能展现人的自觉活动在社会控制形式进化中的核心作用，反而过分强调了社会结构对人的决定作用。冲突论者与此不同，他们认为法是社会中的权力精英为建立和维持对其他阶级的统治而积极发展的策略。他们主要强调了法的工具性的方面。法的进化动力就在于社会各阶级的斗争，而且法律领域的斗争在本质上都是各阶级为争夺和控制社会的领导权的斗争。冲突论反对简单地把法看作是社会成员的共同意志的表达，或是社会整合的自然结果。法不是消灭冲突和不平等的工具，而恰恰是对社会不平等的肯定和固定。这些观点确实与马克思主义的理论有一些相似性。马克思主义关于国家和法的理论也确实常被西方人类学者划归冲突论的一种。② 但是，双方的差别是显然的。比如，西方学者对马克思主义所称的统治阶级及统治阶级意志的存在常常表示怀疑，认为根本就没有这样一个作为整体而存在的阶级。③ 对此我们当然是不能同意的。但是我们不能不承认，我们的理论在这方面的研究是比较欠缺的。对于统治人物如何结成一个阶级，这个阶级又是如何进行活动而形成其阶级意志和自觉的阶级利益等问题，都缺乏很有分量的研究。

马克思主义认为从这两个角度对法的进化的说明是可以统一起来的，并且正是在这种统一的基础上，才能够全面地阐明法的进化的动力因素。前面述及的诸因素，其实分别属于结构的要素和冲突的要素。如人口、社会组织和商品生产与交换，主要是社会结构方面的要素；而私有制和国家的形成，则主要展现社会冲突的发展。西方人类学者大多从结构和功能方面揭示法是从一种社会结构必然产生的历史现象，这当然是不错的。但它没有触及法的更深层的本质，因而对法为什么会不断发展的回答是不

---

① 参见［英］R. L. 基德尔：《联结法与社会》，36—110 页。

② 参见［美］乔纳森·哈斯：《史前国家的演进》，20—22 页，北京，求实出版社，1988。

③ 参见［英］R. L. 基德尔：《联结法与社会》，92—94 页；［英］科特瑞尔：《法律社会学导论》，115—138 页，潘大松等译，北京，华夏出版社，1988。

完满的。社会结构只是一定社会因素相互作用的结果,不能把它作为唯一的积极因素。这种社会结构本身中就蕴含着各种各样的冲突,社会结构的日趋复杂,使得社会内部成员之间的社会冲突趋于复杂和升级。社会内部冲突的加剧使得原有社会结构和社会调整形式不能正常发挥功能,从而造成了社会结构的变迁和社会调整水平的提高。冲突是推动社会结构和社会关系发展的基本因素。当然,在阶级对抗当中的社会冲突,并不可能直接促成法和国家的产生。只有阶级的冲突才直接地促成了法与国家产生的完备条件。因而,法和国家从一开始就表现出了强烈的阶级倾向性,而且法和国家作为社会结构的组成因素,就是阶级冲突的一种表现形式。同时,阶级的划分作为社会分层的最高级形式,它是社会结构不断发展和低级形式的社会冲突不断发展的结果。我们不能脱离社会结构的特定形式,来说明社会冲突的发展及解决或抑制冲突的社会控制形式的演变。马克思所说的同一氏族中的财产差别使氏族成员的利益的共同性变成了他们之间的对抗性①,就表达了这个意思。财产差别是一定社会结构的特征,它必然会带来新的冲突形式,即氏族成员之间的对抗,进而演变为阶级的对抗。阶级对抗又必然要求新的社会结构来维护和巩固这种对抗。这种结构就是法和国家。前面提到国家是阶级冲突的产物,法也是这同一过程的产物。因而,结构要素与冲突要素并不是截然分开的。恩格斯曾经指出:"由于国家是从控制阶级对立的需要中产生的,由于它同时又是在这些阶级的冲突中产生的,所以它照例是最强大的、在经济上占统治地位的阶级的国家,这个阶级借助于国家而在政治上也成为占统治地位的阶级,因而获得了镇压和剥削被压迫阶级的新手段。"②这清晰地表明,当社会发展到一定阶段,产生了这样的社会结构,即社会陷入了不可解决的自我矛盾,分裂为不可调和的对立面,而又无力摆脱这些对立面。这个社会的内部充满阶级对立和阶级冲突,各阶级为了不在无谓的斗争中把自己和社会消灭,就需要国家和法。可见,结构形式与阶级冲突是紧紧相联的,共同构成了社会的现实状况。在涉及法的进化动力时,阶级冲突可能表现得更直接,但社会结构尤其是经济结构自身所提供的潜力和可能性更为根本。因而,我们强调阶级冲突和国家对于法的产生的重要性时,不能忽视社会结构要素的决定性。实际上,社会结构为法律调整积累了绝大部分"素材",并决定某种社会调整形式发展的可能性和限度。

为了更准确地评定法的进化的动力因素,我们必须对构成法的因素以及法的职能作一种区分,以便确定哪种社会因素更直接地作用于法的相应因素。在第一节我们提出了一种划分方法,为便于考察,我们拟从另一角度即根据法律调整的对象,对法的内容作一区分。一般从这一角度可以把法分为两部分,即执行社会公共职能的法和执行

① 参见《马克思恩格斯全集》,第45卷,522页,北京,人民出版社,1985。

② 《马克思恩格斯选集》,2版,第4卷,172页。

政治统治职能的法。对于这种观点，马克思和恩格斯都有过阐述。[①] 恩格斯在论述国家权力的起源时曾指出："在这里我们没有必要来深入研究：社会职能对社会的这种独立化怎样逐渐上升为对社会的统治；起先的公仆在情况有利时怎样逐步变为主人；这种主人怎样分别成为东方的暴君或总督，希腊的部落首领，克尔特人的族长等等；在这种转变中，这种主人在什么样的程度上终究也使用了暴力；最后，各个统治人物怎样结合为一个统治阶级。在这里，问题仅仅在于确定这样的事实：政治统治到处都是以执行某种社会职能为基础，而且政治统治只有在它执行了它的这种社会职能时才能持续下去。"[②]有趣的是法人类学的研究正是从恩格斯所称的"在这里我们没有必要来深入研究"的地方开始的。法和国家正是在以上所列举的几种转变中逐步形成的，这一过程决定了法必然执行这两方面的职能。法的内容、法所表达的社会关系也可以从这里作一划分。不过执行社会职能的法可以进一步分为两个方面，一是执行一般的社会公共职能的法，二是表达一定商品生产和交换规则的法。这种区分主要是为了强调后者的重要性。

在任何原始公社里都存在社会公共利益以及相应的公共职能，都需要维护公共利益的工作。这种工作虽然是在全社会的监督之下进行的，但对某些工作如解决争端、制止个别人越权、监督、执行宗教职能等，却不能不由个别成员来承担，这些职位被赋予了某种全权，这是国家权力的最初萌芽。在这些活动中逐步形成的习惯规则就是法的发源地之一。社会公共职能随着社会复杂性的增长而逐步增加，在以后的阶级社会也大量存在。这些职能反映社会生存和发展的最基本要求，也是社会结构所必须具备的最低限度的功能。当然，在各个社会中这一类职能的具体方面是不尽相同的。但是每个社会都必须对这一类公共事务进行必要的统一社会调整。反映这种职能要求的社会控制形式在任何社会都不可缺少。这一点是"准法律"阶段与真正法的社会之间的相通之处。许多学者正是基于此来认定原始社会有法，从而否认法的阶级本质。其实，这些人抓住的只是"最低限度的法"，而不是法的核心内容，而且执行公共职能的法尽管从形式上与"准法律"有其相似性，而本质上是不同的。他们没有认识清楚阶级社会中社会控制的最有特色、最本质的东西，而以表面的普遍性回避了问题的实质内容，因而难免有"管中窥豹"之嫌。

法的重要内容之一是表达商品生产和交换关系中的权利和义务，对此恩格斯在《论住宅问题》一文中有过精辟的论述：在社会发展某个很早的阶段，产生了这样的种需要：把每天重复着的生产、分配和交换产品的行为用一个共同规则概括起来，设法使个人服从生产和交换的一般条件。这个规则首先表现为习惯，后来便成了**法律**。随着法律的产生，就必然产生出以维护法律为职责的机关——公共权力，即国家。这里

---

① 参见《马克思恩格斯全集》，第25卷，432页。马克思认为政府职能包括两个方面，即执行由一切社会的性质产生的各种公共事务，由政府同人民大众相对立而产生的各种特殊职能。

② 《马克思恩格斯选集》，2版，第3卷，523页，北京，人民出版社，1995。

至少有以下几点值得注意:一是恩格斯明确强调了生产、分配和交换中的习惯权利和义务是法的重要来源;二是习惯如何变为法律;三是国家与法在其产生过程中如何相联系,国家的介入对法的内容以及“生产和交换的一般条件”产生何种影响。把生产与交换的一般条件作为法律的组成部分,这表明了法与经济关系的直接相关性。正基于此,商品生产和交换的发展是法的进化的直接的,也是根本的动力。它所直接作用的就是法的这部分内容。法总是表达一定社会的经济生活条件,因而生产和交换的经济关系对法的决定性影响是很自然的。① 经济关系的发展必然带来社会自我调整能力的相应提高,法的出现就是经济关系自身性质变迁的直接结果。生产和交换的发展引起了阶级差别、国家的出现,从而使表现为习惯的生产和交换的一般条件变成法。当然这种一般条件本身也不断地发生变化,特别是逐步渗透着阶级性的成分。生产和交换的发展所促成的作为法的经济内容的、表现生产与交换一般条件的权利和义务关系的变化,与它所促成的其他社会因素的变化,必然引起整个法律体系乃至法的历史类型的变更。

法的执行政治统治职能的内容是法所固有的,也是法这种社会控制形式区别于其他社会控制形式的最显著的特色。正是这一内容的形成,才使“准法律”转化为真正的法。国家的形成产生了以政治统治为目的的权利和义务关系,而统治阶级又不失时机地以法的形式将其确认下来。这一点前面已经述及。因而,社会以国家的形式实现的政治统治,是法的政治内容的直接根据。同时,它也有力地影响了包括其他两方面内容在内的法的整体。其实,国家的形成本身就标志着社会控制达到一个新的更高水平。法是对国家政治统治的再一次确认,也是对更广泛的经济关系和社会公共事务关系的确认。但是,尽管国家在促进法的进化上作为直接的动力而存在,我们仍然应当牢记马克思的教导:“在存在**国家**(在原始公社等之后)——即**政治上**组织起来的社会——的地方,国家决不是**第一性**的;它不过**看来**如此。”“这种条件——是国家赖以建立的基础,是它的前提。”②这就是说,国家作为阶级冲突的结果对法的推动作用并不是最根本的,应从该社会的经济结构中寻找这种推动力的更深层的原因。

从法的以上三方面内容可以看出,法的成长经历了一个由自发到自觉、由社会构成的有机部分到表面上凌驾于社会之上的长期过程。关于社会公共事务,即生产和交换这方面社会关系的社会控制的最初发展是自然而然的,完全出自社会自身的需要。这方面的权利和义务规则(主要是习惯规则)是为了社会自身的生存和发展,尚没有被社会中的某一部分人用来为追逐特殊利益而服务。社会权威的成长,最初也是自然而然的。霍卡特认为:人并不是有意识地追求政府,他追求的是生活,只是为了这一目的他才做了一件又一件事情,逐渐形成并适应一些特别的程序和技术,最后他发现自己

① 参见《马克思恩格斯选集》,2版,第4卷,252—253页。

② 《马克思恩格斯全集》,第45卷,645、647页。

被管理了。原始社会追求生活的手段是仪式。[①] 他认为,这种权威和规则都是自然生长起来的观点,是有其合理之处的。在社会没有发展到必须创造出一个表面上凌驾于社会之上的力量的程度之前,社会生活中的规划和权威都还没有异化。我们前面指出,法是从各阶级冲突的需要中产生的,这显然是强调了人们是有意识地自觉地运用法这种社会控制来实现某阶级的利益。那么,这种自觉的形式与社会控制的自发发展之间是否存在矛盾呢?我们认为不存在。冲突总是在一定的结构之中进行的。这种自觉地利用社会控制的、为巩固阶级差别和发展一定阶级的政治优势的状况的出现,正适应了社会结构的要求。冲突虽然是以人们自觉活动的形式出现的,但是这种冲突的形式本身却是自然的、必然的。正因为其不可避免,它才显得自然而然。法的最初的完整形态大多是对社会之中已经存在的习惯规则的认可。尽管它已是某一社会阶级的自觉活动,但从形式上看仍显得比较自然。而且,政治统治即国家权力本身的成长也是逐步进行的,人们并未突如其来地感到它的明显压力。马克思曾指出,国家权力即法庭最初并没有牢固到使人一开始就服从其法律权威的程度。[②] 国家权力达到其完整形态,经历了一个相当长的、反复的过程,而不是一次性完成的。同样,由"准法律"到真正的法、从习惯规则到法律规定的过程也是如此。

六、从习惯规则到法的转变

在谈论法的进化时,必然涉及如何对待习惯权利和义务的问题。前面已多次涉及在法的进化过程中习惯如何演化的问题。原始人的习惯无疑在社会控制诸形式中占有重要地位。在那里,"一切问题,都由当事人自己解决,在大多数情况下,历来的习俗就把一切调整好了。"[③]但人们往往对这段话作过于简单化的理解,比如认为习惯在原始社会中就是一切。我们应全面把握这一论点。恩格斯强调习俗在社会调整中的作用,主要是相对于后来臃肿复杂的管理机关而言的。就是说,在原始社会没有建立起完备的处理公共事务的专门机关,主要依靠当事人自己来解决其纠纷。从当代人类学所积累的材料来看,恩格斯的这一观点已经不很周全了。首先,由当事人自己来解决争端的社会调整形式已经远远不是原始社会最基本的、甚至唯一的调整方式,有些部落社会可能发展出很复杂的社会机构来解决争端。美国人类学者 R. 施瓦茨(Schwartz)和 J. C. 米勒(Miller)的研究表明了这一点。这两位作者对 51 个部落社会作了统计,并分析其处理纠纷的社会组织的发展水平,特别是分析社会复杂性的水平与社会控制组织进化之间的关系。他们把法律组织形式分为三种:法律顾问,通常指在解决纠纷中专门化的非亲属建议人;调解,通常指非亲属的第三方介入纠纷的解决;警察,

---

① 参见[英]R. W. M. 戴俄斯:《法哲学》,5 版,392 页。

② 参见《马克思恩格斯全集》,第 45 卷,627 页。

③ 《马克思恩格斯选集》,2 版,第 4 卷,95 页。

指被部分地或全部地用来保障规范生效的专门化的武装力量。在51个部落社会中，有7个社会这三种形式都没有，18个社会只存在调解，11个社会只存在调解和警察，7个社会这三种形式都有。作者们还注意到，所调查的对象有41个社会存在赔偿这种形式，并且在存在调解的38个社会中只有4个没有赔偿制度。随着社会复杂性的增加，这几种形式依次出现，在更高层次的组织形式中，以前出现的组织形式都被保留下来。① 另一位美国人类学者H. 威姆伯雷(Howard Wimberley)对这种观点作了补充。他认为在调解与警察之间存在另一种组织类型，即法庭。这一类社会都有联系紧密的血缘组织，发誓和神判被作为法律渊源，外在权威体系较弱。② 对他们的观点应注意两点，一是他们所说的法律形式，显然不完全是我们所称的正式的法律组织，二是他们所考察的社会的性质，并没有得到严格确认，因而我们不能据此就简单地说原始部落社会中存在这些形式。但可以肯定的是，原始社会的社会控制形式也是逐步发展的，从最简单的没有任何正式形式的权威组织的社会(在这种社会中，纠纷完全由当事人自己来解决)到调解的出现，到正式权威组织和人员以至维护规则的强制力量等，都可能在原始社会出现。"准法律"现象的出现就表明，原始社会比我们通常认为的要复杂得多。原始社会的这种"准法律"虽然还不是法律，但却是后来即阶级社会中法律的"基因"，所以十分重要。

其次，在考察这些习俗的内容如何形成和如何发挥功能、习俗的效力从哪些方面受到威胁而逐步不能适应社会的要求、它们又是如何演变为法的组成部分、最初的法是否仅仅是对习惯的确认等之后，我们可以更深入地理解习惯在社会调整系统中的作用，从而看到习惯在社会中的实际状况并不像我们通常所认为的那样简单。西方人类学并没有在这方面给我们多大的帮助。他们有的直接就把习惯当作法来看待。③ 有的虽然区别了这两者，但由于使用过于宽泛的法概念，使习惯演变中的根本性变化被掩盖。习惯在法的进化中虽然被重视，但并未得到正确理解。我们已经指出，习惯并不是原始社会唯一的调整形式。通常认为的原始社会中各种社会调整形式不进行区分的观点，缺乏足够的证据。马林诺大斯基试图证明习惯中的一些规则不同于另外一些规则。④ 美国法人类学者M. 格拉克曼(Gluckman)指出，在巴洛兹人那里，法律主要是由肯定的命令"你应当"，而不是由否定的命令"你不应当"组成的。原始法律中的这些"应当"，按照遵守它们的义务的性质可以和其他社会规范区别开来。⑤ 我们所称的"准法律"也是一种习惯。"准法律"的内容是后来法律的最初的主要内容，它也涉及广

---

① 参见[美]R. 施瓦茨、J. C. 米勒：《法律进化和社会复杂性》，载《美国社会学杂志》，第70卷，159—169页，1964年9月。

② 参见[美]H. 威姆伯雷：《法律进化：更进一步》，载《美国社会学杂志》，第79卷，78—83页，1973年7月。

③ E. A. 霍贝尔曾批评过这种观点。参见[美]E. A. 霍贝尔：《原始人的法》，18—28页。

④ 参见[英]马林诺夫斯基：《蛮族之犯罪与习俗》，20—25页。

⑤ 参见[英]R. W. M. 戴俄斯：《法哲学》，5版，391页。

泛的社会关系，主要是公共事务、物质生产和交换等方面的关系，也有一些表达统治与服从方面的关系，当然这一类关系还没有演变为政治统治关系。如在许多酋长制社会中已有明显的统治与服从的关系，但尚未出现国家。[①] 这些内容随着国家的产生可以很顺利地成为法的组成部分。这两者之间虽有本质上的差别，但过渡却可以比较自然，因而粗略的说法从习惯中成长起来也是不错的。应当注意的是，远在法的形成之前，习惯的内部已有复杂的划分，并且获得了不同力量的支持。习惯的存在及其功能的发挥，最典型地反映了社会结构的自发发展。要成为法，必须借助于国家权威的自觉活动。但是，国家为什么把这些习惯主要通过确认的方式，来加强其权威呢？这一事实表明，习惯在成为法之前，即在“准法律”阶段已发生了深刻的变化。它表现在两方面，一是习惯的某一部分已具有明显的阶级倾向性，适合于被一定阶级来利用；二是以习惯规则为中介，已形成了规范性调整与个别性调整有机结合的社会调整机制。这两方面都是法律调整成为现实的基础和前提。这也表明，“准法律”是法的现成的准备形式。另外，有些学者更细致地研究了一项权威性的规则（有时是我们所称的法）如何转化为习惯，以及一项社会习惯如何演化为法。L. 波斯皮西尔设计了一个模型，以说明他所谓的“习惯法”和“权威法”之间是如何转化的。他认为，习惯法意味着一项法律被社会组织所内化，权威法则意味着法律尚没有被一个群体的大多数所内化。在他看来，法可以来自两个方面，即政治决定和习惯，权威法和习惯法就是分别由这两方面构成的。这两方面的法不断转化，正是这种转化，推动着法的不断变迁。权威性的政治决定由于得到越来越多的人的遵守和支持，为社会所内化而进入习惯领域。习惯法也会因逐步失去其支持者而趋于消亡。这两个方面运动的方式和速度是不同的。法律都有一个相对稳定的时期，其变动中也有反复和徘徊的情形。[②] 在 L. 波斯皮西尔的论述中，“内化”概念居于重要地位，它被视为法的变迁的动力因素。我们不否认一种社会规范的内化是其成为习惯的必要步骤。实际上，那些自发形成的普遍规则包括“生产和交换的一般条件”本身，就是社会成员将某些特殊规则或个别性要求逐步内化的结果。社会规范的内化及这些规范逐步推动支持而为新的规范所代替的连续过程，尽管从形式上说明了法的变迁的原因，但它未能说明这种变迁是一个进化的过程，因而，我们应当继续研究这些规范为什么会被内化，又为什么会逐步推动社会的支持。另外，这种“内化”概念并不能直接说明为什么习惯就演变为法，而只是说明了一种规范如何演化为习惯。在原始社会中，由于一种社会规范的效力往往在于它是否被广大社会成员所认可和尊重，因而，内化在社会控制系统中具有重要意义。但是随着权威的增长和对社会成员的外在支配力量的强化，社会整体的自发整合力量逐步被削弱，一种规范是否内化对社会控制实现的影响也会降低。社会控制越来越表现为直接的、强

① 参见［日］石川荣吉主编：《现代文化人类学》，121—139 页，周星等译，北京，中国国际广播出版社，1988。

② 参见 L. 波斯皮西尔：《法人类学：一个比较的理论》，192—232 页。

制性的支配，表现为主动和被动、统治和服从的对立面。从而，全体社会成员在对规范的内化方面的一致性被社会内部的对抗冲淡了。当然，也并没有完全放弃这种一致性。法的内容中，仍有相当一部分可以被全体成员所内化。

我们承认习惯是法的来源之一，而且，越往前追溯，法与习惯在各方面的联系就越密切。但习惯与法的差别不能因此而被抹杀，习惯要成为正式的法律渊源必须要经过国家权威的认可。有些人类学者也注意到了法与习惯之间的差别，如美国人类学者P.鲍哈那(Paul Bohannan)在其撰写的《法律与冲突》一书中认为法是习惯的双重制度化。但由于他对再制度化的主体、程序、方式等没有作进一步的规定，对法的界定仍是很宽泛的。在对法的进化过程的考察中，我们不难发现，由于人们在法律领域的主动性不断增强，人们可以更自觉地、更富有创造性地运用法律工具，因而，习惯作为法律渊源的地位呈下降趋势。这里的问题是，在法形成的最初时期，在法的最初内容中，是否仅仅是以习惯作为法律渊源，最初的统治者的直接命令在法的内容中是否也占有一席之地。我们认为，尽管习惯作为"准法律"演变为法的内容，是法的形成的最普遍、最自然的方式，但是逐步形成的国家统治者的具体的、个别的命令或决定仍是与习惯法并行的法律渊源之一。后者直接反映着一定阶级统治的需要，并表明最初的国家统治者还不能娴熟地运用法律工具，法便采取某种"强权法"的形式。① 马克思和恩格斯曾指出：法的历史表明，在最早的和原始的时代，这些个人的、实际的关系是以最粗鲁的形态直接地表现出来的。② 这种最粗鲁形态的法，就是以统治者的个别决定的形式表现出来的法。当然，这部分法并不是法的全部，习惯权利和义务形成了一定社会关系的行为模式，它们表现为法则并不是"以最粗鲁的形态"。不过，这两方面是统一的，都是统治阶级意志的表达方式。

第三节　马克思主义研究法的进化问题的思路

西方人类学的传统之一是把注意力集中于所谓未开化的原始民族，并且大多以小规模的田野调查作为立论的基础。对小型社会的不同生活方式的研究，可以使人们对人类的多样性和人类发展的可能性有独特而深入的了解。但是，这种研究方法的缺陷和它的优势一样明显。人们开始意识到人类学的视野应该更开阔一些，应该对各种类型的社会的研究都有所贡献。法人类学的研究亦应如此。尤其在研究法的进化问题时，更不能仅仅满足于了解原始民族的生活状况和社会控制形式。在讨论法的起源问题时，可资利用的人类学材料较充分，西方法人类学的兴趣正在于此。对于法的后来的历史发展及其历史类型转换的规律性的研究，有的学者认为应归入法社会学的范

---

① 参见《马克思恩格斯全集》，第12卷，738页，北京，人民出版社，1962。

② 参见《马克思恩格斯全集》，第3卷，395页，北京，人民出版社，1960。

围。[①] 我们认为，在法的进化问题的研究中，应当充分利用人类学、民族学、法制史学、法社会学等方面的材料，得出富有特色的人类学的结论。马克思和恩格斯都十分重视运用人类学、历史学、民族学的材料来为其历史唯物主义研究奠定最坚实的基础。尽管在马克思的晚年，人类学研究才初具规模，但马克思仍然敏锐地感到人类学的成果对其理论体系的重要意义。他仔细研究了当时的人类学者如毛勒、泰勒、巴霍芬、麦克伦南、摩尔根、梅茵、柯瓦列夫斯基、拉伯克等人的成果，并做了大量的笔记，这就是我们所熟知的马克思的人类学笔记。在对各位学者著作的细心摘录、评注、删节、改造和补充时，马克思表达或透露了一些重要的思想和观点。恩格斯在这方面的重要贡献之一，就是根据马克思对摩尔根的著作《古代社会》所作的笔记，写出了划时代的伟大著作《家庭、私有制和国家的起源》。尽管马克思和恩格斯对人类学的研究并没有专门涉及法的进化问题，但从他们博大精深的思想中，我们仍然可以领会研究法的进化问题的基本思路。前面述及的从法与国家、法与生产关系的联系中来考察法，正是他们研究法律问题的首要的、基本的观点。下面，我们主要分析法进化中的一般规律性，旨在促进马克思主义法人类学对这一问题的研究。

一、法的进化是社会自由发展的一个侧面

在重视法的工具性质的同时，也应当看到法的进化实际上也在更深层次上反映着人本质的不断发展。法与人的本质的内在一致性，更深入地说明了法产生和发展的必然性。人的本质发展的一个重要方面就是社会自由和责任水平的提高。可以说，英国法学家 H. J. S. 梅茵(Maine)首先从人类学的角度把法的发展与社会进步相联系，把法与社会自由的不断扩大相联系，他说："所有进步社会的运动在有一点上是一致的。在运动发展的过程中，其特点是家庭依附的逐步消灭以及代之而起的个人义务的增长。'个人'不断地代替了'家庭'，成为民事法律所考虑的单位。""所有进步社会的运动，到此处为止，是一个'从身份到契约'的运动。"[②]这说明在进步社会的发展中，社会自由是逐步扩大的。源自"家族"的权力和特权的各种以"身份"形式出现的权利和义务关系，表明个人从属于更大的整体，缺乏平等的社会自由，在这种社会中自由和权利往往表现为特权。在向新的社会秩序的发展过程中，社会关系发生了变化，它不再主要基于家族等集体形式而产生，而是因"个人"的自由合意而产生。法在发展进程中，也经历了同样的变化。法的内容和形式与社会的发展相一致。事实上，梅茵的结论在很大程度上是通过对法律发展中的考察得出的。梅茵的观点由于过于简单化而受到后来日益增加的人类学材料的挑战。L. 波斯皮西尔认为，梅茵所称的"身份社会"和"契

① 参见《牛津法律大辞典》"法理学与人类学"条，490—491 页，北京，光明日报出版社，1988。

② ［英］梅茵：《古代法》，96、97 页，沈景一译，北京，商务印书馆，1984。

约社会”并不是绝对对立的。[①] 庞德就梅茵的结论评论道:“无论怎样,梅茵完全从罗马法制史中得出的归纳并不符合普通法的现象。”[②]他认为普通法的基本观念是关系而非意志。庞德以及后来的许多学者都指出,从梅茵以后,社会和法的发展在某种程度上又有回复到身份的倾向。[③] 我们认为,尽管梅茵得出的结论并不很精确,但他所揭示的法和社会发展的大致方向是正确的。恩格斯在以嘲讽的口吻就梅茵的这一结论做出评论时,实际上也肯定了它的正确性。马克思曾把人类社会划分为三个阶段,即人的依赖性阶段、物的依赖性阶段和自由个性阶段。[④] 这种划分充分展示了人类的自由是逐步发展的。当然,马克思的视野和立论基础都比梅茵要广阔得多。我们已经指出过,法的产生必须依赖于一定社会自由的发展,法就是这种社会自由的表达和保证。“人的法律因素”中必然包含着人的自由因素。尽管法在各民族生活中的地位和功能不尽相同,但是,这些民族的发展就包括其在社会自由领域的进步,社会自由的存在和发展都会要求某种形式的法律调整的发展。在历史的一定时期,一定阶级的社会自由必须借助法来使其自身合法化、永久化和神圣化。同时,法律领域的斗争往往就是争取更大自由的斗争。总之,社会自由的不断扩大是历史发展的必然逻辑,而法的进化历程则记载了阶级社会中社会自由扩大的状况。不过要看到,法作为一种表面上凌驾于社会之上的力量,其产生和发展又是社会异化的表现。随着国家权力向社会自身的回归,法也会逐步消亡。法曾经是为了适应社会自由的发展而产生并发挥积极作用,它最终也将为适应社会自由的更高水平的发展而逐渐衰微。

二、法的进化是“单线论”与“多线论”的有机统一

进化论中的“单线论”认为,法律的演化沿着一条固定线路向前延伸,各民族的法律发展都应沿循这条道路,所不同的只是时间上的先后、速度上的快慢。法的演变、法律价值和法律观的发展都是亦步亦趋,不能超越或者省略。这主要是早期法进化论者和形而上学进化论者的看法。当代法人类学者已经抛弃了这种有着浓重“西欧中心论”色彩的主张。他们力图证明,人类存在多样性的法律选择,并非只有西方的法律模式才是唯一有价值的东西。这种观点肯定法的发展中存在整体上的进化趋势,是正确的。但是它把法的进化方式看得过于简单化、绝对化了。“多线论”则认为,法和社会生活的其他方面一样可以而且实际上也正是沿着不同的线索前进的,各个社会可以有完全不同的法律选择,每一种法律模式都有着同样的价值,重要的不是从这些法律发

---

① 参见L. 波斯皮西尔:《法人类学:一个比较的理论》,150页。

② [美]R. 庞德:《法律史解释》,54页,曹玉堂、杨知译,北京,华夏出版社,1989。

③ 参见林文雄:《梅茵的法发展说》,载《固有法制与现代法学》,80—84页,台湾,成文出版有限公司,1978;[英]J. W. 哈里斯:《法律哲学》,223页,伦敦,巴特沃尔斯,1980。

④ 参见《马克思恩格斯全集》,第46卷上,104页,北京,人民出版社,1979。

展模式中发现一个空洞的普遍规律，而是考察各民族自身的法的演化规律。这种观点是不彻底的进化论。它虽然也承认各民族的法律发展是一个进化过程，但却不承认进行一般的归纳，得出普遍结论的可能性。按照马克思主义的理解，这两种观点各有其合理性又各有其不足之处。马克思主义首先肯定法是不断进化的，进化过程中总的规律性是存在的，要发现这种规律性是可能的。如前面指出的，法进化的动力不在于法本身，而在于各种社会因素，其中根本的是生产关系的作用。法的普遍的进化规律之所以存在，就在于生产关系。各民族生活的样式尽管很不相同，但在生产关系发展的规律性及其对法的进化的决定性上都是一样的。法的进化规律性是从法的本质的共同性及其演化中概括出来的。法的历史类型是对法进化过程的最高层次的概括，它说明了法的阶级本质、法的物质制约条件，以及在划分法进化阶段中的决定性作用。马克思主义法人类学正是基于此才坚信法的历史进程是必然的，是有普遍规律可循的。西方人类学者由于未深入到这个层次，他们尽管感受到了法的进化，却不能很好地加以说明。

在认识到法发展中普遍趋势的同时，也应当注意考察法进化中丰富的多样性。简单的机械论就会陷入历史目的论。这种多样性包括两个方面。其一，法进化中的民族性。我们不能简单地把某一民族的法律模式作为法进化的普遍样板。即使该民族的法的发展历史最典型地表达了法的一般进化趋势，也要充分考虑到这一过程中特殊的民族性成分。民族性在法中的表现是十分广泛的。如法的功能和结构、法在社会生活中所处的地位、人们的法律需求、法律价值观，以及法律实践等，都渗透着民族性。法人类学者常常关注的就是各民族社会控制的特殊性，而对进一步总结更高层次的一致性不够重视。有时尽管也重视，却因视野狭窄、分析不彻底而导致见解偏颇。其二，法进化中的跳跃性发展。法在进化中存在普遍的规律性，但这并不排斥法在进化过程中能够跨越某一个或几个阶段而达到更高的水平。当然，这需要一系列的社会条件。我们认为，法的跳跃式发展可以通过两种方式来达到。一是通过革命的方式，如俄国、中国的情形。通过革命有可能实现跳跃式的社会变革，从而使法的性质发生跳跃式的变迁。马克思晚年研究俄国农村公社时指出，只要在俄国同时保存村社与地方土地占有制，只要集体所有制和劳动互助的传统还比较强，就存在着吸取资本主义制度所取得的一切肯定成果的一定可能性，从而可以不通过资本主义制度的卡夫丁峡谷。[①] 不过，只有革命才能给俄国社会创造“跨越卡夫丁峡谷”的特殊历史条件；否则，俄国社会便会进入资本主义社会。在这种社会变革的背景下，法的进化也存在两种可能性。二是通过征服的方式。先进国家在征服落后民族的过程中，也可能带来先进的法律制度并改变原来社会的法律性质。这种通过法律移植来实现的法的进化，虽然也不乏成功的例子，但似乎失败的尝试更为常见。因为，通过征服而进行的法律移植往往是被动的，

① 参见《马克思恩格斯全集》，第19卷，451页，北京，人民出版社，1963。

被征服民族的社会结构、社会调整系统、价值观以至风土人情等未被很好地重视和研究,外来的法律制度由于未被“内化”而往往不能达到良好的社会控制效果①。法人类学应该研究法适应新环境的限度到底有多大,哪些措施最有利于社会结构对法的接受,法又能在多大程度上对社会结构施加影响等。与此相比,主动的法律移植(如借鉴等)对法进化的作用则更积极一些。当然,这种移植不大可能改变该社会和法的性质,只是可以使法在社会控制系统中的功能发挥得更好一些。总之,在法的进化问题上,我们的观点既有“单线论”的因素又有“多线论”的因素。不过“单线论”不是机械论,“多线论”也不是一般的多元主义。我们既承认法律发展的多样性又承认这种多样性背后的统一性,二者之间实际上是本质与现象之间的关系。

三、法在多样性发展中的共性和差异性

我们继续分析法进化过程中呈现的多样性。西方人类学者在分析各个民族法律调整的发展时,也往往得出一些一般的结论,这些结论是就法的多样性本身得出的,而不是我们上面所说的从本质中得出结论。因而,这种一致性是法进化的形式方面的共同特征。各民族的法律模式尽管各具特色,但是它们之间除了本质上一致和差别以外,在形式上也应有其共同性的一面,而且这种共同性也有一个不断演化的过程。西方法人类学者的兴趣正在于此。各个社会中纷繁复杂的法发展的民族形式本身,也不是杂乱无章的。E. A. 霍贝尔指出,在原始法的发展中,真正重要的转变并不是个人关系从身份到契约的实体性转变。真正的转变在程序方面,即维护法律规范的特权和责任从个人及其血缘团体转移到作为实体的政治机构的代表②。美国人类学者 L. T. 霍布豪斯(Hobhouse)把法的进化划分为如下阶段:最简单的原始人群阶段(缺乏保障和执行命令及司法的有组织的方法,私人过错由私人来复仇)、血族复仇阶段、赔偿阶段(用偿付金钱来抵消犯罪的惩罚)、王权时期(习惯演变为明确的法律,并开始创制法律,民事司法与刑事司法两者分离)、现代国家。③ 再如我国台湾学者李肇伟认为,法的进化划分为两个时代:一是限制复仇时代,包括身体复仇的限制和财产复仇的限制;二是法律统治时代,包括古代法时期、严正法时期、权利本位法律时期、社会本位法律时期④。这些分析表明,法在进化中,在形式方面也有规律可循。但应当注意的是,这种概括很容易陷入欧洲中心论。确实存在这样的事实,即随着社会复杂性的增加,法所

① 这一问题已引起许多学者的注意。这方面新近的论述可参见 B. W. 摩斯和 G. R. 伍德门编:《本土法和国家》,弗里斯出版,1988;琼·斯塔、居里夫·科勒:《法学研究中的历史和权力:法人类学的新动向》,康奈尔大学出版社,1989。

② 参见[美]E. A. 霍贝尔:《原始人的法》,329 页。

③ 参见[美]L. 波斯皮西尔:《法人类学:一个比较的理论》,179—187 页。

④ 参见李肇伟:《法理学》,19—27 页,台湾,中兴大学出版社,1979。

调整的领域呈扩大趋势，法律调整的内容和机制也趋于复杂。人们往往因此认为，法的进化就是法不断在社会生活中取代其他种类的社会控制，而占据更重要的地位；法律调整水平的提高，也就是法律调整机制越来越复杂和法律规范越来越细密和全面等。这种看法有其合理性的一面，又因具有明显西方法律模式的痕迹，而带有片面性。事实上，在一个社会中由法律调整来实现的社会关系，在另一个社会中则完全有可能通过其他形式的社会调整来达到，法律调整水平的提高也未必一定是调整机制的复杂化。马克斯·韦伯认为，法发展的方向是达到形式合理性，规则和原则可以应付一切社会冲突，这种观点在人类学者看来是很片面的。西方已有不少学者开始自觉反省西方法进化的道路和西方的法律传统。这种反省包括两个方面：其一是西方法的道路，是不是人类唯一的法律选择；其二是西方法朝向复杂化的发展是否会持续下去，它有什么内在缺陷。如 D. 布莱克指出，法在进化过程中，在其量的增长趋势继续发展的同时，也出现了相反的倾向，即法在某些领域中的功能有所减弱，社会生活的非法律化有所发展。随着社会关系在各个领域中的新发展，社会的“无政府”状态将会回归，法可能最终趋于消亡①。这种理解与马克思主义有某种表面上的相似性，但区别也是明显的。西方的法律经验尽管因其被提高到不适当的地位而受到攻击，但西方法无疑是法的多样性发展的典型形态之一。法在形式上进化的规律性并没有像本质规律那么容易达到更高的理论抽象水平，它与各民族特殊的社会生活之间联系更为直接，但是决不能因此认为寻找这种共性没有意义。实际上，这种共性与一国的法制建设的发展的关系也更直接。这其中普遍的东西可以为一个社会中的法律如何发展提供直接的指导。法的这种形式方面的共同性与本质上的共性当然是有联系的。不过，这种联系是粗线条的。当前的人类学研究没有能在这方面提供更多的材料。

四、法的各部分内容的演变方式不尽相同

我们已把法的内容划分为三个方面，其中执行政治统治的内容有着最明显的强烈阶级倾向性，这部分内容在法进化中的变化也最为显著。随着社会的根本变革，原来的统治阶级失去其存在的理由，相应地直接反映其政治统治要求和经济利益的法也随之被淘汰了。而执行公共事务和反映生产和交换的一般条件的法则较多地予以保留，并被纳入新的法律体系而继续发展。我们通常所说的打碎旧国家机器、废除旧法统，指的也主要是前一部分法，而不是完全抛弃旧法的一切内容。每个社会都必须执行公共事务和发展经济，从这里产生的社会控制的要求和形式有许多相似性，并且作为文明的成果被新的社会所继承。它们可以分别为不同的阶级服务，但并不绝对地固定地属于哪一个阶级。因为，它原本就不是直接从阶级冲突和对抗中产生的。这部分内容

① 参见［美］D. 布莱克：《法律行为》，131—137 页。

会随着社会的发展而越来越丰富和复杂，这决定了法朝向复杂性发展的必然性，但是直接维护统治的法则有另一种情形，它最终会随国家一起消亡，到那时，法重新成为更高层次上的“准法律”。

马克思和恩格斯曾经说过：“不应忘记法也和宗教一样是没有自己的历史的。”① 从对法的直接阶级内容的考察中，我们发现法的进化服从于更根本的社会历史规律。法只是表达一定的社会关系的要求，因而法是没有自己的历史的。当然，这种无自己的历史决不是说法在发展中无规律可循，也不是说法的进化是一个不连续的过程，而只是说法的某一部分内容在某一特定阶段才存在。有趣的是，西方一些学者也注意到“法没有自己的历史”。美国法社会学者 H. J. 伯尔曼（Berman）在论述 20 世纪西方法律传统陷入危机的表现时指出：人们逐步认识到所谓西方法的内在有机变化只不过是一种意识形态，法没有自己的历史，这个历史最多不过是编年史或者仅仅是幻想；人们不再相信过去和现在的法的变革是为了适应法律发展的内在逻辑或解决法律科学与法律实践之间的矛盾，而把它看作是对外部压力的反应。② 这种看法不过是借“法没有自己的历史”来否定法在发展中的规律性，是不可取的。法可以被看作是一种意识形态，但并不能由此得出法的变化无法把握的结论。法的变化作为对外在压力的反映，也不能抹杀法的规律性，因为“外在压力”本身都不是随意的。法的内容主要是记载已有的社会关系。法没有自己的历史，表明了法在社会生活中的从属性、依附性和被动性。马克思曾表达过这种思想，他摘引摩尔根的一段话：“家庭是一个能动的因素，它从来不是静止不动的，而是由较低级的形式进到较高级的形式。反之，**亲属制度却是被动的；它把家庭经过一个长久时期所发生的进步记录下来，并且只有当家庭已经根本变化了的时候，它才发生根本的变化。**”③马克思就此发挥道：“同样，**政治的、宗教的、法律的以至一般哲学的体系，都是如此。**”④由此看来，法一般都落后于社会生活的实际发展，并总是极力巩固和维护现状。那么，法的内容是否仅仅限于对一定社会关系的记载或宣告呢？它对社会关系的产生和发展能够有什么创造性的促进作用？这都是值得研究的问题。

我们还可以从另一角度划分法的内容，即分为法的社会政治内容和法的专门法律内容。不过，最好把这两种看作是法的内容的不可分割的两个方面，社会政治内容终归要通过一定的专门法律内容表现出来。相比较而言，把专门法律内容看作是另一部分内容的形式方面更确切些，从而可以看作是我们前面提到的法的多样性的形式。专门法律内容强调的是法作为社会调整的工具而呈现的多方面的工具性特征，更多地反

① 《马克思恩格斯全集》，第 3 卷，71 页。

② 转引自［美］H. J. 伯尔曼：《法和革命——西方法律传统的形成》，参见朱景文：《法和现代化：两种对立的理论解释》，载《比较法研究》，1992(2)。

③ 《马克思恩格斯全集》，第 45 卷，353—354 页。

④ 同上。

映着法文化的成就。这种内容的发展可以表现在诸多方面，如法的规范性概括水平的提高，法的体系的系统性的增强，法的专门化的发展，法的结构的完善，规范性调整与个别性调整之间的协调性的增强，法律保证机制的完善和巩固等。① 专门法律内容的发展并不直接决定法的进化的性质，但其发展中所展示的共性成分，却对社会的法律调整功能的完善有直接的作用，人们可以根据对共性的认识，来改造自己社会的社会调整体系。法的这两方面内容的结合，增加了对法的进化进行评估的难度。从社会政治内容的角度来揭示法的进化规律，确定法进化所达到的水平比较准确，也触及到了法的本质因素，但是却不能反映法进化的全貌。这两方面内容的发达程度并不是直接统一的。因而，必须进一步考察法的专门内容的发展规律。这两种进化规律的地位和作用并不是平列的，而是从属的。以往的人类学研究运用比较的方法为揭示后一种规律付出了更大的努力，而对前一种规律的揭示则是马克思主义的独特贡献。

① 参见［苏］阿列克谢耶夫：《法的一般理论》（上），127—131页，北京，法律出版社，1988。

第二章　法的概念和本质论

作为法哲学本体论之基本问题的法的概念和本质问题，是整个法学研究的起始问题，也是任何法哲学研究所不能、也不应该回避的重大理论问题。因此，凡可称为法哲学研究的法学研究，不论其阐释者主观意愿如何，都不能不或多或少、或直接或间接地表明其对法的本质和概念的基本理论态度与倾向，从而阐明其理论立场、观点和主张。本章拟从对于西方法哲学关于法的概念和本质研究的宏观的整体把握中，针对自然法学派、分析主义法学派和社会学法学派这三大主流法学流派，以及20世纪中叶以来在西方国家先后产生的综合法学、批判法学、经济分析法学和行为主义法学等几种新的法学流派，关于法的概念和本质的主要观点作一简介和评析。

但必须指出的是，从古至今，西方法哲学界几乎所有学派和法哲学家都自觉地把法的概念问题作为自己探讨的重点。同样，几乎所有的法学派别和法哲学家都一致否认自己研究了法的本质，他们根本上拒绝对所谓法的本质发表看法和意见。他们所说的实际上是法的实体或本体（法自身）问题。仅仅因为他们的研究多多少少、直接或间接地涉及到，用马克思主义法律观来看，大体上属于法的本质的内容，我们方将其纳入关于法的本质研究之中。严格说来，这是有违西方法学各学派和各法哲学家的本意与初衷的，或者干脆承认是我们“强加”在他们头上的“法的本质”研究。这一点我以为必须首先在此申明。

第一节　当代西方法哲学界关于法的概念和本质研究的一般情形与趋势

一、当代西方法哲学界关于法的概念和本质研究概况与主要特点

可以这样说，法的概念和本质是任何法哲学家或者自称为法哲学家的人都必须首先解决的问题。这一点于古今中外概莫能外。因此，法哲学家们不管属于何种法学派别，也不管其主观喜好如何，当他们试图阐述自己的法学思想、观点，或者批判他人的法学思想、观点时，都会自觉或者不自觉地对于法的概念和本质问题做出自己的回答。然而，作为法学本体论的最基本的问题，作为所有法哲学家研究之出发点和必须解决的首要问题，法的概念和本质又是一个高难度的课题。因为，其所回答的不是有关某一实际行为或事件的具体的、可操作的法律知识，而是要涵括古与今、本国与外国所有

既存和现存的法律的本质特征，找出法与其他社会现象的联系和区别，提炼出其特有的质。所以，在西方法哲学的历史上，这一课题在事实上被一代又一代的法哲学家反复提起又反复解答，而至今尚无一个众所公认的符合事实和科学逻辑的答案。法的概念和本质遂成了一个魅力无穷的法哲学的永恒主题。许多法哲学家投入了很大精力去研究、探讨这一主题，并试图做出自己的结论。

仅就20世纪而言，西方法哲学家对于法的概念和本质的探讨一直没有停止并且相当活跃，产生了各式各样的学说。如：著名的法人类学家E. A. 霍贝尔（Hoebel，1993）在其名著《原始人的法》中，提出了“暴力”论的法概念。新分析主义法学的著名代表英国H. L. A. 哈特（Hart，1907—1992）教授的专著《法律的概念》，提出了法的规则模式论，认为法是“主要规则”和“次要规则”的结合。美国社会学法学的著名代表人物R. 庞德教授（Roscoe Pound，1870—1964）在《通过法律的社会控制》《法律的任务》等著作中，提出了法是一种“社会工程”。而已故美国联邦最高法院大法官O. W. 霍姆斯（Holmes，1841—1935）在其代表作《法律小径》中，提出以法的“预测论”为开端；继而，美国实在主义法学的其他代表人物如J. C. 格雷（Gray，1839—1915）在《法律的性质和渊源》、K. N. 卢埃林（Lewellyn，1893—1962）在《棘丛》、J. 弗兰克（Frank，1889—1957）在《法律和现代精神》中，都捍卫了法的“预测论”。相反，哈特、M. P. 戈尔丁（Golding）、H. 坎特诺维茨（Kantorovicz，1887—1940）等人，却对法的“预测论”提出了强烈批评。美国L. L. 富勒（Fuller，1902—1978）教授在《法律的道德性》中，提出了“事业论”的法概念，并对实在主义法学的法的“预测论”和美国W. G. 弗里德曼（Friedman，1907—1972）的法的公共秩序说等进行了批评；而富勒的理论本身又受到著名法哲学家美国R. M. 德沃金（Dworkin，1931—2013）的批判。与此同时，还有一些法哲学家对于法的概念和本质的有关内容作了专题研究，并且出版了专著。如美国A. 沃特森（Watson）和T. G. 瓦特金（Watkin）先后于1977年和1980年出版了同名《法律的性质》的著作。英国J. 拉茨（Raz，1939—）出版了《论法的作用》，提出并充分论述了法的规范作用和社会作用。如此等等，充分表明西方法学界对于法的概念和本质的研究是相当重视的。当代西方法哲学的许多热点问题，如法的模式问题、实然法和应然法之关系、道德的法律强制、自由与平等、公平与效益、守法与反抗、作为第一权利的表达自由、法的效力、法与正义、法治与自由裁量等，都是直接与法的本质和概念问题相关的或者从该问题出发或者引申出来的。同时，20世纪50至70年代初，西方法哲学界发生的一系列重大的政治和学术论争，特别是影响深远并对第二次世界大战以后法哲学由萧条走向繁荣具有巨大促进作用的三次大论战，即发生于20世纪50年代后期，以法与道德、实然法与应然法、事实与价值能否分离为主题的哈特与富勒之间的论战；随之而来的以可否由法律手段强制实行道德的英国P. 德富林（Patrick Devlin，1905—1992）与哈特之间的论战；以及发生于20世纪60年代中期以后，内容更加广泛、讨论更加深入的德沃金与哈特之间的论战，都是或者主要是围绕着法的概念和本质这一法哲学本体论首要的基本问题而展开的。

纵观当代西方法哲学的法的概念和本质研究，我们可以发现如下一些特点：

首先，是重视法的概念研究，而忽视对法本质的研究。当代西方法哲学界的所有法学流派和法哲学家，都几乎一致认为法的概念问题是法哲学的首要问题，是构成法哲学本体论的绝对不可缺少的一环，因而都不约而同地对该问题表示出强烈的关心和兴趣，并程度不同、深浅各异地做出了自己的探讨和阐发。20 世纪以来出现的各式各样的法概念（解释与定义）以及于 20 世纪 50 至 70 年代发生的大论战中法哲学家们所阐述的对法的若干见解都可作说明。相反，西方法哲学就其传统和当代的情况而言，法哲学家对法的本质问题的研究热情远不及对法概念的研究。他们把焦点集中在对法的性质和作用的探讨上，重点分析法与其他社会现象的联系和区别，而以寻找区别为主。因此，当代西方法哲学家们实际上是在对法的质的研究中附带涉及了法的本质问题。即便如此，他们也是对法的职能、作用等社会本质论述较多，而鲜有直接论述法的阶级本质的。从中我们也可以看出，当代西方法哲学界对法概念的研究是积极主动并有意识地自觉进行的；而对法本质的研究却是消极被动甚至是无意识地不自觉地进行的。而且，无论是对法概念的研究还是对法本质的论述，当代西方法哲学流派及法哲学家们都表现出显著的形式主义特征和技术主义倾向，以对法的规范分析、现象描述和逻辑推理为主。

其次，当代西方法哲学对法概念和法本质的研究是分散进行的。不同的法哲学流派、不同的法哲学家具有不同的关于法的概念和本质的思想、观点和学说，至今尚未出现一个大家都充分认同的法概念和法本质的观点。这一方面是由于不同的法哲学流派的不同历史传统的主张和理论渊源，使其很难全然改变自己基本的学术色彩；另一方面，法哲学家个人的哲学倾向、认知兴趣、知识结构、理论素养、审美情趣、思维模式、参照系统、社会文化背景和学术视角的差异，也影响到对法的概念和本质的不同认识和主张。

再次，当代西方法哲学对法的概念和本质的研究，已经或多或少体现出了一种相互融合与统一的特点，不同的观点和主张相互吸收、彼此靠近。这一特色在三大主流法学派中表现得特别明显：德国法学家、哲学家 R. 施塔姆勒（Stammler，1856—1938）主张相对自然法即内容可变的自然法。法国法学家 F. 惹尼（1861—1944）以社会实证主义为基础，提出法律之解释必须根据立法者立法时的意图，以及当时所存在的社会关系和社会需求的实际状况来进行。富勒也提出了颇具法律实证主义味道的法律的内在道德性，即程序自然法的主张，从而使自然法实证主义化。而新分析主义法学的代表人物哈特，承认人类社会有五个自然事实和一个自然目的[①]，在坚持其基本立场的前提下，向自然法学说让步，提出了“最低限度内容的自然法”主张。同时，社会学法学派

① 参见张文显：《当代西方法学思潮》，59—61 页，沈阳，辽宁人民出版社，1989。

的庞德承认探讨法律的伦理和哲学基础之必要，并将法律的理想成分纳入法的模式之中，同时坚持对法律之正义和价值的探讨，因而也向自然法学说靠拢。在以“统一（或综合）法学”为名的法学流派中，这种融合和统一的特点更为鲜明。

最后，当代西方法哲学对法概念和本质的研究，越来越渗透着实际应用和技术主义色彩。

二、当代西方法学界关于法的概念和本质研究的一般趋势

从西方法哲学传统、已取得的研究成果和学术发展的一般逻辑，以及整个世界的政治经济格局和社会状况及其发展情况等来看，当代西方法哲学界对于法的概念和本质的研究，已经并将继续体现出如下一般趋势。

第一，当代西方法哲学界将改变重法概念研究，轻法本质研究，重法的职能、作用、性质等社会本质研究，轻法之阶级本质研究的不正常状况。在坚持和加强对法的概念的深入研究的同时，当代西方各法哲学家将变消极为积极、变被动为主动地加强对法的本质的全面深入研究。这是因为：一方面，法的概念研究必然牵涉到法的本质问题。法的概念的形式主义研究越深入、越全面，规范性分析和技术性探讨越细致，越要求加深对法现象之深层本质的研究；而且，对法的社会本质的研究也只有在进行阶级本质的研究之上才能更有说服力，这是由科学本身的逻辑所决定的。另一方面，马克思主义法哲学理论已成为世界法哲学论坛中一支不可忽视的力量。尽管仍然有不少西方法哲学家对其采取敌视态度，但任何一个认真严肃的、具有学术良知和科学的道德品性的法哲学家，都绝对不能不关注、倾听、思考马克思主义法哲学理论的主要观点、主张和学说，特别是关于法的本质和概念的学说。这也会促进当代西方法哲学界主动自觉地加强对法的本质研究。

第二，基于西方法哲学传统、历史的惯性导致的法的概念和本质研究上的个别化、分散化状态仍将继续存在，即关于法本质和法概念的学说和理论的多元化状态将持续存在。其原因已有学者做过分析：“首先，是因为资产阶级是一个因对生产资料的占有不同和瓜分剩余价值的竞争而分裂为不同阶层、不同集团的阶级。在法律化的资本主义社会，各个阶层、各个集团都必然通过法哲学来表达他们自己的利益要求，提出他们自己的权利主张，设计或论证适合于本阶层、本集团利益和要求的法律制度的模式。其次，是因为法学家们有不同的认识论和方法论。与此相应，就会出现不同的学说、学派。最后，是因为法哲学家们所代表的资产阶级为了保持意识形态上的平衡，最终是为了保持法律上和政治上的平衡。”①

第三，时代的要求导致并将继续导致当代西方法哲学，在整体上对法的本质和概

① 张文显：《当代西方法哲学》，12—13页，长春，吉林大学出版社，1987。

念进行综合性的全面研究，各种理论观点、主张和学说之间的趋同和融合更加明显和普遍。因为，法哲学家们基本上都已经意识到，他们各自对法的概念和本质的研究都仅仅是从某一特定视角在其固有的参照系统之下进行的。其结论仅仅具有“局部”的真理性，决非对于法的概念和本质的全面的绝对真理性的表述。因而，需要相关的其他观点、主张和学说的补充、丰富，或者需要从相关的其他观点、主张和学说中获得启发，进一步完善自己的研究，以便更为全面、准确地认识和科学地阐发有关法的概念和本质的理论。

第二节　三大主流法学派关于法的概念和本质研究简述

一、三大主流法学派概述

现代西方法哲学三大主流法学派，即在西方社会居于主导地位的自然法学派、分析主义法学派和社会学法学派。

(一)自然法学派

在西方思想史上，古希腊思想家最早提出自然法的概念并加以探讨，公元前5世纪的诡辩论哲学家柏拉图、亚里士多德等都确信并试图发现作为实在法的不变标准的自然法。而作为一种学说，自然法理论源自斯多葛学派。芝诺及其追随者以“自然”为其理论体系的核心，认为“自然”既是事物的固有秩序又是人的理性；自然法就是理性法。它支配整个宇宙，当然也支配人本身。因此，自然法构成实在法的基础和正义原则。

在罗马帝国前期，法学家们运用自然法理论去论证“万民法”的效力，取得了成功。而罗马帝国后期，基督教父奥古斯丁开始改变了自然法的原有基础和意义，而把基督教原理奉为自然法，使其向神学方向转化。

中世纪经院哲学家托马斯·阿奎那通过对自然法的神学解释，彻底改造了自然法理论。他按照法的效力等级而把法分为永恒法、自然法、人法和神法，论证了教会和教权的至上性、永恒性。

17至18世纪启蒙时代的自然法理论克服了中世纪自然法的保守性，成为积极的、革命的理论。古典自然法理论代表人物格劳秀斯、洛克、卢梭、孟德斯鸠、普芬道夫等，继承文艺复兴的人文精神遗产，大力弘扬人性与理性，以自由、平等、博爱、人权、法治为口号，高举“自然法”“自然权利”“社会契约”的旗帜，批判旧有秩序，反抗神权统治和封建压迫，要求恢复和尊重人权，建立法治国家。古典自然法理论既为资产阶级革命作了宣传和鼓动，又为资本主义政治法律制度的建立进行了充分论证和设计。美国的《宪法》、法国的《人权宣言》无不受到古典自然法理论的恩泽。

19世纪以后，随着资本主义政治法律制度的建立，抽象的、先验的自然法理论已无法为具体的、现实的资本主义政治法律制度的稳定性和确定性提供充分的论证。因此，自然法理论不可避免地让位于实证主义法学而走向衰落。

在近一个世纪的沉寂之后，自然法理论在20世纪初开始复兴。法国的惹尼、意大利的德尔·韦基奥（Del Vechio，1878—1970）和德国的施塔姆勒等法学家，首先推动了这场复兴运动。第二次世界大战后，出于对法西斯专政和纳粹残暴法律的深刻反思与反应，也基于一系列社会政治事件的推动，自然法理论在西方社会又重新活跃，出现了自然法复兴运动，亦称新自然法思潮。其中，有以法国的J. 马里旦（Maritain，1882—1973）和比利时的J. 达班（Dabin，1889—1971）为代表的，以继承和发展托马斯·阿奎那神学自然法理论为主要特征的神学的自然法学，而以富勒、J. 罗尔斯（Rawls，1921—2002）和德沃金为代表的自然法理论，是非神学的自然法学。

（二）分析主义法学派

分析主义法学，在这里我们主要指兴起于19世纪自然法理论衰落之时而绵延至今的一种法学流派。它以实证主义和分析哲学为理论基础，要求以对现实法律与法律现象的观察分析，而不是以思辨和推理来认识和理解法律本身。分析主义法学认为，从法律认知上讲，法律是出自政治权威的实证规则或规范。它是自足的系统，与道德没有必然联系。因此，对法律意义的解释，只能从实实在在的法律规定中引出，不必也不应该求助于“正义”之类的主观价值判断。

在西方法哲学中，首倡实证主义法学的当推英国的J. 边沁和J. 奥斯丁。

J. 边沁（Bentham，1748—1832）主张，“最大多数人的最大幸福”这一功利原则既是人们的道德原则，又是立法的原则，因为人们都有“避苦求乐”的本性。他认为，法律和道德应当严格区分，只有“实际的法”而不是“应当的法”才是法学的真正对象，对法律的逻辑结构分析是法学的主要任务。

在边沁思想基础上，J. 奥斯丁（Austin，1790—1859）创立了分析主义法学的完整体系，坚持分析的法理学而不是批评或评论的法理学，提出了“恶法亦法”论和“法的命令说”等分析法学的基本主张。

而奥地利人H. 凯尔森（Kelsen，1881—1973）更是主张从法理学中排除政治的、道德的、心理的等一切“非法律的因素”，建立一种真正的“纯粹法学”，因而把分析主义法学的主张推到了极端。

H. L. A. 哈特（Hart，1907—1992）继承了分析主义法学的传统，同时在新形势下又发展了这一学说。他首先把现代语言分析哲学的理论和方法引入了法学研究之中。同时，哈特还从自然法学与社会学法学中吸取了若干合理的理论成分，以丰富分析主义法学的理论内容。因此，以哈特为代表的，包括英国的J. 拉茨（Raz）和R. 萨默尔斯（Summers）等人在内的分析法学，又被称为新分析主义法学。

（三）社会学法学派

社会学法学派是西方法哲学中学术影响、社会影响较广的一个学派。它主张从法学的角度，引入社会学的分析框架和概念工具，即运用社会学的基本理论、观点和方法，在社会中来研究法律，并通过法律研究社会，它是强调法律的社会作用和效果的一个法哲学流派。

社会学法学直接渊源于法国的 A. 孔德（Comte，1798—1857）的实证主义哲学和社会学。受孔德思想的启发，英国 H. 斯宾塞（Spencer，1820—1903）、奥地利 L. 龚普洛维奇（Gumplowicz，1838—1909）、美国的 L. 沃德（Ward，1841—1913）等分别从物理学、生物学和心理学的角度研究法律。在此基础上，20 世纪初社会学法学逐渐繁荣发展起来。

19 世纪末，西方社会进入垄断资本主义阶段，各种社会矛盾日趋激化，法制理想与法律现实的间距越来越大，各种社会问题日益严重。在这种情况下，资产阶级国家不得不大量干预社会现实，运用法律手段处理这些社会问题，大量的社会立法被制定出来，"法社会化"成为时代潮流。法律现实要求法学理论做出调整，分析实在法律及其规范，探讨其实际的社会效果，以评价和改善法律制度，这些成为法学理论的重大任务。于是，社会学法学应时而生并逐渐成为主流。

早期的社会学法学主要由奥地利的 E. 埃利希（Ehrlich，1862—1922）、L. 狄骥（Duguit，1859—1928）、R. 庞德（Pound，1870—1964）和德国的 H. 坎特诺维茨（Kantorowicz，1877—1940）等人来推动。正是他们制订社会学法学的行动纲领，确定社会学法学的范围，并为理解法律和社会提供了理论基础。这时，法的社会学研究基本上还是一种理论探讨，很少涉及经验实证研究。随后，社会学法学走向了理论和经验实证的结合研究。澳大利亚的 J. 斯通（Stone，1907—1985）、美国的 P. 塞尔茨尼克（Selznick，1919—）、D. 布莱克（Black，1941—）、G. 舒伯特（Schubert）、L. M. 弗里德曼（Friedman，1930—）、N. 卢曼（Luhman）、R. M. 昂格尔（Unger）等人对社会学法学的发展都作出了贡献。而以霍姆斯（Holmes，1841—1935）、格雷（Gray，1839—1915）、弗兰克（Frank，1889—1957）等美国人，以及北欧的哈盖施特拉姆（Hagerstrom，1868—1939）、奥利维克罗纳（Olivecrona，1897—1980）、罗斯（Ross，1898—1979）等人为代表的实在主义法学，则把社会学法学推向了极端。

二、三大主流法学派在法的概念和本质上的主要观点

（一）自然法学派

大体说来，自然法学在法的概念问题上是持二元甚至多元法律观，而在法的本质上基本上是一元本质观。当然，不同历史阶段的不同法学家，对于自然法及其本质的看法和具体表述是不同的。

（1）关于法的概念。自然法学派一般都坚持二元或者多元法律观：古代自然法论者都认为自然法是宇宙和自然的内在法则和本性，它支配着整个宇宙及其事物，当然

也支配着人，人的一切活动和行为必须与自然法一致才是有效的。所以，自然法当然具有最高的永恒效力，是检验人定的实在法的根本标准，凡是与自然法相抵触的实在法都一律无效。按照西塞罗的说法，即：真正的法是符合自然的理性。它永恒不变，并具有普遍的适用性……即使元老院、公民会议的决定也不能摆脱它所设定的义务……这个法，不管是在罗马或雅典，不管是现在或将来，都没有什么不同；对一切国家和一切时代都具有不变的效力。这个法的主人和统治者是支配我们一切的神。因为神是这个法的创造者、颁布者和法官；违背这个法的人，就是回避自己、否定人性的人。正因为是这样，所以，即使摆脱了人为的刑罚，也会受到最严厉的神的惩罚。① 正是在这种普遍有效的永恒不变的“自然法”基础之上，才能建立起适当的实在法（或人定法）。可以说，自然法和人定法是内容和形式的关系。这样，法的概念中就存在至少两套法的系统。中世纪阿奎那更是把法看成四个部分，即永恒法、自然法、神法和人法，但实质上是以“自然法”（即理性）为核心而内在统一的。近代的古典自然法理论继承了自然法传统的思维模式，同样认为自然法是永恒不变的。不过，它以人类理性取代上帝、神或自然的理性，人的本性要求成为自然法的内容，也成为实在法存在以及有效的根据。现代自然法理论情况便有所变化。神学的自然法虽然也认为法是永恒法、自然法和实在法的统一，但认为自然法是人性的体现，是实在法的基础，而要发现自然法却不能凭感性直观而需依靠神的启示。非神学的自然法一般从法与道德的联系中来界定法的概念，强调道德伦理与正义目的对于法的意义，并将其看作法的内在属性。如美国的富勒从法的内在道德（内在品性）即“程序自然法”和法的外在道德即“实体自然法”的结合来认识法，认为“法律就是使人类行为服从规则治理的事业”，是一种有目的的活动。② 美国的罗尔斯认为，法是实现社会正义理想的公正的社会制度安排。③ 美国的德沃金以权利为核心来理解法律，认为法律是规则、原则、政策的统一。④ 需要指出的是，富勒、罗尔斯和德沃金等人的法概念已经是一个单一的法概念，其内部各成分以及其内容和形式是统一的，他们认为道德、理想、正义等自然法，也应该是与实在法有机融合、彼此渗透的。

（2）关于法的本质。自然法理论的法本质观较为单纯，古代自然法认为法体现的是宇宙、自然、事物以及人的本性，是其“理性”的反映。中世纪神学自然法学说认为，法体现的是上帝、神的意志，是上帝与神的“理性”的反映。古典自然法主张，法应当体现人的理性、反映人性的要求，但这里的人还是抽象的。现代自然法理论由于坚持实在法应当内含道德、理想、正义等价值要素，而这些要素又是人类生存、生活与发展的共同性要求，是人类本性与理性的体现，所以，它多多少少从抽象进到了具体的实在法

---

① 参见[美]博登海默：《法理学——法哲学及其方法》，英文修订版，哈佛大学出版社，1974。

② 参见富勒：《法律的道德性》，106页，耶鲁大学出版社，英文版，1969。

③ 参见罗尔斯：《正义论》，225—233页，北京，中国社会科学出版社，1988。

④ 参见张文显：《当代西方法学思潮》，226—237页，沈阳，辽宁人民出版社，1989。

领域。在用其价值标准来衡量实在法的时候，对于法的理想与现实的差距的揭示，是有助于正确认识法的本质的。尽管富勒、德沃金、罗尔斯等人在主观上仍认为法反映或应当反映人的本质要求，但他们对于实在法的价值分析，客观上还是触及到了法的阶级本质。比如，德沃金认为法是规则、原则和政策的有机统一，但也看到了原则的确立和政策的选择却是和社会中一定的利益关系密切相关的。

(二)分析主义法学派

分析主义法学的产生，本来就是出于准确认识和理解现实社会中的法律实践，旨在为法律的完善和法制改革服务。在分析主义法学家看来，法都是单一的，并在我们可以感知的社会空间中客观地存在着的。因此，他们严格地限定，必须在实在法的领域来谈论法的问题，拒绝把主观推测和价值预设渗入法律之中。

(1)关于法的概念。分析主义法学一般从法的形式方面和从技术分析入手来解析法律和理解法本身；法的形式特征，包括法的现实来源，当然地进入了他们的法概念之中。而一般来说，道德内容、正义原则和价值理想则被排除在法的实体内容之外。边沁认为，"最大多数人的最大幸福"这一功利原则是立法者所采用的首要原则，也是法律的根本目的。奥斯丁赞同这一观点，他把功利原则看成是"检验法律的最终标准"。他说，"'法律'一词或所谓严格意义上的法律，是命令。法律如果不是命令，则不成其为法律，或不能算作严格意义上的法律。"①奥斯丁认为，"法律是某个政治上的优势者为指导政治上的劣势者而制定的"。法律是主权者的一种命令，具有强制性。但是，"并非每一种命令都是法律，只有普遍的命令——强制某个人或某些人必须为某种行为或不为某种行为——才具有法律的性质。"②由于法律本身就是主权者依据一定的标准建立的，而与正义或者道德、伦理之类无关，违背或背离实在法本身就是对立法者立法标准和原则的背叛；这一背叛本身就是非正义的，无需求助于正义原则加以论证。总之，"凡是实际存在的法律就是法律，无视这种法律，绝不能被认为在法律上是正当的，尽管从纯粹的道德观点看，这种无视实在法的做法是可以原谅的。"③这就是著名的分析主义法学的法律信条："恶法亦法"。如果说奥斯丁主要还是在法律的外部形式方面对法进行认知和理解，那么，凯尔森则把自己的注意力投向了法律的内在结构。他们的共同特点在于，在他们的法概念模式当中，都坚决拒斥了道德、正义因素。但凯尔森走得更远、更极端，他在自己的法概念中，力图排除所有非法律因素。他认为自己的"法律概念，即无任何道德的涵义。它指明一种社会组织的特定技术。法律的问题，作为一个科学的问题来看，是社会技术的问题，而不是一个道德的问题。当我们说：'某个社会秩序具有法律的性质，而是一个法律秩序'，我们并无意于作任何道德上的判

① 奥斯丁：《法理学大纲》，引自《西方法律思想史资料选编》，500页，北京，北京大学出版社，1983。

② [美]博登海默：《法理学——法哲学及其方法》，中译本，114页，北京，华夏出版社，1987。

③ 同上书，115页。

断,而暗示该秩序是善良的或公正的。"①凯尔森的法概念可以用实质上同一的两个模式概括,一是法是一种秩序,二是法是一种规则体系。他说:"法律是个人行为的一种秩序。一种'秩序'便是一些规则所组成的体系。法律并不是如一般人所常说的,只是一条规则。它是一套具有统一性的规则,我们可以称之为一个体系。如果我们仅仅注意到单独的孤立的规则,我们便无从领悟法律的本质。"②哈特在批判奥斯丁的"法律命令说"的同时,阐明了自己的法律概念观点,并出版了以《法律的概念》命名的专著。哈特认为,法律命令说对于法律的解说是极不适当的。如,它不能对于某人做某事是出于"义务感"还是"被迫"(强制)作出区分;它大体上只在刑事法与侵权法领域适用,而不能扩及一般民事法领域;命令只对别人而不针对作为主权者的命令者,等等。鉴于此,哈特认为奥斯丁的法概念基本上是一个"失败的记录"。为了克服其缺欠,哈特引入了"规则"这一集命令、服从、威胁、习惯诸因素于一体的观念,以构造其崭新的法概念,认为法律是由一系列规则组成的体系,这种规则基本上可以分为既相互联系又彼此区别的主要规则和次要规则,法律就是这两类规则的结合。主要规则设定义务,次要规则授予权利;次要规则又包括承认规则、改变规则和审判规则,而其中的承认规则是法律制度的基础。同时,哈特认为,法律确实也包含了某些他称之为"最低限度的自然法"的道德伦理与正义价值内容。这一点完全不同于分析主义法学传统,是哈特的独创。

(2)关于法的本质。分析主义法学把重点放在对法律的形式和结构的分析上,分析的对象是在现实当中实际起作用的实在法。于是,它自然地把实在法的制定者和适用者纳入了视野当中。这样一来,它当然也就不能不考虑实在法制定者和适用者何以能够制定和适用法律,又是怎样具体地进行法律的制定和适用工作等问题。这便向对法的真正本质的认识迈进了一步。比如,分析主义法学认为,法是政治上处于优势地位的主权者对其治下所发布的命令、所制定的规则体系,这便间接地向"法是有阶级(阶层、集团)倾向性的"这一正确的法的本质内涵靠近一步。

(三)社会学法学派

社会学法学的基本主张是把法放在社会之中,通过法的实际运作,联系法与社会生活事实的关系,来认知和理解法自身。

(1)关于法的概念。有社会学法学倾向的法学家一般从法的社会基础、法的社会政治目的、法的社会作用与具体效果等方面,来界定法的概念。尽管他们对于什么是法的具体表述各具特色、互有区别,但大致可以作两类划分,即规则(或规范)派和反规则(或规范)派。

---

① [美]凯尔森:《法律与国家》,引自《西方法律思想史资料选编》,640页,北京,北京大学出版社,1983。

② 同上。

以规则(或规范)为基础界定法的概念的有狄骥和庞德等人。狄骥认为,杜尔克姆主张人类社会存在着机械连带和有机连带两种社会连带关系,基本上是正确的。但狄骥自己把社会连带关系分为同求的连带关系和分工的连带关系。他认为,社会连带关系是人类社会存在的基本条件,也是所有社会规范产生、存在的基础。正是从社会连带关系中产生了三种客观的社会规范,即经济规范、道德规范和法律规范,这三种规范构成一个以法律规范为顶端的等级体系。法律规范就是在一定条件下上升为具有最高效力的经济规范和道德规范。庞德认为,法乃按照一批在司法与行政过程中运用权威律令来实施的高度专门化的社会控制形式,即法是一种"社会工程"。从这一法概念出发,庞德进一步分析法的结构,提出了律令—技术—理想的法的模式,认为法就是这三种成分的有机统一。具体来说,法的技术成分,即法的解释与适用的方法;法的理想,即一定的时空定位状态下的法律秩序式样;法的律令成分则较为复杂,它包括法律规则、法律原则、法律概念和法律标准。①

拒绝以规则(或规范)为基础界定法的概念的有埃利希和美国及北欧实在主义法学家。埃利希认为:"法的发展不在于立法、法律理论,也不在司法判决,而在社会本身。"②他认为法律条文——实在法只是法的一小部分,社会中实际起作用的是体现人类组织之内在秩序的"活法",它是法的主体和基本的形式。因此他"强调审判过程中的直觉和情感因素,并要求法官根据正义与公平去发现法律。当实在法不清楚或不明确的时候,或者当当代的立法者不可能按法律的要求审判案件的时候,那么法官就应当根据占支配地位的正义观念来审判该案件。如果连这些正义观念也无法确定,法官就应当根据其个人主观的法律意识来判决。"③可见,埃利希实际上是主张法就是人们(特别是法官)的法律意识与法律观念。实在主义法学家主张在行动中、实践过程中去认识法,而不要仅仅关注"本本上的法"(即法律规则条文)。社会是不断变化的,而法又有社会目的性,所以也处于变动之中,因此任何法律规则和法律事实的确定性都是可疑的,不值得信赖的。于是,霍姆斯提出法就是人们对于法院事实上将要做出些什么的预测("预测论"法概念)。④ 卢埃林把法分为"本本上的法"("死法")和"实际活动中的法"("活法"),认为真正的法是后者,即"法律不是本本上的官方律令,法律存在于官员的或平民的实际活动中,特别是存在于法官的审判活动中"。因此,"官员们关于争端作出的就是法。"⑤而北欧实在主义法学的哈盖施特拉姆、伦德斯特、罗斯等人则走得更远,甚至认为法就是人们对于客观的法规范的心灵感受,是人们的情感与情

---

① 参见[美]庞德:《通过法律的社会控制·法律的任务》,北京,商务印书馆,1984。

② 埃利希:《法律社会学基本理论》,前言1页,哈佛大学出版社,英文版,1936。

③ [美]博登海默:《法理学——法哲学及其方法》,中译本,139页。

④ 参见霍姆斯:《法律之路》,载赵一凡编:《美国历史文献》,209—220页,上海,生活·读书·新知三联书店,1989。

⑤ 张文显:《当代西方法哲学》,53页,长春,吉林大学出版社,1987。

绪表达。①

（2）关于法的本质。社会学法学由于把法与社会联系起来考察，着重对法的社会内容、社会作用和目的等进行分析，所以较为充分地揭示了法的本质。社会学法学中以赫克等人为代表的利益法学，在对法律的解释中就把法和利益联系起来。他们认为，法起源于利益的对立、矛盾和斗争，每一项法律的命令都决定着利益的冲突。法的最高任务就是对利益的平衡。所以，利益法学从法的目的和作用上触及了法的本质。庞德更是重点研究了利益及其分类，以及法律进行利益权衡和平衡时的价值问题。在对利益的分析中，庞德联系到利益的主体、利益的矛盾和冲突等。如果对利益及其主体的研究能够坚持到底，必然在客观上揭示法的阶级属性和社会本质。比较而言，分析主义法学从法的形式方面涉及了法的本质；而社会学法学则从法的内容、法的目的和作用方面，对法的本质在客观上进行了较为深刻的论述。

三、三大主流法学派关于法的概念和本质研究评析

在法的概念和本质问题上，三大主流法学派的研究各有特点，又都显得十分不足。

首先，自然法学派主要从法的价值和理想出发考察法律。这对法的概念和本质研究虽然并无实质上的助益，但它提供了一套价值尺度和标准，以此尺度和标准可以构建起理想的法律图景，从而为批判、改进和完善法律现实找到一个完满的参照系统。这样，它提醒人们必须注意法律内含的价值因素与理想成分，应将它们看成法的重要内容之一，从而丰富了人们对于法的认识。由于自然法理论所具有的批判功能，在用理想观看现实的时候，它必然要对法律现实的不合理之处进行揭露和抨击，这也有助于人们对于法的本质的展示。

其次，分析主义法学从法的形式和逻辑结构入手，把法归结为命令和规则体系，以此为基础提出的法概念，大体上是与现实中的实在法律之情形相符合的。而且，分析主义法学将法律与在社会生活中居于政治上的优势地位的主权者联系起来，客观上表达了法律反映统治者的意志、体现统治者利益要求的意思。当然，这是它在无意之中流露出来的。

再次，社会学法学派坚持在法与社会的相互关系中，以法的实际运作为对象，联系法的社会内容、社会目的和社会作用，来认知并理解法律。特别是他们把法律与利益和利益主体相联系，揭示了法产生于社会之中，目的是消解利益之间的矛盾、冲突、对立和斗争，以平衡各种利益关系。而且，他们还把法置于整个社会之中，分析了各种社会的、政治的、心理的以及文化的诸因素对于法及其运作的作用和影响。这对于丰富人们对法的概念和本质的认识，都是颇有帮助的。

---

① 参见［美］博登海默：《法理学——法哲学及其方法》，中译本，155—160页。

但是，这三大主流法学派在其传统中，对于法的概念和本质的研究都是很不充分的。正如综合法学所批评的：自然法学强调法的正义、理性等价值因素，社会学法学强调法的事实（法的运作），分析主义法学强调法的形式（法的结构与逻辑），它们各持一端，人为地肢解了法，从而不能够对法作出整体性的把握。所以，这三大法学派对于法的概念和本质的研究，仅有部分的、局部的真理性。

其实，这三大主流法学派也各自意识到了自己理论上的弱点与缺陷，所以它们的现代阐释家在坚持其理论传统的同时，也从对方的理论中吸取合理因素以弥补自身的不足。自然法学的现代代表富勒、罗尔斯和德沃金等人，就把眼光投向了社会生活事实及实在法本身。以哈特为代表的新分析法学则在其理论中加入了自然法内容，认为实在法中具有也应当具有“最低限度的自然法”。而以庞德为代表的社会学法学既不排斥对法的形式分析，又不拒绝法的理想和价值。这表明在现代，三大主流法学派之间的区别已不再是绝对的而是相对的。当代三大法学主流派相互让步、彼此吸收对方合理因素的结果，使它们之间的界限逐渐模糊起来（这当然也还有个程度问题）。一句话，如今，三大主流法学派出现了某种程度的“融合”与“统一”的趋势。

第三节　综合法学对法的概念和本质研究述评

一、综合法学概述

综合法学亦称统一法学，是20世纪40年代出现于西方法哲学界的一场影响颇大的法学研究运动。综合法学主张各主要法哲学流派应捐弃前嫌，抛弃本学派的褊狭主张，吸收各家所长而“融合”于一体，以建立“适当的法哲学”。综合法学的产生有其深刻的社会背景。

首先，它是适应资产阶级的统治需要而产生的。法哲学，作为资产阶级意识形态的重要组成部分和资产阶级法治实践的理论表达，总是直接为资产阶级的政治、法律实践服务的。而每一种法哲学流派的出现也都是适应了资产阶级一定的政治、经济和社会需要的。19世纪末20世纪初，自由资本主义发展为垄断资本主义，进一步加深了资本主义社会所固有的各种矛盾，失业和周期性的经济危机造成生产力的巨大浪费和破坏，资本主义不得不对外发动战争以掠夺原料和市场。而两次世界大战，特别是第二次世界大战，引起资本主义世界的巨大震荡，而资产阶级视为神圣的自由、平等、博爱和人权等崇高的价值准则和观念受到法西斯主义的残酷践踏和蔑视。人们不得不对传统的资产阶级意识形态，包括理论法学进行反省和检讨，进而对资本主义的社会制度本身发生怀疑和动摇。与此同时，无产阶级的力量不断壮大。他们不断地向资产阶级展开斗争，特别是利用资产阶级法制提出自己的政治、经济和社会要求，并力争通过立法程序使其得到法律保障。在这种情况下，资产阶级迫切需要一种新的涵括面更为广泛、包容性更强更具有说服力的法哲学理论,来对资本主义的社会现实作出较为合理的论证和说明,对资本主义制度的政治、经济、社会和法律实践作出更为妥当的设计和安排。

其次,综合法学的出现也是西方传统的占统治地位的自然法学、分析主义法学和社会学法学三大主流法学派进一步发展的结果。虽然长期以来,三大主流法学派一直进行着不间断的论战,都坚持己见而攻击别的学派的主张,但是这只表明了资产阶级内部不同阶层或集团的特殊利益需要与法律要求,而在维护资本主义制度这一根本点上并无实质分歧。正是由于各学派在本质上是一致的,所以它们在相互论战中又相互妥协,各派在理论观点上的"融合"和吸收渐成趋势。早在20世纪30年代,社会学法学的R.庞德就曾主张各派观点的大联合。比利时法学家达班(Dabin,1889—1971)的分析的自然法学以及哈特、富勒等人对其他各派观点的"兼收并蓄"等,尽管他们都是在保持自己学说的主导地位的前提下吸收、引进、同化其他学派的观点,但毕竟表明了法哲学理论发展的一个方向。而综合法学不过是以自己特有的方式(放弃以某一学派的观点为主的方式),对于这一发展作了一个小结。

再次,综合法学的出现,也是20世纪科学发展的总趋势在法学中的表现。正如有些学者所指出的,这是20世纪科学的发展必然引起的法学观念的更新。因为,20世纪科学发展的最重要特点就是其综合性和边缘性。科学的这种发展必然改变人的封闭、单向、绝对的思维方式。综合法学正是法学家的开放的、多向的、多维的、动态的思维方式的产物。①

首倡综合法学的是曾任美国政治哲学和法哲学学会会长、国际法哲学和社会哲学协会美国分会会长的J.哈尔(Jerome Hall,1901—)。他曾先后出版《综合法学》《法理学中的理性和现实》《从法的理论到统一法理学》和《法理学基础》等著作。美国加利福尼亚大学法学和政治学教授E.博登海默(Edgar Bodenheimer)从20世纪50年代起就响应哈尔的倡导,后来出版了颇有影响的《法理学——法哲学及其方法》一书。澳大利亚悉尼大学法理学和国际法教授J.斯通(Julius Stone,1907—1985)致力于综合法学运动,也先后出版了《人类的法和人类的正义》《法律制度和法学家推理》等著作。另外,参与并推动综合法学研究运动的还有德国的E.费希纳(Fechner)、美国的H.拉斯韦尔(Lasswell,1902—1977)和M.麦克杜格尔(McDougal,1906—1998)等人。

二、综合法学关于法的概念和本质研究的主要观点

综合法学认为,自然法学仅仅注重法的理性和道德内容,谈论抽象的法的价值而忽视实证法律;社会学法学和分析主义法学虽然重视实证法律研究,但前者关注的是

① 参见张文显:《当代西方法学思潮》,209页,沈阳,辽宁人民出版社,1989。

法律的事实因素,后者分析的则是法律的形式因素,它们都极力回避法的本质问题。霍尔认为,这种"以单一因素去阐明复杂现象"的法学理论是"谬误"。现实所需要的是"分析主义法学、对社会和文化事实的现实主义解释以及自然法学说中有价值的因素的统一"的法哲学。① 博登海默说得更为形象:法律是一个带有许多大厅、房间、凹角、拐角的大厦,在同一时间里想用一盏探照灯照亮每一间房间、凹角和拐角是极为困难的,尤其是由于技术知识和经验的局限,照明系统不适当或至少不完备时,情形就更是如此了。② 因此,任何"视向单一的、角度单一的法律理论只具有部分益处,但在整体上却是不够的"③。

从这个基本的前提性认识出发,综合法学提出了对法律及其本质(性质)的基本看法。

首先,综合法学对法的概念的理解是从多种角度、多个层面进行的,具有综合性。哈尔认为,"法律乃是'形式、价值和事实的一种特殊结合'。""法律中的价值成分不仅表达了主观愿望和个人利益,而且还有助于理性的分析。'人们有时会做出与其愿望相反的行为抑或牺牲自己的利益,这是因为他们决定主张正义。自然主义的教条肯定会把苏格拉底谴责为一个白痴。'"而"根据价值判断怀疑论,'在目睹谋杀时表示高兴,正如对冒着生命危险抢救落水小孩的人表示强烈的愤怒一样是合理的。'有时解决一个道德问题是非常困难,但这一事实并不能证明如下的结论是正确的:客观评价是不可能的,或者用凯尔逊的话来说,正义是一个'非理性的理想'。"④他认为,分析主义法学、自然法学和社会学法学等分别从法的形式、价值和事实这些单一因素来理解法,是很不全面、很不适当的,应当提出一个融法之形式、价值和事实为一体的全面的、整体的法概念来。

博登海默指出:"人类历史的经验告诉我们,不可能根据任何单一的、绝对的因素或原因去解释法律制度。若干社会的、经济的、心理的、历史的和文化的因素以及若干价值判断影响着和决定着立法和司法。虽然在某个特定历史时期,某种社会力量或正义理想会对法律制度产生特别强烈的影响,但是根据唯一的社会因素(如权力、民族传统、经济、心理或种族)或根据唯一的法律理想(如自由、平等、安全或人类的幸福)都不可能对法律控制作出普遍的分析和解释。法律是一个结构复杂的网络,而法理学的任务就是要把组成这个网络的各个头绪编织在一起。"⑤显然,博登海默也主张对法作全面的、综合的认识和理解,反对对法进行单一褊狭认识和简单化的现象描述。

斯通的法律观念也是一种"综合"性质的。其中,以社会学法学的基本观点为基

---

① 参见[美]博登海默:《法理学——法哲学及其方法》,中译本,199页。
② 同上。
③ 同上书,200页。
④ 同上书,187—188页。
⑤ 同上书,200页。

干，融合并涵括了分析主义法学和自然法学的若干因素。斯通对既有法学理论关于法的概念问题的观点作了全面考察分析，认为得到各派普遍认同的有如下几点：法与国家具有密切的不可分割的联系；法与道德之间尽管有明显区别，但仍有二者共存的公共区域，它们互相渗透和影响；给法下一确切的定义虽然相当困难，但却是必要的，也是适宜的；法不仅仅是单一的个体规范，而且也应当是由规范作基础的一个独特的整体和体系，表现为法律秩序之状态。由此，斯通概括地勾勒了法所具有或者应当具有的基本特征，即"法是由许多现象组成的复杂整体"；"这些现象包括规范，这些规范通过指定、禁止和允许一定的行为来指导人们的活动，并作为法官和其他官员执法的指南，这些规范也包括'内在行为'"；"法所包括的规范是社会的规范，它们指导人与人的行为"；"法是一个系统安排的整体，即法秩序"；"这种秩序具有强制性"；"强制是制度化了的，即它们必须是根据已定的规范实施的"；"这种制度化的社会规范的强制秩序应当由价值观念效力来维护，并应有一定程度的实效。"①

其次，在对法的本质的认识上，综合法学亦有其特色。即它是与对实证法律的概念分析结合在一起，并以对法的价值的认识为补充的。哈尔认为，无论是社会学法学的社会实证主义，还是分析主义法学的规范实证主义，它们都有一个共同特点，即对法律本身及其社会效果的认识都是在法律规范的外部，以及与其他社会因素的关系当中进行的，都把既存的实证法律规范作为当然的前提看待而回避进一步探讨其本质。这是不恰当的。因此，他主张把自然法学的观点，如法的理性和道德内容，同法学中的实证主义观点结合起来。他认为，合理性和道德性乃法律之本质，并提出了一个限制性的实证法的定义：法律（实证法）是排除了"纯粹权力规范"的"实际的伦理权力规范"。他认为，即使是国家颁布的规范，只要其不具有道德内容，也可能不具有法律的性质，而为了给民主的自然法奠定基础，民主理想应纳入实证法的本质当中。② 他指出："我们特别要把'被统治者的同意'以及所有在民主进程中包含有的东西纳入实在法的实质之中。这就是我们必须对传统自然法的实在法理论所做的基本修正。"③由此可见，综合法学对法律规范本质的认识已比其他法学流派深入了一步。它在联系国家权力的同时结合法的道德内容与合理性来认识法的本质，多多少少避免了自然法学式的抽象议论与空谈；同时，在认识法律规范的本质时，把公民积极参与政府活动的过程，即"被统治者的同意"纳入其中，也是具有一定进步意义的。

综合法学在对法的概念作多视角、多因素的审视与解释当中，提出了社会、经济、心理、历史和文化等因素以及许多价值判断都影响着法律及其实践，认为法律是对相互冲突的群体利益的调节和调整。这些认识也多少触及经济对法的决定作用以及法

① 张文显：《当代西方法学思潮》，205页；吕世伦：《西方法律思潮源流论》，263页，北京，中国人民公安大学出版社，1993。

② 参见吕世伦：《西方法律思潮源流论》，256页。

③ ［美］博登海默：《法理学——法哲学及其方法》，187页。

反映阶级或阶层(主要是掌握国家政权的阶级或阶层)利益等法的真正本质问题。

三、综合法学关于法的概念和本质研究评析

综合法学对于法的概念和本质研究的最大特点就是其综合性。它融合了自然法学、分析主义法学和社会学法学等的基本观点,对法及其制约因素作了全面考察分析,认识更加准确、全面。综合法学承认经济因素对法的决定作用。它把法的价值因素纳入法的概念之中,指出法是对相互冲突的利益的调节和调整。对此,只要再深入一步即可揭示出法的阶级本质。它也关注法的形式和事实因素,分析法与国家、法与权力的关系,揭示法的社会属性及其社会职能。综合法学对于法的概念和本质的研究,对于我们是颇有启发和借鉴意义的。

但是,由于阶级的局限和西方学术传统的影响,综合法学对法的概念和本质的研究虽有其成功之处,但失误也很多。具体讲,大致有如下几个方面:

其一,综合法学对法概念研究的形式主义色彩很浓,多是现象描述和逻辑分析,虽将法的价值、形式和事实因素纳入法的概念之中,但它并未对这些因素的丰富内容进行深入研究,仅仅停留在相应的自然法学、分析主义法学和社会学法学的观点的重复上。

其二,综合法学对法本质的研究实际上并未真正触及本质,而只是在现象的表层展开的。它实际上是对法的"质"分析较多,而对法的真正"本质"考察较少。它对法的本质的研究,实际上是抽象地从微观的(实证法规范)角度进行的,并未从整体上、从宏观上来认识法的本质。它对法的性质及其作用等关注较多,而对法的阶级性缺乏认识。如博登海默就赞同庞德的观点,认为:"马克思理论将其侧重点完全放在了法律控制的阶级性方面,而没有足够地重视这样一个事实,即法律常常调节和调整的是相互冲突的群体利益。"①

其三,综合法学认为是多个因素和价值观念在制约、决定着法律。这似乎是很全面、准确和公正的观点,但实际上是不正确的。因为,决定法的诸因素并非是等同的。这些因素对法的作用和影响是有主次之分、重点非重点之别的。马克思主义认为,法是特定物质生活条件制约的统治阶级意志的反映,在所有影响法的因素中,经济因素具有决定性的意义。马克思曾经指出:"只有毫无历史知识的人才不知道:君主们在任何时候都不得不服从经济条件,并且从来不能向经济条件发号施令。无论是政治的立法或市民的立法,都只是表明和记载经济关系的要求而已。"②但是马克思等人也没有否认社会上层建筑范畴内的其他因素对法的影响。综合法学却囿于其阶级和意识形

---

① [美]博登海默:《法理学——法哲学及其方法》,202页。

② 《马克思恩格斯全集》,第4卷,121—122页,北京,人民出版社,1958。

态的偏见，有意无意地歪曲了马克思主义的法的本质理论，认为马克思主义仅仅注意到了“经济和法律之间的密切关系”，而“对法律发展中的其他因素却没有予以足够的关注。权力关系、基本的生物事实、人类学资料、宗教信仰、意识和价值体系，以及最后但并非最不重要的是明显的理性命令，在对法律制度进行充分的社会分析中也应当得到适当的考虑。”[①]综合法学对待马克思主义法律理论的这种带有偏见并且不求甚解的非科学态度，无疑极大地妨碍了它从马克思主义法律理论中吸取科学营养，以深化其对法的概念和本质的研究。

第四节　批判法学对法的概念和本质研究述评

一、批判法学概述

批判法学是20世纪70年代在美国异军突起的一场声势浩大并且影响广泛的法学研究运动。它是以无情的批判和抛弃在西方法哲学论坛上占据主导地位的，以自然法学、分析主义法学和社会学法学为代表的传统法学理论和观念为根本宗旨，并在此基础上重建自己的法律理论。批判法学认为，资本主义社会不是也不应当是人类社会的发展方向，它仅仅是一个以等级和分工为特色的，使人们身心受到摧残、人性受到压抑的不公正的社会。现存的资本主义法律制度既非必然之产物，亦非正当合理的法律制度，而是维护资本主义制度的非正义的工具。这种法律只是冲突的工具而不是整个社会成员共享利益的手段。它保护的是“占统治地位”的阶级或阶层的利益，而不是全体社会成员共同的利益。现存的资本主义的法律秩序之所以表面上看来是合理的和自然的，完全是西方传统的法律理论和观念的错误宣传和误导所致。

批判法学的产生是有其历史背景的。首先，它是由20世纪60年代席卷主要发达资本主义国家的规模宏大的学生运动和民主浪潮促成的。客观上，也受到中国“文化大革命”的影响。如从1963年至1968年，美国、法国和德国都爆发了声势浩大的学生运动，反对现行教育制度，反对美国的侵越战争。后来，广大工人阶级和其他社会阶层也加入了这场运动。“西方马克思主义”也有意识地对这场运动进行思想渗透，使这场运动发展为一场更为广泛的以民主为旗帜的、向资本主义制度公开进行全面挑战的运动。正是这场运动孕育了批判法学的基本思想。其次，法律至上、法律超越于政治的观念的危机，也促成了批判法学的产生。20世纪以来，随着自由资本主义向垄断资本主义的转变，国家全面干预社会生活，行政权力高居法律之上，法成为国家的工具。这种情况促使一部分法哲学家重新审视法与政治的关系。再次，批判法学的产生也得益于美国开放性的多元意识形态和文化环境。美国的资本主义虽然受到各种形式的冲

① ［美］博登海默：《法理学——法哲学及其方法》，201—202页。

击，但是仍然处于相对稳定的发展当中，加之美国政治和学术传统中的自由主义和民主主义的影响，以及对各式各样的“左”派言论的态度较为宽容等，这些对批判法学的产生和发展也有裨益。

从理论渊源上看，批判法学主要吸取了西方马克思主义的基本理论观点，即“批判的社会理论”“文化心理革命理论”和“领导权理论”。它也吸取了美国现实主义法学的基本观点。同时，批判法学也从结构主义哲学思潮中找到了有用的东西。具体而言，首先，西方马克思主义中法兰克福学派的“批判的社会理论”为批判法学提供了指导思想和理论基础。而葛兰西的“领导权理论”则开阔了批判法学对法的功能，特别是法的统治功能研究的视野。其次，美国实在主义法学对法与社会现实之联系、法律实践与经验的看法等也给批判法学以启发，使其找到了对传统法律观念进行批判的突破口，即法律并不反映社会共识，法律及其推理并不具有确定性。最后，批判法学从结构主义哲学思潮的基本认识中，获得了对法的性质的独特看法。

批判法学的代表人物主要有美国的邓肯·肯尼迪（Duncan Kennedy），著有《布莱克斯通〈释义〉一书的结构》；美国的罗伯特·昂格尔（Robert Unger），著有《现代社会中的法律》（已有中文译本）和《批判法研究运动》。此外，还有美国的莫顿·霍维茨（Morton Horwitz）、马克·图什内特（Mark Tushnet）、罗伯特·戈登（Robert Gordon）和威廉·西蒙（William Simmon）等人。具有批判法学倾向的学者大多来自哈佛大学法学院、斯坦福大学法学院、乔治敦大学法学院等享有盛誉的法学院。故而，批判法学不仅在美国的影响越来越大，参与研究的学者越来越多，而且还迅速传播到了西欧各发达的资本主义国家，引起法学界的强烈震动和普遍关注。

二、批判法学关于法的概念和本质研究的主要观点

实际上，批判法学的一系列理论和观点主要是围绕着法的本质问题而展开的；而它对法的本质问题的研究，又是在对美国传统的法律观念和法律实践进行理论批判和反省的过程中完成的。批判法学认为，美国确确实实存在不同的法哲学流派，尽管它们之间内容差别很大，观点和主张各异，但是可以概括为两种法律观使之相对集中和简化，从而便于认识和分析，这就是形式主义的法律观和客观主义的法律观。形式主义的法律观认为，法律与政治没有必然联系，法律是超然并中立于政治的，具有公正性和确定性。客观主义的法律观认为，法是对人类社会存在的共同需要、道德理想和权利要求的反映和体现，而且法也是对一定社会结构或历史发展趋势的客观必然性的反映。批判法学依据西方马克思主义的有关理论和实在主义法学的部分观点从三个方面对传统法律观进行了批判，从而阐发了自己的法律本质理论。

首先，批判法学认为法并不具有客观中立的特性。在批判法学看来，传统的形式主义的法律观认为法有客观中立性，不外乎是依据了这样两个前提条件的结果，即：法

有别于政策,具有确定性;法超然于政治而具有客观公正之品性。批判法学认为,这是不符合客观的法律及其实践的抽象理论假定。法律实践的历史和现实已经表明并将进一步表明,法从来不具有也不可能具有确定性。因为,“第一,法律规则是具有矛盾性的思想结构的产物,即它是许多思想的集合体,这就决定了它不可能整齐划一,没有矛盾。更何况在立法和司法中还存在着阶级偏见。第二,在社会生活中,我们既要与别人合作、融合,又惧怕别人的侵犯和伤害。这种自我与社会、自我与他人的矛盾构成社会生活的基本矛盾,并永恒存在。法的一个重要功能就在于既使我们能和他人融合,又使他人不致侵害我们的个性、自由乃至生命。然而,法律结构只体现一种对这种矛盾不成功和不稳定的调整。随着矛盾的发展,先前的法律结构逐渐趋于松散,终为新的法律结构所取代。”①可见,不论从现实还是将来看,法之不确定性都是事物之常态。更何况,美国的司法审判制度允许法官的自由裁量:法官可以根据政策及其个人之喜好予以法律推理,这种法律推理受法官个性影响之大,已很难说它有多少确定性可言,同等事实之不同法律处遇也已司空见惯。同时,批判法学的学者还以美国法律压迫之历史,如保护奴隶制、限制黑人民主权利、强制印第安人搬迁以及限制共产党及进步人士的活动等法律为例,说明法律与政治密切相关,法律是统治阶级进行阶级统治的有力工具,因而法适应政治形势之发展和要求而变化,即法不可能游离于政治之外而存在,法不过就是穿上法律之形式外衣的政治而已。②

其次,批判法学认为,法律并不反映社会普遍的共同需要,而体现着在社会中占统治地位的集团的特殊利益和需要。传统法律观认为:生活于社会现实之中的社会成员,为了在生存和继续生存的基础上求得更为完善的发展,自然地产生了广泛的不同层次和不同方面的种种需要。这些需要对社会成员来说,一部分属于普遍的共同需求,而另一部分仅仅是属于部分或个别社会成员的特殊需要。法律,从根本上讲就是为了满足社会的这种种需要的有力手段和措施。而社会成员的特殊需要在其相互交往之中会相互融合、相互限制,从而也会形成为全体或绝大多数社会成员公认的共同的利益要求、权利主张或道德价值观念。法实质上就是对社会的这种共同需求的反映和制度化的表达。批判法学驳斥说:传统法律观的这种推理有误,事实并非如此简单。社会当中确实有一些全体或绝大多数社会成员公认的共同的普遍需要和道德价值观念,但它们也是具体而不是抽象的。法只能立足于具体的社会需求之上,而不可能从抽象的需要当中产生。传统法学之所以得出法反映社会共识的错误结论,是其错误的思维和推理方式所致。即先从现实中存在的法律和占统治地位的法律观念中,抽象出一个所谓社会共同的一般需要和道德价值体系来,然后将其宣布为是从客观生活中产生的社会共识,是客观之存在,故法应当反映这种共识。这样,从一个主观认定的原则

① 吕世伦:《西方法律思潮源流论》,403—404 页。

② 参见上书,404 页。

出发，它又回到了其出发点，只不过在一个闭合的圆圈中兜了一个圈子。因此，传统法学所主张的法的基本原则和权利同道德价值内容与现存的资本主义法律制度的实际内容完全一致，也就不足为奇。所以，批判法学坚决主张抛弃这种传统的法律神话观念，将抽象的共同需要和道德价值舍去，而用特殊集团的利益与统治观念取而代之。他们认为，“社会并不是人们所喜好的内容的集合体。它是一种结构，由这种结构所决定的生活方式、思维方式、文化遗产、政治组织形式，限制一部分成员的愿望和利益，以满足另一部分社会成员的愿望和利益。”因此，“法是社会各集团利益冲突的产物，体现着占统治地位集团的特殊利益。”[①]对此，戈登在《批判法的历史》中，昂格尔在《批判法研究运动》中，都有很好的说明。他们认为，美国的“法律保护自由的资本集中却限制工人的联合；法律允许资本的‘罢工’（即拒绝在某一领域投资）却限制工人的罢工；法律允许资本家对劳动组织的控制；法律规定无业流浪为违法以控制城市失业者；法律保护雇主随意裁员而使工人没有工作保障。”总而言之，美国法律连同其所确立和保障的政治经济制度也使富人们得以“通过作出重大投资决定来控制社会的发展方向”[②]。

批判法学认为，法是政治上和经济上占优势地位的统治阶级为了最大限度地满足自己的利益和需要，以实现其政治、经济目的的工具和手段。按照它的看法，法的统治功能包括强制惩罚功能，即统治阶级以系统的暴力为后盾，而对被统治阶级施以直接的武力镇压。在这一方面，它对马克思主义的法律理论作了肯定。同时，法的统治功能还有意识形态控制功能，这一点一向为马克思主义的法律理论所忽视，但却是当前资本主义法律统治功能的主要方面。这也就是通过系统的教育和灌输，以培养被统治阶级的顺从意识，消解其反抗和敌视心理，使他们确信现存资本主义法律之客观公正性、现存之法律秩序和社会秩序的必然性与合理性。由此可见，法只能是统治阶级或阶层、集团的意志、利益和需要的反映和体现。

再次，批判法学认为法与社会没有必然联系，法不是一定社会结构的客观必然产物。批判法学认为，传统法学理论中，包括马克思主义法学理论在内，以法律之外的政治、经济、社会等因素来解释法之产生与存在皆由一定社会结构所决定。法乃一定社会需要之产物。这种观点是错误的。他们指出，这种先将社会发展阶段人为地模式化，再去论证法之适应每一社会发展阶段之功能需求，其目的是为了证明现存资本主义法律制度的必然性与合理性，而这首先在方法上就是不正确的。于是，批判法学接受了西方马克思主义的社会历史观。说什么历史的进化非常典型地是由一个个具体的、偶然事件构成的，人类社会的发展不是单向的，而是有许多种发展的途径。马克思主义对人的理性作了过分强调，认为社会经济因素对人们的行为的作用具有重大意义，而对人的非理性因素却较为忽视，从而导致了僵化的社会发展阶段模式理论。批

① 吕世伦：《西方法律思潮源流论》，406 页。

② 同上书，406—407 页。

判法学认为，决定社会发展的因素主要有两个，“一是人的行为的非理性，即社会发展更多依靠人的无意识活动，而更少依靠理性的思想理论的指导；二是社会生活的冲突、矛盾性，即社会生活中充满了各利益集团间以及个人自由与社会强制间的矛盾冲突。”①因此，很难说社会与法之间存在决定与被决定的关系。另外，也不能说法是一定社会与经济需求的产物，社会和经济本身无法提出任何具体的法律要求。法之产生不是由于社会需要的必然，而是政治操作上的偶然。

与对法的本质研究相比较，批判法学对法的概念的研究是很不充分的。他们并未尝试着给法下一个统一的、完整的定义，而只是在对法的本质的探讨中对于法的属性、职能等作了一些初步的描述。首先，批判法学认为法是有阶级性的，它反映的是统治阶级的政治经济利益要求，是统治阶级意志的体现。法具有明显的阶级统治功能，即强制惩罚和意识形态控制两方面的功能。批判法学对于法的意识形态控制功能作了充分的开创性研究，深刻地揭示了当代发达资本主义国家法律的特征。其次，批判法学认为，法与社会特别是与社会物质生活条件之类的经济因素没有必然联系，它是基于社会中不断冲突和矛盾的意识的偶然性产物，是不确定和任意的，具有意识性之特点。再次，批判法学依据结构主义的哲学思潮的基本观点指出，法也是一个自足的自组织结构，它能够并且只能从其内部来自己说明自己的结构，而不必向外部因素寻求对法的说明和解释。也就是说，法有其特殊的经历和独特的内部结构，并且该结构具有稳定性和连续性，它不必依靠政治的、经济的、社会的等外部因素来解释，法具有“相对自治”的特性。

三、批判法学对法的概念和本质研究评析

批判法学对法的概念和本质研究的确取得了不小的成功。它的一些基本观点和主张也加深了人们对法及其本质的认识，这对于我们也是颇有启发的。其成功之处在于：其一，批判法学彻底破除了资产阶级传统法哲学理论关于法超然于政治而具有客观中立性的神话，它以不可辩驳的事实和理论分析论证了法与政治的密切联系。同时，批判法学还把法与统治阶级的利益联系起来，强调了法的阶级性。这是批判法学较其他法哲学流派的高明之处。在这种正确认识的基础上，批判法学对法的统治功能，特别是资产阶级的法的意识形态控制功能作了全面考察和深入的分析论述，从而进一步加深了对法，特别是对资本主义法的本质的认识。其二，批判法学依据结构主义哲学理论，对法的内在结构及其“相对自治性”的研究也有独到之处。它可以进一步深化对法的性质的认识，有利于更全面、更准确地研究法的概念。

但是，我们也应该看到，批判法学对法的本质和概念的研究，也存在很多误区。概

① 吕世伦：《西方法律思潮源流论》，399页。

而言之，大致有以下几个方面：第一，批判法学以西方马克思主义之“批判的社会理论”的历史观为理论基础，强调社会发展进化的偶然性和无规律性，并对马克思主义的社会发展观作了歪曲和否定，提出法与社会无必然联系的错误观点，进而主张法是意识的产物，具有任意性和不确定性。这些观点不仅与事实相悖，而且对于促进民主、自由和法治也有害无益，极易成为行政和司法专横的借口。马克思主义认为，法确实具有意识性，因为法本来就是统治阶级意志的反映。但是，法绝不是纯粹意志的东西，体现为法的统治阶级意志的内容也决不是人们随心所欲的产物，而是具有客观的物质制约性的，即由统治阶级赖以生活于其间的物质生活条件所决定的。离开一定的经济关系，统治阶级意志便无从产生，法也就失去了其存在的根据。第二，批判法学过分夸大了政治对法的作用和影响，甚至将法等同于政治，而无视二者的重大区别。这在理论上是错误的，在实践中也是有害的，它极易得出法律虚无主义的结论。第三，批判法学片面地强调了法的阶级性而对法的社会性却未予重视，它没有看到作为统治阶级的政治统治工具的法既具有阶级统治职能，又具有社会职能。正如恩格斯所指出的：“政治统治到处都是以执行某种社会职能为基础，而且政治统治只有在它执行了它的这种社会职能时才能维持下去。”①

第五节　经济分析法学对法的概念和本质研究述评

一、经济分析法学概述

经济分析法学是20世纪60年代在美国兴起，尔后在西方各国广泛传播的一种新的法哲学流派。经济分析法学主张将经济学特别是微观经济学的理论、观点和方法引入法学研究当中，以效益为标准分析和评价法律制度及其效果，并进而改革法律制度本身。

经济分析法学之所以在发达的资本主义国家美国产生并在其他西方各国广为传播，是有其社会历史背景的。首先，这是对资产阶级国家经济职能的新认识的法哲学表达和法律实践的必然结果。从传统的经济理论和实践来看，各西方发达资本主义国家长期以来坚持国家之有限经济作用观念，奉行以亚当·斯密为发端的自由放任主义经济机制和国家不干预的经济政策。西方传统的法哲学，不论是自然法学还是分析主义法学（社会学法学稍好一些），都不重视法和经济的相互作用关系，否认经济学理论和方法在解释法律现象方面的重大意义，以示与所谓马克思的“法的经济决定论”严格区别。然而，随着资本主义经济危机的显现和日益严重，随着自由资本主义向垄断资本主义的过渡，自由放任主义的经济政策受到极大挑战。特别是20世纪30年代爆发

① 《马克思恩格斯选集》，2版，第3卷，523页。

的,引起整个资本主义世界恐慌的严重经济危机,加剧了资本主义所固有的一系列矛盾,各资本主义国家不得不对其经济政策作出相应调整,资产阶级国家不得不取下中立的面具而由后台走上前台,不得不更经常、更大量、更直接地介入经济生活,广泛运用立法、司法、行政、政策等多种手段来规制和调节经济关系和社会生活,实行全面的国家干预,以执行其社会经济职能。于是,一系列调整经济关系和经济生活的法律法规纷纷出台,法学家们也不得不认真地面对现实并重新审视传统的法哲学理论,思考法和经济、法学和经济学的内在联系。

其次,经济分析法学是经济学和法学学科间相互渗透的产物。按照西方国家的理论传统,人们普遍认为法和法学所解决或者应当解决的中心问题是"正义"和社会公平问题,而经济学所要解决的则是也应当是如何在现有资源的条件下,最大限度地增值社会财富,即"效益"问题,二者之间没有什么联系。然而,随着资产阶级国家经济职能的加强和国家干预社会经济的范围更加广泛,经济学家们不得不把法作为制约经济效益的因素来考虑,法学家也开始关注法的经济效益问题。二者的结合促进了经济分析法学的产生。

再次,从20世纪50年代以来,美国社会在国内政策上的争论也促进了经济分析法学的形成和发展。公平与效益是存在矛盾和冲突的,很难两者兼顾。在美国统治阶层中,民主党谈论公平较多,主张社会福利政策;而共和党则主张经济效益优先。但无论作何选择,都会陷入两难境地:为了缓和社会矛盾,特别是阶级矛盾,社会福利政策成为必要;而社会福利政策的推行又需要实行高税收以聚钱财,这无疑会妨碍经济的发展。发展社会经济则应效益优先,并需要实行低税收政策以刺激生产,但是这样必然会拉大贫富差距,导致更为尖锐的社会矛盾。究竟应当作何种政策选择,就需要从理论上予以论证。这种现实需要也促进了经济分析法学的产生。

从理论渊源上看,经济分析法学主要从经济学理论和传统的三大主流法学派的理论中吸取合理的内容。首先,经济分析法学从美国的J. R. 康芒斯(Commons)等人的制度经济学理论中受到不少启发。传统经济学把视野局限于纯"经济因素"的分析,而对经济活动得以展开的各种政治的、经济的、社会的等结构和制度则不予考虑。制度经济学反对这种纯经济研究,主张把所有非经济因素都纳入经济学分析的范围之中,他们特别强调法律因素对经济的特殊作用。同时,经济分析法学也从以意大利的V. 帕累托(Pareto)、英国的N. 卡尔多(Kaldor)和J. 希克斯(Hicks)等人为代表的福利经济学那里获得了若干有价值的理论原理和分析工具,如最优状态标准、补偿原则等。其次,经济分析法学也有其法哲学的理论渊源。例如,它接受分析主义法学派关于法学的任务是对现行法律规范和法律制度进行分析、解释和研究的意见,但强调以实在法中所体现的效益问题为研究重点。同自然法学一样,批判法学承认人的理性,承认价值判断,提出了法律程序的参加者是"有理性的自我利益极大化者"的命题。它希望并且坚信在提高效益的前提下,达到最高层次的公平的结果。至于社会学法学,它研究法的社会效果的主要方面便是法的经济效果。无论是耶林还是庞德,都非常强调利益问题,并作了深入研究。庞德曾言:"法的任务和职能就是通过调整关系和安排行为的各种方式,使其在最少的阻碍和浪费的情况下给予整个利益方案以最大的效果。"①经济分析法学正是从这里出发而把各种各样的利益都归结为单纯的经济利益,并以此为标准来分析、解释、设计和安排具体的法律规范和法律制度的。

经济分析法学的主要代表人物美国经济学家 G. 克莱布里斯(Calabresi)著有《关于风险分配和侵权法的思考》《法律现象的经济解释》等;R. 科斯(Coase)著有《社会成本问题》《企业的性质》等;G. S. 贝克尔(Becker)著有《对人类行为的经济探索》和《犯罪与惩罚:经济分析》;美国法学家 J. 伯克(Boek)著有《犯罪与经济学》《理想与现实:种族问题》;美国联邦上诉法院现任法官 R. 波斯纳(Posner)著有《法律的经济分析》《正义的经济学》,这些都已成为经济分析法学的代表作。此外,莱夫、佩尔兹曼、埃克曼和波兰斯基等人也为经济分析法学作出了自己的贡献。

二、经济分析法学关于法的概念和本质研究的主要观点

总的来说,经济分析法学的理论研究具有技术主义倾向和对具体法律问题的微观分析偏好,这与他们主要把微观经济学的理论、观点和方法引入法律分析密切相关。这在一定程度上强化了他们把视线集中在具体法律规范和法律制度上,而妨碍其从宏观方面以及从整体上来审视法律本身。因此,他们对法的概念和本质研究是在不自觉状态下间接进行的,即在对具体法律规范和法律制度的经济学分析当中,附带触及了法的概念和本质问题。经济分析法学有关法的概念和本质的主要观点体现在如下几个方面:

首先,经济分析法学将经济与法、经济学与法学联系起来进行关联考察与分析,肯定并坚信法之背后存在着更为深厚的经济原因,正是经济的因素(当然经济分析法学主要归结为经济效益)决定着法的产生、发展和变迁。这一点与西方法哲学否定经济对法的制约和决定作用的传统观念大相径庭,而从一个侧面证明了马克思主义关于法与经济关系的科学论述的真理性。

其次,经济分析法学认为,效益是检验和评价法律规范和法律制度的根本标准和基本原则。一切法律问题,无论其属于公法范畴还是私法范畴,都可以找到经济学的根据和理由,都可以归结为经济问题。也就是说,所有的法律规范、法律制度和法律实践活动,无一例外地都是为了有效地利用自然资源,从而最大限度地增加社会财富。因此,法存在和发展的基础与出发点是经济效益,法运作和追求的目的和归宿也是经济效益。

① [美]庞德:《通过法律的社会控制·法律的任务》,71 页。

再次，在法律的价值目标的选择上，经济分析法学坚决主张效益优先，公平居于次位。它认为，在法律的价值领域抽象地谈论公平正义并无多大实际意义，衡量其值与不值应看其是否有助于增值社会财富本身。因此，效益应当成为制定、选择和评价法律规范和法律制度的根本原则和首要标准。当公平与效益发生冲突时，公平应当让位给效益。只有在经济发展和社会财富增加的前提下，真正的公平才有实现的可能，而这也就是在更高的层次上和更大的意义上实现了公平和正义。波斯纳曾坦言："我一直在努力发展一种超越于古典的功利主义的道德价值观。我认为，判断行为和制度好坏及公平与否的标准在于其是否有利于增加社会财富。在这种道德价值观念之下，相互冲突的道德原则如功利、自由、甚至平等之间可以相互协调。"①

最后，由于经济分析法学重视的是具体法律制度，如契约法、侵权法、反垄断法、税法及程序法等的微观分析，而忽视或不重视对作为整体的法的研究，因而也没有提出一个独特的一般的法概念来。但从其对具体法律、制度的分析论述中可以看出，经济分析法学基本上是赞同分析主义法学的法概念的，即法是主权者发布的、规定法律程序参加者（只要人们参加了与利益有关的活动即为参加了法律程序）权利和义务的命令或规范。波斯纳认为法即"公开宣布并执行的规范"②。

但是，这种命令或规范也仅仅是以效益为标准而合理地进行资源配置与财富（或利益）分配的工具或措施，其目的是充分保障有限的社会资源和财富从低效益利用向高效益利用流动。因此，无论是法律权利的授予还是法律义务的承担以及法律责任的设置、认定或归结，都必须有助于法的这种目的的实现。也就是说，法律必须具有充分刺激和保障人们的利益追求动机的属性，必须具有与效益原则相适应的合理的内在结构，法律规范必须具有普遍性、明确性、公开性、可操作性和权威性。

三、经济分析法学关于法的概念和本质研究评析

我们认为，经济分析法学在法的概念和本质的研究上，既有成功之处又有许多重大缺欠。无论是成功的经验还是失误的教训，对我们的社会主义法学理论和法治实践以及我们进行社会主义市场经济建设，都有重要的借鉴意义和参考价值。

首先，经济分析法学运用微观经济学的理论、观点和方法于法律之分析研究当中，将法与经济进行关联考察，从而发现了法的基础和根据在经济因素之中；法的实质是利益激励和保障的工具；法的目的在于维护和促进经济效益和社会财富的增长。这无疑是对西方传统法哲学从抽象的公平正义、意志和理性等中去寻找法的基础和动因的一大突破，具有进步意义。经济分析法学特别强调法促进经济效益、保护经济利益的

① ［美］波斯纳：《法律的经济分析》，158页，利特尔及布朗出版公司，英文版，1977。

② ［美］波斯纳：《法理学问题》，苏力译，7页，北京，中国政法大学出版社，1994。

功能,也间接地承认了法的阶级性,即法是促进和保障资产阶级经济利益的有力工具。从而,它从一个侧面证明马克思主义法学理论关于法的本质的观点的科学性和真理性。

其次,经济分析法学注重从具体法律规范和法律制度的微观分析中深化对法的职能和作用的认识,寻求提高法的调整效率和实效的途径与方式,确有独到之处。在我们进行社会主义市场经济建设的今天,法学界正在广泛探讨社会主义市场经济的法律体系问题,经济分析法学的理论、观点和方法对于我们是颇有意义的,这不仅仅体现在理论学说层面上,而且对于立法、司法等法律操作的实践方面也有或应当有巨大的启迪。

但是,经济分析法学把经济对法的制约和决定作用仅仅归结为经济效益方面,显然是片面和武断的,也是与事实不符的。而且,它以经济因素为法的唯一决定因素,否定其他社会的、政治的、历史的、宗教的、文化的诸因素对法的综合作用,也是不科学的。马克思主义认为,正是社会的物质生活条件决定着法的本质和内容、决定着法的产生和发展。但是恩格斯同时也指出:"如果有人在这里加以歪曲,说经济因素是唯一决定性的因素,那么他就是把这个命题变成毫无内容的、抽象的、荒诞无稽的空话。"①

同时,经济分析法学把所有的所谓法律程序的参加者都看作是"有理性的自我利益极大化者",他们都有一种追求高效益以获取最多的社会财富和权利的本性。从表面来看,既然人人都有逐利本性,那么法律以高效益为目的和基础便是对全体社会成员有利的,这样的法应当是全民的法而非阶级的法。然而,在资本主义社会,只有大资本家才有足够的资本和实力去获取高效益、最大的社会财富和尽可能多的权利,而普通社会成员在这种法律面前只能是"画饼充饥""望梅止渴"而已。所以,资产阶级的法决不是什么超阶级的全民的法,仍然是反映资产阶级意志和利益要求的剥削阶级的特权法。经济分析法学的理论也不过是为垄断资产阶级服务的法哲学理论,它没有也不可能真正揭示出法,特别是资产阶级法的真正本质。

第六节　行为主义法学对法的概念和本质研究述评

一、行为主义法学概述

行为主义法学是20世纪中期以后在美国兴起的一种法学理论思潮和法学研究方法,是行为科学在法学中的具体体现。一般来说,学者们都认为"行为主义法学"不同于"法学中的行为主义"。"法学中的行为主义既包括政治学行为主义(behavioralism),也包括心理学行为主义(behaviorism)"。"政治学行为主义是行为主义法学思潮的理

① 《马克思恩格斯选集》,2版,第4卷,696页。

论和方法论的基础,而心理学行为主义则构成现实主义法学的理论和方法论基础。"①

政治学行为主义是西方政治学中主张运用行为科学的理论和方法来研究政治现象及其规律的政治学流派。它认为,政治乃政治主体的行为与活动。政治学理当以政治主体,特别是个体的政治行为为对象。在方法上,政治学行为主义特别重视作为科学前提和保障的观察的客观性和分析的准确性;尤其喜好采用观察、分析、调查、统计、实验等定量分析方法,排除规范分析、理论论证、价值判断等传统方法,以求获得科学的或者正确可靠的结论。20 世纪 40 年代以后,政治学行为主义遂成为西方政治学的主流。受其鼓舞和启发,美国及其他西方国家的法律工作者也将政治学行为主义引入法学研究中,促成了行为主义法学思潮的出现。

同时,行为主义法学也受科学主义思潮的广泛影响,主张以科学精神来进行法的研究,以建立"科学的法学"。他们认为法科学的任务在于归纳整理法的具体经验,如实客观地描述法的现象和运作过程,正确地解释法本身。至于法的目的和追求、法的本质和价值之类非经验的东西,不是法科学的内容。

另外,行为主义法学还有其社会学方面的理论渊源。特别是美国 T. 帕森斯等人的结构功能主义的社会学理论、观点和方法,对一部分行为主义法学的代表人物(如美国 D. 布莱克)的影响很大。而且,几乎所有持法的行为主义观点的法学家都不同程度地受到社会学法学和实在主义法学的深刻影响,它们之间的关系非常密切。

行为主义法学思潮的主要代表人物是美国的 D. 布莱克(Donald Black),著有《法律的行为》(中译本名为《法律的运作行为》)和《法社会学的范围》,以及 G. 舒伯特(Glendon Schubert),著有《司法行为》和《行为法学》。

二、行为主义法学关于法的概念和本质研究的主要观点

在法的概念研究方面,行为主义法学颇有特色,这就是旗帜鲜明地以"法即行为"的格言来取代"法即规则"的传统公式。他们认为:"法存在于可以观察到的行为中,而非存在于规则中,虽然在法学著作和日常语言中,规则或规范的语言被广泛使用,但从社会学观点看,法不是律师们认为有效的东西或有约束力的箴规,而是(举例说)可以观察到的法官、警察、检察官或行政官员的安排。"②行为主义法学不同意法即正义、公平、理性之类抽象的教条和空洞的清谈,而主张从社会实际生活的客观存在中来认识和理解法及其属性。同时,行为主义法学还反对分析实证主义法学把主权者以法律条文形式发布的一切命令性文件都看作是法本身。这样一来,行为主义法学的法概念既排除了法律规范的价值和理想,又排除了规范的单纯的形式,剩下的就只能是规范的

① 张文显:《当代西方法学思潮》,182 页。

② 布莱克语,转引自张文显:《当代西方法学思潮》,185—186 页。

运作过程即行为了。而事实上，在行为主义法学看来，规范的运作本身便是一个社会事实，因而法是客观的、可以观察或由经验感知的存在。

规范的运作即行为的实质内容和目的，从社会学的观点来看，便是社会控制及其过程和结果。在这里，行为主义法学完全赞同社会学法学特别是庞德的观点。因此，布莱克给法下了这样一个定义："法律是政府的社会控制，或者说它是国家和公民的规范性的生活，如立法、诉讼和审判。但是，法律并不包括政府机构的日常生活，如邮局或消防部门中的社会控制，因为那是对其雇员而不是对公民本身的社会控制。法律也不包括公立学校、监狱或军队中的纪律，因为这也不是对公民本身的社会控制。据此，法律仅是社会控制的一种。"①

行为主义法学认为，作为一种社会控制，法并不是僵化的、一成不变的，相反是可变的。即如果把社会中的社会分层、社会结构、文化状态、组织形式和社会控制的其他方式等作为自变量，那么法就是一个应变量。法随着自变量因素的影响和变化而发生相应的正向或反向的变化。除了法的这种一般意义上的数量变化外，法律的样式即类型也是一个重要的变量。根据社会控制的不同形式，可以把法分为：①与包括刑罚控制和赔偿控制的指控型社会控制相对应的"指控型法"；②与包括治疗性控制与和解性控制的补救型社会控制相对应的"补救型法"②。

行为主义法学的主要代表人物布莱克正是在对法的这种行为主义理解的基础上，对于影响法的各种自变量因素进行了全面深入的分析。在进行这种分析时，他虽然力求以客观的观察和描述来进行，即以纯技术性的方式来讨论问题，但事实上他还是于无意当中，对资本主义法的本质和价值追求作了比较恰当的说明。根据布莱克的论述，行为主义法学关于法的本质的观点主要是间接地揭示了法的阶级属性。特别是令人信服地证明了资产阶级的法对于在政治、经济和文化等方面占据统治地位的富有的资产阶级的保护，是既充分又全面的；而对无权无势、处于社会下层的贫穷的社会成员的保护则较少。这样一来，也就不自觉地破除了资产阶级一向标榜的法律面前人人平等的法治原则的神话。布莱克的论述是从如下几个方面渐次展开的。

首先，从法与社会分层来看。布莱克认为："分层是社会生活的纵向方面。它是物质生存条件如食物和住房及其生产资料——土地、原材料、工具、家畜和奴隶——的不平均分配。它还包括其他财产、甚至奢侈品和过剩物资——只要这些东西最终被用来交换物质生存条件——的不平均分配。因此，分层包括流通货币的不平均分配，不管流通的货币是牲畜、粮食、贝壳还是金钱。在广义上讲，分层就是财富的不平等。"③他认为，"比较富有的人"即"生产资料的拥有者"也在法律上拥有优势。④ 正因为人们之

① [美]布莱克：《法律的运作行为》，2—3页，唐越、苏力译，北京，中国政法大学出版社，1994。

② 参见[美]布莱克：《法律的运作行为》，3—6页。

③ 同上书，11页。

④ 同上书，12页。

间财富分配不平等,即分层不同,人们或群体在一定的社会中各自具有不同的地位,即“每个人都具有等级,或纵向身份”①。如果把法律的由低等级(身份)的社会成员向高等级(身份)的社会成员的移动定为法律的向上指向,而与之相反的过程为向下指向,那么“向下指向的法律多于向上指向的法律”。而“这意味着,当其他因素不变时,每一种法律——不论是法令、指控、逮捕、起诉、诉讼、判决、损害赔偿或刑罚——向下指向的可能性都大于向上指向的可能性。这表明向上的不轨行为比向下的不轨行为更严重。”②因此,“要打赢一场矛头向上的官司要比打赢一场矛头向下的官司也更困难”③。布莱克用翔实的材料论证了:“地位低的人对地位高的人所犯罪行的严重程度,随双方财产差距的增大而增加;而地位高的人对地位低的人所犯罪行的严重程度则随双方财产差距的增大而减轻。”他认为,“不论是什么犯罪,有财产都是违法者的有利条件之一。”因而“在某些法律环境里,富有的违法者会以某种方式直接花钱为自己购买这种有利条件”④。

其次,从法与形态的关系来看。所谓形态,乃是“社会生活的横向方面,是人们相互间关系的分配,包括人们的分工、互动网络、亲近(intimacy)和社会一体化(integration)”⑤。布莱克认为,法是随着社会分工即分化的出现和演进而变化发展的,“当人们在功能上没有分化、相互之间很少或根本没有交换时,法律很少;而在另一极端,当每个人都完全依赖于他人时,法律也很少”。正是“随着劳动分工的产生,随着经济交往成为日常生活的一部分并且同人际关系分离,法律增多了”。法的历史演进也表明“国家和法律随市场而扩展”⑥。

同时,布莱克还指出:“如果说社会生活是一个同心圆结构,并且以参与程度为圆之圈,那么法律的分布呈圆锥形,越靠近中心部位,法律就越多。”⑦由于居于社会生活中心的人或群体是社会一体化的人或群体,他们或以财富或以身份等而处于较远离社会中心的社会边缘化的人或群体之优势地位,因而更多地受到法律的保护。“这意味着社会边缘化的个人或群体对社会一体化的个人或群体的侵害要比反方向的侵害性质严重。”⑧因此,“一个社会一体化的人对社会边缘化的人提出控诉的可能性随他们的社会一体化程度的差异的增大而增大,控诉成功的可能性也随之增大。但是,一个反方向的控诉的可能性,即社会边缘化的人对一个更加社会一体化的人提出控诉的可能性,则随他们的一体化程度的差异的增大而减少,这也同样适用于该控诉获胜的可

---

① [美]布莱克:《法律的运作行为》,18 页。
② 同上书,24 页。
③ 同上书,25 页。
④ 同上书,29 页。
⑤ 同上书,37 页。
⑥ 同上书,45 页。
⑦ 同上书,59 页。
⑧ 同上。

能性。”[①]由于在事实上真正处于社会一体化的社会生活之中心地位的只能是资产阶级,因此这实际上是指出了资本主义法保护的确是资产阶级的利益。

再次,从法与文化来看。布莱克认为,受教育越多、文化知识越多的人,越是受到国家法律的充分而全面的保护。在资本主义社会,这样的法律当然更多地是保护资产阶级了。他说:“指向较少文化的法律多于指向较多文化的法律”,即“当其他因素不变,文化少的人对文化多的人的侵害要比与此方向相反的侵害在性质上更为严重”。这是就文化方向而言。从文化差别的幅度或文化距离来看,结论也一样,即“如果侵害者受教育程度低于受害者,侵害行为的严重程度就随他们之间受教育程度的增大而增加。但如果侵害者受教育程度高于受害者,侵害行为的严重程度就会随他们之间受教育差距的增大而减轻”[②]。

再次,从法与组织性来看。“组织性是社会生活的组合方面,是采取集体行为的能力。任何群体内都具有组织性,无论是一对或一群运动选手,还是一个俱乐部、家庭、公司、政党、市政府或国家。”[③]布莱克认为,一般来说,组织和群体远比个人喜好法律、热衷于诉讼,因而组织性越高,诉讼性越强。因此,从组织性的方向与法律的关系来看,当然是指向(或针对)低组织性的法律多于指向(或针对)高组织性的法律。[④] 而从组织性上的差别即组织性距离来看,“由于群体更有可能诉个人而不是相反,因此,群体提起诉讼的可能性随其组织性增强而增加。另一方面,个人对群体提起诉讼的可能性随群体的组织性增强而减少”。不仅如此,布莱克还指出:“组织性提供了一种法律上的豁免:违法者组织性越高,享受的这种豁免就越多。换言之,组织或其代表人的违法行为在性质上不如个人自己的违法行为严重,并且组织性越高,违法行为在性质上就越轻微。”[⑤]布莱克还列举了一系列事实对其观点进行佐证。由此我们不难看出,资产阶级法律之如何有利于垄断资产阶级。

最后,从法与社会控制来看。布莱克认为,社会控制乃社会生活的规范方面,而社会成员的规范位置决定了他的体面情况。即:其所具有的规范的身份或地位,也就是一个人受到别人或社会的认同与尊敬的程度。布莱克指出,从规范方向上来看,“指向较少体面的人的法律多于指向较多体面的人的法律”。即“当其他因素不变,较少体面的一方受法律制约较多,而得到的法律上的利益可能性较少。体面的一方对不体面的一方提出指控的可能性要大于反方向的指控,而且不论怎样也都更可能指控成功。在

---

① [美]布莱克:《法律的运作行为》,60页。
② 同上书,78页。
③ 同上书,100页。
④ 参见上书,108—109页。
⑤ 同上书,110—111页。

一起诉讼案件中,体面的一方胜诉的可能性也较大"①。而从规范距离上看,结论也一样。② 在资本主义社会,大资产阶级、富人拥有令人羡慕的巨额财富,过着舒适悠闲的生活,有些人也还不时为慈善事业和社会公益福利计划捐献财物以获取好名声,当然受到人们的尊敬,自然有更大的体面。因此,资本主义的法律也主要是保护他们的利益的。

三、行为主义法学关于法概念与本质研究评析

我们认为,行为主义法学对法概念和法本质的研究具有这样的特点:他们对法概念的研究相当重视,但除了"法即行为"这一格言式的对法的认识和理解,以及"法乃政府的社会控制"的定义之外,他们对法所包含或者应当包含的内容以及法所具有的属性和特点等实在是着墨不多,因而显得较为简单和粗糙。相反,行为主义法学的本意是,避免对法的本质和价值评价发表意见,而致力于客观地观察和描述法律现象。但是它在对法与社会生活中的分层、形态、文化、组织和社会控制之关系的"纯技术"性分析当中,却又于无意之中不自觉地揭示了法,特别是资本主义法的阶级本质。

从成功的一面来看,行为主义法学有两点独具特色的非常重要的新贡献:其一,它把法分为指控型的法(包括刑罚性法和赔偿性法)和补救型的法(包括治疗性法和和解性法)两类,为进一步深化对法的性质和特点的认识提供了新的途径。其二,它把法放在广阔的社会背景当中去理解,深入剖析了法与社会分层、形态、文化、组织和社会控制的关系。特别值得指出的是,它把法与社会不平等(主要是财富和社会地位的不平等)作了关联考察,于无意之中对法的阶级性作了生动而丰富的论述。

但是,在法的概念和本质研究方面,行为主义法学也存在多方面的失误。这些失误妨碍了它在这个问题的研究上取得更大进展。这些失误首先是,由于行为主义法学把研究视野局限于法的运作过程即法的动态方面,而对法的静态即法律规范和法律制度重视不够,使其不能在法概念的研究上取得更为理想的成果。其次,行为主义法学对法的本质研究是在不自觉的无意之中进行的,虽说取得了一定成果,但毕竟有违其初衷。而且,在这种情况下的法的本质研究也只能是间接的、零碎而片面的,离真正科学的法的本质研究还有不小的距离。最后,从研究方法来看,行为主义法学崇尚"纯科学精神"而排斥价值判断与道德理想,把实证的定量分析绝对化,而根本否定定性分析的必要性,因此是不科学的。这当然对于科学地研究法的概念和本质是有害的。

---

① [美]布莱克:《法律的运作行为》,133—134页。

② 参见上书,135—138页。

第三章　法律制度论

在西方，把法律制度作为一种社会制度来研究的思想由来已久。

当代西方法学界各代表人物从本学派的理论基础出发，论述法律制度的发展、法律制度的实际运行过程、法律制度的结构以及法律制度的价值倾向等问题，形成了一种以法律制度为中心的思想。这里旨在通过对当代西方法律制度思想的评述，来获得对法律制度的一些初步认识，并希望能够对完善中国法律制度有所裨益。

第一节　西方法律制度思想的概况

一、法律制度的概念及研究方法

(一)制度的概念

对于制度这一概念，人们并没有完整、统一和确切的认识。人们常从不同的研究角度对制度的内涵做出不同的界定。据《说文解字》解释："制，裁也。从刀未。未物成有滋味。可裁断。一曰止也。"还有："制，法也。君行制，臣行意。""制，法度也。必告之以其制。""制，准度也。必有以知天地之恒制。"[①]"度，法制也。""度，分寸尺丈引也。所以度长短也。"[②]从上述记载可知，中国古代制度一词含有人们行为的标准、尺度的意思。在英文中，与制度相对应的词有两个：institution 和 system，都是指人类社会经过较长时间形成的行为规范及社会运行机构。在日本语中，与制度相对应的词是せいど，意指规范、规定。今天人们日常生活中所使用的概念，一般是指社会制度。

19 世纪西方古典社会学家在研究社会制度时，大都把注意力集中在已形成的社会规范和社会结构上。社会学鼻祖法国的 A. 孔德(August Comte，1798—1857)把社会制度视为促使社会平衡的稳定力，也就是所谓的"社会静力"。英国社会学家 H. 斯宾塞(Herbert Spencer，1820—1903)则把社会制度看成是社会运转的有机系统。美国早期社会学家 W. 萨姆纳(William Gram Sumner，1840—1910)认为，社会制度是民风和民德的高度结晶的产物。他把制度的形成过程描述成这样一个渐进的过程：人们对生活有一定的欲望，要在一定的环境和情况下满足这个欲望。人们根据识别快乐和痛苦的能

① 《中华大字典》，118 页，北京，中华书局，1978。

② 同上书，325 页。

力反复进行不断摸索的同时,在生存竞争中形成了最有利于社会集团的行为模型。如果它在某种程度上带来社会的认识和社会的价值,就形成了民风。这种民风经过意识的反省,被人们认为是有利于集团的福利,这就在民风中增添了社会伦理的强制力,成为一种民德。民德脱离了感情的或宗教的色彩,为一定机关所制定,意指人们正当的行为模式。第一次世界大战前后,资本主义社会矛盾充分暴露,L. 库什(Lewis Coser,1913—2003)等美国社会学家认为,应在社会制度的概念中加上调节机制,以满足社会不断发展的要求。法国 E. 杜尔克姆(Emile Durkheim,1858—1917)明确表示,社会学是"有关制度和其起源作用的科学"。他从多数人行为的相互关联中分离出作为客观结果的个人意图,并把从外部约束那些个人的一定行为方式定义为制度。美国 R. 默顿(Rerbert K. Merton,1910—2003)则从其标准化理论出发阐述制度的概念。他说:"制度反映社会生活的历史相度,乃是过去对现在的冲击。制度与社会结构关系多少有如社会结构与人类行动的关系。制度乃社会结构中持续一段长时间的样相,而社会结构包含了一个集合群体中居优势的行为模式……简言之,制度对社会结构加以历史性的限制,它转而于个人行动中加上了结构性的强制作用。"①美国 T. 帕森斯(Tolcott Parsons,1902—1979)从结构功能论出发对制度的内涵做出更为广泛的界定。根据他的意思,"制度乃指一些制度化角色整合体的众集……制度应当被视为是比角色更为高层的社会结构单元,而且是由一些互赖之角色模式或其他成分所组成的复合体……"②帕森斯的制度概念不仅包括人们必须遵循的社会行为规则,而且还包括执行这些规则的社会机构。他的结构功能主义的制度思想,在西方世界,特别是在美国发生了非比寻常的广泛影响。从一般趋向上看,从西方社会学发展的沿革中可以知道,西方对制度概念的理解是不断演进的,从最初仅仅是规则集合体到后来加入社会调整机制,其内涵是不断扩张的。

我国社会学界对制度概念的认识也有一个较长的过程。早期社会学家孙本文把制度定义为"社会公认的比较复杂而有系统的行为规则"③。近年来,社会学者借鉴中外各种观点,对制度概念进行了广泛探讨。但大都坚持制度应是一定的规范体系。如"社会制度应是在一定的历史条件下形成的社会关系和与此相联系的人类社会活动的规范体系。换句话说,社会制度就是社会成员共同遵守的、按照一定程序办事的规则"④。"社会制度指的是在特定的社会活动领域中围绕着一定目标形成的具有普遍意义的,比较稳定和正式的社会规范体系。它以一定的社会价值为核心,在一定的社会生产基础上形成,并通过正式社会地位结构、人们的一致性行动和较为持久的基本

---

① [美]默顿:《制度化的社会逻辑》,载《中国社会学刊》(台湾),1988(12)。

② 同上文。

③ 孙本文:《社会学原理》,57 页,北京,商务印书馆,1947。

④ 宋书伟、王因为主编:《社会学纲要》,25 页,济南,山东人民出版社,1986。

社会关系表现出来。”①

各学科对于制度概念的理解一般有三层含义:一是指同生产力的一定阶段相适应的经济基础和上层建筑相统一的社会形态,如社会主义制度。二是指社会一个方面的机构、设施、规则的系统体系,如政治制度。三是指各种具体活动、具体事物的规章、规程及某一种具体的行为模式,如奖惩制度。通常意义上的制度,同时也指除哲学以外社会科学研究的对象,指的是第二层次的制度。

社会制度是人类社会的普遍现象,是随着社会的产生、发展而出现和发展的,并且始终以社会物质生产方式为基础。一般来说,具体社会制度的形成有两种情况:一种情况是经过原始演变,随着人们的经验、习惯、风俗、伦理、行为模式等的发展而自然形成的。另一种情况是人们对某一方面的规范加以选择和排列组合,运用社会权力使其固定而形成的。一个健全、完善的社会制度都包括三个要素:一是规定行为和相互关系的准则、模式的规范系统,它是制度的主体。二是执行、推动、检查以及作为代表机关的组织系统,它是制度的实际承担者。三是作为推动、执行、检查的活动手段的设备系统,它是制度的物质载体。社会制度具有结构性、系统性、历史性和相对稳定性、强制性、阶级性等特点。任何一项社会制度一经形成,就会对社会生活产生极大的影响。社会制度的基本功能主要表现在:第一,组织、制约社会生活;第二,为社会提供比较完整、系统的规范;第三,为个人提供一套社会化的模式;第四,传递社会文化。根据社会制度调整内容的不同,可以把社会制度具体分为经济制度、政治制度、法律制度、教育制度。这些制度是相互联系、相互影响的。其中,政治制度、法律制度、教育制度是以经济制度为基础而建立和发展起来的。先进的社会制度,因其结构、规定与社会生活需要相一致而促进和推动社会进步;反之,落后的社会制度则阻碍社会发展。

(二)法律制度的概念

正如对制度概念的理解一样,对法律制度这一概念的理解,各种法学著作也没有取得一致性认识。当人们从狭义角度来理解法律制度时,意指有共同调整对象从而相互联系、相互配合的若干法律规则的组合,如所有权制度、辩护制度、公开审判等具体制度。但是作为一项社会制度,法律制度的内涵要比上述含义大得多。“它包括法(法律规则)又大于法,是一个国家的整个法律上层建筑系统,相当于英文中的 legal system,俄文 правоваясистема。”②英文中的 legal system 一词,据《牛津法律大词典》解释,法律制度也有两种含义。“从理论上讲,该术语是指某主权者或权力行使者(这种权力是基本规范直接或间接赋予的)直接或间接地为一个社会制定的全部法律的总和,亦即某国或某地区法律的总体。该术语更多更普遍的用法是通过一个形容词来限定,比如英格兰的法律制度。在这种情况下,该术语便指一国法律结构(立法、行政和司法、

① 郑杭生:《社会学概论新编》,253 页,北京,中国人民大学出版社,1987。

② 孙国华主编:《法理学教程》,112 页,北京,中国人民大学出版社,1994。

法院、法官、行政人员等)、法律原则和规则的主体(宪法、刑法、财产法等)、法律思想、法律理论、法律方法、法律程序、法律技术、法律传统以及司法实践的总体。所有这些,共同组成一种特定的法律制度而存在,其目的是把法律适用于某个特定社会或国家的具体问题之中。"①我国有些学者也认为,应当从上述第二种含义来理解法律制度。即法律制度不仅包括现行法律规则总和,而且还包括法在实际生活中的运用以及法律文化传统、法学教育、法学研究等。

当代西方法学界对法律制度概念的理解存在两种观点。第一种是静态的规范主义观点。这种观点把法律制度理解为一国现行法律规范的总和。美国的 H. 凯尔森(Hans Kelser,1881—1973)就把法律制度视为是由不同层次的法律规范所组成的等级体系。这些不同层次的法律规范有基本规范、宪法规范、一般规范和个别规范,每个规范的效力都来自更高一级的法律规范。在当代西方法学流派中,分析实证主义法学大都从静态的规范主义来理解法律制度概念。复兴自然法学也有相似的看法。J. 罗尔斯(John Rawls,1921—2002)说:"我要把一个制度理解为一种公开的规范体系,这一体系确定职务和地位及它们的权利、义务、权力、豁免等等。这些规范指定某些行为类型为能允许的,另一些则为被禁止的,并在违反出现时,给予某些惩罚和保护措施。"②他把制度分为抽象目标的制度和现实的制度两种,前者指一个规范体系所表示的行为模式的可能性,后者则是规范体系所指定的行动在某个时间和地点,在某些人的思想和行为中的实现。与这种规范主义相对立的是第二种观点,即社会学观点。这种观点反对单纯从静态的规范体系理解法律制度,而主张从法律运行机制中理解法律制度。伯尔曼(Harold J. Berman)认为"制度"一词指为执行特定的社会任务而做的结构化安排。因此,"法律制度是一个结构化安排的制度,它的主要目的之一是通常就有关什么是允许的和什么是禁止的向政府各部门和向个人提供指导。"③美国学者梅里曼(J. H. Merryman)提出,一国法律制度的构成因素有:"法律规则、法律内涵、法律外延、法律文化、法律结构、法律角色、法律过程。其中法律外延指法律作用的范围,即法律规范与非法律规范之间的界限;法律内涵指法控制人们的程度,即人们是否愿意通过法律解决争端;法律文化指一个国家法制的内在逻辑,表现在受历史条件制约的人们关于法的性质及其运用的观点之中;而法律结构(法院、立法机关、行政机关等)、法律角色和法律过程则共同构成了法律机器,它们是法律规则得以发挥作用的必不可少的机制。"④梅里曼认为,以上诸因素处于一个有机联系的整体中,共同构成一个动态的以规范或规则运行为轨迹,与国家相应的权力结构相联系的法律制度的整体。

---

① 《牛津法律大辞典》,545—546 页,北京,光明日报出版社,1988。

② [美]J. 罗尔斯:《正义论》,51—52 页,北京,中国社会科学出版社,中译本,1988。

③ [美]伯尔曼:《法律与革命》,6 页,北京,中国大百科全书出版社,中译本,1993。

④ [美]梅里曼:《大陆法系和普通法系的融合与分流》,222—227 页,斯吉索夫出版公司,牛津英文版,1987。

笔者认为,对法律制度概念的理解必须与相邻的一些范畴联系起来。只有通过与相邻法律范畴进行比较才能正确认识其内涵。首先,法律制度和法律意识一样,是属于建立在一定社会经济基础之上的上层建筑。作为上层建筑的法律制度的存在是一种社会意识存在,而不是社会物质存在。因此,不能因为法律制度借助一定物质手段表现出来,就认为法律制度具有物质的组成因素。这就像不能把宪法的存在等同于印有宪法条文的纸张的存在一样。因此,我们不赞成因为法律制度在现实生活中存在时需要通过一些中介,而就把这些中介也视为法律制度的组成部分。因此,像法官、行政官员和公民、团体等法律角色都是法律制度存在的物质"载体"。其次,法律制度与法律组织或法律机构也有很大区别。法律组织是人们为了达到一定法律目的而建立的一种共同活动群体,如法院、立法机构、行政机关等。法律组织的构成因素是法律角色,而法律制度的构成因素主要是法律规则。另一方面,法律制度和法律组织又有密切联系。法律组织建立的依据是法律制度的有关法律规则的规定,而法律制度的现实存在需要借助法律组织表现出来。但两者毕竟不是一个概念,不能混同。最后,法律制度与法律意识也是既有联系也有区别的。法律制度和法律意识同属于上层建筑的范畴,一定的法律制度的形成离不开相关法律意识的存在。一定的法律制度必然是相关法律意识和法律文化传统的外化;但是作为一项制度,其一经形成,相对于法律意识来讲又具有一定独立性,它具有作为一项社会所特有的结构性、系统性、相对稳定性和强制性,这使得法律制度和法律意识之间的区别更为明显。因此,笔者认为,必须把法律制度自身的存在和与法律制度相联系的范畴区别开来。法律制度的存在固然离不开这些因素,但它们本身并不是法律制度的组成部分。

笔者认为作为一项社会制度的法律制度,其概念可以界定为:法律制度是在一定国家社会生活(首先是物质生活)中,由统治阶级所制定的、反映一定历史时期的正义、公平观念的法律规范体系。它的存在需要借助一定的法律调整机制表现出来。一定法律调整机制包括法律角色、法律实践、法律意识、法律组织等。

(三)法律制度思想的研究方法

以制度为学科研究的中心环节,这在20世纪屡见不鲜。19世纪末20世纪初在美国经济学领域就产生了"制度经济学"。该学派认为,人类的经济活动和社会活动都是由制度决定的,通过对社会的结构分析或制度分析可以说明社会经济现实及其发展趋势。因此,该学派主张研究人类社会制度的变迁史,从中找出治理社会弊端的良方。

对制度的研究可以分为实体研究和抽象研究。制度总是与社会中一系列具有相对稳定关系的社会结构中活动的人相联系的。所谓实体研究,就是通过研究某一类别的社会群体来认识制度,也就是通过对社会群体内部的规范研究、内部结构研究、成员活动形式的研究来认识制度的结构及运行的理论。如家庭制度研究、企业制度研究等就是这种研究。但社会中群体的类别是多种多样的,群体的目标和功能也往往是多元的,因而就存在多种类型的群体在目的和功能方面的交叉重叠现象,这就导致一种不同于实体研究的抽象研究方法，即把散见于各类社会群体之中，服务于同一社会目标的社会规范加以比较概括，从中提炼出共同的关系特征，形成一种抽象的制度结构。经济制度的抽象研究就是对各个社会群体中基本经济关系的概括。这些基本经济关系不仅存在于农场、工矿、商贸等经济实体单位，而且还和一切参与经济活动的群体和个人有关。同样，对法律制度的研究，也属于抽象研究范畴，这种研究是建立在实体研究基础上的思维活动的产物。

对于法律制度的研究，一般来说可以从四个角度来进行。

(1)分析角度。这种方法旨在从法律制度的结构、内容的分析中形成对该法律制度的基本原则、概念的认识，并在逻辑分析的基础上形成作为有关司法和行政裁决依据的权威性文献。这种方法假定法律规范在逻辑上是相互关联、一致的。这种方法还有助于制定一套便于教授和易于理解的法律，也便于其具体内容符合理性。

(2)历史角度。这一方法通过考虑法律制度的历史起源和沿革，探究法律制度的构成和发展的有关理论，揭示现实法律制度的原理。这种方法力图从历史文献中寻找现行司法和行政裁决依据的权威性文献。这种方法是假定现实权威性文献具有历史沿革的连续性。

(3)哲理或道德的角度。这种方法旨在研究法律制度的构成和理论的哲学及其理想成分。它预先假定了法律目标或法律秩序目的的理想图景，而根据这些理想图景，人们便可以对法律制度的构成、理论做出价值评判。

(4)社会学角度。这一方法在于把法律制度作为一种社会工具和社会控制的一部分，在功能上加以研究，并对其构成的法规、律令在实现其社会目标层面上进行过程研究。它假定法律制度作为社会控制的一种特殊制度。

现代西方法律制度理论就是分别从这些角度出发对法律制度进行研究的。

二、西方法律制度思想的起源、发展及现状

(一)法律制度思想起源

早在1740年，英国的大卫·休谟在其著作《人性论》中就提出："法律，就像语言和货币一样，是一种不断发展的社会制度，其根源不在于人类的本性，而在于社会公约。"①在他看来，现代文明社会并非起源于启蒙思想家所说的基于人的本性而签订的社会契约，而是源于人们对与他人合作所能够获得利益的认识。法律只是在自然界不能满足全人类需要和愿望时，才成为必要。人们本能意识中也不知道根据法律生活有什么优越性，只是人们逐渐从习惯和传统中感受到这一点。法律制度的产生类似于语言产生过程，或者类似于金银演变成为物质交换的一般等价物的过程。

---

① 彼得·斯坦、约翰·香德：《西方社会的法律价值》，北京，中国人民公安大学出版社，中译本，1989。

继休谟之后,法国的孟德斯鸠在其巨著《论法的精神》一书中,广泛地探讨了法律与社会环境中各种因素的关系,其中涉及法律制度的各方面。从孟德斯鸠的论述中可以知悉,最适合人类本性的法律制度,就是那些适合各民族具体情况的法律制度。这些具体情况包括政府类型、气候、土地、居民的职业、宗教、人民的生活方式、历史传统、该社会的精神等。

孟德斯鸠的学说,导致了19世纪德国历史法学派对自然法理论的反动。萨维尼认为,一个民族的法律制度,犹如它的语言、风俗习惯和建筑艺术等,根源于这个民族的普遍精神。这种精神不像孟德斯鸠所说的宗教上、习惯上或地理上的某种实用的东西,而是一种在史前形成的、适应各民族自己特点、近乎神秘的东西。一切民族法律制度的变迁,都必须与其民族精神相一致。

历史法学派在英国的分支以亨利·梅因为代表。梅因的《早期制度史》表明,“他惯于研究法律制度而不惯于研究法律学说。他有关从身份到契约的发展的归纳是对法律制度做出的一种政治解释。”①梅因的《古代法》一书显然受到了先于此书两年发表的《物种起源》的影响。在这本书中,梅因十分强调最初法律制度的重要性。他认为,这些制度就像地质学家所说的原生地壳一样,包含着法律一直借以限制本身的所有形式。据此,他提出了关于“进步社会”法律历史演进的阶段的理论。

早期的法律制度理论是零碎的、非系统性的观点。有关的观点主要表现为两个方面,一是对法律制度进行价值评判,分析法律制度作为一个整体是否符合正义和公平的人类理性。二是从历史的角度,探索法律制度的历史起源。但是这一时期,占统治的还是历史唯心主义世界观,因而把法律制度的起源常常归结于神秘的民族精神,并没有真实揭示法律制度的起源。

(二)西方法律制度思想的发展

19世纪是分析主义法学占统治地位的时期。在19世纪末20世纪初,又产生了社会学法学。这两个学派的兴起和发展,使得法律制度理论的研究进入了一个新的发展阶段。这一时期对法律制度的研究专注于法律制度的内在结构分析。

分析主义法学创始人奥斯丁认为,应当将立法学和法理学区别开来。立法学是伦理学的一个分支,旨在确立实在法的标准和实在法得以存在的原则。而法理学的任务是分析实在法律制度的一般概念和原则。“我所称之为的‘一般法理学’是指这样一门科学,它所关心的是说明不同法律制度所共有的一些原则、概念和特点:通过对法律制度的分析,我们能够获得这样的认识,即那些较为完善和成熟的制度,由于具有完善性和成熟性,从而也就富有卓越的指导意义。”②具体说就是通过对诸如权利、义务、伤害、制裁、惩罚和赔偿等主要述语的解释以及对权利、义务进行分类,阐述各个法律制度所

---

① 庞德:《法律史解释》,51页,北京,华夏出版社,中译本,1989。

② [美]E. 博登海默:《法理学——法哲学及其方法》,113页。

固有的种种特点。奥斯丁的法理学理论还形成了较为完整的关于法律制度的理论框架。他认为,关于法律制度的研究应当主要从三个方面进行。第一,研究法律制度存在的标准。奥斯丁认为,一个法律制度的存在只有当它的立法者是主权者时,并且它的每项法律规则都是有效时,法律制度才能被认为实际存在。第二,研究法律制度的统一性标准。奥斯丁认为法律制度的统一性应基于立法渊源的原则,按照这个原则所有法律规则都来自一个最终的渊源。奥斯丁把这个最终渊源确定为立法者。为了保证法律制度的统一性,奥斯丁认为立法者应当具有四个特点。这就是至高无上性、不受限制性、独一无二性、一致性。第三,研究法律制度的结构。奥斯丁对法律制度的结构论述不多,他着重区分两种法律规范之间的关系。一是内在关系,指一个规范是另一个规范存在的条件或是另一个规范的手段或工具。这两个规范之间的关系就是内在关系。奥斯丁举例说,一个必须服从的强制性规范与一个制裁性规范之间的关系就是内在关系。除内在关系以外,法律规范之间的关系都是外在关系。

与奥斯丁的分析法学不同,社会学法学是从社会实证的角度来分析法律制度的类型和结构的。德国的马克斯・韦伯(Max Weber,1864—1920)创立了一个独特的理想的类型学,据此可以区别法学发展史上所存在的不同类型的法律思想。在此基础上,他力图证明每一种类型的法律思想都与一定类型的法律制度,尤其是与法律专家的结构分布相联系。韦伯认为,社会分化成各有其传统法律的许多地位不同的群体。这些群体相对于较大社会的管理机构而言,有程度不等的自主独立性。根据自己独立性的不同,可以将法律制度分为三种类型,即"法制型""传统型""卡理斯玛型"①。韦伯特别专注资本主义经济结构的产生和发展对于资本主义法律制度结构的影响。

E.杜尔克姆则从其制裁理论出发,对法律制度进行研究。他受梅因的直接影响,对以契约为基础的社会秩序的过渡产生了兴趣。杜尔克姆认为,法律制度结构上的差别非常精确地反映了作为其基础的社会结构的差异,因而它也就成为不同社会类型的标志。在古代社会中,调整社会行为的是全世界都没有差别的"共同意识"的规范。这种社会中的法律制度是镇压性的。它通过制裁来消除侵犯共同意识的行为,补救共同意识所遭受的损失。随着社会的发展,社会团体越来越倚重于不同行业单位之间的相互依存。法律秩序也随之开始分化,开始形成一系列新的法律规范。它们的目的是通过补救性质的制裁来恢复既互相竞争又互相依存的社会集团的利益均衡。这种新的法律制度允许私人团体在一般规范限制内协商,用契约为自己设立可行的有强制执行效力的法律责任。

---

① "法制型",指支配和管理人们行为的是基于官僚制的官僚技术,这些官僚技术包括不同层次的正式的管理规则,这些规则确定了明确的管理范围。

"传统型",指支配和管理人们行为的,是基于历代相传下来的规则和权力的神圣性,简而言之,依靠的是传统的惯例。

"卡理斯玛型"(Charisma),指支配和管理人们行为的,是基于人们对被称为卡理斯玛的精英人物的服从。

在这一阶段,韦伯和杜尔克姆都承认在法律制度的结构变化中有一个重要领域,即根据私人活动创设法律责任。同时,他们也都认识到这种私人法律责任在法律制度中与较大社会的政府之间的协调问题的重要性。

在这一时期,由于自然法学的没落,对于法律制度的价值分析,在法律制度理论中已不再被西方法学家们所关注。

(三)西方法律制度思想研究简况

在现代西方法学中,呈现出复兴自然法学、分析主义法学、社会学法学三足鼎立的局面。与此相适应,现代西方法律制度理论也主要呈现出三种主要倾向:理性价值主义倾向、分析实证主义倾向和社会实证主义倾向。这三种倾向既相互独立,又相互渗透。

复兴自然法学认为,不应把法律制度仅仅视为一定社会经济制度的反映,任何被称为法律制度的制度,都必须关注那些超越特定社会结构和经济结构的具有相对独立性的基本价值。在这些价值中,较为重要的有自由、公平、平等、安全。复兴自然法学的学者们认为,忽视这些基本价值的法律制度不能被认为是一个真正的法律制度。为此,他们试图探索法律制度的本质是什么,作为一种正义的法律制度应满足哪些标准,法律制度如何才能实现正义或公平。朗·L. 富勒认为,一个真正的法律制度与道德标准是不可分的。他把与法律有关的道德分为法律的外在道德和法律的内在道德。他认为,法律制度在整体上必须体现"公平""正义"等原则所构成的法律外在道德。为此,他认为法律制度还必须具备八点要求:法律规则的普遍性,法律规则的公开性,法律规则不能溯及既往,法律规则必须明确,法律规则不能相互矛盾,法律规则要求的行为必须是人们所能做到的,法律规则必须具有相对稳定性,法律规则的规定与实施必须一致。富勒认为,只有同时满足了这八点要求的法律制度,才能保证实现法治的理想。德沃金则从对法律实证主义的批判角度出发,认为在法律实践中,律师、法官等人在解决疑难案件时,往往要使用法律规则之外的一些标准,才能保证所需解决的争端得到公平、合理的解决。这些标准有体现人们正义观念的原则和政策。德沃金认为,这些原则、政策也应该是法律制度的组成部分。复兴自然法学另一重要代表人物约翰·罗尔斯在其著作《正义论》中,主要就是研究有关社会制度的正义原则问题。他认为,正义是社会制度的首要美德。如果一个法律制度尽管安排得十分巧妙和有用,只要它不符合正义,就该取消。罗尔斯把一个社会制度的正义原则归结为用何种方式分配基本权利和义务以及通过社会合作取得的利益如何分配。罗尔斯通过研究认为,有关社会制度的正义原则有两条。第一条是平等的自由原则,该原则要求每个人都有平等的权利,享有与他人相同的最广泛的基本自由。第二条正义原则是机会公平、平等原则和差别原则的结合。该原则要求社会、经济的不平等,只有在地位和官职对所有人开放,并且这种不平等对所有的人都有利,特别是对在社会中处于最不利地位的人有利的情况下才是正义的。一个法律制度只有同时满足了这两条原则,才可以称得上是符合正义的法律制度。复兴自然法学关于法律制度的研究较之以往对法律制度的价值评判有了一个很大进步，就是它不是笼统地对法律制度从外表上做出一个整体性评述，而是结合法律制度的具体组成来论述。通过法律制度具体构成中原则、规则对人类权利和义务的分配公平与否以及这种分配对人们生活的影响，来判断一个法律制度的价值标准。这使得复兴自然法所主张的法律制度与法律实践更为贴近，从而具有更强的吸引力。这既是第二次世界大战以后人们对现存法律制度反思的结果，也是复兴自然法学得以复兴的一个重要原因。

与复兴自然法学相对立的是法律实证主义理论。这种理论反对寻求终极价值的做法，反对试图超越现行法律制度的现实经验而去阐述法律思想的任何观念。法律实证主义把法律科学的任务限制在分析和剖析实在法律制度的范围之内，特别是对法律制度的研究局限在分析法律制度的逻辑的关联上。凯尔森认为，法律制度就是由基本规范、宪法规范、一般规范和个别规范所组成的规范体系。他的"纯粹法学"对法律制度的研究也主要从三个方面来进行，即法律制度存在的标准、法律制度统一性标准以及法律制度的结构。凯尔森认为法学理论无法回答什么是正义的问题。因为正义是人们的意识概念，反映的是人们无理性的主观倾向，因而有关正义的主张常常是矛盾的。如果非要给正义一个科学的名称的话，凯尔森认为，它应当是合法性。"正义就是把某个一般规则确实适用于据其内容所应该适用的一切场合。'正义'意味着忠实地适用实在秩序以保护其存在。"①在法律与道德的关系上，虽然 H. L. A. 哈特也坚持法律实证主义的立场，认为"法律的存在是一回事，它的功过是另一回事"。但哈特在与富勒的论战过程中，也对自己的新分析法学作了一些变通。他承认一个法律制度总会受到社会的传统道德观念的影响。虽然法律与道德无必然的联系，但由于人们共同生活的需要，存在着一些为法律和道德所共有的一些行为准则，这就是一个法律制度的"最低限度的自然法"。哈特的新分析法学着重从主要规则和次要规则的结合中，阐述法律制度的构成、法律制度存在的标准以及法律制度的基础等问题。

以美国麦考密克和捷克魏因贝格尔为代表的制度实证主义法学从现实主义角度出发，对分析主义法学关于法律制度研究的若干范畴进行了阐述。首先，他们反对把法律制度存在的标准归纳为有效性原则。他们认为，法律制度是作为一种不同于"原始事实"的"制度事实"而存在的。制度事实是作为人类社会生活的框架而存在的。这就说明，如果不求助于规范性，是不可能说明制度事实的性质。同时，制度事实的存在又不能单纯归结为对行为规则的陈述，制度事实作为一种"思想——客体"，它的存在需要通过两类与物质实体相联系的环节：一类是行为，另一类是可以观察到的关系。制度事实的存在仅仅是时间上的存在，而没有空间上的存在。其次，他们认为，以往分析主义法学对法律制度的研究结果，往往把法律规范区别为授予权力（利）的法律规则

① ［美］凯尔森：《纯粹法律理论与分析法理学》，载《哈佛法学评论》(55)，49 页。

和设立义务的法律规则。这种区别没有看到将有些法律规范简单地分为授予权力（利）的规则和设定义务的规则，并不能充分解释法律制度的结构。麦考密克认为，如果从创制规则、结果规则和终止规则[①]去认识法律制度，可以充分说明法律制度的概念。最后，在对待自然法的概念上，魏因贝格尔认为，作为社会制度的法律制度并不把它们规定的“应当是这样”说成是专横意志的产物，而认为是应有道德基础的事物。他们对有关法律制度的正义标准做出了自己的规定。

从分析主义法学对法律制度研究的发展趋势来看，他们所研究对象的内容相差不大，但后来的学者大都借鉴了社会实证方法来论述法律制度的结构和存在的问题，同时也表现出对自然法学的妥协。

社会实证主义法学即社会学法学，对法律制度的研究主要是从社会经验事实出发，分析法律制度是如何产生的，法律制度实际是如何运转的，以及导致制定这些法律规则的各种社会因素。虽然它也承认法律制度中存有价值成分，但不赞成研究和寻求法律制度的终极价值。社会实证主义法学的一个突出特点，是它主张从动态的角度来理解法律制度概念。因此，它反对把法律制度看成是规则体系的观点，而认为法律制度除了规则之外，还应当包括制定法律的各种社会力量以及法律文化。因此，社会实证主义法学对法律制度研究的范围是极其广泛的，除了研究规则体系如何受社会因素制约外，还要从整体上研究法律制度的产生与发展，以及现实法律制度如何解决争端等。社会学法学代表人物庞德（R. Pound）把法律制度视为文明发展的产物，同时又是实现更高文明的手段。法律制度的产生源于原始社会人们为防止血亲复仇。法律制度中规则、原则、概念和标准等构成因素，是随着社会经济发展而逐渐完备的。法律制度本身又是人们的创造物。庞德还论证了法律制度存在的必要性。具有社会学法学倾向的美国人弗里德曼（Lawrence M. Friedman）把法视为与制度有关的、和实际过程相联系的整体。他着重研究了一定社会结构下创造法律制度的不同规则的各种社会力量，以及这些规则反作用于社会中人们行为的效果。为此，他设定了一个独特概念即“法行为”（legal act），以此展开论述制度性法行为对个人行为的影响和社会对于形成法行为的影响。

纵观当代西方法学各种流派人物的法学理论，以法律制度来构筑自己理论体系的，大概只有麦考密克和魏因贝格尔，其他人物大都是从不同的角度对法律制度的某一方面加以阐述。这些不同观点融合起来，形成了当代西方关于法律制度的思想。这种思想反映了当代西方法学界对法律制度的本质、结构、现实基础以及价值评判的不同认识。对这些不同观点的研究，有助于我们对法律制度这一社会现象的理解。

---

① 创制规则，指用以产生法律事实和权利主张的根据；结果规则，指用以进行制度操作，通过权利和义务、权力和责任等方式确定一系列法律结果的规则；终止规则，指用以结束某种法律过程的规则。参见麦考密克和魏因贝格尔：《制度法论》，64—66页，北京，中国政法大学出版社，1994。

第二节　当代西方法律制度思想诸形态

一、作为社会事实的法律制度

（一）庞德的社会学法学关于法律制度的理论

庞德（Roscoe Pound）关于法律制度的理论观点，是在大量吸收了德国新黑格尔派法学家柯勒（Joself Koheler，1848—1919）对法律制度研究成果的基础上形成的。柯勒认为，法律与文明是相对应的，不存在适用于所有文明的普遍的法律制度。法律是与一定时间、地点的文明相适应。柯勒把法律制度视为文明发展结果的产物，同时又是通向更高文明的工具或手段。因此，要认识法或法律制度，首先必须了解文明是什么。柯勒把文明确定为最大限度地展示人类力量的社会发展。这里的"最大限度"意指为了人类的目的，最大限度地控制自然，其中也包括对人性的控制。庞德将柯勒的文明概念作了进一步的解释，"文明是人类力量不断地更加完善的发展，是人类对外在的或物质自然界和人类目前能加以控制的内在的或人类本性的最大限度的控制"①。庞德认为，文明中两个方面的控制是相互依赖的。正是因为人们能对内在的人的本性加以控制，所以人类才能征服外在的自然界；同时也因为人类社会对物质世界的控制达到一定程度，才使得世界上如此庞大的人口得以生存下来。庞德据此认为各门社会科学都必须研究对人类本性的支配力。对人类本性的支配力的控制主要有三种手段，即道德、宗教和法律。以道德为研究对象的伦理学目标，是通过个人行为的完善来达到个人的完善。而以法律为研究对象的法学，则通过个人与他人之间的关系，来达到个人完善。"个体与整体通过各种方法来发展整体。这种方法包括表示、维持与促进旨在发展文明的法律制度与政治制度。"②庞德十分赞同柯勒的观点，认为只有在人类社会中建立法律制度，规定每个人的职责和任务，并注意保护现存价值观和发展新的价值观，人类社会的文明才可以想象。

庞德以柯勒的文明理论为基础，阐述了法律制度的起源。他认为，在人类社会早期，氏族的内部秩序是依靠内部纪律来维持的。氏族集团之间的利益冲突则依靠私人决斗来解决，因此，血腥的私人决斗便成为当时一种主要的社会制度。当原始社会出现政治组织后，它的一项重要任务就是设法通过满足被害人或其血缘亲属的复仇愿望来对依靠自力的私人决斗进行节制，达到消除私人决斗和流血的目的。庞德指出，最初的法的目标仅在于限制决斗和维护秩序，禁止血腥复仇。最初的法对复仇是采取金钱收买的办法。当社会中的政治组织不断成长壮大，取代原始氏族社会组织和宗教组

① ［美］庞德：《通过法律的社会控制》，9页，北京，商务印书馆，中译本，1984。

② 庞德：《法律史解释》，141页，北京，华夏出版社，中译本，1989。

织而成为社会控制的最高机构的时候，社会中就有了法律秩序，也就存在一种通过有系统有秩序地运用政治上有组织社会的强力来调整和控制人与人之间的关系、安排他们行为的法律制度。“最早设计的法律制度，是通过要求被害血亲放弃复仇行为和规定旨在确定事实的机械的审讯方式，来调节并最终制止私人间的战争。”①这种最初的法律制度，只是以有限的社会控制为它的范围。大部分社会控制应由氏族的血亲集团的内部纪律、伦理习惯和宗教组织来处理。不过，这时血亲组织作为社会控制的一个重要手段，实际上已经不存在了。

西方社会进入16世纪以后，社会政治组织成为社会控制的主要组织。这种政治组织要求对社会控制的强力在事实上具有垄断权力，社会控制首先是国家的职能，并要求通过法律来行使。庞德指出：“所有其他社会控制的手段被认为只有行使从属于法律并在法律确定范围内的纪律权力。英国的法院可以恢复被一个社会团体错误地开除去的人的会员籍。一些法院曾判决过被信托作为教会用途的财产，是否是按照教会教义（财产因这种教义而授予）而使用的。家庭、教会和各种团体在一定程度上起着现代社会中组织道德的作用，它们都是在法律规定限度内活动并服从法院的审查。”②通过法律制度的社会控制的最后效力依赖于专门设立的机构，如法院、警察局、监狱等以及法官和行政官员所行使的强力。尽管法律制度的存在离不开强力的支持，庞德还是反对将法律视为权力，而认为法律应该是对权力的一种限制。“社会控制是需要权力的——它需要用其他人的压力来影响人们的行为的那种权力。作为社会控制的一种高度专门形式的法律秩序，是建筑在政治组织社会的权力或强力之上的。但是法律决不是权力，它只是权力的行使加以组织和系统化起来，并使权力有效地维护和促进文明的一种东西。权力理论在实际行动里究竟意味着什么，可以以近来国际法和权力的同一化作为例证，这种同一化一直导致国际法失去作用。”③庞德的法律限制权力的观点，是现代西方法治思想的一项重要的内容。

庞德认为，尽管现代社会的所有其他社会控制手段需借助法律的确认权力，但法律制度管辖的社会活动范围仍是有限的。法律制度的存在也需要以其他社会制度的存在为条件，如宗教制度、家庭制度。如果通过家庭制度或宗教制度能成功地执行其社会功能的话，许多应由法律制度管辖的事情事先就做好了。相反，“当法律将社会控制的全部活动纳入自己的领域后，法令的实施就成为一个尖锐的问题了。”④

庞德将法律制度定义为“通过有系统有秩序地运用政治上有组织社会的强力来调整人与人之间的关系和安排他们行为的一种制度”⑤。这种制度的运行要求一套权威

---

① 庞德：《法律的任务》，96—97页，北京，商务印书馆，中译本，1984。

② ［美］庞德：《通过法律的社会控制》，12—13页。

③ 同上。

④ 同上书，13页。

⑤ ［美］庞德：《法律的任务》，97页。

性的审判规则和行为模式,用它来作为个人行动的指南,作为法官裁判的依据,作为律师预测法律行为结果的基础,庞德认为法律制度中的这套权威性规范包括规则、原则、概念、标准等要素。这些要素并不是法律制度一开始就全部具备的。最初的法律制度中权威性规范都是规则,这些规则是对确定的具体事实状态赋予确定后果的法令。各种原始时期法典就是由这样的一些法令构成的。例如,汉穆拉比法典规定:“如果一个自由人殴打另一个自由人,应纳十个银币。”[①]罗马十二表法规定:“如果父亲三次出卖他的儿子,儿子可以脱离他的父亲。”[②]随着法律制度的发展,这种规则继续作为法典中的一个重要成分而存在。随着经济的发展,法律逐渐因为人类理性的发展而具有了教育意义,并逐渐落入职业法学家手中。通过法学家的讲授,给权威性规范体系带来另一种成分即原则。原则是用来进行法律推理的权威性出发点。因为,为每一种详细的事物状态制定相应精确的法律规则是不可能的。“与法律秩序的各种秩序的各种限制进行着紧张斗争的无限人类才智,生活环境的无限多样,一切事物都不可避免的变化,以及进步的发明和发现都使一套绝对完整的法规无从谈起……当这些事情被诉诸法院时,要是没有相应的原则可供参考,那么在这些事物的不断发展和连续出现中,法院是不可能跟上形势的需要的,这个因素随着经济秩序的日益复杂而日益趋于重要。没有这些权威性的推理作为出发点,法院就不能有把握地判决今天许多大城市和工业社会压给法院的大批纠纷案件。没有一个人有把握地说出到底应当怎样判决,那样一来,经济秩序也就无法维持了。”[③]因此,法学家们从司法实践出发,将各种案件加以区别,将某一领域内长期发展起来的判决经验进行比较,将某些案件归之于某个总的出发点,而把其他一些案件归之于其他的出发点。这就给法典带进了新的成分,即法律原则。

权威性规范体系发展的第三个阶段,出现了另外两个法的因素。一个是法律概念,另一个是法律标准。法律概念是把特殊的事实情况概括到里面去的一些普遍性的范畴,根据这些法律概念来运用某些规则、原则和标准。庞德认为,法律概念的产生大大减少了法律规则的数量。因为,借助法律概念就无需为某一范畴中每一个具体案件制定一个特殊的法律规则。法律标准的产生,是为了保证法律的适用不像法律规则规定的那么绝对化,可以根据每一个案件的具体情况来决定。

庞德认为,法律规则、法律原则、法律概念,从广义上说都可以看成是一些法规。他指出,把原则认为是一种法规,以使当缺乏可以适用的法规时,可以借助原则从中推导出判决的根据;把概念作为一种法规,可以将某些案件归于一个适当的法律概念之下,并由此可以找出可供适用的某些法规,以便通过指定的法律标准,对某些关系中的行为进行测量。由于法学历史发展上的这种特征,法常被人们视为由一些法规组成的

① 《外国法制史资料选编》,41 页,北京,北京大学出版社,1982。

② 同上书,147 页。

③ [美]庞德:《法律的任务》,99 页。

总和。庞德认为，分析主义法学家恰好就停留在这里，他们把法律制度看成是各种法律规范的总和，但实际上，法律制度不仅仅是这些规范。即使这些规范，也需要通过权威性程序才能得以发展。不仅如此，“由于在人群熙攘的世界中人与人之间接触机会不断增加，由于在一个复杂的社会、经济秩序中各种欲望、需要和要求的不断增加，由于这些需要调整的欲望、需要和要求彼此间矛盾的不断增加，一些价值尺度，一些承认或拒绝的尺度，一些关于被承认的利益范围的尺度和一些选择法律推理权威的尺度，解释和适用各种法规、原则的尺度以及运用标准的尺度，就都成为必要的。”①由此产生了现代法律制度中的一套公认的关于社会和法律秩序的理想图画。庞德指出，这些理想图画对于法律制度具有重要的意义，因为这些理想图画对法律制度适应不断变化的社会需要提供了指导。

法律制度是历史长期发展的结果。即法律制度在发展过程中，要受到许多事物的限制。但庞德认为：“……我们不要仅把法律制度视为既存事物，而是将其视为被创造的事物；不要将其视为留给我们的事物，而要将其视为在某一时代被创造的，并且现在仍由那些相信它们与需要它们的人所创造的事物，而且主要是后者相信并需要它们成为的事物。”②创造不是无中生有，法律制度的创造活动是将历史和现实的各种材料拿来分析，根据理性原则赋予这些材料一定形式，使它们符合人们实现正义，满足需求，保障社会利益。创造新的制度，提供新的法律律令以及创新法律原则的活动，开始一般采取了确立程序性拟制的形式，后来则采取广泛和普遍的法律解释，近现代则采取了司法试验法以及司法判决的形式。通过这些形式，我们知道这些制度是谁设计的，法律制度不适应社会需要时，通过什么途径由什么人去改变它们。庞德承认，在制度创新过程中，自然法理论起着十分重要的作用。他说：“自然法是法律的法理学发展的巨大力量，是较高的法律原则、制度的拟制，它存在于理性之中，现行法律制度只不过是自然法的不完善的反映。因而可以根据自然法对现行法律进行修改和补充。”③

19 世纪，无政府主义者认为，社会控制可以不通过强力来实现。他们极力主张取消政府，让人们自觉地去维持人们之间的各种关系和社会的内部秩序。他们主张建立具有绝对个人自由的制度，在这种制度里，人与人之间的一切利害冲突由他们通过自由协议来解决，没有政府和官员对人们的压迫。庞德对这种乌托邦式的幻想从各个方面加以批驳，论证了人类社会对法律制度的需要。

庞德指出，“所谓不通过法律进行裁判的经验表明，它与任何先进的社会的人类心理，与任何发达经济秩序的需要都是不适应的。人类文明的历史显示出一种越来越趋向于由受过训练的司法官有系统地运用政治上有组织社会的强力的动向，这些司法官在运用强力时所根据的是一套科学地组织起来的权威性裁判指南和裁判理由，而这一

① ［美］庞德：《法律的任务》，100 页。

② ［美］庞德：《法律史解释》，148 页。

③ 同上书，130 页。

套东西又是通过权威性的秩序发展起来并经过运用的。”[①]具体理由有三点:其一,人类对别人专横统治的反感。其二,即使最发达的道德水平和正义观念也不能解决许许多多有关调整人类关系和行为的实际问题。这些问题的解决,要依赖于由理性发展起来并经过实践经验的权威性的规则。其三,经济秩序的发展,要求具有确定性、一致性和稳定性的法律制度,否则任何经济发展都不会成为可能。

庞德在研究法律制度时也简略地论述了制度的正义问题。他认为,正义并不意味着个人的德行或人们之间的理想关系。“我们以为它意味着一种制度。我们认为它意味着那样一种关系的调整和行为的安排,它能使生活物资和满足人类对享有某些东西或做某些事情的各种要求的手段,能在最少阻碍和浪费的条件下尽可能多地给以满足。”[②]这里,庞德从实用主义立场出发,将正义看成是一种分配人们权利和义务以及社会资源的最恰当的制度性安排,而不是人们关于人与人之间理想行为模式的观念。

(二)弗里德曼以法律行为为中心的法律制度理论

美国人劳伦斯·弗里德曼(Lawrence M. Friedman,1930—)是当代美国著名法学家,战后法社会学研究的集大成者。他的法律制度理论集中体现在《法律制度:从社会科学角度观察》(The legal system:A Social Science Perspective)一书中。在这本书中,弗里德曼并没有对法律制度诸环节,如法律职业、审判过程等进行面面俱到的分析,而是从法在整体上可以理解为有关制度的实际过程互相关联的整体角度出发,强调研究一定社会结构下创造规则的各种社会力量,以及规则反作用于社会中人们行为的效果。为此,他设定了一个独特的概念,即“法行为”(legal act)作为研究分析的焦点,由此展开了关于制度性法行为对个人的法行动(legal behavior)的影响和社会对于形成法行为的影响的制度理论。

1. 法律制度概说

对于法律制度的理解,法学界有许多不同的看法。其中一种看法是把法律制度视为一套关于正确或错误的行为、权利和义务的分配的规则或准则。弗里德曼认为,这种把法律制度视为规则体系的看法,没有看到社会生活中的事实:法律规则在书面上是一种样子,而在社会生活中法律制度又是另一个样子。同时,作为规则体系的法律制度并不能告诉人们法律制度实际上是如何运转的。

弗里德曼认为,法律制度应同时包括三种现象:首先是以某种方法制定法律的社会力量;其次是“法律”本身,即法律机构和规则;最后是法律对外部世界行为的影响。传统法学理论的研究,经常忽视对第一种现象的研究,即法律的输入方面。法学研究的传统观点是反对对诉讼当事人、社会团体的社会背景进行研究,学者们对法律发展采取一种内部透视的观点,即认为讨论法律规则产生时,没有必要研究外界各种社会

---

① [美]庞德:《通过法律的社会控制》,26页。

② 同上书,35页。

力量。特别是英美法学家,在他们看来,整个法律制度都是由法院制造的。法学研究对法律制度的输出当然没有像输入那么忽视,但研究主要集中于规则和判决的输出,而输出对于外部世界的影响,一般也被忽视。鉴于传统法学研究的不足,弗里德曼认为,应将法律制度视为"有明确界限的运转单位"[①]。这里所说的界限,是指与法律有关的东西。

弗里德曼并没有给法律制度下一个完整、严格的定义,只是认为法律制度是社会制度中的一种,"以规范或规则运行、与国家相连,或有一个至少和国家行为相类似的权力结构。"[②]世界上各种法律制度不管性质有何不同,它们在某种程度上都有共同的特点。首先,要有输入,即从制度一端输入原料。例如,法院要等某人提出控告,开始起诉,才开始工作。其次,法院及工作人员和当事人对输入的材料、信息进行加工,即进行思考、争辩、下命令、提交文件、进行审理。最后,法院产生输出即裁定或判决。另外,还有关于判决的反馈。反馈既是制度的产品,同时又反过来影响制度本身。从法律制度的运行过程来看,制度的中心问题是如何把输入变成输出。在法律制度中,规则具有重大意义,它们在法律机构中分配管辖权,调节诉讼中各方的作用。它是制度的实体组成部分,制度的另外组成部分是结构。"制度的结构是其两种要素的骨架,它是持久的模型,体制性的架构,是将程序保持在轨道之内的坚硬的骨骼。"[③]例如,人们通常在形容司法制度的结构时,常指的是法官的人数、法院的管辖权、上下级法院的关系等。结构和实体构成了法律制度的静态组成部分,而使法律制度运转起来的则是外面的各种社会势力。弗里德曼将这些社会势力称之为法律文化,认为它体现的是社会态度和价值要素。这些社会势力态度和价值观念转化成法律制度的要求,就启动了法律制度的机制。因此,弗里德曼认为,实际运行中的法律制度是一个集结构、实体和文化相互作用的复杂有机体。要解释其一部分的背景和作用,就必须协调制度中许多其他的组成部分。

法律制度作为一项社会制度,具有满足社会需要的多项职能。在这些职能中,首先是分派社会价值观念的职能。法律制度被认为要保证在个人和团体间进行公正或恰当的分配。在诉讼和交易中,法律制度应保证适用公正或恰当的规则。其次,法律制度一个具有普遍意义的职能是解决争端。法律制度提供机制和场所,让人们消除矛盾,解决争端。不过,解决争端职能不是法律制度所垄断的。最后,法律制度还有一个基本职能是进行社会控制,即实施正确的行为规则。

弗里德曼着重分析了作为一种分配制度的法律制度。他认为,从一定意义上说,法律制度是一种配给制度,它所做的及它的本质反映了社会权力的分配:谁在上层、谁在下层。法律还保证这种社会结构的稳定或只按同意了的模式改变。法律制度的每

① [美]弗里德曼:《法律制度》,5页,北京,中国政法大学出版社,中译本,1994。

② 同上书,12页。

③ 同上书,16页。

一个职能,不论是一般的或具体的,都具有分配性。法律制度分派方式既有直接的,也有间接的。前者如授予奖励和惩罚,后者如确立自由市场范围。具体来说,分派权利和义务的方式有:①市场上,以价格分派;②排队制度来分派;③机会决定的分派。这些方式都允许私人决定是否进行交易、付款或排队。还有一种最极端的分派方法,它没有留下任何东西由私人来决定。弗里德曼承认,通过法律制度分派所产生的正义是相对的,对于某些人来说,法律制度似乎总是产生不正义的根源。

2. 以法律行为为中心的法律制度

弗里德曼的法律制度论,是围绕着法律行为而展开的。弗里德曼把法律行为定义为"是任何掌权者在法律制度范围内采取的任何行动"[①]。从他的这个定义来看,法律行为的范围是极其广泛的,它有语言的,也有行动的各种形式。其中,口头法律行为具有特殊的重要意义。口头法律行为可以分为三类:决定、命令和规则。决定是有关一个、两个或几个人在合法的相互行为中的法律关系的权威性声明。决定一般是对明确要求所作的反应,法院判决就是明显的例子。命令是对特定人或集团的具体命令,可以以比较一般的有关规范的声明即规则为基础,也可以不这样。决定和命令,是法律制度基本的口头产品。在一些小的部落社会中,法律制度只有命令和决定,而没有正式的书面规则。相对于规则来讲,决定和命令都是具体的。规则是用一般词语表达的法律主张。规则一般由两部分构成,即对事实的陈述和由陈述而产生的法律后果。严格意义上的法律规则都包括这两部分,但有的规则省略了后果部分。弗里德曼认为,复杂的法律制度中必须有完整意义的规则。"如果制度分成许多机构,建立在许多层次上,有高、低级官员,规则是必要的。它把信息、计划和法规从上级传到下级,即使没有其他作用。任何运转中的法律制度都有规则,有等级或官僚组织的必然有某种正式规则。"[②]

弗里德曼认为,任何一项规则都包含两项信息,一个是实质性的,一个是管辖性的。规则的实质是对一般公众或公众中的某些特定人的信息。规则的管辖部分,是对某些官员的信息。信息可以是禁止、授权或鼓励。根据规则的双重性,它既对官员也对部分或全体公众。以裁量权为标准,可以把规则分为四大类:第一类是规则两方面都是固定的,公众和官员都没有选择自由,如刑法典的规则。第二类为授权性规则,公众有裁量自由权,而官员则没有,如申请结婚登记的规则。第二类是特权规则,公众和官员都有裁量权,符合条件者可以自行决定是否申请,官方也有裁量自由。在第四类规则中,只有官员具有广泛的裁量权。

从另外一个角度即确定性程度来看,法律规则可以分为三大类:首先,一些规则是不起作用的,即没有人真正试图实施这些规则。其次,是一些用裁量性语言表达的规

① [美]弗里德曼:《法律制度》,29页。

② 同上书,31页。

则。这部分被称为活的法律的一部分。最后,是已确定的规则。这里的"已确定"不是说规则本来毫无可疑之处,而是指按通常行为和通常理解,规则实际上没有可疑之处。从这个意义上说,弗里德曼认为,现实中使用的规则大部分应是已确定的。否则的话,人们的日常社会生活和经济秩序将无法维持下去。因为,如果所有的规则都是不确定的,每个规则都可以产生是好是坏的疑问,法律制度将无法在社会生活中得以运行。从这个角度,弗里德曼批评了法律实在主义对法律确定性、稳定性的嘲笑。杰罗·弗兰克把法律的稳定性说成是一个幻想或神话。弗里德曼承认把法律设想永久不变是不现实的,但短期内的固定是可以达到的,而且在现实的日常事务中不仅可以达到,而且必须达到。为了法律制度的确定性,必须把裁量性规则限制在恰当范围之内。过多的裁量性规则,对于法律制度是有害的。因为,尽管灵活的裁量规则可能更公平,更符合正义,但这种规则授予政府官员或法官大量裁量权,因而很容易产生腐败或者反复无常。这类规则很可能与社会的道德感背道而驰的。但法律制度也不能过于死板,而没有必要的灵活性。"固定不变也有其代价和局限性。法律制度不是机器,是由人运转的。任何法律理论都必须设想制度中会有许多松散之处,活动余地,裁量,直到直截了当的不服从。对法律制度的每个研究都证实这一点。当然,制度中裁量的分配是不均匀的。从部位来看,高层比低层多。"①在法律制度中,为了控制或减少裁量规则,弗里德曼认为需要三个先决条件:"首先,必须有一本记载规则的书,确实有书或是象征性的书,换句话说,必须有个地方明白无误地规定行为人必须干什么。含糊不清,不固定的规则有利于裁量滋长。其次,必须有上下交流制度,以某种方式把记载规则的书带给行为人,传达其条件,还要通过某种方式了解他干得如何,是否从字面和精神实质上实施规则。最后,必须以某种方式约束行为人,强制他遵守。这将主要包括奖赏和惩罚。"②

弗里德曼同凯尔森一样,认为法律制度中规则是像金字塔那样按低级到高级排列。当规则发生冲突时,高级规则控制低级规则。一个规则效力更大,并不是指规则在道德方面更完善,只是表明规则的制订者在政府权力金字塔中所处的地位。弗里德曼不同意有些学者把原则和规则划分开的观点。这些学者认为,原则是制造、生产其他规则的规则。换句话说,原则是规则的模式或模型,它起着一种标准的作用,以衡量比它次要的规则的价值或效力。弗里德曼则列举了著名的里格斯诉帕尔默一案。案件的内容是:原告里格斯是被告帕尔默的姑姑。帕尔默是其祖父所立遗嘱中指定的财产继承人,因恐其祖父撤销遗嘱和为了及早获取财产,帕尔默将其祖父毒死。面对这一案件,法院开始推理时承认,如果根据遗嘱的内容,完全拘泥于规则和文字,就应当把这笔遗产给予凶手。但是法院继续推理:所有的法律和契约的作用及其效果都受到

---

① [美]弗里德曼:《法律制度》,41 页。

② 同上书,43—44 页。

普通法的一般的、基本的准则的约束,任何人不能从自己的过错行为中得利,法院最后判决帕尔默无权继承遗产。

弗里德曼以此案例说明,原则应该被认为只是某一种特殊规则,它以一般抽象的语言表达出来。因为这个缘故,原则比隶属它的规则更有裁量性,但并不能因此而失去其规则属性。同时,法律制度中起作用的准则也不是抽象的原则标准,而是实际使用的各种规则。

规则的一个关键职能是指导人们的行为。因此,法学研究的一大目标是研究法律对人们行为的影响。弗里德曼从法社会学角度,认为人们对于法律命令的反应有积极性的和消极性的。与此相对应,人们对法律规则的反应有服从和异常行为的区别。在这两个极端行为中间,还有一个重要类型的行为,被称之为逃避。为了衡量规则对人们的影响,弗里德曼认为,必须注意两个因素:首先,规则必须要求容易见到或观察到。其次,必须能把行为与没有某项法律规则将会发生的情况区分开。为了解法律行为或法律规则对某一特定目标产生的影响,弗里德曼认为,法律制度必须满足三个条件。第一个条件是规则或准则必须传达给对象。第二是对象能够做某事或不能做某事。第三,由于愿望、恐惧和其他动机,对象必须有做的意向。在三个先决条件中,规则的传达对任何法律制度都是重要的。传达是建立在法律制度内部的。在各种传达方法中,弗里德曼把法院判决称为主要传达方法。而所有的判决和法律、法令和规则都是信息。这些信息要保证传达给公众应具有几个属性,一是直接性,二是普遍性。弗里德曼认为,信息要准确传达给公众,不仅需要明白易懂的语言,而且还在于社会理解。不过,弗里德曼也认识到,传达制度对人们行为的影响只是一个先决条件,它还不能解释接到信息的人如何行动以及为什么行动。因此,法律制度中行为理论还必须包括制裁理论。

西方法学界认为,法律行为以各种方式对法律对象的思想起作用。这些方式可以分为三大类。首先,有制裁,即威胁和许诺。其次,有社会即同等地位人、集团的影响,包括积极的和消极的。最后,有内在价值,即良心和有关态度。

弗里德曼把制裁的制止作用分为一般制止和特别制止。制裁的制止作用首先表现为一般制止,即全体或部分居民听到了制裁或看到了制裁的实施,将相应改变其举动的可能性。特别制裁主要是指惩罚方面。制裁效力受各种因素影响,第一是制裁的性质,第二是制裁的对象的人数。制裁几个人比制裁许多人较容易产生影响。如为了保证肉的质量,检查肉类加工厂比检查肉店容易。第三个因素就是受到制裁行为的性质。弗里德曼引用了威廉·钱布利斯(William J. Chamhliss)关于犯罪类型的划分,把犯罪分为"表达性"和"工具性"的。[①] 一般来说,惩罚制止工具性犯罪比惩罚制止表达

① "表达性"犯罪,指行为人认为异常行为本身有乐趣,行为人追求这种乐趣而犯罪,例如强奸和吸毒。"工具性"犯罪,指行为人为达到一定目的而犯罪,如贪污、逃税等。参见钱布利斯:《异常行为和法律制裁的效果》,载《威斯康辛法学评论》,703页,1967。

性犯罪要容易。同时，弗里德曼认为，有些异常行为由于深深扎根于习惯、传统和欲望之中，很难制止。在这里，弗里德曼把制度比喻成浇花的水管，上面布满了洞。如果增加一端压力，另一端可能喷出更多水，但也可能不是这样。这完全取决于有多少个洞，压力有多大。漏水的水管是一种平衡现象，说明由社会力量所决定的法律，不是指规则本身，而是指实际运行中的制度。

弗里德曼在考察制裁理论时，指出实际生活中并不像制裁理论假设的那么简单：一个法律行为人具有权力，给对象下命令或规定规则让他遵守。现实生活中，人们生活受家庭、宗教、社会群体的各种社会因素的影响，因而法律并不是人们惩罚和奖赏的唯一来源。同时，人又是一个有自己思想道德观念的人，法律的命令经过他的道德滤网，多少会有所减损。因此，要对制裁理论作进一步研究就必须考察文化的多元性和人们服从法律的道德感。

弗里德曼指出，在许多大国里，有许多亚文化团体①。这些亚文化团体有自己的奖励和惩罚规则，它们与官方文化并不总是一致的。这些亚文化群体的存在，常是法律无法执行的典型原因。弗里德曼承认文化作为一种社会现象，是人们在长期生活中形成的习惯、风俗和传统，国家很难用强制力去除它。同时，弗里德曼也认识到，从文化中汲取力量的法律更为有效。因此，法律制度要想有更大的制裁力量，就必须符合人们的愿望。这就要求去发掘文化，使每项法律与人们熟悉的习惯、制度相适应。

促使人们服从法律命令的第三种力量，是人们的道德观念。这种道德观念包括许多动机。其中一个可称之为公民意识，即感到应该服从一项虽然不符合个人利益，但有利于他人或整个人民的法律。另一个动机是公平感，认为由于某种形式上的性质，例如该规则或举动平等地适用于每个人，它值得被遵守、支持或服从。这些动机表明人们对法律制度的信任，这种信任态度常被称为合法性。这种合法性的判断，不是对规则内容的判断，而是对法律规则的形式、程序和来源的判断，即有关规则的产生或有关规则制定者及其权威的判断。对于合法性的解释，弗里德曼不同意其他法社会学者所作的程序性解释。因为，如果一项法律实行的结果总是违反某人的利益和道德感，那么将很难使他对法律产生信任，因此弗里德曼要求对合法性作实质性的解释，使人们相信法律一般是正确的，在总体上是符合他们个人和集团利益的，只是偶尔对他们不利。弗里德曼也认为，合法性作为人们服从法律的一种态度，是通过学习而形成的。"合法性必须是挣得的，学来的，它是法律制度试图传授的东西。教和学合法性的过程，即如何提出、传达、加强、消灭和损坏，非常需要研究。"②弗里德曼把学习合法性过程比作珊瑚礁的形成过程，行为经过多次重复后，变得很熟悉而成了习惯，就在人们道德观念中形成一种合法性观念。

---

① 所谓亚文化指的是一种社会性的行为和价值体系，它独立于社会上占主导的行为和价值体系而存在，但仍然是这一主要体系的一部分。参见朱景文：《现代西方法社会学》，166页，北京，法律出版社，1994。

② ［美］弗里德曼：《法律制度》，144页。

从制裁受社会因素制约这一社会事实出发，弗里德曼进一步探讨了有关法律制度的起源。他反对那种从法律内部解释法律发展的研究方法。他认为，马克思主义法学理论中经济基础决定包括法律制度在内的上层建筑的理论是正确的；并且认为，文化对法律制度的塑造具有重要意义。不同的文化创造出风格迥异的法律制度。法律制度从最终意义上讲是文化和社会的产物。以此为根据，他阐述了法律制度的起源。他说，每个社会甚至每个集团，需要某种方法来解决争端和执行基本的生活准则；同时每个社会都需要某种机制来更改社会生活的准则，以适应新的情况。但是在许多简单的社会中，没有法律制度，只有非正式的社会控制。他引证了理查德·施瓦茨（R. Schwartz）对以色列两个定居点的研究结果，说明由于在小的面对面的社会中，人们之间存在着共同的行为准则，因此没有正式法律存在的必要。但在社会分化很厉害的社会中，没有正式的制度就行不通。社会冲突和竞争导致法律制度的产生。在法律制度产生的过程中，深深打下了社会势力的烙印。弗里德曼说，并不是抽象的社会势力来创造法律。社会势力通过对法律制度提出要求，来施加压力。

在论述法律制度的发展时，弗里德曼特别论述了法律结构因素的作用。他认为法律制度的结构好比拔河比赛中的绳子，它只起工具性作用，没有绳子，游戏无法进行。它是力量移动的媒介。进而，他认为社会中的法律制度也就像一个导体、媒介。社会要求从一端流入，法律行为从另一端出来，这个媒介并不影响结果和信息。同时，弗里德曼还认为，结构本来起源于历史、文化和传统。因此，社会要求相同时，结构会逐步溶化成类似的形式。

在法律制度发展过程中，社会权力结构和主流信念系统决定哪些利益和愿望能够成为对法律制度的要求。在法律制度中法律规则和法律程序都是权力的产物，法律制度的中心是授予权力、批准权力的分配方案并阐明其使用的程序和规则。由于社会各种势力的经济和社会力量是不平等的，因此法律制度也不是平等的。“现代法律制度的一个最突出事实就是他们说的，他们宣传的理想与他们的实际工作情况之间的巨大差别。”①“在西方信奉‘法治’的国家里，该制度仍然至少有点歧视穷人和弱者。”②这一观点同D. 布莱克是殊途同归的。受压迫的社会集团几乎总是缺乏地位和金钱，因而，为了能够对法律制度表示强烈要求，只好上街闹事，在动乱中表达自己的要求。

3. 法律制度与法律文化

弗里德曼认为，虽然社会力量创造了法律，但这种社会力量如果不通过一定途径，也不能对法律制度直接起作用。社会中个人或集团的法律举动取决于人们对法律的态度和感情。因此，有关法律制度的理论必须考虑法律文化。“当法律文化把利益转变成要求或允许这种转变时，社会力量，即权力，影响对法律制度施加压力，法律行为

---

① ［美］弗里德曼：《法律制度》，218、219页。

② 同上。

从而产生。”[①]在这里，弗里德曼所指的法律文化一词，指公众对法律制度的了解、态度和行为模式。弗里德曼把法律文化当成每个民族文化中不可分割的组成部分，与整个文化有机地联系着。它“不是某个社会可以选择或购买因而不具有任何特定社会遗传标志的中性人造品”[②]。法律文化的特性，预示每个国家或社会有其文化。有些法律文化存在相似的特点，人们常以此为根据来划分法系。

传统的法律文化认为法律是神圣的，非人制定的，并且是不可改变的。虽然法律制度也发生变化，但这是逐步的并且十分微小。现代法律文化则与传统法律文化完全相反。这是因为法律是不断变动的，法律的一些部分虽然体现着永恒价值观念，但大部分法律是变化的。现代法律文化工具论更认为法律基本上是人造的，是社会为了达到某种目的而制定的。为了更好地实现目的，法律可以不断改变。

现代法律文化的另一特点，是忠于统一而反对文化多元主义。法学家们认为法律制度应该是一致的、有条理的、系统的。法律制度越统一，就越能达到其目标。“从逻辑上讲，一个统一的法律制度应该有助于统一，像共同的语言或旗帜一样，有助于把许多阶级或部落铸成单一国家。”[③]

弗里德曼把法律文化分为外部法律文化和内部法律文化。外部法律文化是一般人的法律文化，内部法律文化是从事专门法律职业的社会成员的法律文化。弗里德曼从法律权利、法律论证、条文主义等几个方面，论述了法律制度内部的法律文化。

弗里德曼认为，权利是通过或针对某个公共权威提出的要求。从主观上讲，权利有一种好处就是权利的供应是无限的，而不是配给的。如法律没有对选民的总数规定限额，如果有更多的人已满法定年龄并登记，就有更多人参加选举。政府可以根据登记选民人数发选票。然而，一切有价值的东西，都是有限供应的，政府能够给予的或允许的权利从来就不是没有限制的。实际上，权利的现实取决于供与求。“主观上，权利是绝对的。客观上，没有或很少权利可能是绝对的，不是理论上而是事实上。”[④]

法律论证，是内部法律文化的一个组成部分。在复杂的法律制度中，法律论证是把法律行为与更高权威联系起来的强有力的方法之一。法律论证是一种辩护措施，是派生的和首要的合法性之间联系的手段，社会中对合法的不同态度会产生不同具体法律论证风格。以此为根据，可以划分四类法律制度：第一，有些法律制度有一套封闭的体系，不承认创新原则。保守单一的圣经的宗教法律制度，近似这种类型。第二类制度可以称为法律制度。它与法律科学中的法律制度比较接近。第三类包括前提标准公开，但不真正接受创新规则的制度。这是一种常见的法律制度，通常被称为习惯法律制度。第四类制度，接受创新，前提标准是公开的。弗里德曼把这些称为工具性制

---

① [美]弗里德曼：《法律制度》，226页。

② 同上书，228页。

③ 同上书，259页。

④ 同上书，269页。

度。在这种制度中,有些"法官"可以不受法律规则约束而做出判决,他们可以诉诸广泛的社会标准,可以按标准要求改变规则或适用情况。

人们对条文主义有各种不同理解,但基本上人们都是死板地拘泥于规则。有两种不同的行为可以被称为条文主义:一种是过于注意条文的字义而不考虑上下文。特别是当法院解释成文法时,拒绝超越字典上对词的某种解释,拒绝考虑与法律有关的政策、目的或情况。另一种条文主义是逃避的条文主义。上述两种情况的条文主义行为都违背社会逻辑意义的推理方式,至少是违反法律以外使用的推理标准。条文主义一般存在于具有封闭或部分封闭法律前提的制度中,条文主义是与职业律师和法官不可分的。圣法制度是典型的条文主义。

法律拟制是一种人们所熟悉的逃避条文主义的形式。在严格意义上,它是一种法律论证的形式。它存在于限制或拒绝创新的制度中。因为在这种制度中,最需要通过法律拟制来引申法律规则的含义,掩盖法律的变化。

此外,弗里德曼还对法律制度的演化理论进行了论述。

二、作为规范体系的法律制度

(一)凯尔森的"纯粹法学"关于法律制度的理论

美籍奥地利人凯尔森(Hans Kelson)指出,他的纯粹法学理论的研究对象是那些"具有法律规范性质的、能确定某些行为合法或非法的规范"①。根据纯粹法学理论,法律制度就是由一系列规范所构成的规范体系。但凯尔森强调,"法律制度并不是由同等层次的并列的规范组成的体系,而是一种由不同层次的法律规范组成的等级体系。"②这样,凯尔森把法律制度设计成效力不等的金字塔状的规范体系。居于这个规范体系的最高层的是基本规范。基本规范是同一法律制度中所有规范的效力的最终渊源。但凯尔森所说的这个基本规范并不是一个实际规范,而只是一种推测。它的含义是"人对人的强制,应当根据历史上第一部宪法所确定的方式与条件来执行"③。在基本规范之下的是宪法规范。宪法规范为成文法和习惯法确定了框架。居宪法之下的是一般规范,这是依据宪法为司法、行政和个人行为做出规定的规则。最后是个别规范,这是法官在具体诉讼案中适用成文法或习惯法时,对具体案体所作的个别性判决。另外,行政机关在发布某种行政命令或在具体处理其他事物中也确立个别规范。在整个法律制度中,"大多数法律规范既适用法律又创造法律"④,即低级规范由较高一级规范所创造。从这种观点出发,凯尔森将法律制度的统一性标准归结为"起源原

① 凯尔森:《纯粹法律理论》,1页,加利福尼亚大学出版社,英文版,1964。

② E. 博登海默:《法理学——法哲学及其方法》,121页。

③ 凯尔森:《纯粹法律理论》,201页。

④ 威廉·艾宾斯坦:《纯粹法律理论:剥削法律思想的神话》,载《加利福尼亚法律评论》,59期,617页。

则”。但凯尔森否认法律制度统一性根源是一个立法机构,而认为是一个授权的规范。他将法律制度统一性表述如下:一项法律是否属于一个法律制度,要看它是否由基本规范授予的权力制定的。“一项法律是否属于规范体系可以通过它的有效性是否来源于由基本规范所构筑的秩序”①,凯尔森认为,每一个法律制度的基本规范保证了制度的内在一致性。基本规范通过给每个规范规定了制裁以保证其内部无矛盾性。

凯尔森同奥斯丁一样,把法律制度存在的标准归之于效力原则。具体来说,奥斯丁认为,一个法律制度的存在,一是它的最高立法者被习惯地服从着;二是它的最高立法者并不服从任何人;三是在每项法律上最高立法者都高于它的臣民。概而言之,法律制度的存在是每个法律规范都是由至高无上的立法者制定的,而最高立法者是不受任何限制的。凯尔森认为奥斯丁的这个标准有一个很大的缺陷就是,他必须承认每个立法者的改变意味着法律制度的改变。凯尔森摒弃了奥斯丁的主权概念,而认为法律制度的存在是因为它达到了最低限度的有效性。法律制度中规范的有效性,通过两种途径可以得到证明:一是由确定规范施加义务的人们对规范的服从;二是由规范所允许的制裁的应用。凯尔森认为,通过这种方式,最高立法者自身的正常更换,不会影响法律制度存在的连续性。只有当最高立法者的更换是通过社会革命或变革时,一个新的法律制度才得以创立。可见,凯尔森关于法律制度的存在标准是对奥斯丁的标准的修订。他们共同之处在于都把有效性原则作为法律制度存在的标准。

凯尔森关于法律制度结构的理论,存在着两个不可调和的观点:第一是每个法律规范通过允许运用制裁而施加一项义务;第二是一些规范并不施加义务,而是授于立法权力。凯尔森把这种理论称为“法的静态理论”。鉴于静态法的理论包涵的这种不可调和性,凯尔森强调必须在他的纯粹法学中补充对法律制度动态的研究。在静态的个别化原则中,每项法律都是通过规定制裁以施加一项义务的规范;在动态的个别化原则中,就不是这么明显,它既允许规范授于立法权力,也允许强加义务和规定制裁。两种个别化原则代表两种划分同一法律制度的方法,二者并不是绝对地排斥的。他解释在静态的法律规范中,更高级宪法规范是被设计为一般规范的一个组成部分。例如,“宪法授权议会进行刑事立法,如果议会对行窃行为规定了一种处罚,同时一个人供认他行窃,那么他就应该受到处罚。”这条规则可以设计成两个动态规则。“议会被授权进行刑事立法”,“官员被授权对小偷进行处罚”。因此,每个静态法律可以设计成几个动态法规,同样,一个动态法规也可以被设计成静态法规。

(二)哈特的“新分析法学”关于法律制度的理论

英国人哈特(H. L. A. Hart)的法学理论是以对奥斯丁的法律命令说的批判开始的。他认为,奥斯丁的法律命令说对命令概念的处理过于简单化,没有看到命令概念的多样性和复杂性。这种以命令作为法的定义的观点有以下主要缺点:①这一定义仅适用

① 约瑟夫·拉兹:《法律制度的概念》,95页,牛津克莱登出版社,英文版,1970。

于刑法。刑法是以刑罚为后盾的，而刑法只是法律中的一种。②除了规定人们义务的法律外，还有授予人们权力（利）的法律，把这种法律也解释为以制裁为后盾显然是荒谬的。③有的法律的产生形成不同于命令。如习惯法，它并不是以明文规定的形式产生的。④根据一般人的理解，奥斯丁的命令说表明立法者不受自己命令的约束，无法解释现代代议制中立法权力的连续性。哈特认为，奥斯丁关于法律的定义是探讨法律概念的一个"失败的记录"。其根源就在于，构成这一学说基本要素的命令、服从、习惯和威胁等观念，都没有包括规则这个概念。哈特认为，规则是一个极为复杂的观念，必须给予特别的关注。法律制度理论必须以规则为主要内容。

法律规则的一个特色，就是它可以分为两类彼此不同而又相互联系的不同规则，即主要规则和次要规则。主要规则设定义务，规定人们从事或不从事某种行为，次要规则则授予权力（利）。哈特指出，在一个小型的、简单的原始社会中，仅存在设定义务的主要规则。以主要规则构成的小型社会中的法律制度具有三个缺点：第一是不确定性。这些主要规则是一些分散的准则，不构成一个体系。第二是静态性，即在这种社会中，规则的发展和设定是自发的、缓慢的。第三是用以维护社会压力的无效性，即缺乏一个专门机关来最后确定是否违反规则，并对违反者实行惩罚。哈特认为，针对小型社会中法律制度的这些缺点，在一个复杂的大型社会中法律制度必须用三种次要规则来补充主要规则，以消除其缺陷：①以承认规则（rule of recognition）消除不确定性缺点。通过承认规则的承认即授权，主要规则取得了法律效力。②以改变规则（rule of change）消除静态性缺点。即授权个人和集团实行新的主要规则、取消旧的主要规则。③以审判规则（rule of adjudication）消除社会压力无效性的缺点，即授权个人或机关确定一定情况下某一主要规则是否被违反，以及对违反规则的人应处何种制裁。

哈特认为，主要规则与次要规则的结合，是法律科学的关键之所在，同时也是法律制度的中心。因为通过主要规则和次要规则的结合，"肯定足以使主要规则体系改成一个无可争议的法律制度"[①]。在三种次要规则中，承认规则是最重要的。事实上，它是法律制度的基础，"提供了用以评价这一制度其他规则的效力的准则"[②]。

对于法律制度存在的标准，哈特也从效力原则出发，认为法律制度的存在必须具备两个最低限度的条件："一个是说凡是按照最终承认规则而有效的一切规则，必须一般地被遵守；另一个是说这一制度中的次要规则，必须由国家机关官员当作公务行为的共同准则而有效地接受。"[③]这里的第一个条件是要求一般公民遵守按照最终承认规则而有效的一切规则；第二个条件是要求一般官员的。只有这两个条件被实际地满足着，一个法律制度才是实际存在的。后来，哈特又补充说，在某些情况下，即使大多数人没有服从主要规则，而仅有官员接受并适用承认规则，法律制度也是存在的。政府

---

① M. 马丁：《哈特的法律哲学》，91 页，美国坦普尔大学出版社，英文版，1987。

② 沈宗灵：《现代西方法理学》，189 页，北京，北京大学出版社，1992。

③ 张宏生、谷春德：《西方法律思想史》，441 页，北京，北京大学出版社，1990。

官员们接受并适用承认规则的实践，对于一个法律制度的存在是颇为重要的。

在法律与道德的关系问题上，哈特仍坚持奥斯丁的分析实证主义立场，认为："法律的存在是一回事，它的功过是另一回事，它是否这样是一个问题，它是否符合一个假定的标准是另一个问题。"[①]哈特也承认一个法律制度既会受到一定社会集团的传统道德的深刻影响，同时也会受到个人的超前的道德观念的影响，但不能由此得出结论，认为一个法律制度必须符合某种道德。因为，法律与道德并无必然的联系。不过，哈特认为，人们生活在一起的目的是为了生存，基于人性和人类生存的共同需要，每个社会都有一些行为准则是法律和道德所共同的东西，这就是"最低限度的自然法"。它是一项法律制度应具备的。

关于"最低限度的自然法"内容，哈特列举了五个人性和人类生存的"世界的公理"。一是人的脆弱性，二是人们大体上的平等，三是有限的利他主义，四是有限的资源，五是有限的理解和意志力。哈特所列举的这五个公理，实际涉及西方法律制度中关于人身、财产安全和契约自由等一系列原则，表现出哈特向自然法学靠拢的趋向。

（三）麦考密克和魏因贝格尔的"制度实证主义法学"

英国的麦考密克（N. Maccormick，1941—2009）和捷克的魏因贝格尔（Otta Weinberger，1919—）把现实主义的分析解释方法作为他们研究的一个根本方法。他们说："法律科学如果不考虑社会现实，那是不可思议的。"[②]两位学者认定，他们的"制度法论"的目的就是解释和说明规范和法律制度以及其他类似的思想——客体的存在。

魏因贝格尔继承了约翰·塞尔（J. R. Searle）把事实分为"原始事实"和"制度事实"的说法。所谓原始事实指的是不受人力制约的事实；与此相对应的制度事实，则是指受人力制约的事实。这些事实指国家、宗教、社会团体和制度、生活方式、人类的文化科学知识等。魏因贝格尔认为，制度事实的这种特征决定了如果不求助于规范性就不可能说明制度事实的性质。同时，他又认为，制度事实的存在又不能单纯地归结为对行为规则的陈述。制度事实的实际存在不同于原始事实，它不是空间上的存在，而仅仅是时间上的存在。制度事实的存在不能像检验物质的颜色、硬度那样，可以使用物质工具，作为一种"思想——客体"，只有从内在的观点去理解它的存在。"如果我们关心的是物质实体，知识将最终依靠感官的知觉，但是，如果问题是考虑理想的实体的话，那么，它们与物质现实领域的复杂关系和通过这样的事实：理想的实体作为现实过程的组成因素出现和作为时间上存在的事物出现。"[③]制度事实的存在主要是通过两类与物质实体相联系的环节表现出来：一类是行为，即可以实际观察到的过程；一类是可以观察到的关系，这种关系决定制度事实在时间上的存在。制度事实的存在，是以规

① 奥斯丁：《法理学的范围》，184—185页，转引自哈特：《实证主义和法律与道德之分》，载《哈佛法学评论》，1958(71)，596页。

② ［英］麦考密克、［捷克］魏因贝格尔：《制度法论》，11页，北京，中国政法大学出版社，中译本，1994。

③ 同上书，104页。

范体系的存在形式表现出来的。魏因贝格尔对规范的存在作了进一步解释。他认为，由一项意志行为确立的规范是一个有它自己的存在客体的。作为理念实体的规范的存在，既不同于用语言表述出来的语句，也不同于按照这些所做的语言行为。“在法律领域内，这就意味着一项法律规范的实际存在并不依靠法律文字，一项规范也可能是社会存在而没有任何明确表述的语言形式。即使在有明确的形式的情况下，例如在现代国家的制定法的情况下，法令的文字本身并不能充分表述规范。因为，具有社会约束力的规范是对文字的解释的结果。规范也不体现在规范性法规接受者的行为上，例如通过对违反规范者加以制裁或通过保证规范的执行来运用规范……规范的存在决不应理解为‘意识中的存在’或‘接受的现实’。”[①]魏因贝格尔认为，一项规范的存在，应考虑一些重要的因素：①公民的意识。这包括一方面某些主体对规范体系的接受，并把规范中“应当这样”反映到他们思想意识中或用它来塑造自己的行为，另一方面则表现为作为一个外部观察者所知道的关于一个特定社会的各种规范的知识。②规范作为决定行为的一个要素的有效性。规范也可能为行为提供一个框架。总之，规范之于行为的效果是复杂的。③各种不同种类制度的存在，与它们的功能有密切联系，从制度的功能中可推论规范体系的现实社会存在。④制度以及由其规范性法规所构成的方式，对社会生活方式和日常语言模式的影响。通过综合考虑这些因素，就可以理解一项规范、一种制度的存在。

麦考密克也认为，必须把法律制度的存在与原始事实的存在区别开来。“如果法律真的存在的话，它不是在粗糙水平上与靴鞋、轮船、火漆这个意义上与卷心菜一起存在，而是在制度事实的水平上与国王或国家的其他领薪官员们一起存在。”[②]作为一个制度事实的存在，它不仅仅取决于世界上发生的某种行为或事件。法律制度就是作为一种制度事实而存在的。麦考密克将法律制度确定为由成套的创制规则、结果规则和终止规则进行调整的法律概念。调整的结果是这些规则所指定的实例被说成是存在一段时间的，即从一项创制行为或事件发生之时起，直至一项终止的行为或事件发生时为止。

分析主义法学的一个最重要的任务是说明法律制度的结构。为此，必须分析各种类型规则的区别和联系。其中一个重要的区别是赋予权力（利）的法规与设立义务的规范之间的区别。在这个问题上，存在两种对立观点，即边沁和凯尔森对哈特和拉兹的对立。边沁认为，每项法律都是君主（主权者）意志的表现，它的主要内容是设立行动的权利和义务。凯尔森则暗示法律制度是一种强制性社会秩序，每项规范被认为是授权某一个国家机构对任何实施了某种行为的人的制裁。哈特对边沁和凯尔森的观点提出了强烈的异议。他认为，这导致过分强调法律一方面的任务，即设定义务的任

① ［英］麦考密克、［捷克］魏因贝格尔：《制度法论》，106页。

② 同上书，60页。

务，而忽视了法律影响人们的另一方面的任务，即赋予权力的任务。

麦考密克认为，对于法律制度的结构分析必须注意两点：第一，不能认为每项合法的权力都是由一个单独的法规授予的。第二，并非每项创制规则或终止规则都授予权力。对于这两点，他作了具体说明。关于第一点，他以接吻和自由式摔跤的合法性为例，说明从严格的技术意义上讲，不能认为存在两种不同的法律规则，即一种是一般地让人承担义务，不得在身体上侵犯他人，另一种是一般地赋予人们权力（利），许可对他人人身的某种形式的侵犯。法律的实际规定是：任何人不得在身体上侵犯其他人，除非而且只有在该他人同意时才能侵犯。这样一条规则，既设定义务，又赋予权力（利）。对于这种规则，没有理由把它分成两个单独的规则。这说明，并非每项权力都是由一个单独的法规赋予的。对于第二点，麦考密克认为，一项产生合法权力的创制规则的一般形式是：如果一个具有资格的人通过程序 P 实施了行为 A，而且情节是 C，于是就存在制度 I 的一个有效的实例。但可以肯定不是每一个创制规则或终止规则表示一个赋予权力（利）的规则。麦考密克以无遗嘱继承权的存在为例，他认为，把无遗嘱继承的法律看成是赋予财产所有人用死亡把自己的财产赠给他人的权利的理想，是荒谬的。结合上述两点，麦考密克认为，把规则简单地分为赋予权力（利）的规则和设定义务的规则，不能充分解释法律制度的结构。麦考密克认为，如果从一套创制规则、结果规则和终止规则的角度去理解法律制度的话，就可以认识作为一种哲学意义上的制度的法律。

法哲学中法律实证主义的概念和自然法的概念，被认为是根本对立的两种概念类型。奥斯丁从实证主义出发，宣称：法律的存在是一回事，它的功与过则是另一回事。麦考密克也认为法律实证主义有两个原则：①法律的存在不取决于它们是否符合对所有法律制度普遍适用的任何特定的道德价值。②法律的存在有赖于它们是社会中的人们的决定创立的。魏因贝格尔认为，法律制度是以一种特殊方式出现的复杂事实：它们是有重要意义的规范的构成物；而且与此同时，它们作为社会现实的因素存在。法律制度作为一种规范制度，可以用规范—逻辑来说明其结构，而且这是建立在目的论和价值导向的基础上。因此，关于法律制度的知识包括两方面的内容：一方面是“应当是这样”的内容；另一方面是法律的有效性。“纯粹法学”对于法律制度的这种认识没有看到两种情况：①社会现实中的法律制度的有效性常常取决于只有通过社会学的观察才能认识到的事实。②法律的能动性是由两个因素决定的：通过法律规范的制度的存在、这些法律规范规定了新规范出现的条件；还通过实际发生的情况，即满足了规范出现的条件。法律实证主义者有把法律视为社会现实的一个组成因素，因此，如果存在一个适当形式的程序中被确定的法律规则，无论它的内容是什么，都成为有效的法律。魏因贝格尔认为，法律实证主义认为，法律的内容不受所谓正确性标准的限制，并不意味着在立法领域中存在独断专行。因为，法律制度必须完成关于社会的人类学结构和法律在其中的作用。人类和人类社会的情况使得法律制度的“应当是这样”的内容也是可以接受的。魏因贝格尔不同意哈特把各种各样的关于法律秩序的最低限度内容的主张称为自然法。他认为,“这种对法律制度的可能的内容的限制,不能被认为是自然法,而应被认为是界定法律概念的物质特点。”①与此同时,应该要求法律的内容在道德上是可以接受的,而不仅仅是权力的产物。

综合上述,我们可以看到,麦考密克和魏因贝格尔的“制度法论”,虽然也是其研究分析实证主义法学对法律制度的几个专门问题,即法律制度的存在、法律制度的内在结构,但是他们的理论表现出明显的向社会学法学靠拢的倾向,他们不同意奥斯丁和凯尔森等人把法律制度的存在仅仅归结于有效性原则。即使是有效性原则,也不能从法律制度本身来确定,而必须通过社会观察到的事实来认定。因而,他们强调,法律科学的研究不能回避社会现实。正是从这种观点出发,他们反对把法律制度的存在归结为用语言和文字表现出来的规则总和,强调法律制度的存在必须与规范相联系的人的行为和人们的相互关系一起考虑。因此,法律制度的存在,必须考虑社会生活中公民意识、各种不同的制度、法律制度对社会生活方式的影响等因素。这明显地表现出他们向社会学法学靠拢的倾向。

三、以道德观念为基础的法律制度

(一)富勒的“新自然法学”中的法律制度的观点

美国的富勒(Lon L. Fuller,1902—1978)把世间的物分为自然物和人造物。他指出,法律是人创造的,它与人们头脑中法律应该是什么的观念是分不开的。法律规则必须反映一定的目的性,并且包含了实现这一目的的手段。法律规则中的目的就是“应当”的观念,这种“应当”的观念是一种价值观念,它们是法律存在的条件。富勒认为,法律的本质在于它所反映的目的性和价值观。从这一观点出发,他把法律定义为:“法律是使人类行为服从规则治理的事业。”②在这个定义中,他把法律当做一种活动,而法律制度就是一种持续的、有目的活动的产物。法律制度表现为一套规则体系。这套规则体系旨在帮助人们免受命运的盲目摆布,能够安全地从事各种有意义的、创造性的活动。法律制度的功能在于,“我们无法强迫一个人过理性的生活,但却可以创造出人类的合乎理性的存在的必要条件”③。

富勒认为,一个真正的法律制度与道德标准是不可分的,它必须具有一系列条件。缺乏其中任何一个条件,“并不单纯导致坏的法律制度,而是导致一个根本不宜称为法律制度的东西”④。这些条件可能称之为法律制度的内在道德,共有八项要求:第一,法

① [英]麦考密克、[捷克]魏因贝格尔:《制度法论》,43页。
② 张宏生、谷春德:《西方法律思想史》,460页。
③ 沈宗灵:《现代西方法理学》,56页。
④ 同上书,58页。

律的一般性。它要求法律是适用于一般人而不是针对特定人,同时也意味着同样的情况受同样的对待,即法律面前人人平等。第二,法律的公开性。其理由有很多:首先,法律适用的具体对象是无法事先确定的,这需要公布,以便让人知晓;其次,人们遵守法律常常出于仿效他人的行为方式,公布法律可以使少数人的法律知识影响大多数人的行为;最后,法律公布以后,才能受到公众讨论,并对适用法律的人的行为加以制约。第三,法律不能溯及既往。富勒认为,法律是以规则来治理人们的行为,因此法律制度一般只能适用于将来,而一个溯及既往的法律,则是用明天制定的法律来治理今天的行为,这是使人难以忍受的荒谬的事情。第四,法律的内容应该具有明确性。制定一个模糊不清的法律,同样危害法律制度的存在。富勒也指出,强调法律明确性并不排除在立法中使用"善良忠诚"和"适当注意"等准则。第五,避免法律中存在矛盾。第六,法律规则不应规定不可能实现的事情。富勒认为,如果法律规定了这样的内容,它将使政府官员面临着一种两难处境:或者强迫公民去实现他们不可能实现的事情,从而构成不正义的行为;或者对公民的违法行为视而不见,从而破坏法律制度的权威性。第七,法律的稳定性。富勒指出,频繁变动的法律和溯及既往的法律一样,都是对法制原则的破坏。第八,官方行动和法律的一致性。这个原则是八个法制原则中最关键的,也是最复杂的。危害这一原则的形式多种多样,如对法律的错误解释、使人难以接近法律、不注意维护法律制度的完整性、贿赂等。要维持这一个原则,其手段应当是多样的。

法律制度除了应满足以上法律内在道德外,还必须满足由"正确""良善""公平""正义"等法律的外在道德。

富勒认为,法律制度是一项"实践的艺术"。因此,法律制度不仅在形式上要满足道德标准的要求,法律科学还应研究在什么情况下以及通过什么方法,法律制度才能实现这些道德要求。"人们很容易了解,法律应明确地以一般规则加以表达,是以后生效的,应向公民公布。但是要了解这些事情如何,在什么情况以及在什么样的平衡下来实现,其任务就不亚于充当立法者。"①

(二)德沃金的"权利一原则法学"的法律制度的观点

美国的R. 德沃金(Ronald Dworkin,1931—2013)的法律理论是与法律实证主义和功利主义法学针锋相对的。德沃金认为,法律实证主义的基本思想可以分为三个方面:第一,一个社会的法律制度是指这一社会中的一批与其他社会规则相区别的特殊规则,这些规则决定什么行为应由公共权力加以惩罚或授予什么权力。第二,这批法律规则,就社会调整而言,应该是无所不包的,但出现某一案件无法律规则可循或规则规定含糊不清时,在不能依靠严格适用法律处理问题的情况下,法律实证主义认为应由官员或法官适用自由裁量权来决定。第三,如果某人负有某项法律义务,即他应服

---

① [美]富勒:《法律的道德性》,94页,美国纽黑文出版社,英文版,1967。

从一个有效的法律规则，要求他从事或不从事一定行为。如果没有这样一个法律规则，也就没有法律义务。德沃金认为，"法律实证主义是一种关于规则体系并用于这个规则体系的模式，它的关于法律的单一标准这一中心思想，迫使我们忽视了那些非规则的标准的重要作用。"①德沃金指出，在司法实践中，当法官或律师等人在为法律权利或义务进行辩论时，特别在疑难案件中，他们往往要使用规则以外的其他一些标准，例如原则、政策等。德沃金列举了里格斯诉帕尔默的案例。被告是其祖父所立遗嘱指定的大部分财产继承人，他为了及早获得遗产而将其祖父杀死。法院必须断定，是否按照法律规则字面含义解释继承法，决定遗嘱是否予以执行。结果法院根据大多数法官的意见，判决遗嘱不应被视为有效，而对处于这种情况下的被告有利。法院引证了普通法的一个原则：不应容许任何人以其欺诈行为获利，或利用其错误行为得益，或因其不法行为而有任何权利要求，或利用其犯罪取得财产。在这里，法官判案就参考了法律原则。法律原则对法律规则的适用具有指引性作用，应被视为法律制度的一个组成部分。法律原则像法律规则一样能设定义务。除法律原则以外，法律政策在法律制度中也起着重要作用，它往往导致通过立法案而分配权利和义务。

德沃金指出，现代发达的和复杂的法律制度应该是一张无缝的网（the seamless web），其构成部分应由规则、原则、政策和其他准则组成。通过这些规则、原则、政策和准则，政府官员和法官确认和实施有关的权利和义务。

德沃金认为，法或法律制度的统一性也是一种政治价值，这种价值不同于法律制度的其他价值，如正义（justice）、公平（fairness）或者正当程序（procedural due process）。公平意指道德上以人们认为合理的方式分配权利和义务。正义指的是对权力运用产生的法律结果的道德性正确与否的评价。正当程序是指对某些公民是否违反法律规定而进行审理的正确程序。而统一性则是这样一种价值原则，"它要求政府用一个声音讲话，用一种有原则的一致的态度对待它的所有公民，对每个人都动用正义或公平的实质性标准。"②简而言之，就是要求对不同案件应按照同样的道德标准来处理。这意味着统一性是比法治（rule of law）更为广泛的原则。因为，按照法治原则，可以用不同标准来处理交通事故和会计渎职所造成的损失，前一类案件可以允许赔偿损失，而后类案件否认赔偿的必要性。但按照统一性的要求，如果法律制度把一个人由于另一个人的过错而受到损害应该接受赔偿的原则，作为交通事故中赔偿的依据，那么在会计渎职案件中也应赔偿损失。

德沃金认为，法律制度的统一性原则可以分为两个亚原则。一个是立法中的统一性原则，它要求立法者在立法过程中保证了法律在原则上的一致性。另一个是司法中的统一性原则，它要求执行者把法律作为内容一致的整体来对待和执行。司法统一性

① [美]R. 德沃金：《认真地看待权利》，22页，哈佛大学出版社，英文版，1977。

② [美]R. 德沃金：《法律帝国》，165页，哈佛大学出版社，英文版，1986。

原则是德沃金《法律帝国》一书中论述的核心。他说:“作为统一性的法要求法官在可能的范围内把法看作是由一系列的关于正义、公平和正当程序的统一原则构成,它要求他们把这些原则运用到他们遇到的新的案件中,以便使每个人的情况根据同一标准都是公平的和正义的。”①为了进一步解释统一性原则在实际中如何发挥作用,德沃金把司法实践生动地比喻成由多名作者相继完成的一本连续小说的创作。这一创作过程要求每位作者对在他前面的作者所写的部分进行解释,在此基础上创作新的内容,然后下一位作者又将解释前面作者所写的部分。每位作者都应该使连续小说好像是一位作者所写的一样。为此,他必须对有关情节、特征、风格、要点做出解释。可能每个小说作者的解释是多种多样的,但他必须考虑两个因素:第一,他的工作应与以前进行的工作相一致。第二,如果存在两种以上解释与以前的工作相适合,就需要判断哪种解释能使工作进展得最好。正是这两个因素,保证了法律制度实施过程中的统一性。德沃金归纳指出,“作为统一性的法要求法官在决定案件时把自己想象为在普通法连续小说中的一位作者。他应该把以前的决定看作是他必须解释和继续的一部长篇故事的组成部分,根据他自己关于怎样使这个发展中的故事从政治道德观点出发作出尽可能好的判断。”②

(三)罗尔斯(John Rawls,1921—2002)关于“制度正义”的理论

社会中的一些主要制度,包括政治制度、法律制度和经济制度,主要确定着人们的基本权利和义务的分配,决定着社会利益的划分方式,确立社会的基本结构。这种基本结构包含着不同的社会地位,生活在不同地位的人们有不同的生活前景,并且对人们的生活自始至终发生着作用。因此,社会制度成为人类社会制度的首要价值,正像真理是思想体系的首要价值一样。“一种理论,无论它多么精致和简洁,只要它不真实,就必须加以拒绝或修正;同样,某些法律和制度,不管它们如何有效率和有条理,只要它们不正义,就必须加以改造或废除……作为人类活动的首要价值,真理和正义是决不妥协的。”③有关制度的正义理论就是为一个确定的社会制度中分配基本权利和义务时提供一个标准。

对于制度,美国的罗尔斯理解为一种公开的规范体系,这一体系确定人们的职务和地位以及他们的权利和义务等。有关社会制度的正义原则主要涉及的是社会制度的基本结构,它们是人们权利和义务分配的主要根据,决定着社会制度的正义理论所要涉及的问题是多方面的。因此,罗尔斯对其正义论作了一些限制:首先,要把一个制度确定各种权利义务的基本规则与为了某些特定目标而最好地利用这个制度的策略和准则区别开来。这些策略、准则本身并不是制度的一部分,而只是有关制度的理论。

① [美]R.德沃金:《法律帝国》,243页。

② 同上书,238—239页。

③ [美]罗尔斯:《正义论》,1页。

这些理论像一种游戏理论一样，把基本原则看成是既定的，把注意力集中于分析权利和义务分配的方式上，说明社会活动参加者可能会怎样利用他们的机会。其次，要把单独一个或一组规范、一项制度（狭义上的制度如学校制度）与作为一个整体的社会制度相区别。罗尔斯认为，“一个制度的一个或几个规范可能是不正义的，但制度本身却不是这样。同样，也可能某一种制度是不正义的，但整个社会体系并非如此。”[①]因此，对制度的研究，可以有不同角度。罗尔斯认为，他的制度理论显然是从一个广义的角度来研究制度的正义问题，即把人作为社会体系的制度来研究的。最后，罗尔斯认为他的正义论并不涉及有关正义的实践形式，而仅仅是关于社会的主要制度以及与它有关的社会正义的标准。

罗尔斯认为，他的有关制度的正义论既涉及形式正义，又涉及实质正义问题。就法律制度而言，所谓形式正义，指法律规范被制定出来以后，被人们公正、一致地遵守和执行着。假定正义代表着某种平等，那么形式正义就要求法律制度平等地管理着属于由它们规定着的各阶层的人们。这种形式正义具有很重要的意义。它排除了一些重要的正义，要求执法者应公正不阿，在处理具体事件中不受金钱、势力以及其他无关因素的影响。对于在法律制度下生活的人们来说，即使法律制度在本质上是不正义的，法律制度的形式正义也可以使人们从制度被前后一致的实行中获知它们要求的是什么，可以尝试着保护自己。相反，如果那些已经受害的人们在某些规范可能给予他们某种保障的特殊情况下，还要受到任意专横的对待，那就是一种甚至更大的不正义了。因此，在法律制度的形式正义中很有可能包含有非正义。罗尔斯以奴隶制和封建等级制为例，说明它们的法律虽然可能被平等一致地执行，但那种社会显然是正义的。因此，有关法律制度的实质正义还有赖于社会基本结构和与此相适应的原则。

罗尔斯的制度正义论是作为古典功利主义的对立面而出现的。古典功利主义认为，如果一个社会的法律制度能够使它的社会成员的需要得到最大限度的满足，那么，这个社会就是被正确地组织起来，这个社会的法律制度就是正义的。功利主义者认为，每个人都是“经济人”，即能够通过恰当的行动达到自己的最大利益，实现自己的目的。社会是由个人组成的，社会的幸福也是由属于它的许多人的欲望体系的满足构成的。一个社会也可以通过恰当的安排，最大限度地增加满足的总额。因此，功利主义者把社会制度（包括法律制度）的正义原则，归结为功利原则。对于功利主义这种正义观，罗尔斯从自由主义角度出发加以分析。首先，人的自由和天赋权利的要求同社会福利的总和的增长之间，是有原则区别的。罗尔斯说：“社会的每一成员都被认为是具有一种基于正义，或者说基于自然权利的不可侵犯性，这种不可侵犯性甚至是任何别人的福利都不可逾越的。正义论否认为使一些人享受较大利益而剥夺别的一些人的自由是正当的……在一个正义的社会里，基本的自由被看作是理所当然的。由正义保

① ［美］罗尔斯：《正义论》，53页。

障的权利不受制于政治的交易或社会利益的权衡。”[①]其次，功利主义把个人的选择原则推广到社会是没有道理的。因为，社会是由众多的目标不同的人所组成的。如果人们承认对于事物调整的正确原则必须根据事物的性质的话，那么人们就会发现个人的选择原则和人类社会团体的调节原则是有区别的。因而，不能把社会的选择原则归结为功利主义原则。再次，功利主义是一种目的论，而作为公平的正义论却不是这样，它是一种义务论，禁止通过最大量增加善的办法来解释正当。最后，按照功利主义观点，任何欲望的满足本身都具有某种价值。功利主义者把制度安排为最大限度地满足欲望，而不问这些满足的来源和性质，以及怎样影响幸福的总量。而正义论反对人们在相互歧视或者损害别人自由以提高自己尊严的行为中得到快乐。在作为公平的正义中，要使善的观念符合正义原则的要求，这种正当对善的优先为一个制度的基本结构的设计提供了确定的标准，规定制度的安排不能违反有确定内容的正义原则，它们是保证正义制度稳固的必备要素。

在对制度和正义作了概括的介绍以后，罗尔斯提出了他关于社会制度的两个正义原则：“第一个原则：每个人对与其他人所拥有的最广泛的基本自由体系相容的类似自由体系都应有一种平等的权利。第二个原则：社会的和经济的不平等应这样安排，使它们：①被合理地期望适合每一个人的利益；②依系于地位和职务向所有人开放。”[②]第一个原则主要是确定和保障公民的平等自由。公民的基本自由有政治上的自由及言论自由、思想自由、个人人身和财产不受侵犯等。法律保证公民在这些自由权利上一律平等。第二个原则主要涉及收入和财富的分配，以及利用权力（利）、责任的组织机构的设计。

对于第二个原则中“每个人的利益”和“平等地向所有人开放”用词的含糊不清，罗尔斯作了进一步解释。

罗尔斯概述了三种解释：自然的自由体系、自由的平等和民主的平等。在这几种解释中，罗尔斯都假设有关平等的自由的第一原则都已被满足，经济是自由的市场经济。

根据自然的自由体系，第二个原则的第一部分被理解为适用于社会制度（包括法律制度）的效率原则；第二部分被理解为一种开放的社会体系。这种解释观念认为：满足了效率原则的、其中各种地位是向所有能够和愿意去努力争取它们的人开放的制度，将导致社会权利和义务的一种正义的分配。罗尔斯认为，将效率原则应用于社会制度（法律制度）意味着，要求规范的改变、权利义务的分配方案重订，以避免提高了社会中某一阶层代表人的这种规范的改变，就是有效率的。虽然存在着许多种有效率的社会制度，但它们不一定都是公正的。因而，关键在于要设计出一种既有效率同时又

① ［美］罗尔斯：《正义论》，25页。

② 同上书，56页。

是正义的权利和义务分配的社会制度。罗尔斯认为:"在自然的自由体系,效率的原则受到某些背景制度(background institution)的约束。一旦这些约束被满足,任何由此产生的有效率的分配都被承认是正义的。"①但是在自然的自由体系中,权利义务的分配是在平等自由和自由的市场经济条件下进行的。它要求的是一种形式上的机会平等,而没有公民一种平等的或相近的社会地位,资源的最初分配受到社会和自然的偶然因素的强烈影响。因此,罗尔斯认为,自然的自由体系解释的最明显不正义之处,就是它允许权利和义务的分配份额受社会和自然的偶然因素的不恰当影响。

自由主义解释针对自然的自由体系的这种缺陷,提出了进一步的限制条件:除了"前途是向才能开放的(careers are open to talents)",还需加上机会的公平平等的原则。具体说来,假定有一种自然禀赋的差别分配,那么处在同一水平上具有相差不多的才干与能力以及具有同样社会期望的人,应当有同样的成功机会,而不管他们在社会体系中的最初地位是什么。自由主义对两个正义原则的解释,试图减少社会偶然性和自然运气对权利义务分配份额的影响。为此需要对社会制度的基本结构作进一步限制。自由市场的安排置于一定政治和法律制度结构中,这种政治和法律制度调节经济事务的普遍趋势,保障机会公平平等所需的社会条件。对于自由主义的解释,罗尔斯认为它比自然的自由体系可取。但罗尔斯认为,它的缺陷仍然是明显的,因为即使它完善地排除了社会偶然因素的影响,还是允许财富和收入的分配受能力和天赋的自然分配决定,而自然能力发展和取得成果的范围受到各种社会条件和阶级地位的影响,个人又深刻地受家庭和社会环境的影响。因此,要想保障那些具有同样天资的人在取得成功方面的机会平等,在社会实践中是不可能的。因而,自由主义解释最终也是不成功的。

民主的解释是通过结合机会公平的原则与差别原则(difference principle)来进行的。差别原则旨在通过分配教育方面的资源,以改善社会中对于最不利地位人的处境。

差别原则要求,不管社会中某一阶层的状况得到多大改善,除非另一些阶层的人也有所得,否则就是不正义的。以财产私有制的民主社会为例,以企业家身份为人生开始的人,比那些以不熟练工人阶层为人生开始的人有一种较好的前景。根据差别原则,在自由市场经济和地位开放的条件下,企业家有较好的生活前景这一点,只有作为一种刺激作用,使经济更有效率,最后的结果有利于整个社会,有利于最少得益者,才是正义的。差别原则与补偿原则有些相似,但它不等同于补偿原则。因为,差别原则改变了社会基本结构的目标,使整个制度结构不再强调社会效率和专家治国的价值。差别原则实际上把自然才能的分配看成是一种可共享的共同资产,它应该为社会最不幸者谋取利益。"这样,如果我们希望建立这样一个社会体系,它使任何人都不会因为

---

① [美]罗尔斯:《正义论》,67页。

他在自然资质的分配中的偶然地位或者社会中的最初地位得益或受损，而不同时给出或收到某些补偿利益，我们就被引导到差别原则。”[①]因此，罗尔斯认为，自然资质的分配本身并无所谓正义与不正义，人降生于社会某一特殊阶层只是自然的事实，正义与不正义在于法律制度处理这些事实的方式。贵族等级制度的不正义，就在于它们使出身这类偶然因素成为有特权的社会阶层的标准。

罗尔斯还解释了与差别原则相联系的机会公平平等原则。在他看来，机会公平的平等原则要求地位和职位向社会各阶层开放的理由，不能仅仅归结为效率。因为，通过赋予某些职位以权力（利）和利益，可以吸引较高级的人才和鼓舞他们较好地表现，其结果也是有效率的。社会地位向社会各阶层开放，实际上表达了这样的信念：“如果某些地位不按照一种对所有人都公开的基础开放，那些被排除在外的人们觉得自己受到了不公正待遇的感觉就是对的，即使他们从那些被允许占据这些职位的人的较大努力中获利。他们的抱怨有道理不仅是因为他们得不到职位的某些外在奖赏例如财富和特权，而且是因为他们被禁止体验因热情机敏地履行某些社会义务而产生的自我实现感。他们被剥夺了人类的一种基本善。”[②]要实现机会公平平等原则，就需要法律设计一种纯粹的程序正义，以使无论产生什么结果它都是正义的。在纯粹法律程序正义中，权利义务分配的正确性取决于产生分配的合作体系的正义性和对参与其中的个人要求的满足。纯粹的法律程序正义的优点在于：在满足正义的要求时，它不再需要追溯无数的特殊环境和不断变化的个人相对地位。

在阐述了差别原则和机会公平平等原则以后，罗尔斯将他关于正义的第二个原则重新表述为：社会的和经济的不平等应这样安排：使它们适合于最少受惠者的最大利益；依系于在机会公平平等的条件下职务和地位向所有人开放。

除了罗尔斯提出两个正义原则，还有其他几种关于社会制度基本结构的正义原则的理论。这主要有：①古典目的论观点；②直觉主义的观念；③利己主义观念；④混合的观念。罗尔斯认为，应该通过理论论证，说明人们从上述几种观念中造出社会制度的正义原则。

为了帮助人们选择正义原则，罗尔斯根据正义原则调整社会制度（法律制度）的要求和任务对正义原则的形式作了五种限制。第一个限制条件，原则应当是一般性质的，即必须能够不使用那些明显的专有名称或通过拼装特定描述的方法来概括原则。正义原则的陈述要求不应有一种出自偶然的特殊情形的知识，也不能参照特定的个人或集体。第二个限制条件，正义原则在应用中也应是普遍的。第三个限制条件是公开性的条件。第四个限制条件是一种正义观必须对各种冲突的要求赋予一定次序。第五个限制条件是终极性的限制。各方应把原则体系看成是实践推理的终极性根据。

---

① [美]罗尔斯：《正义论》，97 页。

② 同上书，80 页。

这些限制条件综合在一起就是:“一种正当观念是一系列这样的原则:它们在形式上是一般性质的;在应用上是普遍适用的;它们要被公开地作为排列道德人的冲突要求之次序的最后结论来接受。正义的原则是通过它们的特殊作用和所应用的对象来鉴别的。”①罗尔斯认为,这五种限制本身并不排除任何传统意义上的正义观。

为了顺利地选择出社会制度的正义原则,罗尔斯认为必须以某种方式排除使人们陷入争论的各种偶然因素的影响,因此他假定人们是在“无知之幕”的背后来进行选择的。在“无知之幕”的遮蔽下,各方不知道许多特殊事实,这包括:没有人知道他在社会中的地位、阶级出身、天生资质;没有人知道他的善的观念,甚至不知道他的心理特征;各方也不知道社会的经济和政治状况以及文明水平。各方有可能知道的唯一特殊事实就是他们的社会正义的环境的制约,即:他们理解政治事务和经济理论的原则,社会组织的基础和人的心理学法则。罗尔斯认为,通过“无知之幕”的作用而选择出来的关于社会制度(法律制度)的正义原则有两条,就是他在前面论述的平等的自由原则和机会公平、平等原则与差别原则的结合。

第三节　当代西方法律制度思想评析

当代西方法学各流派代表人物各自从不同的角度对法律制度的存在性问题、组成与结构问题、统一性问题以及道德标准问题等进行了研究。他们的研究结果反映了法律制度的一些固有的特点。但囿于世界观和方法论上的局限性,他们对法律制度属性与特点揭示的片面性和认识上的狭隘性也是显而易见的。为了获得对法律制度属性的全面的、正确的认识,就需要运用马克思主义法学理论对现代西方法律制度思想的各种观点进行评析,这将得到科学的、完整的结论。

一、当代西方法律制度思想的合理成分

(一)法律制度的本质问题

当代西方法学各流派的代表人物都认为,法律制度是作为人类社会的创造物而存在的。法律制度的存在,虽然受到许多因素的制约,但它并不是一个既存的东西,而是人们根据社会调整的需要创造出来的。法律制度的存在离不开法律规范。把法律制度理解为规范体系的观点,是分析主义法学的基本观点,而法律规范是主权者的意志或命令的表现。因此,在分析主义法学看来,法律制度是作为一种“思想客体”而存在的,即社会意识的存在。随着科学和人们认识的发展,越来越多的学者意识到,不能像奥斯丁和凯尔森那样,把法律制度看成是单纯的规范体系而仅仅停留在人们的意识

---

① ［美］罗尔斯:《正义论》,130页。

中。魏因贝格尔认为,法律制度的存在必须考虑公民的法律意识、法律所规范的人的行为和人们之间的相互关系,以及其他不同种类的制度几个因素。只有分析这些因素,才能认识实际存在的法律制度。其实,这就是要求在社会生活中,认识已经"物化"的法律制度的存在。罗尔斯认为,应该从两个方面理解制度,尤其是法律制度。一是指作为一种抽象的目标,即一个规范体系表示的可能的行为形式;二是指这些规范所指定的行为在某个时间和地点,在某些人的思想和行动中的实现。前者是指抽象目标的制度,后者则是指现实的制度。制度实证主义和复兴自然法学的某些代表人物对法律制度的这种认识,正确反映了法律制度的社会意识属性;同时,还认为法律制度的存在必须通过"物化"才能体现出来,这也反映了现实法律制度的特点。因而,他们的这种认识是有其科学性的。

社会学法学的代表人物庞德从社会经济对法律制度的决定作用来说明法律制度的存在。他认为,现代经济的发展要求社会调整具有确定性、统一性和稳定性,而法律制度正是具有这种属性的社会调整手段。因此,庞德认为,现代法律制度的存在是随现代经济发展应运产生的。不仅如此,庞德还认为,法律制度要想发挥其社会职能,就必须与其他社会制度保持密切的联系,因为法律制度的自身性质,决定其管辖范围是有限的。法律制度的存在,需要以其他社会制度的存在为前提条件。如果其他社会制度能正常地执行其社会功能,那么,许多由法律制度管辖的事情事先已调整好了。庞德的这些观点,正确地揭示了社会经济因素对法律制度的决定作用,同时也阐述了法律制度不是一个孤立存在的制度,它与其他社会制度处于有机的联系之中。这就告诉人们,既不能脱离社会的经济基础而谈论法律制度的本质属性,同时也要从事物的普遍联系中把握法律制度的本质属性。这是科学认识法律制度的一个出发点。

(二)法律制度的组成问题

法律制度作为人类的创造物,它的组成是随着人们对法律调整的认识的深入而逐渐完备起来的。社会学法学从社会经验事实出发,比较科学地揭示了社会经济的发展对法律制度组成和结构的影响。庞德的社会控制论告诉人们,法律制度如何随着社会经济的发展而不断充实其组成成分:最初的法律制度只有对具体事情、具体行为的法律规则,到后来由于经济发展导致纠纷的大量出现,因而不可能针对每一具体事例制定一个法律规则。通过职业法学家的努力,他们把各种案件进行分类,将某一领域内关于相关案件的判决经验归结为一个总的出发点,这个总的出发点就是法律原则。此后,又随着社会经济和文化的发展,给法律制度带来新的成分,即法律概念和法律标准。庞德的这种理论是具有历史唯物主义成分的,它在一定程度上反映了社会经济基础对法律这一上层建筑的决定作用。

法律制度应对社会生活进行合理而又合法的调整。当代大多数西方法学家认为,只有法律规则是达不到这一点的。因此,复兴自然法学和社会学法学的代表人物都反对分析实证主义把法律制度中的法律规则的社会作用视为无所不包的观点。德沃金指出，在法律实践中，法官、律师处理疑难案件而又没有相应的法律规则时，必须求助于法律规则以外的一些标准，如原则、政策等。弗里德曼也认为，把法律制度视为具体规则的总和，会使法律制度过于死板而无法操作。因此，必须设想法律制度中有许多松散之处。这些松散之处就是具有一定裁量性的法律原则。复兴自然法学和社会学法学的这种观点反映了现代社会对法律调整的需要，不仅要做到合法，而且要求有公平性、合理性。这是具有进步意义的。

（三）法律制度的价值倾向问题

法律制度作为规范体系的存在，必然要反映立法者的意志，体现一定社会中居统治地位的阶级的价值倾向。因此，法律制度总要体现一定历史阶段人们的公平、正义观念。当代西方的复兴自然法学专注于对法律制度的道德标准的研究，反映了人们对法律制度调整社会生活的一种理性倾向。富勒认为，法律制度的功能在于：为人们过合乎理性的生活创造必要条件。因此，法律制度必须符合人们理性的道德标准。他指出，只有满足了他所列举的关于法律制度的八项要求时，一个法律制度才能称为真正的法律制度。罗尔斯则指出，法律制度的正义性有形式正义和实质正义之分。法律制度的形式正义对于任何社会来说，都是十分重要的。因为，即使法律制度实质上是非正义的，形式正义也能使人们从制度前后一致的执行中了解到法律制度要求的是什么，并尝试保护自己。罗尔斯的形式正义和富勒的法律制度的八项道德标准，揭示了法律制度作为一种特殊社会制度所反映的公正、平等的价值要求。随着现代社会的发展，人们要求法律制度形式正义和实质正义兼而有之。罗尔斯的“制度正义论”着重研究了社会制度（法律制度）在分配权利和义务时，如何消除由于社会地位、出身和天赋的不平等而造成的人们之间的差别，并要求给予在社会中处于最不利地位的人以补偿。罗尔斯的这种有关社会制度（包括法律制度）的实质正义的要求，反映了当代西方社会中因财富和地位的不平等导致社会矛盾尖锐化，从而要求社会消除这种不平等的要求。这无疑是一种积极的具有进步意义的观点。

特别值是注意的是，德沃金把统一性也作为法律制度的一项价值标准。为了保证法律制度内在的统一性，要求不同的规则反映和执行的是相同的道德原则。这就从法律规则表现形式的统一性发展到了法律规则所反映的意志观念的统一性，因而，是对法律制度内在属性的一种深化。

二、当代西方法律制度思想的局限性

当代西方法学各流派代表人物由于其世界观和方法论的限制，是不可能全面地揭示法律制度的属性的，因此，在指出其合理成分的同时，也必须了解其局限性。

首先，关于法律制度的本质属性问题。为此，必须首先明确社会存在和社会意识的关系。历史唯物主义认为，社会生活的整个范围，可以分为社会存在的范畴和社会意识的范畴。人们的社会存在决定他们的社会意识，同时，社会存在和社会意识又是相互交织的。思想、观念、意识的产生最初是直接与人们的物质活动，与人们的物质交往，与现实生活的语言交织在一起的。社会生活中的法和法律制度反映了人们在一定物质生活条件下社会调整的需要，即反映一定统治阶级的意志和利益，为实现统治阶级统治而服务。马克思主义法学认为，法和法律制度应该属于社会意识范畴，但它又不是仅仅存在于人们大脑中观念的东西。现实生活中的法律制度，是已经“物化”的社会制度。法律制度的存在，依系于法律制度中的规则、原则，被体现在社会经济结构中，反映在立法者、法官和公民的法律实践中，并与一定法律机构相联系。前苏联П.С.雅维茨认为，法律制度“使由国家强制力保证的统治阶级意志具有法律约束性、内部结构性和外部表现形式，决定了法与其他社会意识不同，但并没有使它失去它的思想内容……法的制度化是与实际关系的固定化联系在一起的；法律现实只是随后才从生产活动和财产关系中分离出来，形成一种占统治地位关系的固定化的特殊类型”①。因此，认识法律制度的本质属性，不能把法律制度的物质附属物混为一体，从而否认法律制度的社会意识属性。关于这一点，可以借鉴恩格斯关于国家组织的论述。他认为，国家权力是用来对付被统治阶级的，构成这种权力的，不仅有武装的人，而且还有物质的附属物，如监狱和各种强制机关。但国家并不因有了物质附属物而不再是意识形态范畴的东西。当代西方社会学法学学者恰好没有认识到这点。他们从法律实践出发，看到了法律制度的实际存在，除了法律规范体系之外，还与法院、行政机关、立法机关相联系，同时也和这些法律机构内外的影响法律规范实现的社会群体和个人的活动有紧密关系。从而他们就把法官、法院等这些法律机构的组成因素，看成是法律制度的构成因素。他们认为，法律制度是一个物质因素和意识因素的集合体，而否认法律制度的意识形态性质，并以此为根据否认法律制度的阶级性。弗里德曼把法律制度视为一个中性的东西。它从一端输入信息，即需要解决的争端，然后经过法院、法官的操作，从另一端输出解决争端的信息即判决。这样，法律制度就成了历史形成的与社会阶级性无关的解决纠纷的机器。再说庞德等人，尽管他们承认法律制度是人创造的，但是却认为创造活动的根据是人的理性原则，同样地没有正确揭示法律制度作为一种社会意识的本质属性。这与实际存在的具有阶级性的法律制度是不相符的。

分析主义法学和复兴自然法学的某些代表人物将法律制度理解为规范体系，反映了法律制度的社会意识的属性，但他们往往从规范本身来认识法律制度的存在。特别是分析主义法学，把法律制度存在的标准归结为效力原则，即一个法律制度的存在与否要看人们对法律制度的服从以及官员们对规则的接受与执行。这种单纯从规则的效力来解释法律制度的存在的观点，是不能真正说明法律制度的效力的真正来源的。马克思曾指出：法的关系正像国家的形式一样，既不能从它们本身来理解，也不能从所

① ［苏］П.С.雅维茨：《法的一般理论》，45页，沈阳，辽宁人民出版社，中译本，1986。

谓人类精神的一般发展来理解，相反，它们根源于物质的生活关系。[1] 这意味着，对法律制度本质属性的理解，不能从法律制度自身的规范中获得答案，也不能从抽象的人类理性获得诠释，而应以社会实际生活的实践为依据。

其次，是关于法律制度统一性的问题。由于当代西方三大主流派各代表人物都力图回避法律制度的阶级性，因此，当他们在寻求法律制度统一性根据时，只能从形式逻辑的角度出发，专注于法律制度表现形式上的统一。奥斯丁认为，法律制度统一性的根源在于只有一个最高的立法机构成为立法者，即只要法律制度的每个规范都是由一个立法机构或立法者制定的，就能保证法律制度的统一性。凯尔森则把法律制度的统一性归之于每一个规范都是由基本规范授予的权力所制定的。这种形式主义的解释是不能真正说明法律制度的统一性的。各种法律规范是立法者基于社会经济和文化生活的需要而制定的。随着时间的推移，社会生活的客观条件的变化使立法者进行了新的立法活动。新旧法律规范之间可能存在矛盾甚至冲突的地方，同时也可能存在旧法律规范未及时废除以及立法者的失误等情况。单纯从法律规范的来源说明法律制度的统一性，是很不充分的。因此，必须从法律制度的社会意识属性去认识法律制度所反映的意志的内在统一性。德沃金把统一性视为一项政治价值评判的原则，是以一定的道德观念为基础的。他既要求立法者在立法过程中要保证法律规范在内容上的一致性，同时也要求在司法实践中将法律制度视为内容一致的整体来对待和执行。因此，执法者应力求自己的工作与在他前面的人所进行的工作相一致。这实际上是从意识内容方面要求法律制度既要从整体上保持一致，也要在实施过程中保持一致。这较之他人是一个很大的进步。但德沃金没有看到法律制度的统一性是相对的。马克思主义法学认为，法律是统治阶级意志的反映，它反映并服务于统治阶级的利益。因此，对于法律制度的内在统一性主要看各法律规范所服务的根本利益是什么。同时，法律制度的这种统一性是相对的。经济的发展，导致法律规范需要不断地进行修订和完善，才能保证其前后连贯、减少矛盾和混乱，形成和谐一致的法律体系。恩格斯辩证地指出："法发展"的进程大部分只在于首先设法消除那些由于将经济关系直接翻译为法律原则而产生的矛盾，建立和谐的法体系，然后是经济进一步发展的影响和强制力又经常摧毁这个体系，并使它陷入新的矛盾。[2] 当代西方法学三大主流派的代表人物都未能把握法运动的这种规律，因而，他们未能科学地解决法律制度的统一性问题。

最后，关于法律制度的价值倾向问题。在当代西方法学三大主流派中，分析主义法学派和实在主义法学派原则上排斥对法律制度的价值分析。这显然是片面的，不可能正确、全面地认识法律制度的本质属性。复兴自然法学要求法律制度必须反映人们的道德要求，但他们的立论基础都是抽象的人性和天赋人权，把法律制度的公平、正义

---

① 参见《马克思恩格斯全集》，第13卷，8页，北京，人民出版社，1962。

② 参见《马克思恩格斯全集》，第37卷，488页，北京，人民出版社，1971。

标准看成是绝对不变的，这是不符合法律实践的。马克思主义法学认为，公平、正义始终是历史的阶级的范畴，不同的历史时期以及不同阶级有着不同的公平、正义观，然而这种公平、正义观又是深深扎根于社会的经济关系之中，公平观念总是表现为对现有社会经济的肯定和否定的评价。"公平却始终只是在经济关系在其保守方面或在其革命方面的观念化、神圣化的表现"①，"希腊人和罗马人的公平观念认为奴隶制是公平的，1789年资产阶级的公平观则要求废除被宣传为不公平的封建制度。在普鲁士的容克看来，甚至可怜的专区法也是破坏永恒公平的。"②这就需要人们从一定的历史时期的社会经济结构中去认识社会制度的公平、正义观念。在当代西方法学中，对法律制度中权利和义务的分配所依据的原则有两个，即公平原则和效率原则。罗尔斯的"制度正义论"要求法律制度在分配基本权利和义务时，应遵循公平优先于效率的原则。他主张每个人天赋的自然权利不可侵犯，社会应给予在社会中处于最不利地位者以帮助。他的这种理论产生的时代背景是：第二次世界大战以后，西方资本主义经济的迅速发展，导致贫富悬殊，社会各阶层差距增大，社会矛盾不断尖锐；在美国，争取民权、反对种族歧视、妇女解放运动此起彼伏，社会处于动荡不安的状态。罗尔斯从自由主义出发，要求捍卫人的平等自由权，并认为社会经济的不平等只有在地位和官职对所有人开放并且这种不平等对所有人都有利时，社会制度（包括法律制度）才被视为是正义的。当美国进入20世纪80年代，其经济发展进入一个滞胀时期，资产阶级要求减少社会福利支出、减免税收，以刺激扩大再生产。在此背景下产生的美国经济分析法学认为，公平和效益作为法律制度分配基本权利和义务的基本原则，如果能兼顾这两者固然是理想的，但在一个物质财富不十分充足的社会中，效益和公平往往存在冲突，需要做出选择。经济分析法学认为，公平应当暂时让位于效益。波斯纳认为，只要法律制度有助于达到增加社会财富这个目标，最终也就可以在社会中实现公平。可见，在不同的历史条件下，当代西方法学家们对公平、正义观念的理解是不一致的。这从法学发展实践上印证了马克思主义法学关于公平、正义的观念，同时也反映了当代西方法学家的价值观念的局限性。

---

① 《马克思恩格斯全集》，第18卷，310页，北京，人民出版社，1964。

② 同上。

第四章　法律政策论

第一节　概　述

当代西方法律政策思想，指半个多世纪以来，特别是第二次世界大战以来，欧美法理学研究中呈现的一种用政策的观点和方法来研究法律现象（主要侧重政策对法律，包括立法、司法过程的影响）的思想倾向。它可以说是法学研究和政治学研究、政策科学研究相互渗透的产物。虽然从政治的角度探讨法律问题由来已久，政策和政治也密切相关，但明确地用政策的观点、方法来研究法律现象，提出系统的法律政策学说，却是20世纪中晚期的事。众所周知，这一任务是由美国的H. D. 拉斯韦尔和M. 麦克道格尔完成的。不过，当代西方法律政策思想并不限于拉斯韦尔和麦克道格尔的法律政策学，其他法学流派和法学家也有程度不同的涉及。作为一种法学思潮，当代西方法律政策思想没有形成内容明确、结构完整的理论体系，也并未形成像自然法学、分析主义法学、社会学法学等那样声势浩大、影响广泛的主导潮流。但是，它仍不失为20世纪法学研究中一种很值得注意的倾向。就其作为对垄断资本主义社会法制政治化现象的一种折射来看，其意义还是深远的。

一、历史背景

法律政策思想在20世纪的高涨不是偶然的，而是基于以下客观历史条件。

（一）国家经济职能的加强

在西方传统观念中，法律是客观中立的，它超脱于政治而独立；法律不同于政策，是确定的、客观公正的规则体系。这种观念是同19世纪自由资本主义的经济制度相适应的。然而，20世纪西方资本主义国家进入垄断资本主义阶段以后，随着生产和资本的集中，社会基本矛盾进一步激化，周期性的经济危机成为资本主义特有的“顽症”，给社会生产造成严重打击。为此，资本主义国家不得不加强经济职能，运用法律、政策等多种手段干预经济活动，不再只是充当“守夜人”的角色。19世纪的法律很多已经不能适应20世纪大量的、繁复的、新出现的经济情况，需要根据新形势、新问题进行修改。法律的稳定性遭到冲击，法治原则受到破坏。与此同时，具有灵活特点的政策因素作用越来越重要，出现了法律适应政策的需要不断进行调整的趋向。正是在这种情况下,不少学者宣称,法律实际上已成为政策的工具。

(二)社会政治的需要

20世纪随着西方国家进入垄断资本主义阶段,社会矛盾不断显露。在短短半个世纪中发生了两次人类历史上最大规模的战争。20世纪60年代末,在欧美许多发达国家里又接连发生震惊资本主义世界的学生运动。20世纪70年代初,西方社会尤其是美国社会发生反种族歧视运动、女权运动和法律批判运动等三大运动以及争取民权和反对越战运动,所有这些都暴露出资本主义的深重危机。为了加强统治,摆脱困境,资产阶级不断地在意识形态领域鼓吹和向人们灌输"法治过时论"和法律政策化的思想,抬高行政权的地位,加强对劳动人民的控制。

(三)政策科学的兴起

1951年,拉斯韦尔首次提出了"政策科学"的概念,由于他和德热(Ychezkel Dror)的热心推动,政策科学于20世纪60年代在对西方政府制定公共政策的过程中产生了强烈的影响;到20世纪70年代,民间的私营部门也都开始意识到它的潜力。政策科学对于发挥各类专家的作用,运用科学的方法和手段收集资料和信息,提出各种可资选择的政策方案,以解决日益复杂的现代公共事务具有重大意义。随着政策科学的兴起和政治生活的发展,"政策"一词已引起政治学家和法学家普遍的兴趣,政策与法的关系问题也成为当代的一个重要课题。

二、理论渊源

(一)政治行为主义

法律政策学的创始人拉斯韦尔是政治行为主义的主要代表人物、芝加哥学派的著名领导人。这一学派主张把政治行为作为政治学的主要研究对象,鼓吹在医学、精神病学、心理学、统计学、数学等和政治学之间进行最大可能的协作,要求用行为科学的方法代替传统的"历史分析法""法律分析法""制度分析法"等,用"结构功能理论"(Structure-function)、"一般体系理论"(General system)、"决定形成理论"(Decision-making)、"通讯理论"(Communication theory,又称"传播理论")、"博弈理论"(Game theory)等代替"人性论""正义论""历史决定论"等推论式的各种早期理论,强调观察的"客观性"和分析的"科学性",要求分析的结论必须有定量化的资料作根据。于是"实地考察""因素分析""抽样调查""数学模型"等许多科学分析方法都先后被运用到政治学研究中。拉斯韦尔十分注重对政治人格(政治个性)、政治行为个人、制定决定者(decision-maker)的分析研究。他的政治理论被视为政治精英论和政治心理学。拉斯韦尔在这方面著述颇丰,写有《权力精英》(1956年与C. W. 米切尔斯合著)、《政治行为分析》、《权力与个性》(1948年)、《世界政治与个人不安全感》(1935年)、《精神病理学与政治》(1930 年)、《政治:何人何时用何法得到何物》(1936 年)等著作。因此在他提出的法律政策学中,也大量地运用弗洛伊德(Sigmund Freud,1856—1939)理论,分析权威性决定制定过程中的心理因素,分析个人早年生活对政治人格形成的影响。

(二)美国实用主义法学

拉斯韦尔和麦克道格尔十分赞同美国实用主义法学对司法过程中法官个性行为的研究和经验分析的方法。[①] 事实上,在提倡进行个性心理、行为研究和经验研究方面,两者是一脉相承、彼此契合的,只不过拉斯韦尔等更强调采用科学的方法,不像美国 O. W. 霍姆斯,尤其是美国 J. V. 弗兰克和 K. N. 列维林那样,把法官的主观任性夸大到骇人的地步。此外,法律政策学的主体对象除了法律的适用者外,更主要的还是法律(决定)的制定者。

法律政策学的支持者同美国实用主义法学派都反对分析主义法学的规则主义和技术分析方法,认为实际生活中的法律远不是纸上所写的那样。霍姆斯认为,法律是"大体上相当于社会方便的东西",或者是当前社会所需要的东西;"法律的生命不在逻辑,而在经验"。弗兰克和列维林认为,地位、收入、宗教信仰、种族、教育程度乃至法官的主观好恶都影响司法判决。拉斯韦尔和麦克道格尔则认为政治行为主体的个人动机和思想感情对决定制定过程有重要影响,而且决策过程应当"倾向未来",不应当仅止于对法律规范进行"机械操作"。

(三)综合法学

20 世纪西方三大主流思潮出现了互相靠拢、互相融合的趋势,在这方面取得的一个突出成就就是综合法学的崛起。综合法学以一种"综合"的面目出现,力避自然法学、分析主义法学和社会学法学三家之短,宣称法律是形式、价值、事实的统一体,反对用任何单一的、绝对的因素或原因来解释法律制度,认为社会的、经济的、心理学的、历史的和文化的因素以及价值判断等都影响法律的制定和执行。[②] 如果说综合法学的论者提出的是把法律科学这个"复杂的网"的"各种线组织到一起"[③],那么法律政策学则是把这些"线"归结到了一个东西即"政策"上。"政策"是一个综合的目标,它可以权衡、考虑各种因素,然后根据形势需要予以取舍。因此,把法律政策学视为综合法学的理论表现之一是有道理的[④]。拉斯韦尔和麦克道格尔的学说确实吸取了自然法学(如注重价值研究,把"人类尊严"作为法律保护的最高价值)、分析主义法学(如把法律看成是权威性决定的制定者的政策)和社会学法学(如强调法律是一种社会决策过程,强

---

① 参见[美]拉斯维尔、麦克道格尔:《自由社会中的法哲学:法律、科学和政策研究》,114—118、223 页,美国纽黑文出版公司,1994。

② 参见吕世伦主编:《西方法律思潮源流论》,256、257、264、265 页。

③ 同上书,264 页。

④ 同上书,258—260 页。

调法律的社会背景，即 legal community context）的成分，带有明显的综合色彩。

三、发展概况

当代西方法律政策思想的理论表现形式以拉斯韦尔和麦克道格尔的学说为主，以其他法学流派中政策倾向的研究为辅。拉斯韦尔和麦克道格尔的法律政策学是当代西方法律政策思想的集中表现，但不是全部，不能涵盖整个当代西方的法律政策思想理论。拉斯韦尔和麦克道格尔的学说主要体现在《自由社会中的法哲学：法律、科学和政策研究》一书和他们的文章、演说中，同时还体现在其他法学流派，主要包括自然法学派的德沃金，分析主义法学派的凯尔森、哈特、拉兹，社会学法学派的庞德、弗兰克、列维林等人，以及批判法学、西方马克思主义法学、H. J. 波尔曼和 L. M. 弗里德曼等人的理论中。法律政策思想在当代主要表现为一种法学研究的方向和方法。

第二节　拉斯韦尔和麦克道格尔的法律政策学

一、法律的概念

（一）价值理论

要了解法律的概念，首先得了解拉斯韦尔和麦克道格尔的价值理论。与其他强调法律与权力、法律与政治、政策之间联系的法学流派（如分析主义法学、斯堪的纳维亚实在主义法学等）不一样，拉斯韦尔和麦克道格尔的法律政策学不仅不回避价值问题，相反，他们公开宣称自己的法学理论就是一种价值理论。“法律政策学寻求用一种真实的语言来阐明问题，也就是用规划和分配特定价值的语言，用所要求的价值的综合画面和规划与分配价值的实践活动，把社会期望和社会成就之间的距离减至最小。”①而如我们所周知，分析主义法学和斯堪的纳维亚实在主义法学是否定价值判断的。②

所谓价值，是一种“所期望的事物”（desired event）③，“满足需要的各种事物”④。价值体系包括：①权力（Power）。“从权力是人们所期望的（或可能期望的）意义上讲，

① 拉斯韦尔、麦克道格尔：《自由社会中的法哲学：法律、科学和政策研究》，33—34 页。

② 奥斯丁把法律定义为“主权者的命令”。他的法律学说被称为是“权力倾向的法哲学”。但他的法学研究方法仅限于逻辑分析方法，回避价值分析。凯尔森也是竭力主张在法学研究中祛除一切价值判断因素的。德国实证主义法学派同斯堪的纳维亚实在主义法学派都强调法的政治因素，但反对进行价值判断。参见吕世伦主编：《西方法律思潮源流论》。

③ 拉斯韦尔、卡普兰：《权力与社会》，16 页，美国纽黑文出版公司，1950。

④ 拉斯韦尔、麦克道格尔：《自由社会中的法哲学：法律、科学和政策研究》，336 页。

权力无疑是一种价值。”[①]所谓权力乃是制定重要的社会决策，在必要时利用强制措施制裁敢于违抗者。在美国，传统的行使权力的机构[②]包括联邦中央、州和地方的各级政府和法律，以及专门影响公共决策的党派和压力集团。②启蒙(Enlightenment)。就是收集和传播信息、知识，由研究机构和公共信息媒介来进行。③财富(Wealth)。指商品和服务的生产、分配，规划和分配财富的机构有公司法人、合伙、商会和消费者协会。④福利(Wellbeing)。即安全、健康和舒适的条件。福利机构包括医疗卫生和疾病预防机构等。⑤技能(Skill)。指在某一领域有突出的才干，专门用来提高技能的机构有学校以及各种提高能力和情趣的艺术的、业余的或职业的组织。⑥情爱(Affection)。是给予和得到亲密、友谊和忠诚，典型的组织形式是家庭和关系密切的朋友结成的小圈子，以及那些为向更大一些的团体效忠而建立的协会。⑦尊重(Respect)。是对他人选择自由的承认和敬重。⑧正直(Rectitude)。指对行为负责，即用宗教的、先验的、伦理的标准来检验行为，以明确道德责任。[③]

拉斯韦尔和麦克道格尔认为，这八种价值是互相联系、互相渗透的，可以用于所有理性任务的实行，适用于一切社会形态，无论古代的、现代的还是当代的，其中每一种价值都既是目的，又是手段。拉斯韦尔和麦克道格尔说：“我们提出的目标价值的综合结果就是今天被人们广泛认识到的自由社会中人类尊严的基本价值。”[④]

(二)法律的定义和法律的目标

法律的目的就是为了促进上述价值在人们当中最大范围的分享。法律是权力价值的一种形式，“是社会中权力决策的总和”[⑤]，“是一种权威性决定的过程”(a process of authoritative decision)[⑥]。他们认为，有关法的概念的最有生命力的说法是美国实在主义法学的主张，后者认为法律就是那些阐明和保卫社会公共利益的人做出的权威性决定的过程。“法律不仅仅是一些规则或孤立的决定，而是权威性决定的连续不断的过程，既包括国家制定的法律，也包括社会决策赖以制定和重新制定的公共秩序决定。”“在任何特定的社会中，权威性决定的过程都将被视为一个完整的部分，作为这一社会中整个社会过程的无休无止的因果链。最后，从影响和被地方→区域→全球的平行的、同心的、互相渗透的复杂的社会整体所影响的角度来考察每一个特定的社会共同体。”[⑦]他们批判说：人们常常以为，在具体案件中所解释和应用的那些东西不是一个

---

① 拉斯韦尔：《权力与人格》，16页。

② 这里的“权力机构”与通常所讲的“权力机关”含义是不一样的，注意拉斯韦尔和麦克道格尔的权力定义同一般的权力定义不同。

③ 参见拉斯韦尔、麦克道格尔：《自由社会中的法哲学：法律、科学和政策研究》，336—338页。

④ 同上书，34、339—340页。

⑤ 麦克道格尔：《未来的法学流派：世界共同体中的法律现实主义到政策科学》，载《耶鲁法律杂志》，1947(56)。

⑥ 拉斯韦尔、麦克道格尔：《自由社会中的法哲学：法律、科学和政策研究》，序言。

⑦ 同上书，25页。

以法律为其结果的交流过程,而只是干巴巴的文字表述,脱离其背景而具有意义。法律适用常常被看作是一个简单的逻辑推理,是(法官)寻找特定的事实,再将其模式化,然后套用到预定的条条框框中去。这样的做法常常违背了立法者的目的。麦克道格尔说,以往的法学理论有一个不幸的习惯,常常"在一对对立物上移动"[①],法律的规定和社会的目的常常发生矛盾。因此,需要建立一种新的法学理论,"所谓法律中立曾经是至今也仍然是一个破坏性的神话,一些孤立地考察法律规则或者决定的因果关系的法哲学,其考虑是欠充分的。当今人类的紧迫需要是把法律作为一种政策工具予以有意识的、从容、谨慎的运用。"[②]政策定向的(Policy - oriented)法哲学或法律政策学的背景范围"必须扩展到权威性决定在其中作为一种互相作用的组成部分的整个社会过程"。仅仅强调规则,而不把规则放在同决定相联系,同多种影响因素和综合价值后果的更大范围的背景中考虑,会导致对法律规则近视的误解。

拉斯韦尔和麦克道格尔宣称,他们所构想的法律控制的终极目标是实现"世界共同体"(World Community)。"我们所追求的法哲学,是一种适用于在理论和智力程序上都相关的一切社会,包括地球社会和地球—太空社会及其组成部分的法哲学,一种在一个互相依赖的世界中单独的民族国家很少能闭关自守、自给自足的哲学。"[③]他们说,必须认识到,今天人类处在一个全球性的甚至地球—太空的时代。在一切价值互相决定、互相制约、互相影响的意义上,整个人类组成一个大社会。在制定和强制执行决定的意义上,这个最大的社会的组成部分之一是一个有效权力的过程。同样,在这个有效权力的综合过程中,可以观察到一个整体的、跨民族的权威性决定的过程(在通过权威做出的源源不断的决定流的意义上),也就是由期望做出决定的人在已建立的结构中和授权的程序下按照人们应当抱有的社会期望做出决定的过程。只有在这个最大的社会即世界共同体中,价值的民主分配才得以鼓励和增进,一切资源得以被最大限度地利用,保护个人的尊严被认为是社会政策的最高目标。

(三)对"权威性决定过程"的理解[④]

拉斯韦尔和麦克道格尔把法律定义为一种"权威性决定的过程"。那么,怎样理解"权威性决定"的概念呢?他们指出,这个概念包含了权威和控制两个因素。权威是指按照由谁做什么决定,用什么标准,通过什么程序这种社会透视方法参与决定过程。控制是指在制定和执行决定的过程中的有效参与,选择的结果必须在实践中有意义。如果决定是权威的而非控制的,它们就不是法律而是假装;如果决定是控制的而非权威的,它们也不是法律而是赤裸裸的权力。

在任何社会中,权威性决定的过程也就是权威和控制决定的过程。作为有效权力

---

① 麦克道格尔:《法律在世界政治中的作用》,载《密西西比法律杂志》,1940(20)。

② 拉斯韦尔、麦克道格尔:《自由社会中的法哲学:法律、科学和政策研究》,序言。

③ 同上。

④ 同上书,26—30页。

的更全面过程的一个完整的部分,可以被看作是由两种不同的决定所组成:一是建立和支持了权威性决定的最全面过程的决定;一是从为所有其他社会价值过程的规则而建立的过程中出现的特殊的决定流。前一种可以简称为"立法过程";后一种称为"公共秩序"。很明显,在任何社会中立法过程和公共秩序之间都存在着密切的关系。社会能够取得的立法过程的经济和有效性,必然影响公共秩序的自由、安全和富裕;而一个社会获得的公共秩序的数量,反过来又影响它能够维持的立法过程的可行性。然而,通过在这两个不同类型的决定中进行区别,寻找二者的系统范围,可以避免破坏性地仅仅注重已公布的规则的操作适用和对于"政治的"和"法律的"决定两者之间区别的无谓的争论,可以正确地把注意力扩展到一切过程的相关特征上。通过这些过程,法律得以制定和实施。他们还指出,权威性决定过程的每一阶段,不仅受以往价值分配的影响,而且受当事人对于将来价值分配的理解的影响。因此,权威性决定过程的结果不仅直接影响权利人与他人之间将来的价值分配,而且在整体上和长远地决定和保卫着一个社会的公共秩序。

二、政治人格(个性)①

拉斯韦尔对于政治人格(个性)的研究是引人注目的。在他的"政策定向的法哲学"(法律政策学)理论中,也有大量对行为主体的政治行为和法律行为的研究。他从心理学的方法着手,分析个人的态度、动机、价值观和早年生活经历等对政策的影响。

拉斯韦尔的个性研究是与他的价值理论相联系的。他按照个人以哪一种特定价值为中心来区分个性。例如,以权力为中心的权力中心个性,以财富为中心的财富中心个性,以尊重为中心的尊重中心个性等。拉斯韦尔探讨的主要是权力中心个性,因为这种个性对法律工作者和法学研究人员有特殊的意义。他提出下面的个性系统透视图:

个性的透视 = 鉴别 + 需要 + 期望

鉴别 = 自我符号 + 他人符号

需要系统 = 自己对自己的需要 + 自己对他人的需要

① 参见拉斯韦尔、麦克道格尔:《自由社会中的法哲学:法律、科学和政策研究》,349—353、631—709页。

期望＝与自己对自己的需要相联系的积极的期望

+

与自己对自己的需要相联系的消极的期望

+

与自己对他人的需要相联系的积极的期望

+

与自己对他人的需要相联系的消极的期望

+

与他人对自己的需要相联系的积极的和消极的期望

+

与他人对他人的需要相联系的积极的和消极的期望

根据这个参照系统，他提出了权力中心个性的概念。拉斯韦尔指出：总的来说就是在社会过程中强调权力胜过强调其他价值，实现其他价值的限度被权力的运用所克服。因此在最广泛的意义上，权力是一种防御，个人求助于它的目的是希望克服当用任何其他或一切价值（标准）来评估时对自己的低估，当非权力的价值未能除去不利因素，希望就集中在权力上。一旦其他价值依赖权力的期望被接受，个性系统中对权力的追逐欲就更强烈了。拉斯韦尔还说，当试图解释寻求权力的自我的形成因素时，我们发现这种极端自我中心的个性反映了个人在早年生活环境中往往缺乏情感的支持。

以下是拉斯韦尔权力中心的人发展史的理论：

政治个性是通过运用权力作为对严重的价值损失、威胁或者现实的防御形成的。

期望：认为自我的价值地位较低，实际受到或受到威胁将要受到价值损失，非权力的价值被认为可能是不成功的防御和提高自我地位的方法。相反，运用权力被认为是比较成功的方法。

需要：成功进一步增进了把使用权力或追逐权力作为主要目标的需要。

鉴别："自我"依赖于早年生活中形成的嗜好。当早年支持最少、最弱时，最容易激发自我中心。在所有的情况下，一个基本上最小的支持对于保持个人积极生活是必要的。

活动能力：个人具备获取策略的素质，因此在决定过程中至少应取得最低程度的参与。

拉斯韦尔的权力中心个性的发展理论，源于他的价值剥夺理论。

他说，在权力中心的人早年生活中，他是一个或他感到自己是一个被剥夺者。如果这种剥夺导致了积极防御的产生，说明这种剥夺一定不是最严重的，以致完全摧毁他的自信，而仍有依靠自身积极的办法改变自己地位的希望。如果剥夺是用权力的方法实施的，被剥夺者日后运用权力的可能性就会增加。但是，如果过去非权力的方法取得了成功，也可能不运用权力方法。如果在相似情况下运用权力取得了成功，则诉诸权力的机会就增加了。他还指出，权力中心的人善于将个人动机转移到公共目的中，并在公共利益的名义下使个人利益合理化。个人以可见的、合法的公共目标替换潜在的、压抑的自身人格，通过获取权力、取得成就或赢得爱戴，达到个人需求的自我满足。政治行为的原动力，深藏于人的本能和需求之中。

应该说，拉斯韦尔运用心理学的方法对政治个性的研究揭示了政治活动中某些真实的东西，有他的深刻、独到之处。但他是以资产阶级超阶级的人性论和个人奋斗理论为基础的。他的政治行为主义过于注重"科学性""客观性"，实际上抽去了研究对象的社会内容和阶级内容。

三、法律的适用：政策思考(Policy-thinking)

拉斯韦尔指出："当政策被定义为制定影响价值分配的重要决定时，没有一个处理法律问题的人，无论如何界定它，能逃脱政策。"①他们认为，必须破除法律规则主义的"权威的神话"，代之以"政策的方法"。传统的技术规则理论不仅不能保证法律的确定性，而且常常妨碍社会所希望达到的目的；应当根据民主生活的目标和问题来解释法律术语，将法律决定看作是社会活动中的价值变革。"法律生来是一种解决问题的方法，而这些问题最好看作是社会价值目标和这些目标的社会成就或所期望的成就之间的差异。"②对法律规则的适用，应当对其给总的社会模式带来的影响进行"目标思考"和功能考虑。"权威性决定总是对于社会过程中突发事件的反应，它受到这一过程中许多不同事件的影响，也总是影响着未来社会的轮廓以及在这一过程中价值的分配。"③

拉斯韦尔和麦克道格尔不仅反对将法律与政策对立起来的观点，而且认为法律学说只是起一种象征作用，在司法过程中起核心作用的不是法律规则而是社会政策。"事实上法规在具体案件中的每一种运用，都要求进行政策选择。"④为此他非常强调法官在司法过程中的创造性。"事实上每一个理性任务的实现都要求创造性"⑤，创造性所扮演的角色就是通过想象力找到一条从事物的现实状态到事物的潜在状态的现实主义的路线。法律术语在潮流和极端的偏好之间留下了有待填补的空白，创造性就是允许提供一个路线图，以完成原本不完整的上下文联系，应付突发事件。由于社会目标在不断地修改，在审判活动中法官进行政策思考的不同阶段会产生不同的看法是很自然的。

---

① 拉斯韦尔、麦克道格尔：《法律教育与公共政策》，载《耶鲁法律杂志》，1943(52)。

② 同上书，序言，30页。

③ 拉斯韦尔、麦克道格尔：《自由社会中的法哲学：法律、科学和政策研究》，序言，30页。

④ 麦克道格尔：《法律在世界政治中的作用》，载《密西西比法律杂志》，1940(20)。

⑤ 拉斯韦尔、麦克道格尔：《自由社会中的法哲学：法律、科学和政策研究》，1046页。

拉斯韦尔和麦克道格尔认为，传统的适用法律的"阐明原则"，对于权威性决定的适用者寻求公共利益难以提供很大的帮助。为此，他们提出了一个有助于适用各种形式的社会规则的理论和程序方法，这种理论和程序方法由以下部分组成[①]。

(1)意识到所有形式的法令都是交流过程，而非孤立的条条款款。这些交流过程需要综合的、系统的描述，它们是相互作用的，一般必须在一起适用。

(2)意识到应用功能离不开以下三项理性任务：①准确的诠释；②补充；③结合。这些任务需要予以分别的、严格的注意。

(3)对应用每一个任务的主要目的予以细致的专门化。①阐明权威性决定的制定者的真正期望。②通过适用其他有关规定的基本政策来补救法令的空缺或含糊的地方。③根据有最迫切需要的社会政策，结合规则进行选择。

(4)建立一套综合的原则帮助规则的应用(实施)。①内容原则，指所有有关规定、宣告、应用过程的每一种特征。②程序原则，指导特殊问题的应用，利用一切公共利益中同理性决定有关的智力技巧。

拉斯韦尔和麦克道格尔十分重视法学教育的重要性。他们说："如果当今世界的法律教育要充分地满足一个自由而有良好成效的共同体的需要，那就必须有意识地、有实效地、有系统地去为制定政策而训练。法律学院的主要任务在于培养制定政策的人，以便更完全地取得组成美国政体的公认结果的民主价值。"[②]

总而言之，法律的适用应当围绕政策目标，进行政策思考，法学教育的目的就是培养制定公共政策的职业人才。

四、自由社会中决定之结构：法律的功能[③]

拉斯韦尔和麦克道格尔是用结构功能主义的方法研究这个问题的。他们把法律视为一种权威性决定，认为在自由社会中决定的结构(功能)包括以下七种：

(1)规定功能(The prescribing function)。即规定授权由谁来立法。

(2)知识功能(The intelligence function)。即获得有关过去和对未来做出估计的信息，以指导决定的功能。

(3)宣传功能(The promoting function)。即提议或倡导(宣传)法规的功能。

(4)实行功能(The invoking function)。如果社会中突然产生的主张(要求)保持在法制系统所规定的限度内，很少或根本不诉诸强制措施，实行功能就运转顺畅。要求改变包括法制系统在内的法典或终止一项法规的效力，不属于实行功能。

(5)应用功能(The applying function)。这主要是同行政结构的总设计、维持一系列

---

① 拉斯韦尔、麦克道格尔：《自由社会中的法哲学：法律、科学和政策研究》，330—332页。

② 拉斯韦尔、麦克道格尔：《法律教育和社会公共政策》，载《耶鲁法律杂志》，1943(52)。

③ 参见拉斯韦尔、麦克道格尔：《自由社会中的法哲学：法律、科学和政策研究》，1131—1264页。

终局决定,同公共秩序的目标相一致的方法有关的功能。

(6)终止功能(The terminating function)。包括法令的撤销,调节法令生效时具体化期望的要求。

(7)评价功能(The appraising function)。评价的核心问题是在认识公共秩序的目标价值的过程中分配成功或失败的责任。不过,评价者集中强调的是官方的和集体的责任。

拉斯韦尔指出,在决定过程中上述所有功能都是紧密联系的,七种结构中的每一种,都必定在它发挥作用的更广阔的背景中扮演自己的角色。每一种结构内部又各有一个包含所有功能的决定过程。要建立保护人类尊严的公共秩序,在某种程度上依赖于建立决定过程组成因素的动态平衡。这些因素有足够的力量支持自身,并因此支持系统的结合性和灵活性。同样,公共秩序也部分地依赖于全社会的授权委托来实现人类尊严的目标,足够明确地界定和重新界定以提供一个在其中可以进行正确的集体行为的可行的参考框架。

五、国际法[①]

麦克道格尔曾经是美国耶鲁大学法学院教授,担任过美国国际法学会会长,他的国际法学说是极力为美国的对外政策服务的。

麦克道格尔认为,国际法学属于一种"政策定向科学"。国际法是一种"决策过程"(policy making process),其作用是实现"重大目的"(major purposes)或"重大政策"(major policies),最终目标在于建立以"人类尊严"为主要内容的"世界公共秩序"(World Public Order)。因此,国际法应成为"国际人类尊严法"(International law of human dignity)。他公开宣称国际法是美国政策的工具,直言不讳地主张国际法应该推行美国政策。

麦克道格尔否认国际法规则的规范性。他说:"目前,主张人类尊严者的唯一合理的政策所要求的……不单纯是虚假的或天真的合法主义。"对公海制度、战争法问题,他都作了政策化的解释。"'公海制度'包括两套相互补充的规定……一套以'海洋自由'为名……另一套……则尊重……可进行干涉……的权利主张。对内行人来说,这些规定和术语不是绝无弹性的教条,而勿宁是有伸缩性的政策选择。让决策者……有极广泛的斟酌自由来推行重大政策。"根据这一解释,麦克道格尔把美国在太平洋岛屿进行的核试验说成是在美国托管领土的地区和附近的公海海面上合法行使其有限的权利,借口"美国国防及保护自由世界的需要",否认美国违反了国际法。

① 参见《国外政法学术动态》,1960—1963 合刊,1962(2)、1963(2)中对麦克道格尔的书评及评论;拉斯韦尔、麦克道格尔:《自由社会中的法哲学:法律、科学和政策研究》,182—184 页(这一部分主要为麦克道格尔所写)。

对于战争法的功用,麦克道格尔说:"那些规则的现实功用……不是机械地指示出具体决定,而是引导决策者注意典型的、反复发生的决策情况中有意义的变化因素,是用作有关的具体化了的社会愿望的大略指针。"

"但是,每一项特定规则都指向某些具体的因素和政策,而在一定情形下任何具体的因素和政策的意义则决定于在全部关系中它与其他因素和政策的相互关系,包括这些其他因素和政策的存在或不存在。"

"……合理性……要求人们透过技术性规则和概念而达到作为基础的基本政策,而且不断地按照当时已制定的政策来评价这些规则和概念。"麦克道格尔否认国际法在解决国际争端中的作用。不仅如此,他还进一步走到了否定国际法的极端。他说:"当代世界舞台没有表现出……任何全球有效适用的国际法。我们所有的,勿宁是各种各样'国际'法以及各不同和互相斗争的秩序的一种无政府状态。"因此,麦克道格尔的"政策定向的国际法",与其说是国际法,勿宁说是取消国际法;它不约束,而是解除约束,完全变成权力的工具:"……当广泛地想到权力时,在权力工具之中就可以看到……不仅有外交、宣传、军备和货物,而且有国际法……"

总之,麦克道格尔通过强调政策在国际法中的作用,极力为美国垄断资产阶级推行侵略扩张政策作辩护。在这方面,他几乎是毫无掩饰的。

拉斯韦尔和麦克道格尔的法律政策学是20世纪垄断资本主义发展的产物,是资产阶级面对国内国外剧烈的矛盾力图摆脱困境寻求出路的一种反映。他们定义法律时,强调法律的政策倾向,把法律视为单纯的政策的工具,都是为垄断资产阶级摆布法制,灵活执法,从而使法律更方便地为垄断资产阶级的利益服务。当然也应当看到,他们对于法律实证主义的批判切中要害,提出了一些合理的观点。他们把法律视为"权威性决定的过程",有把法律混同于一般的社会决定,抹杀法的阶级意志性和国家强制性的毛病,但也有把法律视为一种动态的过程而不是静态的规范体系、强调具体的政策环境而非死守和套用"大前提→小前提→结论"的优点,克服了西方法学中长期以来的静止性和抽象性的弊端。另外应当注意到,虽然拉斯韦尔和麦克道格尔把他们的法律政策学与价值理论联系在一起,但他们的价值学说是超阶级的。虽然他们也注意到价值分配是不平等的,但仅止于一种描述,回避作任何正义、不正义的判断。

他们对于政治个性的研究运用了20世纪心理学的新成果,使人们对政治人物获得了深刻一些的了解,对于破除权威崇拜、偶像崇拜有一定的积极意义。但在根本上,他们是把政治行为者个人从他所在的阶级中分离出来研究的。因此,展现在人们面前的只是一幅幅资产阶级个人奋斗的图景,使人们只见树木,不见森林,忽略了资产阶级整体的活动。

拉斯韦尔和麦克道格尔关于法律适用的研究,把法律放在更大的社会背景下来思考,把法律的适用提高到保卫社会的公共秩序和影响未来的社会轮廓的高度。这的确比一般的资产阶级法学家更有远见,对我们也不无借鉴意义。当然他们的目的,仍是为法官创造性地适用法律、贯彻执行垄断资产阶级的政策服务的。

他们用结构功能主义的方法研究法律的功能，也为我们开辟了新的视野。尽管他们回避阶级分析，我们仍能从其中得到启发，深化我们对于法的专门职能和社会公共职能的研究。

麦克道格尔的国际法学说，带有极其明显的为美国对外政策辩护的倾向。它使我们对国际法背后的国际政治斗争有了更为深刻的认识，从而保持清醒的头脑，利用国际法武器捍卫国家和民族的正当权益，维护世界和平，尽管这决不是麦克道格尔的初衷。

第三节　三大主流派的法律政策思想

一、自然法学的法律政策思想

自然法学最引人注目的特征是坚持法律必须符合某些超验的标准，如上帝的意志或神意（god's will）、正义（justice）、内心的法则（inherent nature）、理性、法律的内在道德（the inner morality of law）等①。这些看起来与世俗的政治标准毫不相干，但复兴自然法学的学者很多都是把超验标准同政治需要结合起来的。从19世纪下半期施塔姆勒（Rudolf Stammler，1856—1938，又译作什坦姆列尔）提出相对自然法理论以来，"内容可变的自然法""日新月异的自然法"观念被许多人接受和采用，大量政治内容掺杂到自然法理念中来。自然法学派的学者也越来越多地开始探讨法律与政策的关系问题，其中较为突出的是罗纳德·德沃金（Ronald Dworkin，1931—2013），主要体现在他的著作《认真地看待权利》（1977）和《法律的帝国》（1986）中。

首先，德沃金反对以哈特为代表的法律实证主义观点。哈特认为，法律是"主要规则"和"次要规则"的结合。德沃金反对说，法律不仅仅是规则，还包括非规则的标准原则和政策等，尤其在处理疑难案件时往往不是规则而是原则和政策起了作用。他举了1889年纽约州法院里格斯诉帕尔默案说明原则、政策的重大作用。面对这一案件，法院必须裁决：帕尔默是否能够根据该项遗嘱继承遗产。法院开始推理时承认，如果根据遗嘱的内容，完全拘泥于规则和文字，就应该把这笔遗产给予凶手。但是，法院继续推理：所有的法律和契约的作用及其效果都受着普通法的一般的、基本的准则的约束，任何人不能从自己的过错行为中得利，法院最后判决帕尔默无权继承遗产。以此为根据，德沃金得出结论：法律制度不仅指规则，还包括非规则的其他标准，即原则和政策。德沃金还对原则和政策进行了区分。政策是综合性的，是指促进或保护整个社会的某种集体目标的一种政治决定；原则是分配性的，是指尊重和保障个人和集团权利的一

---

① 参见拉斯韦尔、麦克道格尔：《自由社会中的法哲学：法律、科学和政策研究》，220页。

种政治决定。也就是说,政策与原则之分在于前者指整个社会的目标,后者指个人或若干个人组成的集团的权利。“原则的论点是旨在建立个人权利的论点,政策的论点是旨在建立一种集体目标的论点。原则是陈述权利的命题,政策是陈述目标的命题。”虽然原则和政策有上述区别,但为了论述方便,大多数情况下德沃金用“原则”泛指政策和原则两者。他说:“我大多数时候总括地使用‘原则’这个词,是指法规以外的其他准则的总体,但是偶尔,我的用语更精确些,并且把原则和政策加以区别……”①

任何复杂的立法案一般既需要原则又需要政策两方面的考虑。即使是一个主要是政策性问题的法案,也需要以一定原则来论证它的特定目的;另一方面,一个主要依靠原则的法案,在对政策产生严重后果时,权利也不能成立。这是立法方面的情况,司法的情况则有所不同。德沃金指出,无论在一个法律规定十分明确的案件中还是在一个疑难案件中,法院的判决都应以原则而不是政策(即使该法律来自政策)作为根据。德沃金反对法律实证主义的司法自由裁量权的学说,认为这种学说的理论和实践会严重损害民主政治和法治。他指出,司法权从属于立法权,这是民主政治的一个公理。“……当法官制定法律时,很可能危及那个公理。”②但这并不是说德沃金主张在司法过程中法官在任何情况下都不能行使自由裁量权和创造法律。他所反对的只是法官任意司法,不受任何规则标准的约束。这一点在《法律的帝国》中体现得更清楚。

在《法律的帝国》中,德沃金塑造了一个理想的、超人的法官赫尔克里士(Hercules)如何判决一个疑难案件,这一案件没有明确或既定的法律规则或原则可依。在这种情况下,法官享有自由裁量权,法官依据什么做出判决呢?德沃金认为,判决应当深深地忠实于过去,即要与立法者和法官在先前的立法中所主张的道德原则—政治理论保持一致,德沃金称之为“明确的一致性”原则。根据这一原则,赫尔克里士不是援引自然权利和抽象正义的某些概念来决定法律权利,不是也不可能根据承认规则这类标准,而是根据政治道德的推论或讨论。一个法律原则虽然可能未被法院说明或被规定下来当作法律原则,但仍可以是现存的。只要能够表明这个原则为已确立的规则或判决提供了正当的证明理由,便可以确定它是一个现存的法律原则。法律原则不是以立法或判例方式确立的。它有时见诸于判例或制定法的前言中,有时可以从判例、制定法或宪法中推论出来,有时还可以直接来自政治道德理论。法官确定法律原则的过程是建立一个对审判有用的法律理论,这个理论包括有关法律规则和审判制度的学说以及支持它们的政治道德理由。具体说来,法官必须考虑什么原则可以用来证明立法至高无上的学说是正当的,什么原则特别强调了前例学说,还必须考虑作为合同法、侵权法、福利法等实体法的基础的政治道德理论。

德沃金在《法律的帝国》一书中大量地谈到法律的解释问题。他说:“法律是一个

---

① [美]德沃金:《论规则的模式》,载《法学译丛》,1982(1—2)。

② [美]德沃金:《认真地看待权利》,84页。

解释的概念”。有三种法律解释，一是因袭主义（conventionalism），即法官依靠法规和先例来解决争端，即使这些法规和先例对于他们所受理的特别争端来说未必很适合。也就是说，司法判决必须是向后看的，一旦一个决定被约定所认可（制定法律）的机构做出，那么即使法官们认为一个不同的决定将会更公平或更明智，他们也必须尊重这个决定。二是实用主义（pragmatism），即法官着眼于改善社会的未来做出判决，而不去考虑是否与过去一致。法律解释最好是灵活的和向前看的，法律权利只有在有助于实现社会的更好未来时才能得到承认。这两种观点都是德沃金所反对的。对第一种观点，德沃金认为，因循旧例，公正告诫和防止人们感到意外是政治和法律的美德，但决不是最高的美德。相反，灵活性是很重要的法律美德，在某些情况下超过确定性和被保护的期望的价值。因袭主义狭隘的、向后看的性质阻碍它在法律的确定性和灵活性之间，在保护过去的期望和延伸正义之间达成一个妥协。对于第二种观点，他认为，实用主义缺乏对过去的尊重，也远不是令人信服的。为此他提出第三种法律解释（也就是他自己的观点）即道德完整性。道德完整性也主张与过去的政治决定有一致性，但不像因袭主义那样仅仅是为了可预测性和程序上的公正等理由，而是为了保证公民间的平等，使社会更加纯真并改善行使政治权力的道德根据。这也就是说，法律解释既要考虑过去的政治决定，又要考虑当前的和将来的社会政策需要。

德沃金认为，法律解释要通过两个阶段。在第一阶段或开始阶段，法官必须搞清楚他要提出的法律解释是否“适合”其他法官过去的判决，是否在总体上符合法律、宪法和法律实践。在第二阶段，是证明此裁决能够使法律成为最佳；在这一阶段，法官对法律的解释要借助政治道德。因此，赫尔克里士必须时刻了解他所处的社会的政治历史，作为对他来说从正义的观点看来是正确的答案的一种检验。德沃金说，在赫尔克里士看来，法律——从过去的集合的判决中引申出来的权利和义务——不仅仅包括这些判决的狭义的明示的内容，而且更广泛地包括证明它们自身合理所必需的原则结构。换句话说，一个法官如果不求助于政治理论，探索支撑法规、先例和宪法的“原则结构”，他就不会知道什么是法律，也不可能忠实于法律。德沃金还谈到，法律解释要求一种“新教徒”的态度。法律不是宗教圣典，那些制定法规和宪法的人的“最初动机”并不是永远固定不变的最好的解释。反之，只有当法律被视为是表达了“公众信仰的原则的时候”，只有当“思考应当信仰什么原则以及在新形势需要什么原则时，法律才能得到最好的理解”。显然，这是一种“政策思考”和政策倾向的理解。

总的说来，德沃金的观点是，法官不是不能行使自由裁量权创造法律，而是必须谨慎，必须既考虑到当前的政策需要也考虑到以往的政治道德原则，不能听任法官任意专横，危害资产阶级的整体利益。

在复兴自然法学派的其他学者那里，自然法理论中也程度不同地掺进了社会政策内容。例如，马里旦的人权理论。马里旦把人权分为绝对不能让与的人权和基本上不能让与的人权。前者如生存或追求幸福权，后者如结社、言论等自由权。绝对不能让与的权利不受政治体制的限制,基本上不能让与的权利则要受到政治体制的限制,以保护共同的福利。他还区别权利的享有和权利的行使,认为即使是绝对不能让与的权利,其行使也要受到限制,要服从特定社会的具体可能性。此外,马里旦极力主张取消主权、鼓吹世界政府的国际法理论和他对于共产主义意识形态的攻击,都十分清楚地表明他神学主义的自然法学说是为美国垄断资产阶级的对内对外政策服务的。

此外,在《自由社会中的法哲学:法律、科学和政策研究》一书中,拉斯韦尔和麦克道格尔明确指出,富勒(Lon L. Fuller,1902—1978)强调法律的目的(purposes),坚持认为不可能区分“实际是这样的法律”和“应当是这样的法律”,实际上隐含着“法律即是政策”的命题。

二、分析主义法学的法律政策思想

分析主义法学的典型特征是强调法学的研究对象仅限于实在法,排除实在法以外的社会政治因素,坚持司法以法律为唯一根据。这表面看来是最反对政治、政策对法律的影响的,其实不然。不少学者指出,分析主义法学主张法的最终渊源是立法者的意志,法的最终约束力是政治强制,因此它实际上是三大法学流派中政治和政策倾向最明显的一个。美国学者、哈佛大学法学教授哈罗德·J. 波尔曼(Harold J. Berman,1918—2007)在《法哲学的一体化趋势:政治、道德、历史的融合》一文中指出,法律实证主义或分析主义法学实际上就是一种政治观点的法学。他说:“实证法学主要是把法看作为一种特殊类型的政治工具:即它是由国家制定的一批规则,有其自己的独成一体的特征,与道德和历史都无关而且迥然不同。”①分析主义法学的政治、政策倾向较少体现在司法中,而更多地体现在立法中。它主张执法必须严格忠实于法律,反对任何个人的(包括法官的)、社会的干扰和影响。但实际上,政治和政策的内容已规定在法律规范中。② 分析主义法学的这种思想可见于凯尔森(Hans Kelsen,1881—1973)、哈特(H. L. A. Hart,1907—1992)、拉兹(Joseph Raz)等人的理论中。

(一)凯尔森

美籍奥地利人凯尔森在其著作《法律和国家概论》中,首先解释了他的“纯粹法学”这一名称的意义。他指出:纯粹法学的“纯粹性”,体现在纯粹法学只研究纯粹的实在法规范,而排除任何社会学、政治学、伦理学、心理学的因素。它尤其排除价值判断因素,认为纯粹法学与正义理论是根本对立的。前者是科学,后者是政治意识形态,不应把法律和正义混为一谈。表面看来,纯粹法学没有丝毫政治倾向。纯粹法学不是不探

① 《论实证法、自然法、历史法三个法理学派的一体化趋势》,载《法学译丛》,1989(5),原载于《加利福尼亚法律评论》,1988(4)。

② 参见拉斯韦尔、麦克道格尔:《自由社会中的法哲学:法律、科学和政策研究》,236—237页。

讨正义,它的正义理论是相对主义的正义论。凯尔森解释说:“我的确不知道,也不能说什么是正义,人类渴望的正义是什么。我必须老老实实地接受一种相对的正义,因而我也只能说对我来说的正义。由于科学是我的职业,所以在我的生活中最重要的东西,正义,对我来说就是这样一种社会秩序,在它的保护下,对真理的追求得以加强。因而,‘我的’正义就是自由的正义,和平的正义,民主的正义——容忍的正义。”[①]容忍的正义就是容忍和尊重他人的自由,但这种容忍不是绝对的容忍。凯尔森补充道,它指的是禁止和防止隶属于法律秩序的人使用武力,但不禁止和妨碍他们和平地表达思想。也就是说,他容忍人们规规矩矩地遵守法律,但不容忍人们反抗,尤其是暴力反抗。压制和防止任何以武力推翻政府的企图,是任何政府的权利,它和民主原则、和容忍根本无关。这最后的注脚,一下子把凯尔森所谓“政治中立”的幌子打了个粉碎。

凯尔森认为,法律规范效力的根据来自上一级规范,即一个规范只要能在上一级规范中找到依据,它就是合法的。上一级规范的合法性根据存在于更上一级的规范中。如此依次往上,最上面一级的规范是“基本规范”。基本规范为什么有效力呢?凯尔森答曰:“是假定的”。如果不是对他的学说的背景和基础有较全面的了解,读者简直要怀疑他的理论的科学价值:一幢严肃的科学理论大厦怎么可以建立在如此虚弱的基础上?实际情况是:凯尔森“基本规范”的效力并非如他所说是假定的,而是由国家强制力保证的,只不过他不明确直接地说出来而已;基本规范就是国家的命令或意志,就是国家基本的社会政治制度和政策。

凯尔森坚持国家和法律的一元论,认为“法律是一种强制性秩序”,而国家又是一种法律秩序。那么这种法律秩序是由谁建立的?为什么建立?靠什么维持?是否公正?凯尔森都避而不谈。总之,凡涉及阶级的、政治的内容时,凯尔森往往打个“擦边球”匆匆略过。他的目的乃是维护资产阶级规定在现行法中的政治、经济利益,“非政治”的背后其实有强烈的政策倾向。

凯尔森的国际法思想明显地是为垄断资产阶级国家的对外政策服务的。他主张国际法高于国内法,是国内法的基本规范,当两者发生矛盾,国内法应当服从国际法;反对主权观念,鼓吹“世界国家”等,其政治目的不言自明。

(二)哈特

如前所述,强调法学的研究对象仅限于实证法,研究方法仅限于逻辑分析方法,回避法律的社会政治基础和阶级内容,是分析主义法学的典型特征。这种表面中立的学说所实际包含的强烈的政策性,在纳粹统治的德国可以说得到了最充分的显露。德国实证主义法学在希特勒年代充当了“纳粹帮凶”的角色,第二次世界大战以后,它走投无路,濒临破产。德国实证主义法学的命运似乎暗示着,如不进行必要的修改、调整,分析主义法学将失去生命力。哈特的新分析法学完成了这种使命,从而使分析主义法

① 参见沈宗灵:《现代西方法理学》,163 页。

学峰回路转,再现生机。

哈特的新分析法学思想是在与美国富勒和英国德富林(P. Devlin,1905—1992)等人的论战中形成和发展起来的,同第二次世界大战以后的政治形势紧密相连。一方面,哈特仍坚持法律是一种规则体系。在立法问题的主张上,哈特学说也体现了分析主义法学的政策倾向。在司法方面,哈特对以往的分析主义法学作了重大的修改。拉斯韦尔和麦克道格尔指出,哈特似欲在传统分析主义法学过分的约束与美国实在主义法学完全的任意之间寻找一条中间路线。[①] 传统的分析主义法学强调严格依照法律的规定适用法律,法官只能根据法律做出判决,必须绝对忠诚于法律。法律不受法官个人的政治、道德、心理因素的影响,也不受社会历史的、道德的、政治的因素的影响。法律成了一套孤立的规范体系,法官成了只能根据现行法律进行逻辑操作的自动机器。哈特使这种不符合实际的观点向现实靠拢了一步,指出:任何法律都会受到一定社会集团的传统道德的深刻影响,也会受到个人的、超过流行道德水平的、更开明的道德观点的影响。"一切法律都有一个不确定性的边缘,在这个范围内法官必须在几种可能性当中进行选择。"[②]哈特还提出"法律的开放结构"的概念,据此法官可以有相当的自由裁量权。他指出:"这样,通过语言留给他(法官)的自由度是很大的,以便当他适用法律的时候,结论——即使它可能不是武断的或非理性的,实际上还是一个选择问题……他做出一个新判决增加到已有的判决链中。在法律规则体系中,相似性的相关和紧密程度依赖于法制系统中许多复杂的因素,以及可归因于规则的目标或目的,为了阐明这些就得阐明法律推理中某种特殊或特别的东西。"[③]哈特还说:"关键的一点是要求判决的案件不是在真空中产生的,而是在一个有效(起作用)的规则体的操作过程中产生的,在一个许许多多种考虑不断地被认为是做出一个判决的好的理由的操作过程中(产生的)。这些(考虑)包括范围广泛的个人和社会利益,社会和政治的目标,道德和正义的标准,它们可能被系统地概括为原则、政策和标准。"[④]

哈特提出广义的法律概念和狭义的法律概念之分的问题。简言之,广义的法律概念既包括良法又包括恶法;狭义的法律概念仅包括良法。对一个在法律上有根据但不道德的行为如何处理,哈特的观点是,承认"这是法律,但它是很不公正的法律,以致不能加以适用和服从"。这也就是说,法律的适用不再是以法律规范为唯一的根据了,适应政治形势而产生的政府当局的政策和道德观念也可能影响司法。不难看出,这是法律实证主义向自然法学退却的一步。

---

① 参见拉斯韦尔、麦克道格尔:《自由社会中的法哲学:法律、科学和政策研究》,240 页。

② 哈特:《法律的概念》(1961 年),12 页,转引自拉斯韦尔和麦克道格尔:《自由社会中的法哲学:法律、科学和政策研究》,241 页。

③ 同上。

④ 同上。

（三）拉兹

英国牛津大学教授拉兹的观点有几点是引人注目的。首先，在国家与法律关系的问题上，拉兹反对凯尔森否认法律理论以国家理论为基础，主张只有在建立一种国家学说之后才能解释法律。他说，只有在规定一个独立的政治社会——国家之后才能为法律下定义。法律制度是构成政治制度的规范部分，法律制度的连续性和政治制度的连续性是结合在一起的。

其次，拉兹探讨了法治的概念、原则及价值，指出：一方面我们应当承认法治的价值，另一方面也不应夸大它。特别应当注意的是，法治实际起到的只是一种辅助作用，是实现某种目标的一种工具，法治本身不是最终的目的。“在法治的圣坛上将太多的社会目标当作祭品，可能使法律本身变得贫乏和空虚。”这就清楚地说明，拉兹的分析主义法学已大大不同于以往的分析主义法学学说。他将法律视为实现一个个社会目标的手段，社会目标是随着形势和政策的变化而变化的，那么法律也是相应变化的。而19世纪的分析法学，我们记得很清楚，是奉法律为至上，否定法律受社会形势尤其政策的影响的。

再次，在司法方面，拉兹也有突破。他提出，在有法律规定的争端中，法院往往通过区别、推翻前例和辩论终结原则等三种办法来改变现行的普通法规则。此外，法院还通过对制定法的解释改变制定法的权力，以适应新的形势需要；在没有法律规定的争端中，法院有法定的自由裁量权。而且，他还指出，法官在行使这种权力时，的确而且应该依靠他们自己的道德判断，为法官创制法律的活动辩解。很明显，拉兹较哈特离传统的分析主义法学走得更远。这是因为拉兹活跃期间的20世纪70、80年代较之从前社会形势发生了更大的变化，政治、政策对法律的渗透更加普遍和经常了。

三、社会学法学的法律政策思想

社会学法学的特征是认为法是一种社会现象，主张在社会生活中研究法，即强调研究“活的法”、“行动中的法”（law in action），反对“书本上的法”（law in books）。社会学法学派的学者都主张法律是实现社会中一定目的，特别是利益的手段，而不是目的本身。他们主张立法、司法活动都应放在社会大背景下进行，根据社会生活的实际需要进行调整。这种调整主要是通过法官的司法活动实现的。社会学法学中有关法律与政策之间关系的研究，主要见于美国社会学法学代表人庞德、美国实在主义法学（American legal realism）、斯堪的纳维亚实在主义法学（Scandinavian legal realism）。

（一）庞德

在庞德之前，分析主义法学在西方已经开始受到批判，不少学者开始认识到法律带有的政治、政策倾向。最先起来发难的是德国法学家耶林（Rudlof Thering，1818—1892）。他讥称分析主义法学为“概念法学”，主张把法律从孤立的地位中搬出来，放到社会生活的洪流中。他认为:“法是以强制作为保障的社会目的的体系”;“从最广泛的意义上来看,法律是国家通过外部强制手段而加以保护的社会生活条件的总和。”①耶林强调法律定义中的强制概念,认为“不以法律强制作为后盾的法律命题是自相矛盾的,是无焰的火,不亮的光”②。耶林对于“概念法学”的批判,大大提高了国家政策因素在法律中的作用。奥地利人埃利希(Eugen Ehrlich,1862—1922)主张法律发展的重心在社会本身,法官应当“自由地”去发现“活的法律”。他认为,分析主义法学方法的重大弊端就是承认实证法体系的“无缺欠性”,法官的工作仅限于法条的逻辑操作,而没有政策性、评价性的东西。德国人赫克(Philpp Heck,1858—1943)也反对概念法学那种以为通过适当的逻辑操作,便可以永远在现存的实定法律中得到正确的判决的观点,认为法律规范仅仅是立法者为解决利益冲突而制定的原则或准则,其中也包括当局的政策。

庞德把法律看成是一项“社会工程”,把法理学看作一门社会工程学,指出法律是通过一定的社会组织(主要是法院和行政机关)来实现的人的活动,而不是像法律实证主义认为的那样是死的知识或工作规程(规则)。他还认为,法律是一种社会控制的工具,它的目的是承认、确定、实现和保障利益,利益是“人们个别地或通过集团、联合或关系,企求满足的一种要求、愿望或期待”,也就是“通过政治组织社会的武力对人们的关系进行调整和对人们的行为加以安排时所必须考虑到的东西”③。他把利益分为:第一,个人利益(包括人格利益、家庭关系利益、物质利益);第二,公共利益(包括国家作为法人的利益、国家作为社会利益捍卫者的利益);第三,社会利益(包括一般安全利益、社会组织安全的利益、一般道德的利益、保护社会资源的利益、一般进步的利益、个人生活方面的利益)。他认为立法和司法应当考虑所有上述利益,“尽其可能保护所有社会利益,并维持这些利益之间的、与保护所有利益相一致的某种平衡或协调”④。他还认为,应当根据形势的需要在一定时期优先考虑一些利益,而在另一时期优先考虑别的利益。庞德关于社会利益的学说是有重要意义的。J. 帕特森推崇说,他的关于社会利益的分类,看来包括了立法机关和法院在制定或解释法律时所必须考虑的全部公共政策,至少可以像门捷列夫的化学元素表所起的作用那样……⑤庞德强调法律处于社会之中,受到公共政策和社会倾向的影响,其实际的社会效果与法律规范本身完全不同。因此,他的法律概念不仅仅包括法律规范,而且包括很多别的东西。法律是:

(1)法律秩序。即通过有系统、有秩序地运用政治组织社会的强力来调整关系和安排行为的制度。

① [美]博登海默:《法理学——法哲学及其方法》,104页。

② 转引自[美]庞德:《通过法律的社会控制——法律的任务》,沈宗灵等译,商务印书馆,1984。

③ 沈宗灵:《现代西方法理学》,291页。

④ 转引自[美]博登海默:《法理学——法哲学及其方法》,142页。

⑤ 参见沈宗灵:《现代西方法理学》,295页。

(2)据以做出司法和行政决定的权威性资料、根据或指示。

(3)司法和行政过程。即为维护法律秩序而根据权威性指示以解决各种争端的过程。

以上三方面可以用"社会控制"的观点将它们统一起来,即法律是"一种制度,它是依照一批在司法和行政过程中运用权威性律令来实施的、高度专门形式的社会控制"。

庞德也是赞成司法过程中"法官立法"的,主张可以"有法司法",也可以"无法司法"。"有法司法"是根据权威性律令、规范(模式)或指示而进行的司法;"无法司法"是根据某个个人的意志和直觉进行的,他在审判时拥有广泛的自由裁量权(包括对当局政策的采纳权),而且不受任何固定的一般规则的约束。"为了使司法适应新的道德观念和变化了的社会和政治条件,有时或多或少地采取无法的司法是必要的。"①庞德认为,在19世纪,人们反对自由裁量权,20世纪随着司法任务的大量增加等因素,司法个人化的要求已经出现,一个成功的法律制度应当成功地达到并维持极端任意的权力与极端受限制的权力之间的平衡。

美国大法官本杰明·N. 卡多佐(Benjamin N. Cardozo,1870—1938)也强调,司法必须适应社会现实。他认为,在审判艺术中,运用逻辑推理进行法律解释和法律适用是需要的,与此同时,对社会政策的考虑也是十分重要的。司法程序中既包含着创造的因素也包含有发现的因素,法官必须经常地对相互冲突的利益加以权衡,并在两个或两个以上可供选择的、在逻辑上可以接受的判决中做出抉择。在做出这种抉择时,法官必然会受到其固有的本能、传统的信仰、后天的信念和社会需要观念的影响。他认为,在司法中遵循先例是重要的,但在忠实先例明显不符合正义感和社会福利的情况下,判决可以不受先例的约束而进行政策性的思考,确定性的需要在某种程度上必须同进步的需要相统一。

(二)美国实在主义法学

美国实在主义法学以反对法律规则主义,提倡立足现实,强调司法过程中法官的个性行为而著称于世,是社会学法学中较为极端的一派。美国实在主义法学研究法律的政策倾向主要体现在司法活动中,强调法官司法行为的政治动机和情感动机。美国实在主义法学的先驱者霍姆斯(Oliver Wendell Holmes,1841—1935)有一句名言:"在法律里,一页的历史可以抵得上整册的逻辑。"他对法律的理解采取"实用"的观点,认为法律是一种"大体上相当于社会方便的东西",或者说是当前社会所需要的东西,明显地包含了政策思考。霍姆斯提出两个关于法律的著名命题:一个是"法律的生命不是逻辑,而是经验";一个是"坏蛋理论",即人们要了解法律是什么,就应该从一个"坏蛋"的角度去推测法院将对他作什么样的处理,亦即"法律就是对法院事实上将做出什么决定的预测"的命题。美国实在主义法学的另一位先驱、哈佛大学法学教授格雷

---

① [美]庞德:《依法审判》,载《哥伦比亚法律评论》(13),691页。

(J. C. Gray,1839—1915)对法律渊源有独到的研究,认为法律渊源由立法文件、司法判例、专家意见、习惯、道德原则和政策等构成。①

弗兰克(Jerome New Frank,1889—1957)认为,人们对于法律确定性的要求是一个"基本的法律神话",来自儿童的一种心理状态("恋父情结")。由于法律要应付千变万化的社会,它实际上不可能是、也从来不是确定的。新的生产和交换形式、新的交通和居住方式、新的社会风俗、目标和理想等,所有这些都会影响和改变既定的规则。但法律的不确定性并非就是不幸,相反具有巨大的社会价值。这种价值就在于使人们认识到,法律不是固定在书本上的规则,而是官员,特别是法官的实用主义的、适应社会形势和政策需要的决定。

列维林(Karl N. Llewellyn,1893—1962)在他同库克(Walter Wheeler Cook)合著的一篇文章中,赞同"制定政策和执行政策对法律工作者来说是重要的"的观点。在他答庞德院长的著名论文《关于现实主义的一些现实主义》中,他写道:"他们(实在主义法学的学者)把法律规则看成是达到目的的手段,并仅仅是手段,仅仅在作为目的的手段的范围内具有意义。他们怀疑,由于法律变化较慢而周围的生活变得较快,有一些法律已经同生活脱节。这首先是一个事实问题:法律在对人们,或者为人们做些什么?其次,这是一个目的问题:法律应该对人们或为人们做些什么?但是,如果你不首先回答法律在做些什么,你就无法判断现行法及其各部分应该做些什么。"②这段话集中体现了列维林的基本思想,即法律是一种手段,一种事实("在做些什么"),是官员(包括法官、警长、书记官、监管人员或律师)为适应不断变化的社会需要(包括政策需要),为解决纠纷所做的那些事。值得注意的是,美国实在主义法学的兴起、发展本身就是美国20世纪20、30年代推行新政策的需要。当时以罗斯福为首的"新政"主义者,为了应付1929年至1931年经济危机和国内外严峻的政治形势,急于摆脱旧的价值观念、道德准则和旧政策,推行"新政"。美国实在主义法学应运而生,恰好满足了这种政策需要。

拉斯韦尔和麦克道格尔指出,库克教授正确地把美国实在主义法学作为将法律世俗化为一种阐明和宣传公共政策的工具的巨大运动的一部分。实在主义法学的一个基本信条就是,法律最好被描述为权威性的决定,大多数实在主义法学的支持者认识到(这种)决定要求进行政策选择。

(三)斯堪的纳维亚实在主义法学

斯堪的纳维亚实在主义法学派的代表人物是瑞典乌普萨拉大学的哈盖尔斯特列姆(Axel Hagerstrom,1869—1939)和其学生、瑞典法学教授伦德斯特(Vilhelm Lundstedt,

---

① 把"政策"作为法律的渊源不独格雷一家之言。E. 博登海默在《法理学——法哲学及其方法》一书中,也把"公共政策"作为法的正式渊源之一。

② 列维林:《法哲学:理论和实践中的现实主义》(1962年),43页,转引自拉斯韦尔、麦克道格尔:《自由社会中的法哲学:法律、科学和政策研究》,252页。

1882—1955)、丹麦法学家罗斯(Alf Ross,1899—)等人。较之美国实在主义法学派,这一学派的政治倾向更明显一些。他们认为,法律是社会事实的集合体,是以暴力为后盾的权力的工具。例如,罗斯说:法律是由关于暴力的使用的规则构成的。[①] 他们攻击正义方法,认为法律并不是为了实现正义,而是由社会集团(首先是国家)的压力或必然的社会需要造成的。伦德斯特认为,正义只是法律承受者的一种情感,这种情感是由习惯和统治意识引起的,即法律秩序是令人满意的。[②]

应该说,社会学法学(包括美国实在主义法学和斯堪的纳维亚实在主义法学在内)的政治、政策倾向较之其他两个学派(自然法学和分析主义法学),表现得更明显一些。社会学法学派的学者认为,法律的制定和实施不是孤立的法律现象,而是受到社会影响、反过来又影响社会的社会现象。他们极力主张抛弃分析主义法学的形式主义观点,认为法律必须适应社会现实,立法和司法都要受到公共政策、道德观念和社会倾向的影响,重视法官在司法过程中的创造性作用,鼓吹"法官立法"原则,这对于克服法律实证主义认可的"合法不合理"或"合理不合法"的现象,使法的合法性与合理性得到某种程度的统一,无疑是有积极意义的。但是如果把法官甚至行政官员的主观作用过分夸大到像弗兰克和列维林的地步,也是不足取的(譬如他们认为一顿不愉快的早餐也足以影响法官的判决)。

需要引起注意的是,社会学法学派的很多学者都承认公共政策对法律(包括立法、司法)的影响,但其中不少人把公共政策同国家权力对立起来,将公共政策和国家政策严加区分。我们认为,这是同社会学法学把法的概念泛化,视同于一般的社会规则相联系的。在他们看来,法是先于国家存在、与国家权力没有直接联系的现象,是社会共同生活的准则;政策也不限于国家或政党制定的将其策略方针具体化的、带有阶级色彩的行动准则,而是一切机构、团体、组织制定的公共决策。这就必然抹杀或掩盖法和政策的阶级实质。按照历史唯物主义观点,国家是阶级矛盾不可调和的产物。法是与国家同时产生的现象,具有阶级意志性和国家强制性。政策是"指导立法、行政及政府处理国内外事务的行政措施的一般原则"[③],无论国家政策、政党的政策还是公共政策都具有阶级性。虽然现代"政策"的概念,较之以往有了一些不同,但只不过是提出了一些改良和提高政策的科学水平的方案,目的也是为了更好地为统治阶级服务。纵然是执行社会公共职能的那部分公共政策,如果不是孤立地看而是同执行阶级统治职能的政策联系起来看,仍然具有阶级性,也是服从有利于统治阶级的社会秩序的。

① 参见吕世伦、谷春德:《西方政治法律思想史》下册,增订本,354页,沈阳,辽宁人民出版社,1987。

② 参见[美]博登海默:《法理学——法哲学及其方法》,158页。

③ 美国麦克米伦公司:《政治思想词典》,转引自范愉:《论我国社会调整系统中的政策与法》。

第四节　其他学派的法律政策思想

一、批判法学的法律政策思想

批判法学认为,法是实现强者或统治阶级政策的工具,法律判决依据的是政策。批判法学的基本观点是:

第一,法律推理是不确定的。任何法律规则或原则都不可能有确定性的结果,可以有相互冲突、矛盾的解释,法官究竟选择哪一种解释,是根据政策随意操纵的。比如,美国最高法院关于言论自由的判决就是明显变化的。1968 年在混合食品 590 地方工会诉罗甘谷集市广场案中,最高法院主张工会成员有权利在私人所有的商业中心集会、演说。而四年后的洛德诉唐娜一案中,却认为反战分子无权在私人所有的商业中心散发传单,因为这样做侵犯了私人所有权。1976 年在赫德根诉全国劳工关系局一案中,最高法院进一步否定了罗甘谷集市广场一案的判决,其理由是:劳工言论与反战言论的不同对待,侵犯了宪法第一修正案关于言论自由不依赖言论内容的规定。在批判法学的学者看来,为什么洛德案不遵循罗甘谷集市广场案,而赫德根案又要遵循洛德案呢?唯一的解释只能从社会政治、政策的原因中去寻找。

第二,法不反映社会共识,法和法律实践都是有阶级性的。尽管法律推理是非确定性的,可能产生完全相反的结果,但在每一个法案、判决的背后人们都可以看到不同利益之间的斗争,总是一方的利益压倒他方的利益。因此,法律判决没有与政治决定(政策)不同的模式,只不过是披上法律外衣的政治。但是占统治地位的法律意识形态却用“共识”掩盖阶级冲突,使阶级统治关系神秘化。批判法学主张,社会并不是人们所喜好的内容的集合体。它是一种结构,限制一部分成员的愿望和利益,以满足另一部分社会成员的愿望和利益。法是各社会集团利益冲突的产物,体现着占统治地位的集团的特殊利益。法的目的是占有财富、权力、知识、地位、威力及组织能力。法是统治阶级为了组织自己,分解对方,以实现自己的政治经济目的的手段或工具。法的统治功能包括两个部分,一是强制惩罚功能,一是意识形态控制功能。因此,法并不反映社会共识,而只是统治阶级或集团意志的体现,或其政策的体现。

第三,法不是一定社会结构的客观必然。传统的自由主义、结构功能主义法学认为,法是适应社会需要而产生的,社会的发展与法的发展之间存在着因果关系。批判法学认为,社会与法并不存在决定与被决定的关系。因为:①比较法律研究表明,处在同一发展阶段的不同社会可能有完全不同的法律形式存在。②同一法律形式由于执法人员水平的差异可能产生完全不同的结果。因此,他们认为,不能把一个社会的法理解为是对客观历史过程的客观反映,也不能把它理解为适应该社会需要的中性技术,不能用法适应社会需要来掩盖法满足统治阶级或集团利益的实质,就是说法没有客观必然性而主要是政治性、政策性。

另外，这里有必要着重介绍一下美国批判法学领袖之一的昂格尔（Robert M. Unger，1949—）的理论。

昂格尔在《现代社会中的法律》一书中提出社会与法的发展模式，认为迄今为止存在着三种法的模式：习惯法、官僚法和法律秩序，它们分别与三种社会模式：氏族社会、贵族社会和自由社会相适应。昂格尔认为今天西方社会正在从自由社会向后自由社会过渡，法治和法律秩序也逐步为福利—合作国家（Welfare corporative State）所代替。在后自由主义社会，国家与社会逐步近似，公法与私法逐步混同。福利国家的发展在许多方面影响了后自由主义社会的法律秩序，其中有两种直接的影响特别值得一提。第一种类型的影响就是，在立法、行政及审判中，迅速地扩张使用无固定内容的标准和一般性的条款；第二类影响在于，从形式主义向目的性或政策导向的法律推理的转变，从关注形式公正向关心程序或实质公正转变。

昂格尔指出，在福利—合作国家，与日益增加地使用无固定内容的标准相结合，司法机关日趋转向目的导向的法律推理模式，并关注实质性的正义。这种转向所采取的形式，是以明确规定的社会利益为名而行使司法的自由裁决权。这一发展进程中的一个因素就是，司法机构逐步承认了由“自由法律运动”及“利益法学”的理论家们所提倡的方法和观点；以政策本位的法律推理和实质性正义为名的审判中的自由裁决的发展的另一个方面，就是司法审查的扩展。昂格尔认为，这些发展的直接后果是把法院轻率地拖进引人注目的特殊的利益平衡活动之中，拖进提供一些完全避开了特定法律理论限制的一般性政策评判。现在，法官日益增加地被要求确认在相互对立的价值之中孰优孰劣，评价私人交易、行政命令甚至法律对全面经济的影响，这些都造成了对传统的法律普遍性和自治性概念的冲击。

昂格尔得出结论说，福利国家处于一个政策导向的法律推理的时代。由于目的导向的法律推理以及对实质正义的关注逐渐占据上风，法律推理的风格就开始接近了政治和经济的共同的推论方式。

二、西方马克思主义法学的法律政策思想

西方马克思主义法学的重要贡献，是它对资产阶级国家中法律和政治的关系进行了较为深刻的研究（而政治中包含着政策），提出了一些独到的见解。

奥地利的伦纳（Karl Renner，1870—1950）很早就在其所著的《私法制度及其社会功能》一书中把法律与国家权力直接联系起来，认为法律的目的是为了控制或约束人们的行动，强制性是法律秩序的一个要素。葛兰西（Antonio Gramsci，1891—1937）认为，法律反映阶级关系，法律本身是实行阶级统治的工具。他尤其重视法律在创立领导权的政治和意识形态要素方面的重要作用。

西方马克思主义法学中很大的一个分支是结构主义马克思主义法学，主要代表是法国的阿尔都塞（Louis Althusser，1918—1990）和定居法国的希腊人普兰查斯（Nicos Poulantzas，1936—1979）。他们都强调法的镇压功能和法作为意识形态上的国家工具的作用。普兰查斯说："在每一个国家，法律都是统治秩序和暴力机制的一个不可分割的部分……从这个意义上说，法律是创立公共暴力的规则。"他还指出，在看待资产阶级法律时，不应当孤立地看，而应当把它同资产阶级的国家、阶级结构等联系起来看。尽管法律表面上维护社会整体的利益，给全体人民以自由、平等，但实际上它是以国家的最高利益为前提的，根本上是从有益于统治阶级和国家为出发点的。他还发展了阿尔都塞提出的法律的相对自主性的观点，指出：现代资产阶级的国家和法对社会不实行直接的权力控制，而是对包括资产阶级在内的各个阶级保持一种相对自主性。这种相对自主性允许国家进行干预，这不仅仅是为了对被统治阶级的妥协，也是为了干预统治阶级中这一派或那一派的长期经济利益，而这种妥协和牺牲，有时对实现它们政治方面的阶级利益是很必要的。本来，这种相对自主性是统治阶级实现其统治所必不可少的，可是国家通过一种复杂的意识形态过程，自我表现为被统治阶级的代表，因而得到了被统治阶级的支持。事实上，资产阶级国家和法一步也没有离开资产阶级的政治利益。归根到底，这种相对自主性只不过是资产阶级实现其政治利益和政治上的霸主作用所需要的那些自主而已。普兰查斯关于法律的相对自主性的理论，对资产阶级法律中立的政治、阶级本质的揭露是十分深刻的，说明资产阶级的法律始终是以资产阶级的政治、政策为中心的。

普兰查斯还指出，法律是国家的工具，无论法律是实施镇压还是采取隐蔽的方式促使人们服从统治的。国家的活动和政策经常不依照法律，常常违反自己制定的法律，甚至背道而驰。当国家认为法律限制了它的活动时，它根本不把法律放在眼里，而是以"国家的更高利益"的名义灵活地加以运用。法律完全变为国家（也就是统治阶级）政策的工具。

另一位学者英国的萨姆纳（Colin Sumner）说："法只不过是通过具有调和作用的政治和意识形态舞台进行统治的工具罢了。也正因为如此，它又不仅仅是阶级统治的工具，同时又是政党政治的工具，受到尊崇的思想观念的保护者，防止动乱的机制。"[①]即法律是国家政策的工具，也是政党政策的工具。

虽然西方马克思主义法学派总的理论体系是非马克思主义的，但这并不妨碍他们当中的一些人认识到了在阶级社会中法体现的是阶级的、社会的不平等，维护的是政治经济上占统治地位的集团的利益和特权，而不是"中立的""进行斡旋的"。他们的个别观点接近、有的还深化了马克思主义关于法律与阶级、法律与政治（包括政策）相互关系的观点。

---

① 宋玉波：《西方马克思主义法学主要流派述评》，载《现代法学》，1994(1)。

三、伯尔曼的法律政策思想[①]

美国的伯尔曼(Harold J. Berman,1918—2007)在《法律与革命——论西方法律传统的形成》一书中,把西方法律传统归结为十个特征,包括:①法律制度与其他制度的相对明显的区别,法具有相对独立性。②法律制度由专门从事法律活动的特殊阶层执行。③法律专业人员在专门的法律学校中受过特殊的训练。④法律教育、法学与法律制度相适应,法的概念本身包含着能够用来分析和评价法律制度的法学。⑤在西方法律传统中法被视为内在统一的整体。⑥法的整体或体系的概念主要依赖于法的不断发展性,法的整体的存在是由于它包含着有机变化的内在机制。⑦法的发展被看作是由于内在的逻辑,它是通过对旧法的解释使其适应现在和将来的需要,法的发展有连续性。⑧法治,绝大多数人相信法约束着国家,法超越于政治。⑨管辖权与法律体系的多元性,这是西方法律传统的最重要的特征,正是这种多元性使法治、法律至上成为必要和可能。⑩尽管西方法律传统的内在矛盾阶段性地导致用革命的手段推翻旧的法律体系,但经过革命,西方法律传统仍然保存下来并得到新生。伯尔曼认为,20世纪以来西方法律传统的十个特点除了前四个特点是自罗马法时期就存在的,现在仍然保持以外,其他六个特点都发生了重大变化:法的内在统一性逐渐消失,国家干预的增加使公法与私法的划分、法律部门的划分失去原有的意义,法正在演变为一个杂乱无章、偶然拼凑的体系;人们逐步认识到所谓法的内在有机变化只不过是一种意识形态,法没有自己的历史,它最多不过是编年史或仅仅是幻想;法的发展不再被视为由于内在逻辑,而纯粹是为了适应外部的压力;法治观念正在逐步为法是国家的工具、是政治的工具的观念所代替;法律体系与管辖权的多元性正在被单一的中央立法和行政规则所吞没;人们认识到法律制度的变革并没有保持西方法律传统,即使旧的法律形式保存下来,但却增添了新的内容,为新的社会目的服务。这里,伯尔曼是从西方法律传统变迁的角度,来反映20世纪法律的政治化、政策化倾向的。

四、弗里德曼的法律政策思想[②]

美国的弗里德曼(Lawrence M. Friedman,1930—)在《法律制度》一书中指出,法律以两个不同的方法区分或反映现存的社会结构。首先,规则本身,即使被官方公正地适用,也决不是完全公正的。它们是权力斗争的产物,是由占统治地位的意见形成的,例如,种族隔离法,把华人排除在外的美国移民法,无情地剥削印第安土著的公共土地

---

① 参见朱景文:《比较法导论》,104、105页,北京,中国检察出版社,1992;朱景文:《当前美国法理学发展的主要趋势》,载《中国人民大学学报》,1989(6)。

② 参见[美]弗里德曼:《法律制度》。

法,对穷人很苛刻的福利法,等等。更重要的是法律的基本结构,像管理法典、税法、一般的经济立法都是适合于财产所有者的需要和利益的。契约法、商法规则表面上看不出来什么,在一般人眼中只是正义和常识。例如,人们一般认为签订了合同就要履约,交易就要服从规则等是理所当然的。但事实上,这些是西方社会的经济和统治阶层的正义和常识。

许多规则看来没有时间性,是中立的,表达永恒的信念和崇高的理想,但它们如何执行却是另一个问题。弗里德曼指出,司法过程充满了正式法律不承认的微妙的和直率的社会控制形式。首先,穷人根本付不起高昂的辩护费;其次陪审团和法官都有偏见,一个人穿"脏而皱"的工作服上法庭比穿笔挺的西服上法庭更有可能被法官投入监狱。"所以,司法是和阶级连在一起的,相反的观点是神话。"弗里德曼指出,在西方信奉"法治"的国家,该制度仍然多少有点歧视穷人和弱者。重要人物或多或少利用国家权力为自己谋利益,财富和权力联合起来,政府由他们控制。"总的说来,有理由认为司法并不像它假装的那样眼瞎,没有阶级性;它的眼睛朝一个方向斜视。"弗里德曼这句话实在是入木三分。总之,法律和司法都是有政治倾向的,服从于统治阶层的利益需要和政策需要。

在当代,其他论及法律与政策关系的学者和他们的观点是很多的,限于篇幅,在此不一一述及,这里仅希望能给想了解这一问题的同志提供一个大体上较为明确的轮廓。

第五节　对当代西方法律政策思想的评析和借鉴

一、当代西方法律政策思想评析

当代西方法律政策思想是在20世纪后半期随着经济的发展和社会形势的复杂化,垄断资本主义国家加强对经济生活和社会公共事务的干预,国家权力,尤其行政权的作用不断增长的背景下出现的一股法学思潮或一种研究倾向。首先,法律政策思想所表明的,并不是简单认为法律就是政策的体现,而是意味着在现代资本主义国家中,国家权力在干预私营经济秩序时,把社会总资本的要求虚拟为"国家意志本身"的要求。这样,西方传统法学中法律和政策的"对抗"关系就消失了,法律体系和政策体系走向融合。从马克思主义的观点来看,这种法律政策思想倾向在总体上否定了西方法学中长期以来的法律客观中立性的观点,揭去了法学中立的面纱,认识到法律和政策的密切联系,一些学者还深入地认识到法律是国家(或统治阶级)实行统治的工具。就是说,它在理解法的本质方面,较之以往的法学更加深入了一层。这是这种思想可取的方面。

其次,具有法律政策思想倾向的学者们在有关政策如何影响立法、司法,法律又如何实现公共政策的目标等方面进行了大量细致的研究，提出不少有启发意义的见解。例如拉斯韦尔和麦克道格尔的侧重政策思考的法律适用理论，运用精神分析方法进行的政治人格（个性）研究，结构功能主义的法律功能论等，别开生面，开辟了法学研究的新视野，给我们提供了一个较为系统的法律—政策理论体系。又如德沃金的法律解释理论，提出司法既要考虑到以往的政治道德原则又要关注未来的社会政策需要，是很有见地的；他对于法律解释类型的归纳、比较和分析，也有不少科学、合理的地方。哈特和拉兹的新分析法学，实际上修改了传统的分析主义法学，在“死的规则体系”中注进一些灵活的因素。例如，哈特也承认法律不是在真空中产生的，司法要考虑个人和社会利益、道德和正义标准、社会和政治目标即原则、政策和标准；拉兹提出在司法过程中法院可以以种种办法改变既定的法律规则，适应形势的需要。他们的学说，大大丰富了分析主义法学的内容。

再次，他们广泛运用了现代自然科学和社会科学的新成果，诸如系统论、控制论、结构功能理论、博弈理论、精神分析、数学模型、统计学等，带有鲜明的时代色彩和浓重的科学成分，展现了多学科互相渗透的斑斓的画面。

最后，当代西方法律政策思想克服了三大主流派的片面化倾向，确实实现了某种程度的综合。它使合法性与合理性在一定程度上得到了统一，基本上避免了“合理不合法”或“合法不合理”的尴尬局面。事实上，几千年来人们关于法律和道德的二难命题的选择（即一件合乎道德但违法的事情或一个合法但违背道德的问题应该如何处理的问题），最终也多是根据当时历史条件下的社会形势和政策需要决定的。比如西方19世纪以来一贯奉行法治主义，但第二次世界大战以后国际社会要求道德、正义的呼声远远高过“恶法亦法”、唯法必守的传统教条，在处理战犯问题上明显地服从形势的要求和政策的需要。

另一方面，当代西方法律政策思想也存在一些不足。这表现在：

第一，这些学者提出的有些观点是值得商榷的。其中一个主要的问题是研究方法上的客观主义、科学主义成分重，对于法律和政策的定性分析少，这就免不了以量代质，不利于深入揭示事物的本质。例如拉斯韦尔和麦克道格尔的行为主义研究就是这样。他们的价值理论，看起来十分重视对法律的价值研究和分析，但实际上他们也是回避价值判断的，是“没有价值判断的价值理论”。另外，拉斯韦尔和麦克道格尔的法律适用理论也有可商榷的地方。他们片面强调对法律进行“政策思考”“倾向未来”，忽视法律应有其稳定性的一面，不能朝令夕改，否则就会失去权威性的约束力。尤其在西方这样法治传统根深蒂固的社会，完全否定法律的稳定性会让许多人难于接受。从马克思主义的观点来看，也是不正确的。

第二，他们虽然注意到了法律与政策之间的联系，但不是用真正科学的历史观即唯物史观进行分析的。除批判法学、西方马克思主义法学的学者外，很多学者不承认或没有认识到法律和政策的阶级性问题，其中有不少学者把法律等同于一般社会生活的行为准则，把国家和政党的政策等同于一般社团、组织、机构的公共决策。一些学者还把法律和政策混为一谈。我们认为，将法律和政策绝然对立起来是错误的，应该承认它们之间的联系。但另一方面，两者并不等同。法律是由国家立法机关制定或认可并由国家强制力保证实施的规范（规则）体系；国家或政党的政策是国家、政党为实现一定历史时期的路线和任务而制定的行动准则。两者相比较，制定的机关不同，表现形式不同，稳定性程度不同，保证实施力量也不同。把两者完全等同起来，就会否定法律的确定性和稳定性方面。如果法律变得像政策一样"灵活"，就会导致取消法律的法律虚无主义；反过来，如果政策变得都像法律一样能用强制力普遍推行，则制定政策者就可以为所欲为了。我们认为，法律和政策是既有区别，又相联系，辩证统一的。

第三，这些学者看到了法的本质的第一层次——法同政治、国家权力和政策的联系，却鲜有深入探讨更深层次的本质——法与经济或法与社会物质生活条件的关系的。很多学者十分强调法同政治、政策的关系，却根本忽视法和政策的经济根源。恩格斯在《反杜林论》中指出，不是政治状态决定着经济状态，而是相反，经济和政治是目的和手段的关系，目的比手段要基础得多。法律和政策都是上层建筑的范畴，都是由经济基础决定的。

第四，当代西方法律政策思想毕竟是资产阶级的法学思潮，是为资产阶级服务的，其研究目的是为了更有效地推行垄断资产阶级的对内对外政策，加强对广大人民的统治。这一点在麦克道格尔的国际法理论中体现得尤其明显。

随着社会经济的发展，当代西方资本主义国家的社会问题加速复杂化，社会矛盾也愈来愈尖锐，国家权力干预社会生活已经成为20世纪的普遍现象。因此，对政策问题、法律与政策关系问题的研究更加受到关注。可以想见，作为一种研究倾向或研究方法，当代西方法律政策思想的研究将更为深入，视野将更为开阔。

二、当代西方法律政策思想对我国当前的借鉴意义

探讨法律与政策的关系，无论在当代西方还是在我国都是一个热门而持久的话题，这一情况大抵反映了本世纪全球社会形势发展的某种共识。了解国外同行在这一问题上的看法、主张，对于我们处理类似问题无疑会有裨益。有人说，我国当前正在建设社会主义市场经济，法律政策思想是我们应当努力抛弃的东西。笔者不以为然。相反，我们认为，法律政策思想是当今中国正应当引起新的重视的东西。

为什么这样说呢？这是因为：

第一，中国是一个发展中国家，并且是处在20世纪并即将跨进21世纪的世界政治经济秩序中的发展中国家。中国现今最迫切的要求是缩小与发达国家之间的差距。但是，我们的经济追踪不可能再度重复发达国家现代化的漫长历程，不能指望再出现"圈地运动""殖民开拓"、贩卖黑奴和工业革命、南北战争、新技术革命等那样的环境条

件，况且这些做法同社会主义国家的性质也不相容。我们必须面对发达国家已经占据世界经济秩序的中心位置，而我们自己的自有资金严重不足，劳动生产率不高，地区发展不平衡，科学技术落后等不利局面。在这种严峻的形势下，实现经济的“起飞”就必须选择最佳的发展战略，集中有限的资源，使之发挥最大的效能。在此过程中，政府所承担的任务必然会很重。这同19世纪欧美奉行自由主义、放任主义、不干涉主义和“守夜人”政府、“微政府”、“小政府”等情况截然不同。政府必须在制定发展规划，出台灵活、高效的政策方面担当起重任。

第二，与西方自下而上发展市场经济不一样，中国社会主义市场经济是自上而下培育的，市场经济微观主体先天不足，改革由政府自上而下推行。在这种情况下，政府即使是在逐步地放权让利，它所扮演的仍是一种积极的角色。另外，我国市场经济的目标模式是社会主义市场经济，不是资本主义市场经济，是以生产资料公有制为基础的，由此决定了政府的经济干预必然多于资产阶级国家。这也要求我们必须注意政府政策的作用。

第三，从实践来看，当代中国的经济处在急剧的变革和转型的过程当中，由此给社会各方面的关系带来历史性的变迁和改组，引起国家和社会生活的震动。在这种情况下，法律不可能是刚性的和一成不变的，必然经常变动。“法治”只是成熟的市场经济的目标，在现阶段要求法律高度完备和稳定是不切实际和期望过高的。法制建设中的这一缺陷当然要求政策来弥补。因此，在当今中国，加强对政策的研究，使政府决策科学化，探讨法律与政策的配合关系，有效地发挥法律的规范作用和政策的综合平衡作用，就成为我们建立社会主义市场经济体制，实现经济发展目标的重大课题。我们衷心地希望，在21世纪的角逐中，中国能抓住机遇，出奇制胜！

第五章　法律程序论

第一节　导论——历史的回顾

一、程序与法治

注重程序性和法律的可操作性，是西方自建立近代意义的法治以来的一个绵延不绝的传统①。分析这个传统从何而来和因何而生，无疑应从产生它们的文化和历史背景中去寻找。这个传统深植于西方法学家的思维里，从英国的布莱克·斯通到美国的庞德莫不如此。这里使用"思维"而非"思想"这个词，是想特别指明，并非所有的西方法学家都有有关法律程序的思想。但无疑，当他们开始思维时，法律作为某种程序化的社会制度的认识或明或暗地影响着他们法律思维和实践活动的始终，以至于任何过激或偏执的法律思想都在某种程度上被悄悄修正了。

在西方，自12世纪以来，法律学者以及公众传统把司法看作是客观地、理智地形成的一种程序，同非理智的、专断的政治决策的性质形成鲜明的对照。这种把司法同政治决策相对立的意识促进了这样一种观念的形成，即司法作为一种理智的、民主的、公正的程序，是同政治专断对立而同民主自由一致的。正由于这种传统，在英国宪法中，诉讼程序问题便具有特殊的重要性。例如，英国最重要的宪法文件都主要与诉讼的原则、制度和规则有关，英国宪法中甚至没有关于公民实体的权利和自由的具体规定，这种实体的权利和自由是由法院通过在诉讼中适用有关程序方面的原则或规则来保护的。在美国宪法中，具有大量关于诉讼程序方面的规定。更引人注目的是，美国宪法竟有两条修正案中规定了"正当程序"条款。如果我们认真读一下美国宪法史的著作，就会发现这个"程序性的"条款在美国宪法的发展中作用是巨大的。美国联邦高

---

① 提起"传统"，人们一般都将它与历史、过去相联系，理解为一种"过去的存在"。这自然无可非议。但是，传统并没有完全成为"过去"，它也是一种"现在"，现实地存在于当代社会。这一方面是因为割不断的"传统"仍然对"现在"发生着重要的影响；另一方面，它本身已成为现实社会生活的有机组成部分。不了解传统便无法把握现实，而对传统的了解不应该仅从历史中去寻找（当然这是基础性的工作），就我们研究传统的出发点和初衷而言，应该探寻的是传统文化在当代社会的表现。这种表现不是直观的，而是间接的，不是表面的，而是深层的。它像"一只看不见的手"一直在幕后活动。如果不留心探访追寻，很难领略其真正的风采。

等法院大法官 W. 道格拉斯(Douglas)评论说,“权利法案的大多数规定都是程序性条款,这一事实决不是无意义的。正是程序决定了法治与恣意的人治之间的基本区别。”①

对于20世纪的西方法学家来说,法治是某种社会理想,一个组织良好的社会必须基于法律似乎是不言自明的道理。“没有法律即没有社会”。社会的观念与法的观念不能分割。如果产生纷争,正常的解决途径是诉诸法院,由法院做出判决。同样,如果犯罪,法院就依法给予惩罚。行政机关也要服从法律;法院监督其行为,宣告行政法规无效,宣布其职责等。每个公民都有义务为保证法律至尊地位而斗争。最完善的社会正是法律统治最彻底并最大限度地涵盖社会关系的社会。在这种完美的社会中,即使行政机关和统治者也必须依法办事。② 这样,在社会里就会形成一个称之为“法律秩序”的良好状态。

法治产生于新的企业家阶级对于与自由放任资本主义相适应的一种国家权力形式的要求,那种权力形式被尽可能地授与他们并且制约着官僚对其权力的干预。③ 法治的所有常见属性同诸如司法独立、限制自由裁量权、法律面前人人平等、正当的司法程序以及行政管理行为的司法审查等概念是相呼应的。

可以说,形成法治或达到一种法律秩序离不开法律,尤其离不开使法律得以发生实际效果的某种程序。程序,从法律学的角度来看,主要体现为按照一定的顺序、方式和步骤来做出法律决定的过程(process)。其普遍形态是:按照某种既定标准和条件整理争论点,公平地听取各方意见,在使当事人可以理解或认可的情况下做出决定。这恰恰就是法治的要求。但是应注意程序问题的核心是过程(process),不仅仅是法律被实现的过程即做出法律决定的过程,还包括法律是如何制定出来的过程,更重要的是,它还关注设定法律程序的社会前提和法律自身条件,包含着决定成立的前提,存在着左右当事人在程序完成之后的行为态度的契机,并且保留着客观评价决定过程的可能性。此外,程序没有预设的真理(truth)标准,程序通过促进意见疏通、加强理性思考、扩大选择范围、排除外部干扰来保证决定的成立及其正确性和权威性。

区分法治与恣意的人治之间的差别,可以一个简单的刑事案例来评析。比如,一个人杀了人;社会群体中的每一个人都可能以自己的道德观念去谴责他,以自己的行为模式和论证方式说明他犯了罪,主张其应该受到某种刑事制裁。一项实体的法律规则甚至也可以宣称杀人是一种严重的犯罪行为。然而即便这样,仍会产生恣意和混乱状态。因为,无论是法官还是其他人都会根据自己所理解的习惯、道德和理性来宣布

---

① W. 道格拉斯:《美国高等法院报告》,858页,律师合作出版公司,英文版,1951。

② 参见《国际比较法百科全书》,第2卷,《世界各法系的比较与统一》第1篇《各种法律的概念》,英文版,S74/28,1—4页。

③ 参见[美]罗伯特·安·塞德曼、B. 塞特曼:《法律秩序与社会改革》,161页,北京,中国政法大学出版社,中译本,1992。

法律。一个想当然的推理模式常常被运用:杀人是犯罪;某人杀了人;因此某人犯了罪。然而实际情况也许复杂得多。这个人也许是正当防卫杀人,也许是因执行公务杀人(如警察追捕歹徒)。况且,同是杀人,主观上会有故意和过失的不同,客观上会有既遂和未遂的差异,结果上会有被伤者死亡和未死亡的不同情形等。而要判断这些问题,则非要引进程序不可,程序在这里提供这样的一个相对确定性的论证过程:即循何种途径、采取何种形式去论证该项杀人行为为法律上认为是符合杀人罪的行为。为保证这个论证过程的独立性,人们设想出三种基本方式来限制可能产生的恣意:第一种是审级制度,在审判者之上设立审判者,以资监督;第二种是分权制度,使制定法律的机构与适用法律的机构相互分离;第三种是公开审判制度和陪审制度,以期因为有一般人的参与而使决定的结果更具权威性和可接受性。此外,还有让审判者受自己过去决定的约束,让当事人有为自己服务的法律专家等制度,也是基于同样的目的。这些制度的操作需要程序。随着社会的进化,法律现象日益复杂,相应地,程序也越来越精致。很多学者强调,法的发展是通过程序体系的严密化而实现的。① 而随着程序化法律操作过程的展开,法治(依法办事)也就实现了。

可以说,在西方法学家的观念中,法治问题的核心就是程序问题,"依法办事"严格来说应该表述为"依程序办事"。这可以从以下几个方面得到论证。

(一)程序能够保证形式合理性或形式正义

一项规则,其实质上是否正义合理,常因不同人(群)的道德价值观念、文明进步程度、风俗习惯的不同而在评价上有所差异。而一个社会却不能等到大家对某个问题在认识上都一致时,才去制定通行的规则。尤其在现代社会,个体之间的差异日见其大,群体间利益常有冲突,制定一项人人都满意的规则日见其难。由此,人们对一项规则的合理与否,虽然寄予希望,但是能够宽容其缺陷。与此同时,人们希望通过法律(实际上是通过程序)达到另一种正义和心理平衡。正如彼德·斯坦和约翰·香德所言:"在探讨通过法律来实现公平时,应当首先区别法律程序和法律本身"②;"实体规则可能是好的,也可能是坏的。人们所关心的只是这些规则的实施应当根据形式公平的原则进行","人们所关心的还有,在适用某条法律规则时,对它所管辖的一切人应当不偏不倚,一视同仁"③。而"任何做法,只要与人们认为是属于正当法律程序的方法(例如不偏不倚和公平听证)相违背,都被认为是有失公平的"④。

与此相联系的,是罗尔斯称之为"程序性正义"(procedural justice)的观念。可以说,罗尔斯的正义理论就是以程序倾向为特色的。因为,他认为公正的法治秩序是正

---

① 参见[美]E. A. 霍贝尔:《原始人的法:一个比较的法律动力学研究》,329 页。

② 参见[法]彼德·斯坦、约翰·香德:《西方社会的法律价值》,92 页,北京,中国人民公安大学出版社,中译本,1989。

③ 同上书,93 页。

④ 同上书,75 页。

义的基本要求，而法治取决于一定形式的正当过程，正当过程又主要通过程序来体现。这与我们上面所述的法治传统观念一脉相承。需要指出的是，他把程序性正义作为一个独立的范畴来加以类型分析，于是有纯粹的、完全的、不完全的（以及半纯粹的）程序正义之分。在纯粹的程序正义的场合，一切取决于程序要件的满足，即结果是否正当的判断标准在于是否依循了法定程序。其典型事例是赌博，只要游戏规则不偏向某一赌客且被严格遵守，那么无论结果如何都被认为是公正的。在完全的程序正义的场合，虽然存在关于结果正当与否的独立标准，但程序总是导致正当的结果。其典型事例为著名的蛋糕等分问题，只要设定切蛋糕的人最后领取自己应得的一块的程序，就不必担心分割结果的大小不均。在不完全的程序正义的场合，程序不一定每次都导致正当的结果。程序之外的评价标准，便具有较重要的意义。其典型事例为刑事审判，无论程序要件如何完备，也不能完全避免冤假错案的问题。罗尔斯认为，这三种基本类型在各自限定范围内是同样符合正义的。为了弥补不完全正义不能确保正当结果的缺陷，便需要借助于程序正义的正当化作用，追加一种拟制的所谓半纯粹的程序正义（例如陪审制度、当事人主义的参与保障措施等）[①]。

（二）程序使选择更具理性

迄今为止的法律解释学，都是从形式的角度来理解程序的。其实，程序未必可以完全归入形式的范畴。程序是与选择联系在一起的，这就决定了它必然是法制体系中最生动活泼的领域。可以说，程序的本质特点既不是形式性也不是实质性，而应该是过程性和交涉性。[②] 唯其如此，它才能应付社会的变动节奏，根据需要做出不同的决定。

法国的N.卢曼曾经论及选择与程序的关系。他指出："所谓程序，就是为了法律性决定的选择而预备的相互行为系统。法为了从人们脑海中浮现的具体行为的映象中解脱出来，为了具有更抽象的概念性质，需要实现内在于概念性质之中的选择作用。正是这一缘故导致了程序这样一种特有的行为秩序的发展。"[③]换句话说，在抽象的规范与具体个案之间，依赖选择程序来沟通。在现代社会中，法是可变的、可选择的，但这种选择又不是任意的、无限制的。程序排斥恣意却并不排斥选择，程序使法的变更合法化，使人的选择有序化。

现代程序能在四个方面保障选择合乎理性。首先，程序的结构主要是按照职业主义的原理形成的，专业训练和经验积累使主导法律程序者的行为更合理化、规范化。其次，程序一般是公开进行的，这使得决策过程中出现的错误容易被发现和纠正。再

---

① 参见［美］约翰·罗尔斯：《正义论》，239、85—86页，哈佛大学波克莱普出版社，英文版，1971。

② 过程性好理解。交涉性的典型形态表现为审判中两造相互你来我往的辩论和质证，通过这样的程序，使事实明确或达到某种相互都能接受的结果，当然交涉性还表现为两造双方与法官的关系上，大陆法系纠问式审判中法官与两造间的交涉尤其重要和显著。

③ ［法］N.卢曼：《法社会学》，转引自季卫东：《法律程序的意义》，载《中国社会科学》，1993(1)。

次,程序创造了一种根据证据资料进行自由对话的条件和氛围,这样可以使各种观点和方案得到充分考虑,实现优化选择。最后,通过预期结果的不确定性和实际结果的拘束力这两种因素的作用,程序参加者角色活动的积极性容易被调动起来,基于利害关系而产生的强烈的参预动机将促进选择的合理化。①

程序是交涉过程的制度化。在这里,法律的重点不是决定的内容、处理的结果,而是谁、按照什么手续来做出决定的"问题的决定"。简单地说,程序的内容无非是决定的决定而已。

衡量决定的结果是否合理,主要取决于该决定过程是否切实遵循了一定的程序或按程序办事。德国的马克斯·韦伯将此称为"形式合理性"。他在《经济和社会中的法》一书中,把历史上存在过的各种法律制度分为四个范畴:合理的、不合理的、形式的、实质的。韦伯认为,最发达的法律形式应具备形式合理性,历史的发展趋势是向着合理性而不是不合理性,形式性而不是实质性的方向发展。韦伯在此基础上进一步分析了形式合理性的法律体系为什么在西方国家产生而在东方国家没有产生的原因。他归之为资本主义和国家官僚制(科层制)在西方的特殊结合。其核心是合理的程序在工业和商业中极大地增加了效率。程序是使资本主义建立起来,并使其合理化的法律形式。

(三)法治的目标与程序的实体意义——对法律的一个全新的但却又是传统的理解

法治的目标有两个:公正和有序。程序除了能提供有序的决定过程外,亦能实现相当多的公正。通常人们认为,法律是一套规则和原则体系,如果人们希望自己的行为合乎正义的要求,就必须按照法律行动。从实际运作来看,法律从根本上说,是保证做出判决的程序问题,或者说法律就是各种程序。人们仅仅在程序结束时,才能知道判决结果,而在程序开始时关心的主要不是这个问题。一般而言,法学家们所能做到的是力求完善下列方面的过程:涉及法官做出选择的各种规则,诉讼当事人的行为,证据的接受与运用,从而保证在尽可能公正的前提下做出判决。事先说出判决的结果既不可能,也不需要。只有根据所有事实因素,才能做出一项真正公正的判决。这些事实因素在各个案件中都不相同,而且在诉讼程序开始之前并不十分清楚。因此,正义和社会秩序离不开程序规则。法律关系的确定性要求人们事先充分了解就有关冲突问题将做出的判决,重要的是判决结果的可预测性。解决纠纷当然需要实体规则,但实体规则也必须关心程序。它不应仅仅是宣示某些权利和义务的内容,更重要的是,这些权利和义务以什么标准和由谁去确定,对于侵权行为在什么场合以及按照什么方式、循何种途径进行追究等这样一些问题的程序性前提的规定(包括程序法的各项具体内容和实体法中的程序性配件)。这些对于法律之能发挥实际社会效果是不可或

① 参见季卫东:《法律程序的意义》,载《中国社会科学》,1993(1)。

缺的。

的确,法律不是简单地规定如何解决可能出现的争端,而是通过规定公民的权利与义务形成公认的真实的某种社会关系。有时,正义要求法律具备确定性,并要求尽可能放弃"最高法院的衡平"这一有武断之嫌的观点。在进行法典编纂的各国,编纂法典的目的在于满足对于确定性的要求。同样,19世纪英格兰先例制度的严格性表明,它对确定性经历过同样的关注。直到"补救措施先于权利"的原则在英国法中占据主导地位之前,英国一直存在着借以解决争端的程序,而实体法是非常不明确的,更不用说由于陪审团在每个案件中常常做出难以预料的判决所带来的不稳定因素。因此,19世纪西方各国普遍关心法律关系的确定性。然而,这一现象与当时在这些国家中占据主导地位的各种条件有密切的联系,因此我们不应把它看作带有普遍性或一般性的现象。在当代,可以听到这样一种反映:法律关系中的确定性确实非常重要,然而,正义与法律的唯一使命不是确保这种确定性,必须考虑其他一些因素,衡平法必须起到一定的作用。在有些领域或者案件(比如侵权法、产品质量法)中,法律只应该规定解决争端的程序而不规定应该取得什么结果,也许是合理的。

由此可见,程序问题与公正性必须结合起来考虑。所谓"程序的正当过程"(procedural due process)这一用语,就是强调程序中的价值问题。一个全新的但却传统的对法律的理解,总是与某种"过程"和"选择"的概念分不开。

二、法律程序与资本主义市场经济秩序的确立

西方学界通行的观点以为,资本主义在西方起源于16世纪。[①]

在西方旧的身份共同体关系解体与资本主义新秩序确立这一历史过程中,有两项制度起到了神奇的作用:一个是社会或私法领域的契约,另一个是国家或公法领域的程序。[②] 前一点好理解,人们对于契约的作用和认识体会是很深的。这一方面是由于启蒙思想家们(尤其是古典自然法学家)都不约而同地将契约概念引入到他们的社会政治理论中,使这些社会契约理论成为现代西方社会形成的思想基础。另一方面,在现实的法律生活中,的确也出现了英国的H. 梅因所揭示的"从身份到契约"的变化,契约成了私人关系最简便可行的法律表达形式,契约自由成为支配整个社会和经济关系的根本原则。为什么契约会有如此魔力?因为,契约把自由选择与信守承诺结合在一起,适应了重建社会结构的需要。契约一方面在社会事务中起到非常实际的作用。另一方面,作为一项制度,实际上它又把一切具体的安排留待未来决定,是非常精巧的操

① 参见[德]M. 韦伯:《新教伦理和资本主义精神》。但当代西方的某些学者对此持有异议。美国学者H. J. 伯尔曼在《法律与革命——论西方法律传统的形成》(美国哈佛大学出版社1983年版)一书中,认为西方资本主义起源于11—12世纪的教皇革命,笔者这里采用通说。

② 参见季卫东:《法律程序的意义》,载《中国社会科学》,1993(1)。

作装置。程序在这一点上几乎近于契约。程序具有开放的结构和紧缩的过程，它既可容纳千变万化，又可保持万变不离其宗。它使无限的未来可能性尽归于一己，从而提供了为形成新的规范所需要的法律体系的开放性结构、适应能力和可塑性。法国的E. 杜尔克姆说程序是契约的非契约性基础①，揭示了程序在形成资本主义市场经济秩序方面的基础性意义。程序在控制自由的前提下保障自由，从而使自由从理想状态变成现实状态。

在16世纪，封建制度迅速崩溃。重商主义理论很快支配了政治的、经济的思想和实践。“重商主义者以在他们自己的国家内积聚最大量的金银为目标。随着重商主义发展到它的尽头，航海法试图限制英国船只的贸易以保持强大的海军。从用玉米出口来鼓励农业和攫取金银以及实行家庭工业的关税保护以来，对玉米出口者实行奖励。这就是英国政府和资产阶级持有的恰好与工业革命同步的理论。”②

在这种情形下，商业在国内和海外殖民市场上得到迅速扩张，西方资本主义市场经济在封建制度胚胎里悄然而生。同时，商业的扩张需要有民商法去调整由此产生的各种新的社会关系。起初，商人们仅仅在封建法体系中寻找保护自身利益的法律武器，但这种努力的效果很有限。于是，他们转而求助通过私人间契约来从事某种商业往来和固定彼此间商业和财产关系。这样一来，契约代替封建习惯成为经济粘合剂，成为自由市场经济的法定形式。然而，仅凭私人间的契约尚不足以维护和确立资本主义市场经济秩序和交易关系，须借助于法律家，尤其是律师的法庭活动将商业习惯变成实在法。而法律家、律师的法庭活动离开程序将无从进行；同时，法律家又使法律问题变得更加程序化，程序法变得更加具有技术上的复杂性。

从英国保存着自13世纪以来的地方商事审判案件的书面记录来看，在英国，因为并不存在适用于城市商事法院的实体规范，而商人们又希望得到不同于领主和农民的法律观念的那种结果，所以，当时的商法在很大程度上被以为是一种迅速而简易的特别程序和关于证据的特别规则。③ 资本家反对封建制的斗争也主要表现为15—16世纪断断续续的程序改革。17—18世纪，正是在程序的革新、再确认和保护的过程之中，资本主义的私法也发展起来。这一时期资本家、普通法（common law）律师以及议会在私法领域中所采用的斗争技巧，不过是过去程序改革中的故伎重演而已④。

从美国的情形来看，独立以前其大部分州是英国的殖民地，法律家们受英国普通

---

① 参见季卫东：《法律程序的意义》，载《中国社会科学》，1993(1)。

② [美]罗伯特·安·塞德曼、B. 塞特曼：《法律秩序与社会改革》，139页，北京，中国政法大学出版社，中译本，1992。

③ 参见O.F. 罗宾逊等：《欧洲法律史导论》，168页，专业书籍出版公司，英文版，1985。关于利用程序来钻实体法的漏洞，使财产权从占有向流通、交换方面转化的事例，可以参见台湾史学家黄仁宇：《放宽历史的视界》，125页，允晨文化实业股份有限公司，1988。

④ 参见M.E. 梯格、M.R. 勒维：《法律和资本主义的兴起》，载《评论月刊》，1977，261、271—272页。

法的影响根深蒂固。虽然独立战争之后对于法制问题有一个用大陆法体系来取代英国的普通法,还是根据自然法的原则另起炉灶搞一套新规范的争论,但是,有一点共识,即职业法律家是必要的。况且,商业合同、运货单据和有价证券的处理也不可能离开他们。由于当时的法律家只能应用普通法,维持和改善普通法体系就成为一种难以抗拒的事情。[①] 对于英国普通法不能适合社会发展需要的部分,只能由法官通过审判来发挥修改功能。宪法的修改如此,民商法一些基本制度的确定和完善也莫不如此。比如,用程序方法限制陪审团对审判的侵蚀,以使得法律问题的决定权集中到法官手里而导致更深刻的法制革新:法院得以破除 18 世纪的抑商主义原则,发展出一套统一的、可以预测的商事规则;商法从此成为普遍适用的基本法律。[②]

日本在近代以前的律令制度、典章器物受中国政治文化影响较深,重实体、轻程序,程序法一直没有从实体法中独立出来,也不存在几种诉讼程序并立的现象。正如马克斯·韦伯所说:“从总体上看,中国传统法律中形式主义的要素十分稀薄。”[③]但日本在其近代化过程中,即建立资本主义制度过程中,却开始重视程序,最鲜明地表现在调解的法制化做法上。自 1922 年 4 月公布土地、房屋租赁调解法以来,日本通过立法的方式进行调解制度的重建。从此,调解不仅仅是解决民间纠纷的手段,同时也变成实现国家法目的的一种制度。[④] 这种调解制度的目标,是通过当事人的互让合情合理地解决纠纷(民事调解法第一条),因而不受实体合理的、法原则的约束。不过,它在程序方面的法制化程度却很高,在理论上,调解被认为是一种职权主义的裁量程序[⑤];在法律上,关于权限和手续的规定相当严密。此外,调解法规被纳入到程序法范畴之中的事实本身也加强了其法律程序指向,而且调解委员的专职化倾向也十分明显。如果对中日两国这方面的情况加以比较,就会发现它们有很大的不同。日本的调解制度把重点放在程序的合理化上;中国在调解中更加注意与实体法的一致,结果降低了调解在弹性选择方面的价值。

可以说,欧、美和近代的日本在其资本主义市场经济秩序确立的过程中,程序有意无意、或明或暗地起了相当重要的作用。经由程序,欧、美、日在经济制度的转型上完成了一次静悄悄的法律制度上的革命。相对于实体规范,程序的确是形式和手段。但是不能忘记,适当的实体规范往往是通过公正的程序形成的。程序是合理选择的适当方式,在这一意义上它拥有理性权威;程序具有位阶结构(hierarchical structure),因此

---

① 参见 L. M. 弗里德曼:《美国法的历史》,2 版,107 页,西蒙-史彻斯特公司,英文版,1985。

② 参见莫顿·J. 郝威兹:《美国法律改革》(1780—1860),141 页,哈佛大学出版社,英文版,1977。

③ 马科斯·韦伯:《中国的儒教和道教》,6 页,自由出版社,德文版,1964。

④ 参见[日]宫崎澄夫:《调停法的理论与实际》,21、28 页,东洋书馆,日文版,1942。转引自季卫东:《法律程序的意义》,载《中国社会科学》,1993(1)。

⑤ 参见[日]石原辰次郎:《民事调停法实务总览》,8 页,酒井书店,日文版,1984。转引自季卫东:《法律程序的意义》,载《中国社会科学》,1993(1)。

它又与传统权威相联系。N. 卢曼指出，在当代西方，自然法的失坠也是由程序来补偿的。[①] 这一点不难理解，程序合理性是规范合理性和历史合理性的接合部和缓冲地带；在社会演变过程中，复杂的价值问题可以借助程序加以化解，实体规范也可以通过公正的程序来形成。

第二节 法律程序的现代理论

乍然听来，本章的题目确实很大，但如果想起庞德、富勒、哈特和伯尔曼这几个名字时，疑虑便会打消。这几个名字分别与社会学法学派、新自然法学派、新分析实证法学派相联系，伯尔曼从法律史和文化传统的角度提出了对"法律—程序"的另一种理解，亦有其独特的学术体系。他们无疑代表了现代西方对法律程序不同认识的最主要的几种倾向。

一、社会学法学派，特别是庞德的法律社会工程学说中的程序思想

（一）社会学法学派的基本观点和研究方法

社会学法学是20世纪西方法学的主要流派之一。其基本特征有三：一是以社会学的观点和方法来研究法律；二是强调社会利益重于个人利益；三是特别重视法律的实行、功能和效果。社会学法学方法侧重于：①主张从客观存在的实际的事实出发，把法律研究奠定在社会事实的材料之上；②认为社会现象和自然现象一样受因果律支配，社会科学应是实证科学，法学应是实证法学（社会学法学在研究法律现象时强调的是社会实证的方法，而不同于分析法学的规范实证研究方法）；③这种方法把法律置于广阔的社会历史背景中去研究，主张研究法律与社会的关系；④突出强调法律的"社会功能"和"社会目的"；⑤即与本文主题有关的，社会学法学还特别侧重研究司法、行政过程，把法当作一种流动性的社会控制程序和社会系统工程，严密注意到"书本上的法"（law in book）和"行动中的法"（law in action）的差别，强调法发生实际效果的社会机制和法律自身的运作机制。

（二）庞德的社会学法学的主要论点

庞德是美国"社会法学"的创始人，他的社会法学思想深受该国詹姆斯（W. James，1842—1910）的实用主义哲学及美国大法官霍姆斯（O. W. Holmes，1841—1935）的实用主义法律思想的影响。美国社会学家沃德（I. F. Ward，1841—1913）和丹麦的罗斯（E. A. Ross，1866—1951）关于社会力量和社会控制等学说，也对庞德的学说有很大影

① 参见N. 卢曼：《通过程序获得正统性》，187页，风行社，日文版，1990。

响。[①] 与早期哲理法学家、历史法学家们不同，庞德认为，法律的目的主要不是最大限度地自我维护，而主要是最大限度地满足需求。[②] 庞德社会法理学的主要贡献是持久地和系统地阐明法律是一个社会控制手段，法律的功或过将通过它的社会效果来得到判断。在阐明这个理论的过程中，他还细致入微地研究和分析了法律史或法制史，其中亦不乏独到之处。

（三）社会控制、社会工程与法律程序

庞德认为，从公元前6世纪以来，人们一直在争论什么是法律的问题。历史上曾经有至少三个完全不同的东西都曾用着法律的名称。也就是说，对法律有三种不同理解："①法学家们现在所称的法律秩序——即通过有系统地、有秩序地使用政治组织社会的强力来调整关系和安排行为的制度。②一批据以做出司法或行政决定的权威性资料、数据或指示……③卡多佐[③]法官中肯地所称的司法程序，而今天我们还必须加上行政程序——即为了维护法律秩序依照权威性的指示以决定各种案件和争端的过程。"[④]

由于有了这三种观念，并且它们都用同一个名称，给人们在讨论法律问题时造成很多混乱。庞德认为："如果这三种意义可以统一起来的话，那就是用社会控制的观念来加以统一。"[⑤]他说："我们可以设想一种制度，它是依照一批在司法和行政过程中使用的权威性法令（Precept）来实施的高度专门形式的社会控制。"[⑥]第一种意义使用的所谓"法律秩序"，不过是西方一个持久不衰的观念即"法治"（依法办事）的表现形式，在导论中，已详尽叙述了法治与程序的关系，程序是法治的核心，是法治从法律形态到现实形态的必不可少的环节。在庞德这里，法律秩序一方面有别于司法，另一方面又有别于法律。他借用埃利希的观点，认为法律秩序是一种状态，或一种条件，它是一种潜在的冲突意志间的统一状况或和谐条件，同时，法律秩序也是一个过程，一种秩序化的过程。它部分地由司法实现，部分地由行政机构实现，部分地由法律律令实现——法律律令为人们提供一种避免或减轻冲突的指南，它指明每个人所要走的路，以避免个人之间的冲突。[⑦] 所有上述活动（司法、行政、立法和法学等方面的活动）的综合，便构成了法律秩序。法律秩序是社会控制程序的一个方面。第三种意义无疑是英美判例法国家法官们的看法，这一看法并不偏激。事实上，一部英国法制史就是一部法官

---

① 参见沈宗灵：《现代西方法理学》，282页。

② 参见［美］E. 博登海默：《法理学——法哲学及其方法》，140页。

③ 卡多佐（B. N. Cardozo，1870—1938），美国法官，社会学法学代表之一。

④ ［美］R. 庞德：《通过法律的社会控制》，22页，北京，商务印书馆，中译本，1984。

⑤ 同上。

⑥ 同上书，23页。

⑦ 参见埃利希：《社会学法学基础》，转引自庞德：《法律史解释》，153页，北京，华夏出版社，中译本，1989。

运用司法程序活动的历史，在法典编纂国家，则是在立法和司法程序确立的框架结构内制定法律和法律推理的历史。经由程序而进行的这个过程赋予法律以生命，写就了社会学法学强调的"活法"的历史。

争论的大部分是针对第二种意义上的法律的性质，这里的法律是指一批决定争端的权威性资料、根据或指示。庞德指出，"我们正在讲的这种意义上的法律是由各种法令、技术和理想构成的：一批权威性的律令，并根据权威性的传统理想或以它为背景，以权威性的技术对其加以发展和适用。"①他评论说："当我们想到第二种意义的法律时，我们大概会单纯地理解为一批法令。但是发展和适用法令的技术、法律工作者的业务艺术，都是同样具有权威性的，也是同样重要的。其实，正是这个技术成分，足以用来区别近代世界中的两大法系。"②这个技术成分，在英美法系的普通法是法官运用程式化的"区别技术"，在基于罗马法的大陆法系中是一种法律推理过程和法律解释技巧，并且受到程序的严格控制，从而在自由裁量与遵守规则中找到某种平衡。对于法律中不能适合社会发展需要的部分，程序还能起到修改作用。英美关于产品质量的责任问题即是法官通过审判程序一步步确立和发展起来的。

此外，第二种意义上的法律还有理想的成分。这是一些公认的、权威性的法律理想，归根到底反映一定时间、地点条件下的社会秩序的理想图画，反映法律秩序和社会控制目的的法律传统，以及解释和适用法令的背景，在各种新的案件中有决定性意义。③

庞德认为，法律的这三种意义，只有用社会控制的观念才能加以统一。所谓社会控制（social control）就是对人类本性的控制。人类历史上曾经出现过三种主要的社会控制手段：法律、道德和宗教。但"从16世纪以来，法律已成为社会控制的首要工具"④。就法律、道德和宗教所规定或倡导的实体内容来看，随着文明的进步，界限已趋模糊，几无二致了。但为什么偏偏法律成了近现代社会的主要控制工具呢？对这个问题的回答要从庞德的社会工程（social engineering）理论中去寻找。

庞德认为，对法律的最合适的类比是工程。法学则是一门社会工程学。他的所谓"社会工程被认为是一个过程，一种活动，而不只是被认为是一种知识体系，或是一种固定的建筑秩序"⑤。就工具论而言，庞德无疑是一位法律工具论者。他在《法律史解释》一书中在评论了柯勒⑥的文明解释之后，明确地说："我则倾向于工具主义者的观

---

① ［美］庞德：《法理学》，第2卷，转引自沈宗灵：《现代西方法理学》，299页。
② ［美］庞德：《通过法律的社会控制》，22页。
③ 参见上书，23页。
④ ［美］庞德：《法理学》，第3卷，6—7页。
⑤ ［美］庞德：《法律史解释》，149页。
⑥ 约瑟夫·柯勒（Josef Kohler，1849—1919），德国法学家，新黑格尔法学派代表人物。

点”①。法律社会工程的主要内容就是作为工具的操作系统。这不过是一种程序性的装置罢了。在这个装置里,所有的法律参加者都遵循一定方法或途径,审理案件,辩论是非;所有的事实和材料只有经过一定法定方式或步骤取得或确认,方能成为决定的依据,经由对这些过程的预测,一个大致清楚的决定便可以形成。若仍有疑虑和不足,将进入下一个程序。每一个环节的完成,当事人的选择越来越少,限制越来越严密,一切程序参加者都受自己的陈述与判断的约束。人们一旦参加程序,那么就很难抗拒程序所带来的后果。在这些过程中,人得到了控制,至少是人的恣意得到了控制。

庞德把法学当作一门社会工程科学,其核心的东西即是以“工程”这个名词来表达他对法律的不同于自然法学派(法是理性)和历史法学派(法是民族精神)的理解。当然,使用“工程”这个词也一目了然地与分析法学(法是固定的规则体系)的观点区别开来。它强调法中的动态因素,强调只有在流动中,在某种过程或活动中才能抓住法律的实质。

另外,本文导论曾经讲到,对法律的这种动态性理解总是与一定法律秩序的目标相联系,即强调法律的可操作性和程序化倾向无非是借此达到一种法律秩序(法治),那么这样一种观点也为社会学法学派所赞成。庞德强调说:“工程人员(法律执行人员)应根据他的工作来做评价,其工作应根据它是否符合该工作的目的来加以评判,而不是根据它是否符合传统方法的某些理想形式来评判。与上个世纪相反,我们开始用同样的方法来考虑法学家、法官与立法者。我们开始对法律秩序进行研究,而不是就法律本质进行争论。我们开始考虑人类的各种利益、要求与希望,而不是考虑人类的权利……我们开始考虑如何发挥制度的作用,而不仅仅考虑制度的至善至美”。“这样,我们就越来越多地根据法律秩序——过程,而不是根据法律——即根据公式化的经验实体或规范体系进行思考;我们就越来越多地考虑调整各种关系或协调和统一各种要求与希望的活动,而不是考虑调整本身,或是作为一种体系的协调和统一本身。”②联系到庞德以及整个法律社会学派所强调的“活法”(law in action, living law)观点,我们不难理解庞德上述这段话。不过“生活中的法律”若要适用并不至于产生恣意的专断的且无从预测的法律后果,则必须依靠某种固定的、制度化的程序操作机制才能保障。也就是说,西方长久以来深厚的法律程序化传统是庞德等社会法学家提出“活法”和“社会工程”的基本前提和保障。它使得所有看起来会造成恣意和混乱的提法都悄悄地被矫正了,或者说,程序的传统为社会法学派的观点设置了一个看不见的安全阀。遵从程序的观念不仅控制着法学家,也控制着法官,在他们看来,依照程序办事就像吃饭睡觉一样,是很自然的事情,根本无须特别强调。

(四)法律的限制和程序的补救

庞德在《法律的任务》一书中提醒人们,“在决定法律秩序可以保障什么以及如何

---

① [美]庞德:《法律史解释》,147页。

② [美]庞德:《法律史解释》,149页。

保障这些利益时,我们必须记住,法律作为一种社会控制工具存在着三种重要的限制。这些限制是从以下三个方面衍生出来的:①从实际上说,法律所能处理的只是行为,只是人与事物的外部,而不能及于其内部;②法律制裁所固有的限制——即以强力对人类意志施加强制的限制;③法律必须依靠某种外部手段来使其机器运转,因为法律规则是不会自动执行的。"[①]

关于第一方面,庞德认为必须注意法律和道德在运用和内容方面的区别,这个区别主要是秩序上的。首先,正如庞德所言,与道德不同,"法律规则必然具有一般的、大体上是绝对的适用性"[②]。这是一项程序性前提。其次,就个案而言,"法律不能够拿环境作为借口,而道德则可以允许这样做"[③]。这样两种社会控制工具在运用和结果上有很大差别。法律是依赖严格的程序进行的,它尽量地排除一些可能产生歧义的情节和条件,其结果的权威性来自其满足了形式正义原则——依照一体遵循的程序展开事实、做出决定。道德则不同,它让一切因素都进入讨论的领域,又无相应的确定的机制去操作参与讨论的人和材料,使结果无从预测;若有结果的话,其权威性来自于它符合通行的做法。可以说,因为具备程序这样的机制,法律才逐步取代道德而成为社会控制的主要工具。

关于第二方面,庞德认为属于依照法律进行审判所固有的实际限制,这些限制阻碍了通过法律秩序完全保障那些因道德上的考虑或社会理想表明其应受正当保障的全部利益。[④] 这些限制最突出的是有关证据规则的,只要未经法定程序过滤的事实材料都不能作为决定的根据。常见的程序性过滤装置是辩论和质证程序。另外,出于公共安全的利益考虑,法律不得不拒绝口头证据和依靠刑讯逼供得来的证据。庞德评论说:"如果要在普遍安全和个人生命之间保持必要的平衡,这些东西是必要的。"[⑤]

另一种类型的限制,来源于所规定的义务模糊不清。它们具有很大的道德意义,但却超出法律的执行范围,或者仅仅为了讨好特定选区的选民而去制定一些法规章程,并没有打算认真地执行它。这种造成书本中的法和实践中的司法执行之间分歧的情形,大部分应由立法者们的意志负责。[⑥] 其可能的补救措施,在于立法程序的严格和完备有关法律规章的程序性适用要件,比如犯罪中的构成要件和认定标准等。

庞德认为,自16世纪以来,法律已经成为社会控制的最高手段。今天我们依靠法律秩序(法治),不仅是为了一般的安全,也是为了几乎所有社会控制的任务。因此,今天注意到通过法来实行有效的社会控制上存在的各种限制就显得更加重要了。他评

① [美]庞德:《法律的任务》,118页,北京,商务印书馆,中译本,1984。

② 同上书,119页。

③ 同上。

④ 同上。

⑤ 同上书,120页。

⑥ 参见上书,128页。

论说,18 世纪那些把法律设想为条理化了的理性的哲学派法学家们,以及 19 世纪那些认为法是条理化了的经验的历史派法学家们,他们的错误就在于没有看到问题的全部。法既是理性,又是经验。它是经过理性发展了的经验,又是经验检验过了的理性。除非造法者的意志受到理性和经验的支配,否则我们就没有理由期待他制订的东西能得到实行。法律规则的抽象表达,很可能会造成空洞的公式。因为,存在于它们中的只是一些作为主张的空洞利益,而不是个人的实际利益。这些个人的利益通过法规的执行或不执行而受到直接的即时的影响,结果把纠纷提到法院,最终形成习惯法。

可以说,庞德社会学法学派的"活法"的发现和保障机制都离不开程序。注重程序的深厚传统形成法官的理性,也构成法官的经验。

二、富勒的程序自然法理论

(一)富勒的新自然法学的主要论点

朗·富勒(Lon L. Fuller,1902—1978)是美国著名法理学家、新自然法学派的代表人物。富勒继承了西方历史上世俗自然法思想的理性传统,但他的自然法学说显然不同于以往的自然法学说。富勒认为,法律具有内在道德和外在道德。法律的内在道德表现在法律的解释和执行的方式上,法律的外在道德则表现在法律的实体目标上。由于道德与自然法几乎是同义词,富勒就将反映法律内在道德的称为程序自然法,而将反映法律外在道德的称为实体自然法。富勒学说的一个特点就是他把法制归结为一些程序问题。这一点下面还将详细谈到。

富勒的新自然法学的主要内容,即是他所称的程序自然法。他主张将自然法划分为实体的和程序的两种。他不仅强调法律与道德不可分,而且强调法律本身的存在也必须以一系列法治原则作为前提,这些法治原则就是法律的"内在道德",也即"程序自然法"。

我们知道,富勒以前的自然法学说主要是探讨一般正义之类的问题,也就是属于他所说的实体自然法范畴,关于法律程序方面的问题,则认为属于法律实证主义研究的领域。当然,古典自然法在这方面的缺憾一直遭到其他学派的批评。富勒的理论是一种"程序性"自然法,被认为是在用近似平等的中立性来对待各种相互对立的实体目标。使富勒属于自然法传统的是两个相关论题:一个是他有兴趣发现社会秩序的原则,也可以说是法治的原则,在后面的论述中我们会看到这些原则在实质上都可归结为程序问题,而并不涉及社会价值的实体判断,但如果立法者要想成功地完成其任务就必须考虑这些原则。另一个是他强调理性在立法过程中的作用。①

---

① 参见 M. P. 戈尔丁:《法律哲学》,91 页,上海,三联书店,中译本,1987。

(二)富勒程序自然法的主要内容

在介绍这部分内容之前,我们不妨先回顾一下富勒的法定义。富勒认为,“法是使人类的行为服从规则治理的事业”①。他解释说,这一定义不像大部分现代法的学说。他的定义是把法当作一种活动,并将法律制度看作不断的、有目的的活动的产物。在这里,他特别强调“事业”(enterprise)一词的含义。作为一种“有目的的事业”,法有其道德性。法的道德性有两个方面,即“外在道德”和“内在道德”。法律的外在道德,是指法律的实体目标或理想,如人类交往和合作中应当遵循的根本原则和抽象的正义。法律的内在道德,则是指法律的解释和执行的方式问题,从严格的法律意义上来说,即一种特殊的、扩大意义上的程序问题,它所关注的不是实体目的,而是有关法的制定、解释和适用等程序上的原则或法治原则,是使以规则治理人类行为的事业成为可能的道德。在这里,富勒的目光投向的不是法律规定了什么,而是法律如何制定出来并如何运动的,以及法的这种运动又怎样保证它达到一种“法治”,而非恣意或混乱。

富勒据此提出了他的程序自然法的八点内容。这八点内容归结起来也就是他的有关法治基本原则的理论。

第一,法律的一般性或普遍性(generality)。

如果要使人类行为根据规则来加以治理,一个不言而喻的前提是要有规则可循,有法可依,这也就是法律一般性的要求。法律规则是在较大规模上支配人们的行为,因此,法律不是针对特定人的,而是对一般人都适用的。这也就意味着它为人们的行为提供了一个行为的基本界限,即要求法规应具有一般性或普遍性。这一点毫无疑义构成现代法治国家立法的程序性前提。一般性或普遍性还意味着,同样的情况应受同样的对待。因而,一般性的要求也就包括了通常所说的法律面前人人平等的原则。这一点也是构成现代法治国家适用法律时的程序性前提的一部分,因而有必要从程序的意义上强化这一意识。

第二,法律的公布(open)。

法是人们必须遵守的规则,而只有人们能够直接了解或从别人的法律行为式样中间接了解到法律规则的内容,才能够去遵守。这是法律规则需要公布的首要理由。当然,公布的理由不限于此。首先,一个法律公布后,即使一百个人中仅有一个人去了解,这也足以说明必须加以公布。因为,至少这个人有权了解法律,而这个人是国家无法事先认定的,所以法律必须加以公布。其次,人们遵守法律一般并不是因为他们直接了解了法律,而是仿效了解法律的人的行为式样,少数人的法律知识间接地影响着许多人的行为。再次,法律只有在公布后才能由公众加以批评,包括对不应制定的那些法律的批评,同时也才可能对适用法律的人的违法行为加以制约。最后,大量现代法律的内容是专门性的,它们是否能为公民所了解,这无关紧要,法律应公布决不是指

① 富勒:《法律的道德性》,修订版,106页,耶鲁大学出版社,英文版,1969。

望每个公民都坐下来阅读全部法律。要紧的是，法律的公布是法律规则内容进入程序化操作的法律运行活动的基础，是立法程序的不可缺少的环节。它从形式上解决了法律规则颁布的正统性问题。经由这个程序，法律规则得到适用是无可指责的。它有效地避免了"黑箱作业"这种非民主、充满恣意的法律制定和适用活动。

在西方，希特勒统治时期，大量采用见不得人的"秘密法"，"造成法制普遍的极端败坏"，这是使战后西方法学家深感恐惧和忧虑的问题。

第三，法律的可预测性或非溯及既往(retroactive)。

法律制度一般是适用于将来的。因为，法律是指以规则来治理人们的行为。在文明社会，一般而言，法律规定的行为同时也是人们用以安排或从事某种行为的标准。若以明天的法律制裁今天的行为，那么人们就不敢有所作为而噤若寒蝉，社会将变得死气沉沉，从而必然会引发社会危机。因此，法律只应规定将来的某些行为。不能用明天的法律规则治理今天的行为，亦不能因人们先前的某种行为现在看来是违法的而处罚他们。特别是在刑法方面，"法无明文规定不为罪"是文明国家公认的一条原则，更不应使用溯及既往的法。具有溯及力的刑法之所以受到广泛谴责，不仅是由于刑事案件关系重大，主要还因为在一切法的部门中，刑法最明显地、直接地关系到人类行为的塑造和控制，而溯及既往的法律却使人感到一种难以忍受的荒谬：今天来命令一个人在昨天应做或不应做某件事。

第四，法律的明确性。

法律的明确性是对法律实体规定的形式要件。它也是法治的一个基本原则。有的人错误地认为，只有法官、警察、检察官等实际参与操作和适用法律活动的人才会侵犯法治，立法机关却不可能，除非它们违反宪法对其权力的限制。事实上，制定一个模糊不清、支离破碎的法律，也会危害法治。因为，它使得将被适用的法缺乏可操作性，从而难以达到立法所欲达到的功能，即所谓有"治法"，却无"法治"。当然，强调法律的明确性，并不是一般地反对在立法中使用诸如"善良忠诚"和"适当注意"等准则。保证法律明确性的最好办法就是有时利用立法大厅外的、日常生活中使用的常识性判断标准。至少，法必须使它所针对的人对它的内容能够充分理解，至少是律师、法官能够弄懂它的确切含义。强调程序性安排对立法过程的重要意义，是现代法治国家的一个基本要求。当然，对法律的明确性的要求也不能过分，一种华而不实的明确性可能比老老实实的含糊不清还要有害。

第五，避免法律中的矛盾。

如果法律自相矛盾，人们将无所适从。这是明显的道理。我们来看看以下两条法律规定：一条要求车主在1月1日装上新牌照，另一条则规定在1月1日从事任何劳动都构成犯罪行为。法院在处理这种明显的矛盾时，一般采用这样一个公认的原则：通过解释，将相互矛盾的条款加以调整。例如，法院可以解释为只承认第一条，从而车主必须在1月1日装上牌照，而并不构成犯罪行为；或者它也可以解释为仅承认第二条，从而使车主合法地推迟到1月2日再装牌照。但最好的办法是将以上两种解释结合起来，从而使车主无论在1月1日装牌照或推迟到1月2日去装，都成为合法行为。因为，这里的基本问题是：法律本身的混乱使公民只能自行解决这一矛盾而不损害自己，但将严重损害法治。

以上讲的仅是同一法律中包含的矛盾。更困难的是，在不同时期制定的几个法律之间发生的矛盾。一般公认的解决原则是“后法优于先法”（Lex posterior derogate priori）。不过在有的情况下也可适用前面所说的将相互矛盾的条款加以调整的办法。但这种办法也会带来不少困难。总之，由于立法的草率而造成法律中的矛盾对法治极为有害，而且也没有消除这种危害的简单原则。因为立法活动设置的程序机制（内容和形式），往往同整个社会政治体制联系在一起。

第六，法律不应要求不可能实现的事情。

人们往往认为，任何一个神智健全的立法者，甚至一个邪恶的独裁者，也不会有理由制定一个要求人们实现不可能实现的事情的法律。但现实生活却与这种认识背道而驰。这种法律可以微妙地、甚至善意地加以制定。一个好的教员往往会对他的学生提出超过他们能力的学习要求，其动机是扩大他们的知识。一个立法者很容易将自己的角色误解为那个教员。但是差别在于：当学生没有完全实现那个教员的不切实际的要求时，教员可以向学生为他们已实现的要求真诚地表示祝贺，但一个政府官员却仅能面临这种困境：或者强迫公民实现他们不可能实现的事情，从而构成十分不正义的行为；或者是对公民的违法行为视而不见，从而削弱法律的尊严。

第七，法律的稳定性。

美国宪法的制定者规定了禁止通过溯及既往的法律，但他们没有也不可能硬性地规定法律变更的次数。可是，频繁改变的法律和溯及既往的法律具有同样的危害性。二者都表明立法的动荡性。美国宪法的制定人詹姆斯·麦迪逊（Jomes Madison，1751—1836）在为宪法草案中关于禁止制定溯及既往等法律的条款进行辩护时，也相当多地谴责了法律的频繁改变：“严肃的美国人民对指导议会的朝三暮四的政策感到担忧。他们遗憾而愤慨地看到，影响私人权利的突然变化和立法上的干涉，成了有势力而大胆妄为的投机家手中的专利事业，和社会上比较勤奋而消息不灵通的那一部分人的圈套。”[①]因此，法不应过于频繁改变，更不应朝令夕改，否则会破坏法律运行过程的连贯性、正统性。

第八，官方行动和法律的一致性。

在程序自然法八点内容中，这一原则是最复杂而且也是最关键的。“法治的实质必然是：（法律）在对公民发生作用时（如将他投入监牢或宣布他主张有产权的证件无效），政府应忠实地运用曾宣布是应由公民遵守并决定其权利和义务的规则。如果法

① [美]汉密尔顿、杰伊、麦迪逊：《联邦党人文集》，第44篇，230页，北京，商务印书馆，1980。

治不是指这个意思,那就什么意思都没有。"①

危害官方行动和法律一致性原则的形式是多种多样的。例如,对法律的错误解释,使人们难以接近法律,不注意维护法律制度的完整,贿赂、偏见、漠不关心、愚蠢以及争权夺利等。因此,维护这一原则的手段也是多样化的。在美国,有一套通称为"程序上的正当手续"(procedural due process)。例如,律师代理,向对方证人进行盘问,要求发布人身保护状,以及提起上诉等权利,都得依法定程序进行。同时,在美国,维护这一法治原则的任务主要委托于法院。这种制度固然有不少优点,如由专业人员负责,易受公众监督等。但它也有严重缺点:问题首先取决于当事人是否有提起司法诉讼的意愿和财力。以往实践也表明,法院在控制警察部门的非法行为方面往往收效甚微。在这方面,北欧国家所推行的"议会巡视官员"(Ombudsman)制度②是颇有价值的。

在保持官方行为和法律一致性的任务中,最微妙的是法律解释问题。法治要求法官和其他官员在适用立法时,不是根据自己的幻想或官样文章,而是根据符合整个法律制度的解释原则。1584 年英国高等法院的男爵们在处理海登案(Heydon's case)时曾提出,对所有法案的解释,应考虑以下四个问题:"第一,在制定该法案以前的普通法是什么?第二,普通法所不曾规定的害处和缺点是什么?第三,国会已决定并命令以什么疗法来医治国家的这种疾病?第四,这种疗法的真正理由。然后,全体法官应做出制止病害并推进疗法的解释。"③

富勒在论述以上八个法治原则后,特意又补充了一个结论:法治是一项"实践的艺术"。的确,就富勒的程序自然法的主要内容及这点结论而言,重要的不是法律规定了什么,比如谁享有权利,谁承担义务之类的内容,而是:①法律应怎样去表达实体内容,如何保障这个过程,按马克思说法"发现法律的过程"是公开、明确而又是审慎的(立法程序);②在经由一定程序制定出来的法律公布后,又以怎样的方式、采取何种途径和步骤去实施法律,以达到法治(司法程序)。结合立法和司法这两个过程,唯有动态地把握"法律",才能对此有深刻体会。这恐怕也是西方法律传统中程序化倾向对学者影响颇深的一家之言。

(三)富勒对几种程序类型的分析

按照通常的分类方法,法律程序主要有立法、司法(大致分为民事审判和刑事审判)以及行政等三种。选举基本上是政治活动,但近代以来也成为法律程序的重要部分。近年来非正式解决纠纷方式的制度化构成普遍而突出的现象,从而仲裁和调解的程序也引起相当的重视。上述种种程序之间有共同的属性,但在制度的原理和运作方式上又表现出明显的差异。富勒把这些最重要的五种法律程序的特征进行了精彩的

① [美]富勒:《法律的道德性》,209—210 页。

② 这一制度最早见于瑞典,议会每年都要派出一些议员到一些选区听取选民对治安和警察部门的意见,并将投诉意见提交议会讨论处理。

③ [美]富勒:《法律的道德性》,82—88 页。

论述，K. 温斯顿在他主编的一本书中对此作了简要的概括（见表1）。①

表1　主要法律程序的特征

	审判	调解	契约	立法	管理指令
(1)参加方式	证据与论证	交涉与调整	交易与同意	依规范议决	服从命令
(2)程序指挥者的作用	论据的评价原理的宣示	当事者良性互动的促进	——	依照规则的统治	发布命令或者指示
(3)预期结果	根据案件事实和正当理由进行决定	协商解决以实现社会的和平	平等互惠的当事者间的决定	对公民行动的非个人的指示	为实现共同目的的集体活动的调整
(4)内在道德	公平审判的诸条件	公平调解的诸条件	平等交易的诸条件	非个人指令的诸条件	等级性调整的诸条件
(5)领域（问题及活动的类型）	权利及罪的问题	相互依存性强的两者关系中的纠纷	货物与服务的交换	其他程序运作所需的限制、指针	效率（如调兵）和社会正义（福利）
(6)界限	多中心的问题、集体活动的调整	缺乏相互依存、三者或更复杂关系	对他人的非个人、有限、继续的责任	针对个人的决定	个人的自治受到尊重时

注：(1)和(2)表示各种程序结构性要素；(3)是直接地；(4)表示贯穿于各种程序之中的道德原理；(5)和(6)是间接地表示各种程序要达到的目标。

从表格的内容我们可以看出，富勒有一种很笼统的法律制度观点，即法律制度是一套调整社会的相互影响以实现一个集团的目的的法律机构。按他的说法，这些机构或多或少与社会调整形式的某些模式密切接近。他给以最大注意的那些形式，如表格所列包括审判、立法、合同、调解和管理部门的自由裁量，根据富勒的观点，这些形式都具有一定的结构。正如他对它们所作的表述那样：它们的具有决定意义的特征就是在功效的条件和道德评价的标准两方面都起着作用。例如，立法或制定法律必须符合诸如可以理解和不互相抵触这样的标准。

在这里，最有意思的是富勒关于审判的概念。他把审判过程看作是“对人类事务中合理性的势力由法律机构做出的正式表达的一种手段”②。合理性并不是审判所独有的，事情恰恰相反。更确切地说，不像社会调解的其他形式那样，推理是审判（做出裁决）的基本要素。因此，在富勒看来，审判程序与众不同的特性在于：它保证有关当事人都有机会凭借各种论证和推理的辩论来谋求有利于自己的判决。他喜欢把这些

① 参见［美］富勒：《社会秩序的原则》（肯尼思·温斯顿），34页，杜克大学出版社，英文版，1981。

② 同上书，36页。

作法说成是根据道德原则进行辩论，当然这里的道德原则主要就是程序自然法的原则。对于富勒来说，审判程序的这些不言而喻的附加特性归在一起，为审判的结构提供一个图解。其内容就是：凭借论证和推理辩论来参加诉讼，不偏不倚的审判官根据各项原则合理地做出判决，根据对权利的主张和对有罪或过失的指控形成争论点。富勒认为，审判对推理的使用以两种途径限制其领域，或说适用范围。第一，没有程序（法的内在道德）来引导辩论和判决，进行审判是不可能的。他认为这些标准的源泉在社会秩序的两项基本原则之中——具有共同目标的组织原则和互惠原则。由共同目的联合起来的人们之间的争执，可以根据为完成共同目的所必须符合的标准，通过合理的推论加以解决。他同样认为，维护互惠制度，诸如市场所需要的规则，也可以借助推理的方法来建立。但是，如果各方当事人缺乏由共同目的或互惠原则建立的任何关系，则审判就会因为缺乏制作判决所必需的各项原则的源泉而失败。第二，富勒认为，审判不能解决他所谓的多中心争执（表1中第(6)点）。大致上说，这些争执包含着彼此交互作用的各种因素非常错综复杂地纠缠在一起，并且盘根错节、枝蔓很多，以致不可能依靠论证和推理辩论的方法来处理它们，使它们保持关系。根据富勒的看法，经济资源的分配问题通常属于这种情况。根据他的意见，这类争执只能根据合同或管理部门的自由裁量权来解决。因此，这仍是一个程序选择的问题，而非寻求实体内容的变更。

富勒在著作中指出的几个观点对于解决20世纪50年代后期出现的实在主义危机（怀疑法律的确定性，认为即便经由严格的程序也无从保证判决的确定性）是至关重要的。这些观点就是：从程序方面考察的法律构想（在这些程序中法律程序具有独特的力量和限度，即法律机构的权能的思想）；作为原则涵义的推理发展的裁决观；认为原则扎根于社会共同体的共同目的之中的信念。可以说，注重程序使富勒得以找到沟通自然法的理想和发挥法律实际效果的桥梁。

三、规则的程序观——哈特新分析主义的认识

（一）分析主义法学派的法律形式主义传统

近代分析主义法学派[①]是作为对自然法学的反动而出现的。分析主义法学在19世纪占据了当时法律思潮中的主导地位。直到今天，它们的影响仍大于自然法理论，在法律的实际执行中尤其如此。[②] 分析主义法学运用的研究方法，是在哲学里被称之为实证主义的方法。这种方法试图将价值考虑排除在法理学研究的范围之外，把法理

① 就法律研究法律的分析主义传统，早在注释法学时期就有了。但作为一套系统的、成熟的理论，则始于近代英国法学家奥斯丁。

② 参见《国际比较法百科全书》，第2卷，《世界各法系的区别与统一》第1篇，《各种法律的概念》，英文版，第一部分，61页。

学的任务限制在分析和剖析实在法律制度的范围之内。法律实证主义者认为,只有实在法才是法。而所谓实在法,在他们看来,就是国家确立的法律范围。

分析主义法学在当代主要以两派为代表:一是奥地利人凯尔森的纯粹法学,一是英国人哈特的新分析法学。前者试图把一切法律现象都还原为程序法,甚至规范的效力也是基于程序的拟制和安排,从而达到了严格的法律形式主义的极限。然而物极必反,由程序来决定某一判断正确与否的立场,却正好是追求实质正义的自然法观念发展的起点。从哈特对自然法所抱的温和态度来看,他的新分析实证主义法学在某种程度上修正了纯粹法学的极端之处。这使他的理论更有张力和开放性。虽然如此,哈特仍然是一个法律形式主义传统的捍卫者。同其他法律实证主义者一样,其理论的一个重要特征就是注重法律的形式和结构,而不是它的道德内容和社会内容。

(二)哈特的新分析法学的主要论点

哈特是新分析实证主义法学创始人。哈特的新分析法学是在奥斯丁的分析法学的基础上发展起来的,但他对奥斯丁的学说又作了重大的修改和发展。这是哈特的新分析法学的一个特征。哈特学说的另一特征是:以逻辑实证主义为指导,把日常语言分析工具(ordinary language analysis)作为自己的哲学基础。哈特的主要著作《法律的概念》也就是运用语言分析方法来分析法律这一概念,从而系统地阐述了自己的学说。

哈特对于法律概念的理解,有别于奥斯丁的"法律是主权者的命令"的观点即"命令"说,而相似于凯尔森的"法律是规范(则)"的观点即"规则"说。哈特认为,应从规则出发来理解法律。规则是一个极为复杂的观念,除法律规则外,还有各种各样的规则(如礼仪、语言和运动的规则等)。法律规则的一个特色是,它可以分为两类虽有联系但却不同的规则:主要规则(primary rules)和次要规则(secondary rules)。在对法律概念的理解上,哈特除了强调上述主要规则和次要规则的结合外,主张应进一步了解遵守和适用法律的人的观点,即对法律规则的两种观点:内在观点(internal point of view)和外在观点(external point of view)。此外,哈特学说之不同于早期或同时代其他分析主义法学家的一个特点,是倾向于靠拢自然法学说,提出了"最低限度的自然法"的理论。

(三)哈特"规则"说——一个程序的解释

哈特认为法理学的关键问题在于两类规则的结合,这两类规则就是他所称之为主要规则和次要规则的概念。主要规则是行为的标准方式,这种方式强制社会成员为或不为某种行为。它构成一项义务,这些义务是出于维系社会的需要,并且是用来保证一种满意的生活方式的。这些规则的约束力的基础在于大多数人的接受,而且大多数人还对不合作的社会成员施加强大的压力迫使其遵守这些规则。[①] 在对这部分规则的阐述中,他提出了两点规则成立的程序性前提:①法律命令必须是普遍地向所有人发

① 参见哈特:《法律的概念》,78—87页,英国牛津大学出版社,1961。

布的,而不是持枪人向银行雇员个人发布的命令[1];②命令必须明确,义务必须具体,在形式上有明白易行的操作可能性。它是一种行为方式,而不是一套模糊的社会标准[2]。前者是规则在适用时通向形式正义的一个基础,后者是对规则实体内容的程序性简化过程——即尽可能把一个实体问题转变为形式问题来衡量。

但是,即便这样,主要规则还是一种简单的社会控制形式,它具有三个缺陷:第一,是不确定性(uncertainty)。这是在简单社会结构中常见的规则形式。因此如果对规则是什么或对于规则的确切范围有疑问,将不会有解决疑问的可资援引的程序。第二,是静止性(static)。在简单结构的社会里,规则里仅有的改变方式是缓慢的、自发的。一个遵守、维护或受该规则义务约束的人常常吃亏。第三,是用以维护规则的社会压力的无效性(inefficiency)。即这种社会缺乏一个专门的独立机构来最后确定是否违反规则,并对违反者实行惩罚。[3] 在哈特看来,只有在那种依靠血亲关系和共同感、共同信仰而密切联系的小型简单的社会,才能依靠这种非官方的规则生活。这是强调实体控制而形式约束较弱的道德控制时期,而在一个复杂的、大型的社会中,就必须要有一种与之相适应的法律制度。根据哈特的观点,一个发达的法律制度还必须有一套"次要规则",这些规则为承认和执行主要规则确立了一种法定方式。第一,这些规则有助于用某种权威的方式鉴别法律制度中有效的规则。第二,这些规则对旨在改变主要规则的正式的、系统的程序加以规定。第三,这些规则通过建立详尽的审判与执行程序来保证主要规则的实施。[4] 具体而言,有三种"次要规则":

消除不确定性的缺点的办法是补充第一种次要规则——承认规则(rule of recognation)。即规定:任何一项规则如果具备某些特征,就能成为这一社会集团的、由它所行使的社会压力作后盾的规则。这实际是赋予法律权威的规则,通过承认规则的承认,即授权,主要规则才取得了法律效力。这样的规则不过是反映了法律制定的一项程序性要求罢了。一项规则唯有特定机构经由一定程序的约束和完成,才能取得作为一项法律规则的效力和权威。常见的例子是某个法律文件经过立法机构2/3(或过半数)表决通过即生效。

消除静态性这一缺点的办法是补充第二种次要规则——改变规则(rule of change)。这种规则的最简单形式就是授权个人或群体引进新的主要规则,取消旧的规则,从而使个人改变了他在主要规则下的最初地位。改变规则从功能上可以分为两种:一种是授予公权力(即通常所讲的公法上,尤其是宪法上的权力或权利),如规定哪一机关有权立法以及立法的程序等。显然,在这种情况下,承认规则和改变规则是十分密切的,甚至有些重叠。但前者不如后者具体,后者涉及立法的所有程序细节,包括

---

① 参见[英]哈特:《法律的概念》,81、82、82 页。

② 参见上书,85—87 页。

③ 参见上书,89—91 页。

④ 参见上书,89—96 页。

除“立法”这一法的渊源以外像“法官造法”时的程序约束和要求（非此判决不能取得法律上的效力或成为判例法的渊源）。另一种是授予私权力（即通常所说的私法上的权利）。例如根据这种规则，私人有权订立遗嘱、缔结契约、出让财产和许多其他的自愿建立权利和义务结构，只要它是依法订立或从事的就行。此处依“法”并不以道德上的要求为标准，而以法律规定的形式（书面或口头）和程式（如要约、承诺、对价）得到贯彻为依据。通过缔结契约等行为，人们相互间发生了新的权利和义务关系，法律规则在社会生活领域不再是静止不变的东西，而是提供了人们采取某种行为的形式和途径。

消除社会压力无效性这一缺点的办法是补充第三种次要规则——审判规则（rule of adjudication）。即授权个人或机关就一定情况下某一主要规则是否已被违反，以及应处何种制裁做出权威性的决定。审判规则除了明确指定谁是审判者以外，它还规定了与之相伴随的程序（procedure）。审判规则重视的不是义务的内容，而是在确认义务的违反时，授予特定机关或个人以司法权力和特别身份做出司法决定。它重视的是做出司法决定的前提、过程和结果。因此，审判规则同上述两种次要规则——承认规则和改变规则有着密切的联系。①

在以上三种次要规则中，哈特以为承认规则是最重要的。它是“法律制度的基础”，因为它“提供了用以评价这一制度其他规则的效力的准则”。当然，在一个现代法律制度中，有许多不同的法律渊源，因此，承认规则也就比较复杂。确认法律效力的准则是多样化的，一般包括一个成文宪法、立法机关制定的法律和司法判例，承认规则不过是为这些渊源提供了合理有效的形式，是规则的规则。

哈特认为，法律应该是主要规则和次要规则的结合。在习惯法中，只有主要规则，即确定什么是义务的规则。但这种规则具有上述缺陷，需要次要规则加以弥合，并以法律程序保证其实施。这样的结合，完成了从习惯到法的转变。显然，哈特的法律观（规则说）避免了奥斯丁命令说的片面性，并试图在法律的强制性观念和社会性观念（形式与实质）之间架起一座联系的桥梁。这个桥梁就是法制化的程序，经由程序的安排和约束，反映实体义务内容的规则变成法律的行动（acts in the law）。②

最后，需要指出的是，哈特认为，维系一个法律制度的存在和运作还须具备两个最低限度的必要条件。一个是，凡是按照最终承认规则（该规则的效力是一个事实，它作为一种信仰被人们理所当然地承认）③而有效的一切规则，必须一般地被遵守。这是一个程序性规则，它丝毫不涉及规则的内容，而只是要求凡规则均需一律遵行。另一个是，这一制度中的次要规则必须由国家机关官员当作公务（官方、正式）行为的共同准

① 参见［英］哈特：《法律的概念》，92—94 页。

② 参见上书，95—96 页。

③ 这一最终的承认规则来自凯尔森“基本规范”的启发。不同的是，哈特的这个观念具有更多心理学的意义。

则而有效地接受。也就是说，第一个条件是针对一般公民的，尽管公民遵守规则的动机必然有所不同，但在一个法治健全的社会里，公民往往接受这些规则并承认有遵守它们的义务。第二个条件是对一般官员提出的。从某种意义上说，依法办事更应该是对官员的一项要求，当然，除了将这些次要规则作为公务行为的共同准则外，官员还应遵守许多他们以个人身份出现时所需要遵守的主要规则。这也就是我们常说的"法律面前人人平等"原则。无疑，这也是一项程序性原则。

（四）哈特的形式主义法概念

哈特认为，对于法律和道德之间关系的不同理解，往往体现在对以下事实的争论上，怎样看待一个在法定形式下制定的，但在道德上却是不正义的、邪恶的法律。信奉自然法的人会认为，它根本不是法律。但法律实证主义者认为，"这是法律，但它是很不公正的法律，以致不能加以适用和服从"①。前者我们称之为狭义的法律概念，只有良法才是法律。后者采用的是广义的法律概念，良法和恶法均包括在内。哈特说："广义的一种包括了狭义的一种。如果采用广义的概念，就使我们在理论探讨中将所有这些规则归在一起都视为'法律'，即从主要和次要规则体系的形式标志来看都是有效的规则，即使其中有些违反了一个社会本身的道德或违反了我们可能坚信是开明的或真正的道德。如果采用狭义的法律概念，我们将把这些违反道德的规则排除在'法律'之外。"②

哈特赞成广义的法律概念，在他看来，广义的法律概念在以下几个方面符合人类文明社会的法治精神和人道原则。

——法律的效力来自于某种形式的作用，它的撤销也必须经由另一种形式来进行，把判断法律的符合道义性的权利授予专门机关或个人是防止恣意和混乱的必要措施。

——服从一项因不符合道德而视为无效的规则是一个法治社会所应付出的必要代价，否则会导致无政府主义。

——法不应溯及既往。在某种意义上，宽恕以前的恶行是一个社会进步和文明的标志。而制定一个具有溯及既往效力的法律则从根本上违背了人道主义精神，虽然它以捍卫某一人道原则为目的。这样一个悖论不能企求法律制度来解决，它也许是人性宽容的问题。

——只有从规则或形式主义出发，才能解决国际法作为法律的存在和效力问题。国际法不是道德，不能纳入狭义的法律概念中。③

---

① ［英］哈特：《法律的概念》，203 页。

② 同上书，205 页。

③ 同上书，213—216、231 页。

四、法律即程序——伯尔曼的法律程序思想

(一)伯尔曼其人及其著作和主要学术观点

Harold J. 伯尔曼是当代美国一位著述甚丰、影响颇大的法学家。研究社会主义法,特别是苏维埃法律制度的学者们,对伯尔曼作为一个研究苏维埃法律制度的专家的事实和成就都不可能漠然处之。同时,他还是美国当代法理学和商法等领域公认的权威。伯尔曼最大的贡献还是在于他对西方法制史和法律文化(传统)的研究。他在这方面的研究成果,足以使他跻身于当代最杰出的法学家和法律思想家的行列。伯尔曼是一位深受西方法律传统影响的人。他的所有研究无非是揭示出使他深受影响的那些法律传统——它们的过去是怎样形成的、现在是一种什么样的状态、未来会怎样。

H. J. 伯尔曼的主要著作有《苏联司法——对苏维埃法的一个解释》(1963 年);《法和宗教》(1974 年);《法律的性质和功能》(1980 年与 W. R. 格林莱合著);《法和革命:西方法律传统的形成》(1983 年)。此外,他还编辑过一本通俗的、旨在向其他国家传播美国法律制度的小册子《美国法律讲话》。

伯尔曼的学术思想庞杂而精深。他对于西方法律传统的一个引人注目而深思的观点是认为,在西方,近代起源于 1050 年至 1150 年这一时期而不是此前时期。这不仅包括近代的法律制度和近代的法律价值,而且也包括近代的国家、近代的教会、近代的哲学、近代的大学、近代的文学和许多其他近代事物。① 西方的法律传统浸渍了基督教的影响,一些基本法治原则如统治者权力受法律限制的原则、立法机构对公共舆论负责的原则等,都与西方历史上基督教的发展有密切的关联。他甚至认为,现代西方国家的法律制度就是建立在过去两千年中基督教所创造的各种心理基础和许多价值上面的。② 在他看来,西方法律传统有如下几个主要特征:

(1)在法律制度(包括诸如立法过程、裁判过程和由这些过程所产生的法律规则和概念)与其他类型制度之间,有较为鲜明的区分。

(2)与这种鲜明区分相关联的是以下事实:在西方法律传统中,法律的施行被委托给一群特别的人们,他们或多或少在专职的职业基础上从事法律活动。

(3)法律职业者,无论是像在英国或美国那样具有特色地称作法律家,还是像在大多数其他欧洲国家那样称为法学家,都在一种具有高级学问的独立的机构中接受专门的培训。

(4)培训法律专家的法律学术机构与法律制度有着复杂的和辩证的关系。因为,一方面这种学术描述该种制度;另一方面法律制度通过学术专著、文章和教堂里的阐

---

① 参见[美]伯尔曼:《法律和革命》,4 页,北京,中国大百科全书出版社,中译本,1993。

② 参见[美]伯尔曼:《法律和宗教》,7、73 页,上海,三联书店,新知文库,中译本,1991。

述,变得概念化和系统化并由此得到改造。换言之,法律不仅包括法律制度、法律命令和法律判决等,而且还包括法律学者对法律制度、法律命令和法律判决所做的阐述。法律本身包含一种科学,一种超然法(metalaw),通过它能够对法律进行分析和评价。

(5)在西方法律传统中,法律被设想为一个连贯的整体,一个融为一体的系统,一个"实体",这个实体被设想为在时间上是经过了数代和数个世纪的发展。

(6)法律实体或体系的概念,其活力取决于对法律不断发展特征,即它世世代代发展能力的信念。这是一种在西方所独有的信念。法律体系只因它包含 种有机变化的内在机制才能生存下来。

(7)法律的发展被认为具有一种内在的逻辑。

(8)法律的历史性与法律具有高于政治权威的至高性这一概念相联系。

(9)西方法律传统最突出的特征可能是在同一社会内部各种司法管辖权和各种法律体系的共存和竞争。法律的多元性使法律的最高权威性成为必要和变得可能。

(10)西方法律传统在思想与现实、能动性与稳定性以及超越性与内在性之间存在着紧张关系。这种紧张关系导致革命对法律体系周期性的剧烈冲击。①

伯尔曼指出,讲西方法律传统,旨在以这样一种法律概念为出发点:法律不是作为一个规则体,而是作为一个过程和一种事业。在这种过程和事业中,规则只有在制度、程序、价值和思想方式的具体关系中才具有意义。② 在伯尔曼看来,法律并不只是一套规则,它还是一种程序,一种活生生的社会过程。实际运行的法律包括法律制度和诉讼程序、法律的价值、法律概念与思想方式和法律规范。它包括有时称作"法律过程"(the legal process),或德语中所谓法律"实现"(rechtsverwirklichung)的东西。③ 具体而言,就是人们的立法、裁决、执行、谈判和从事其他法律活动。当然,实际运作中的法律也是分配权利和义务和由此解决冲突和创造合作渠道的一个生动的过程。

值得重视的是,伯尔曼学术思想中对"法律的信仰问题"所作的满怀忧虑的叙述。他在一本论述宗教与法律的关系的著作里指出,在最近两百年里,西方的法律正不断丧失其神圣性,日益变成为纯功利的东西。④ 与此同时,西方的宗教也逐渐失去它的社会性,慢慢退回到私人生活中去。正义与神圣之间的纽带开始断裂,它们正变成两种不相干的东西。然而,仅凭理性的推导与功利的计算,怎能够唤起人们满怀激情的献身?不具有神圣意味的法律又如何赢得民众的衷心拥戴?"法律必须被信仰,否则它将形同虚设。"⑤

伯尔曼的法律思想涉及领域很广,单从对西方法律的理解而言,上述两点已涵盖

---

① 参见[美]伯尔曼:《法律和革命》,9—12 页。

② 参见上书,13 页。

③ 参见上书,5 页。

④ 这是边沁、奥斯丁等分析学派所强调的、并深刻影响了后代人对法律的观念。

⑤ 伯尔曼:《法律和宗教》,28 页。

了其思想的最精深处。从理性的角度看，以下对“法律—程序”的分析都是在上述两点所构成的思想氛围里进行的。

（二）伯尔曼关于法律的程序性解释

德国哲学家伊曼努尔·康德曾批评法学家们说，尽管几个世纪以来他们一直在探求他们研究的法的定义，但仍未能达成一个统一的看法。

从功能的角度来看，西方法学史上曾出现（有些现在仍存在）好几个主要法学流派的法概念。伯尔曼概括说：“尽管以数百种不同的方式给法下定义，但只有三种概念是占主导地位的。第一种法的概念类型强调在法律和道义之间的关系（很显然，这是自然法学派的观点），这个法定义既看到了法的终极渊源，也注意到‘正确理性’对法的最终约束力。第二种法的概念类型强调在法律和政治权力之间的关系（这是分析学派的观点），它在‘国家的意志’中发现法的终极渊源和最终约束力。第三种法的概念类型强调在法律和整个社会的历史发展之间的关系（这是历史学派的观点），它从‘传统’‘习俗’和‘民族特性’中寻求法的终极渊源和最终约束力。”[①]实际上，上述每一种理论都只说明了法律的一个方面。

伯尔曼认为，一个真正客观、全面的法律概念需要对法律进行全面的、综合的考察，考察结果会使我们发现，法律是一种社会制度，是社会行为和思想的模式和程序。之所以说它是社会行为和思想的模式和程序，是因为几乎在所有的国家中，特别是在西方，法庭、立法机关、司法行政、法律解释部门、律师事务所所进行的一切活动，同人们对这些活动的法律思考往往是重叠的。“法律不只是一整套规则，它是在进行立法、判决、执法和订立契约的活生生的人。它是分配权利与义务，并据以解决纷争，创造合作关系的活生生的程序”[②]。这一事实说明，在法治国家中，社会行为和人们的思想在法律上是一致的。因为在现代社会中，由于社会生活的复杂化，人们将社会问题分门别类，如司法问题由法庭通过司法程序来解决，立法问题由立法机关通过立法程序来解决，等等。程序几乎为所有社会问题的解决提供了合理、正常、有效率的渠道和途径，当然这里的程序已不限于法律程序。如此，一个程序制度化的体系便形成了。

制度化的程序不仅管理社会，也规范人们的行为和思想。可以说，一个有组织、有秩序的现代社会，是一个具有相应的各方面程序制度的社会或者是一个有足够程序和制度以处理人们内部及外部关系的社会。[③] 法律的中心含义便包含在这一程序体系之中。“法之所以成之为法，并与其他社会制度和解决社会问题的过程相区别，在于它的形式化、程序化……正是法律程序的形式使得法律关系成为一种特殊的和独一无二的社会关系。”[④]法律是制度化解决问题的程序和原则。每个社会都存在纷争和矛盾，为

① ［美］伯尔曼、格林莱：《法律的性质和功能》，第4版，18页，美国基石出版公司，1980。

② ［美］伯尔曼：《法律和宗教》，38页。

③ 参见伯尔曼、格林莱：《法律的性质和功能》，28—30页。

④ 同上书，28页。

了不让社会在纷争和互相伤害中毁灭，社会不得不建立一套有秩序的、和平的方法，这就是法律。它是以程序方式表现自己的。也就是说，把社会对其成员的要求和社会成员间的契约关系程序化；把程序制度化，就是法律。这样一种“把法律看作是一种特别的制度程序，是建立在对法律活动和法律关系的社会功能分析的基础上的”[①]。伯尔曼进而强调说，当我们“把注意力主要集中在法的程序方面，也即它的‘活动’方面而不是有关权利和义务的规则的实体规定上，以及把法律程序看作一系列活动的制度途径——社会借助其使社会关系有序化，这样，我们能更容易地认识到法律所服务的社会功能”[②]。

持不同观点的人会说，把法律仅仅说成是一种程序未免太有失偏颇了。对此，伯尔曼认为，把法律归结为具有普遍性的程序，首先表明法律不可能是某个人的意志而是社会的公共意志。其次，“法”“法律”在词义上和实质上，都强调其自身的制度性和程序性。这并不是忽视或者贬低法律原则的重要意义。法律原则是法律制度和法律程序活动所需要的技术，它必须被理解为法律程序体系的一部分。在本质上，法律基本上是某种已决定的东西，它是一系列采取的步骤。程序是法律的核心，没有程序，法律就不可能存在。[③]

（三）作为社会管理程序的法律的功能

综上所述，认识法律的一个最重要的途径是将法律看作一种程序，一种由各个具体程序所组成的程序体系。这一观点强调程序是法律的心脏，而只把实质性规则看作是只在过去、现在或未来的争端解决中才是有意义的。“程序”不只意味着方式或途径，其中也包含着深刻的社会内容。不能把程序仅仅理解为法庭程序或与诉讼有关的程序，实际上程序包含着更广泛的含义。它担负着恢复、维持和创造社会秩序的诸多社会功能。具体而言，程序有四个方面的主要的一般功能：

1. 从民事诉讼和刑事诉讼看，法律作为争议解决程序的功能

法庭作为解决争端的公正的裁决机关，至少在美国，是法律的重要创造者。司法程序是解决争端程序的主要模式。在美国，无论民事诉讼还是刑事诉讼都有两个特点，一是诉讼的对抗性而不是审问性，二是陪审团的作用。刑事案件的初审比民事案件更多地反映了审判过程中的对抗性和对陪审团的信任。这两个特点使法定程序显得至关重要。我们先看一下民事程序。一个民事案件一旦起诉，当事人便和案件一起进入程序。审判之前，程序要求两个文件，一是原告的起诉书，一是传票。起诉书陈述原告要求的性质及其对补救的要求，传票则通知被告有人对他提出了诉讼并要求他对起诉书做出答辩。根据宪法所要求的正当程序，传票必须以一种适当的方法发给本

---

① 伯尔曼、格林莱：《法律的性质和功能》，30页。

② 同上。

③ 同上书，27页。

人。之后,被告需做出答辩作为对起诉书的反应。在这个阶段,法官可以召开一次会议为审判作准备。由于审判前的周密程序,有时可以在审理前解决争议。初审阶段的程序,则是保证证据客观地提出。原告和被告以同样的方式提出他们的证据,进行法庭辩论。当事实已经清楚,法官引据法律规则并指示陪审团根据这些规则进行判决。有人作比喻说,法官在审判中不是裁决者而是掌舵人,他保证整个审判沿着既定的程序要求进行。美国一些州规定法官对陪审团的有关证据和证人的指示不得进行任何评论;还有的州规定法官对陪审团的指示不能是口头上的,必须采取书面方式,以防止表达任何倾向性意见。陪审团商议之后做出裁决,裁决必须是在陪审团之间一致通过,未经一致通过的裁决只有经过原被告双方同意才能成立。裁决宣读后,如果法官表示接受,则陪审团撤销,初审到此结束。如果当事人不服初审判决,可以提起上诉程序。上诉法院的职能就是审查下级法院的判决是否有错误。审理的结果或是维持下级法院的判决,或是重新做出裁决。

同民事程序相比,刑事程序更大地受到联邦宪法和各州宪法的影响。费尔德刑事诉讼法典、模范刑事诉讼法典和1946年美国最高法院颁布的联邦刑事诉讼规则,在各州都只是一般性的指导。具体的刑事程序不仅由于司法管辖的不同而不同,而且也随着罪状的严重程度不同而不同。重罪的起诉程序是这样的:官方的第一个步骤是由一位警察将涉嫌犯罪的人加以逮捕。嫌疑犯必须在没有不必要的拖延的情况下,交给一位司法官员进行初审。审问的目的是确定逮捕嫌疑犯的证据是否充足。如果案情不是非常重要,在这一阶段不予受理,执法官可以让他交纳保证金,并把嫌疑犯从拘禁中释放。在这一阶段常发生的问题是警察把从逮捕到初审的时间拖长,这可能成为确定是否违反正当程序的一个因素。很多州实行大陪审团起诉制,即由检察官制定起诉书而由大陪审团决定是否移送审判。也有一些法院实行一种简单的程序,在这种程序中称为告发状的一种正式告发由检控官提出,接着是初审法官的提审,在公开法庭上正式宣读对被告的指控,接着是被告进行口头抗辩。“无罪推定”是刑事诉讼中的一项重要原则。初审对公众公开,除非陪审团“毫不怀疑地”认为被告有罪,则他们必须宣布被告无罪。如果裁定有罪,则由法官或陪审团在法律规定的幅度内判刑。

伯尔曼等人认为,民事诉讼程序和刑事诉讼程序是社会对争议解决方式的最佳选择。它使那些对抗性的争议和矛盾和平地得到解决,从而维持了社会的安宁和稳定。正如人们从上述民事和刑事程序中所看到的,在整个诉讼过程中,实体法完全是根据程序的要求而起作用的。从制度的角度来观察,它是系列化程序的一个部分。[①]

2.从侵权中生产者责任看,法律作为保持历史连续性和律令一致性的程序的功能

在伯尔曼等人看来,普通法系国家由于案例在审判中的使用,“法律论证”或称“法

① 参见伯尔曼、格林莱:《法律的性质和功能》,49—67、201—236、379—430页。

律推理”具有重要的意义。法官判案的过程就是进行法律推理和论证的过程。法律推理(legal reasoning)有三个基本特征。第一,它同法律原则和适用此原则的案例趋向于一致。因为,法律推理是基于这样一个信念,即法律应该平等地、以相同的方式适用于每个人。这是法律的一致性。第二,它具有连续性。它运用“先例”的权威,确定社会生活的规范,以稳定的原则来调整社会关系。第三,法律推理是一个辩证的论证过程,案件当事人的意见都能得到很好的权衡。由这三个特征决定,司法程序所达到的目的就不仅限于争议的和平解决,而是连续不断地创造和再创造着一般的标准,如规定、规范、原则等,加强和发展着社会生活的规范模式。不论在英美法系还是在罗马法系,法律的连续性都是历史连续性的一部分。运用推理的办法(伯尔曼把它称之为“智力程序”)适用一个先例或一个原则本身就是对先例和原则的发展,历史连续性就通过这种精巧的渐次的程序得到维持和继续。①

以侵权行为中生产者责任来观察,法律作为维护历史连续性和律令一致性的程序是如何发挥其功能的,我们在此看到的案例,都是来自纽约上诉法院的报告。在每个案件中法院都根据生产者的产品给消费者造成的损害程度,判决被告对原告给予补偿。在这类案件中,“侵权”和“合同”的理论原则是不同的。“侵权”是指从侵害人身或财产的行为中所产生的权利义务问题,以及法律对它的补救。侵权行为分为三种,第一种是故意,如殴打他人;第二种是过失;第三种是意外事故。“合同”则是指在履行或不履行双方签订的协议时所产生的权利义务。前者为“损害产生责任”,后者为“违约产生责任”。在1852年纽约上诉法院受理的托马斯夫人诉文彻斯特案②中,法院首次使产品责任从合同法的束缚中摆脱出来。该案被告是从1843年到1849年在纽约经营一家蔬菜及蔬菜制品商店。它出售“蒲公英精”和“莨菪碱”,前者是一种温和的药品,后者则具有强烈的毒性。在上述经营期间内,被告出售给纽约一家药商蒲公英精,其中混入了一瓶莨菪碱。之后这家药商将这批蒲公英精转卖给麦迪逊县的另一家药商。1849年3月,原告托马斯夫人因病需服蒲公英精,结果服用了贴着蒲公英精说明的莨菪碱,造成中毒,经抢救后脱险。托马斯夫人在1849年向麦迪逊法院起诉。被告的律师以原被告之间没有直接的买卖关系和合同为理由,否认被告在此案中负有责任。法官则根据“任何人因过失造成对别人的伤害则构成伤害罪”这一普通法和制定法上的共同原则以及“法律高度重视人的价值,任何以过失或粗心大意对他人造成伤害者均需负法律责任”的观点,认定被告对此案负有责任。这一案件的判决为所有类似案件提供了先例(precedent)。1916年麦克森诉布克汽车公司案,便是以这个先例作为法律根据的。③ 布克公司将一台汽车售给批发商,批发商转卖给原告。原告开车行走时,车出了事故致使其受伤。事故原因是车轮质量不好。但此车轮系被告从另一生

① 参见伯尔曼、格林莱:《法律的性质和功能》,476—484页。

② 参见上书,401页。

③ 同上书,421页。

产者处买来的，而不是自己生产的。有证据表明车轮的不合格能够而且应该被被告发现，由于被告粗心大意不负责任导致了事故的发生。在适用前述先例时，重要的法律原则是惩罚由于过失或粗心大意对他人造成伤害的人。先例适用于后案主要是运用类推的方法，其程序大体可以分为三个阶段：①发现案件的相似处；②明确所要援引的先例的固有法律原则；③将其适用于新的案件。新的案件不仅重复着法律标准而且有所更新，不仅加强社会生活的规范化，而且发挥法律的活力；不仅稳定社会秩序，而且保持法律的历史连续性和律令的一致性。①

3. 从合同法来看，法律作为保护和便利于自愿协议的程序的功能

在美国，随着自由资本主义经济的发展，从 16 世纪开始，合同法也逐渐发展起来。到了 20 世纪，合同法和契约自由的思想、逻辑已经渗透到法律的每一个分支和社会生活的每一个领域。经济上自不待言，在政治领域内，政治磋商和选举成为政治调整和控制的主要方式，甚至政府的产生也被解释成被统治者和统治者之间契约的结果。在某种意义上，合同成了整个社会生活的基础。亨利·梅因爵士写道："社会进步的过程是从法规到合同的发展的过程"②。

美国是一个商品经济高度发达的社会，作为保护和便利自愿协议的程序的合同具有多方面的作用。"自愿协议"包括很多种，其中最重要的是自愿的商品交换。通过合同所进行的自愿的商品交换对于自由经济的发展具有巨大的作用，它促进和保护资源从低效率利用的人手中向高效率利用的人手中转移。比如，某甲有一台机器价值 1000 美元，他欲将此机器以 1200 美元的价格出卖。在某乙看来这台机器在自己手中的价值将远远超过 1200 美元，他会更有效率地利用它以创造更多的价值。这种自愿的交换对社会是有益的，它促进整个社会财富的增加。假设某甲在合同规定的交货期内反悔，而某乙则为此机器的生产购买了大量的原料，如果法律允许某甲不履行自己的允诺，则不仅会造成社会财富的浪费，而且会使更多的人由于不安全感而不去进行创造财富的活动。一个有组织的社会是不能允许这种不负责任的不履行合同的行为的，合同法就是保证允诺义务而执行的法律。它是经济交易活动的润滑剂。

合同法的主要内容包括：双方均愿意接受即将签订之合同的故意、行为能力、格式、要约和承诺、约因、欺诈、错误、合法性、解释和推定、履行和履行条件、不能解除受委托人的权力与侵犯第三者的利益、不履行合同的补偿，等等。合同法在相当程度上保持了一般性，其原则可以应用于不同的主体，也使得法庭对于处在不同阶段的合同方面的诉讼程序化。③

在便利于自愿协议方面，伯尔曼等认为："为了说明合同法是怎样在私人的自愿的协议中起便利作用的，我们首先将合同法作为一个有计划的程序来分析，特别是分析

① 参见伯尔曼、格林莱：《法律的性质和功能》，560—590 页。

② ［英］亨利·梅因爵士：《古代法》，168 页，北京，商务印书馆，中译本，1991。

③ 参见伯尔曼、格林莱：《法律的性质和功能》，593—600 页。

律师们在这一程序中的作用。我们建议把律师作为谈判人和起草人的活动看作是法律活动,因为正是通过他们的工作将合同双方同法律原则和法庭联接起来。他们的工作包括考虑数不清的类似的可能及其产生的问题,如果可能产生的问题都预见到了,则合同将是一个很好的计划。"①合同所产生的权利义务,通过履行而实现。为了保证合同的履行,必须有合同的担保。合同中对于违约金的规定是一种担保形式。只要当事人一方违反合同,不管是否已经造成损失,都要付给对方一定的金额。由于一方违约而造成对方损失时,如果这一损失超过违约金的数额,则违约一方在给付违约金后,还要补偿其不足部分。此外,还有定金、留置权、抵押权等担保形式。美国判例法和《美国统一商法典》都规定了严格遵守合同条款的要求。在整个合同执行过程中出现的任何问题都是对正常程序的破坏,因而必须按照相应的法律程序予以救济。"契约自由"作为一条古老的政治原则在当今的社会里已经法律化了,它的主要表现就在合同法中。

4. 从劳工法和对待种族歧视的法律看,法律作为解决尖锐社会冲突的程序的功能

把众多的社会矛盾置于同一个历史阶段和社会环境里,看看法律是如何对不同的社会冲突(劳工冲突、种族冲突)做出反应的。劳工法的历史与大量的刑事、民事诉讼要害问题、宪法、侵权行为法、合同、司法救济和其他领域的法律有着极为明显的联系,它还涉及立法和行政性法律的重要问题。此外,劳工法还提供两种司法形式作为冲突解决模式,即集体谈判和仲裁。种族关系法的研究致力于了解影响社会冲突和社会变迁的法律制度和过程,尽管有时它很难得出关于限制、控制或解决社会种族关系方面冲突的法律效用的确切结论。②

通过研究法律对尖锐社会冲突的反应,我们可以比较充分地认识到法有助于解决社会冲突,尤其是阶级或团体之间冲突的重要功能。

此外,解决尖锐社会冲突的法律程序几乎不可避免地涉及影响社会的道德和法律的观念和态度。法有助于教化和提高人民的道德观念,几乎与查士丁尼汇纂一样古老。③

在劳工法的发展史上,法律的正当程序(due process of law)发挥了重要作用。在美国,宪法是最高的法律,它限制公共机构(公权)的活动和自由裁量。对法律执行官员的宪法限制,在于当国家控告个人的刑事犯罪时做出的宪法性的司法解释。这个解释必然遵循被认为是正当的过程。此外,其他法律的适用和解释以及雇用协议的法律意义,最终也是依据其是否遵循了这一正当过程来判断的。可以说,法律的正当程序是对雇佣合同的立法性规则的宪法限制。这些限制体现在美国宪法权利法案中那些程

① 参见伯尔曼、格林莱:《法律的性质和功能》,588 页。
② 参见上书,805 页。
③ 参见上书,865 页。

序性条款里。①

从上面讲的四个方面可以看出,伯尔曼等所讲的“程序”远远超出了其技术上的含义,而有着更为广阔的内涵。“法律即程序”是从将法律当作一个社会制度的体系这一意义上说的。正如伯尔曼所说:“法律是一种特殊的创造秩序的程序,一种恢复、维护或创造社会秩序的介于道德和武力之间的特殊程序。我们这样定义法律,是因为我们强调法律是对社会问题的反应这样一种性质而不是强调它的起源和惩戒……它是被发明出来应付潜在的或实际的对社会行为规范或模式的干扰的。它的特点——精巧、明确、公开性、客观性、普遍性——使它成为解决这些干扰、维护社会秩序正常的有机程序。”②

五、法律:价值与工具的统一

法律是维系某种社会秩序的工具,但它必须反映那一时代的普遍价值。割裂价值与工具带来的灾难(在几乎所有的国家,其法制史上都有刑讯逼供的不光彩一页),标志着一个旧时代的终结。而要将价值与工具重新统一于法律之中,首先必须克服渗入一切分析形式中的一元论思维模式。这种克服不是简单地向以往的历史复归,而是在更高的水准上达到辩证的综合。在程序机制(即制度化程序)中实现这种综合不仅是可能的,而且是必然的趋势。伯尔曼在《法律和宗教》一书中讲道,新的时代将是一个“综合的时代”。“无论在哪里,综合——二元论的克服——都是开启新型思维的钥匙,这种新的思维乃是我们正在进入的新时代的特色。‘非此即彼’让位于‘亦此亦彼’。不再是主体反对客体,而是主体与客体交互作用;不再是意识反对存在,而是意识与存在同在;不再是理智反对情感,或者理性反对激情,而是整体的人在思考和感受。”③

在以往讨论法律时,总有这样两种对立的观点。一种观点将法律看作功能必要性,看作既定的事实,充其量是一种解决实际问题的工具。庞德社会学法学是这一种观点的代表。在庞德那里,法律不过是用作达到外在目标的手段,其法律的社会工程学说就是从功能出发,阐述他的法律实用主义工具论的主张。另一种观点赋予法律以希望和许诺,持这种观点的人是法律理想主义者,认为法律应该是承载某种价值体系和道德目标的东西。富勒等新自然法学家即持有这样一种观点。

在将法律看作仅仅是一种解决实际问题的工具时,程序的意义是不言而喻。庞德的社会控制工具和社会控制程序几乎是同义语。作为工具的法律被用以处理重要的社会问题:保持和平、解决纠纷、压制反社会行为,而这些活动都离不开程序。对于这种观点来说,“正义”和“普遍价值”并不是使人爱慕的象征,甚至可被嘲笑为毫无希望

① 参见伯尔曼、格林莱:《法律的性质和功能》,866—876页。

② 同上书,28页。

③ 伯尔曼:《法律和宗教》,134页。

的糊涂者的呻吟语。但应注意的是，秩序和控制是同一类价值，不过它们是一种弱的意义上的价值，即法律的工具性价值，但它们本身并不能和人或集团等同。

另一种观点对法律制度有更多要求并具有较丰富的价值意义。法律并不是否认要对秩序作贡献，但是更注意手段和目的之间的统一性。富勒教授坚持认为法律要忠于普遍道德。秩序并不是不计代价购买来的。更确切地说，价值对法律的社会控制设定了限制。例如，警察对合法性所承担的义务，总在一定程度上对他们用以预防和拘捕罪犯的手段构成一种制约。这同样也需要程序的安排。程序排斥"自陷其罪"以及它对强制措施和期限的明确规定，都在深刻意义上维护了人的尊严和肯定了某种社会价值。但如果将这些普遍价值强调到极端，则不可避免地破坏程序机制，从而引起社会秩序的混乱。例如，为了重申和维护某个普遍的社会价值而规避程序，无期限羁押嫌疑者和采用程序法所禁止的侦讯手段。这就意味着，它在维护"普遍价值"时破坏了法律的另一个普遍价值——法律是为个人的尊严和价值而设。

价值与工具的分离使得法律在对社会做出反应时，行动迟缓，无所适从，在一个变动不居的现代社会中尤其如此。法律正面临一个危机，人们还服从法律吗？拥护工具论的人通常会回答，人们一般要服从法律，因为他们害怕不这样就会招致司法当局的强力制裁。这个回答绝不能令人信服。正如心理学研究现在已经证明的那样，确保遵从规则的因素如信任、公正、可靠性和归属感，远较强制力更为重要。① 伯尔曼指出，法律只在受到信任，并且不要求强力制裁的时候，才是有效的；依法统治者无须处处都依赖警察。今天，这一点已为一有力的反证所证实：在我们的城市里，惩罚最为严厉的那部分法律，也就是刑法，在它以其他手段不能引人尊敬的地方，也没有办法让人畏惧。如今，每个人都知道，没有任何警察可以夸耀的力量能够制止城市的犯罪。总之，真正能阻止犯罪的，乃是守法的传统。这种传统又植根于一种深切而热烈的信念之中，那就是，法律不仅是世俗政策的工具，而且还是生活终极目的和意义的一部分。②

从上述分析来看，无论是工具论还是价值论，都共有一个重要因素——程序。对工具论来讲，法律程序是一个从内到外的舒展过程；程序的完成，法律作为维护社会秩序的工具的目的就达到了。对价值论而言，法律程序是一个从外到内的紧缩过程，通过程序的控制，参与到程序中来的各种价值得到合理的平衡，从而在冲突的双方之间维持了一种普遍的价值。其实，一旦把法律理解为积极的、活生生的人类进程，在法律程序里，就既包容了工具，又包容了价值。程序是工具和价值的法律中介。

以司法程序为例，我们也许会对西方法庭审判中强调职责的标记——法官袍服、法庭布置、尊敬的辞令等感到吃惊，甚至会斥之为形式主义。在伯尔曼看来，施用这类

---

① 受皮亚杰和科尔伯格理论的影响，居恩. L. 泰普(June L. Tapp)的跨文化心理学研究十分强调像"归属、信任、公平"等对儿童的是非标准和法律观念及正义观念的发展的重要作用，转引自［美］伯尔曼：《法律和宗教》，43、166 页。

② 参见［美］伯尔曼：《法律和宗教》，43 页。

标记的目的是，不仅使法官本人，而且也使得所有其他参与审判过程的人，使全社会的人都在灵魂深处体会到，肩负审判重任者必须摒除任何个人癖好、个人偏见和任何先入为主的判断。同样，陪审员、律师、当事人、证人和所有参与审判的其他人，也因为开庭仪式（随全体起立而喊出“肃静，肃静！”），严格的出场顺序、誓言、致词的形式以及表明场景的其他许多仪式而被赋予各自的使命、职责。这可不是那种我“就是我”的自由竞胜之所。相反，每一个参与其中的人都强使自己的个性依从于法律程序的要求。于是，法律正义的崇高信念——客观、一致、平等、公平（普遍价值）——就被戏剧化了。如英国谚语所云，正义不但要被伸张，而且必须眼见着被伸张。这并不是说，眼不见则不能接受；而是说，没有公开则无所谓正义。①

法律的各项仪式，即表现为立法、适用法律、协商以及判决的各种程序，其意义远远超出把罪犯投入监狱这样一件运用工具的事情。所有的审判都应该具有教育意义，而不只是确定罪行。延长诉讼程序总比责令和嘲弄被告或使其缄口要好。法院的审判应当帮助人净化精神，而不应在我们的尊严之上再施暴行。它应该把蕴含在法律程序中的价值戏剧化，而不是漫画化。②

在许多种民事案件中，我们也需要新的诉讼程序，以使法律工具的使用追随价值。衡平法程序较之习惯法程序更富伸缩性。虽然衡平法要更多地考虑价值问题，但它必须将这些考虑纳入到新的衡平诉讼程序中。在这里，作为工具的法律和体现价值的法律根本上就是一个东西。

除司法程序外，我们还需要在地方政府和中央政府中创设新的程序形式，以便更新关于公共教育、污染、社会保障、廉价住房、公平就业以及其他诸如此类的法律部门，从而尽可能使一个价值问题变成一个形式问题来得到解决，通过程序引导公众以创造性的而非破坏性的方式实行参与。而法律程序中更为广泛的公众参与，乃是重新赋予法律以活力的重要途径。除非人们觉得那是他们的法律，否则，他们就不会尊重法律。

当我们把法律当作一种工具来使用时，我们必须遵循程序；当我们把法律当作一种价值来追求时，我们必须通过程序。程序在此提供的不仅仅是一整套操作规程形式，它还具有深刻的社会内容。程序是法律的核心，是融合工具和价值的粘合剂。

---

① 参见［美］伯尔曼：《法律和宗教》，47—48 页。

② 参见上书，59 页。

第六章　法律意识论——社会学派的阐述

第一节　法律意识研究成果的概况

作为法学和社会学边缘学科的法律社会学学科，从萌芽发展到今天已有上百年的历史。上一代法律社会学家（如韦伯、埃尔利希）非常重视以理论分析的方法研究法律与社会在客观上怎样相互作用，而当代法律社会学家的研究正转向用经验考察的方法探索法律与社会交互作用大背景下的具体问题。主要方向集中在法律意识问题的研究、司法制度的研究、法律的实施及社会效果的研究等三方面。[①] 其中，法律意识问题的研究已经成为当代一大热门主题。[②] 法律社会学关于法律意识问题的研究源于北欧，继而是波兰，逐渐遍及所有开展法律社会学研究的国家。从事这方面研究的主要是具有社会学教育背景的法律社会学学者。他们认为，法律的实现程度，取决于公众对该法律的态度和认识程度。这样，研究公众对法制的认识和态度便成为研究法律与社会交互作用的重要问题。

在西方，习惯上把法律社会学关于法律意识问题的研究称为 KOL（即研究 knowledge and opinion of law）。自 20 世纪 60 年代以来，KOL 研究有了相当的进展，出现了大量的理论著作和有价值的专题研究，出版了学术刊物，形成了专门研究队伍。[③] 从内容上说，在当前西方 KOL 研究中，学者们已不满足于对公众法律心理和意识的静态描述，而转向对形成特定的法律心理和意识的原因及其过程的动态研究。法律意识静态研究的内容包括："①有关强制性法律规范的知识；②有关义务性法律规范的评价；③有关希望和理想中法律的要求。"[④]法律意识动态研究的内容包括各种法律意识形成的原因、过程和结果。静态研究的内容在以前的法理学中都有过分析，只是没用"静态"二字；而动态研究则反映了法律社会学关于法律意识问题研究的特色，表明了该学科的新发展，也是法律社会学关于法律意识问题研究成果的精华所在。

法律社会学关于法律意识问题研究的内容和方法，可以从三个方面概括其特点。

---

① 参见陈学明：《国外法律社会学研究与教学现状概览》，载《国外法学研究》，1988(2)。

② 同上。

③ 参见赵震江、季卫东、齐海滨：《试论法律社会学的意义与研究框架》，载《社会学研究》，1988(3)。

④ ［澳］诺曼·托马斯克：《法律社会学》，116 页。

一、研究内容总体上缺乏理论性，偏重对每个小课题的单独考察和探索

“法律社会学在它发展的现阶段，实在是极其松散而零乱的，并没有一个坚实的理论框架。”①“作为一个探究知识的领域，它也并没有以突出的统一性或内部结构协调一致为特色。”②正如加利福尼亚大学教授 J. H. 邵尔尼奇在《美国法律社会学》一书中写道：“理论在美国的法社会学中，依然是一种转瞬即逝的现象。”

法律社会学的研究虽然在总体上缺乏理论性，但对每个小课题的研究却取得了突出的成就。其动态研究很少从理论角度出发，而是采用具体的考察方法，既形象地阐明了各种因素与法律意识之间的相互作用和效果，又从社会实践的各个层次使人们认识到法律意识在社会生活中所起的重要作用。目前其研究课题十分众多，但为我们所了解的仅限于法律宣传对公众法律意识的影响，执法机构在提高公民法律意识水平方面的作用，以及如何考察公民法律意识水平等几个主要课题。

二、社会学的研究方法，使得法律意识问题研究获得了生命力

法律社会学关于法律意识问题的研究，借鉴了社会学的调查、选择、测验等多种研究方法，从而把具体的考察作为研究问题的出发点。这样就为法律意识的静态和动态研究提供了可靠的第一手资料。由于这种方法摆脱了西方传统法理学的注释逻辑推理等研究方法的单一性，从而在某种程度上克服了理论脱离实际的倾向。这是一种进步，应该说这是一种较为求实的研究方法。另一方面，社会学研究为法律意识的研究开拓了较为宽广的新领域。在西方，法律意识问题一直为法理学所忽视，加之随着社会结构的复杂化，法理学本身已无法正确地把握这个问题。而法律社会学家使用社会学方法以经验材料进行证明，并在这一领域不断取得成果，这就“使得重新阐述和重新评价法理学方面久而未决的大量问题成为可能”③。

三、法律社会学强调，法律意识研究成果不能随意照搬照抄，而应当根据具体情况灵活运用

法律社会学指出：法律意识研究成果永远追不上社会的发展，永远概括不了所有的社会生活。即使同一地区的法律意识研究成果，也必须随着社会发展不断更新。因

① [英]罗杰·科特威尔：《法律社会学导论》，9 页。
② 同上。
③ 同上书，2 页。

此，跨国界、跨民族的借鉴就更不应照搬照抄。对于任何成果，只应借鉴其分析和研究问题的方法，结合本地区的具体历史条件和社会环境，得出完全适合自己情况的结论。

概括来说，法律社会学关于法律意识问题的研究，着重从动态研究的新角度看待法律意识的重要地位，并从多侧面、分小课题对法律意识问题加以研究。该学科在研究中借助社会学方法进行具体考察，从实践中获得有益的第一手资料，为法律意识问题研究作出了较大贡献。

我国目前对于法律意识问题尚缺乏系统深入的研究，因此探讨、评析法律社会学关于法律意识问题的研究成果，对于我国法律工作者来说不乏启发、借鉴和开阔思路的意义。

第二节　法律意识在法律控制中的地位

法律社会学非常重视法律意识问题，并把它摆在重要的地位，其重视程度为其他任何学科和学派所莫及。

该学科是在其法律控制理论的大背景下看待法律意识的地位的。法律控制是一种制约机制。一个文明社会要生存下去，就必须想办法制约人们的行动，使人们在大多数时间里遵从法律规范。法律控制过程有两个，即内部控制和外部控制。前者指那些使人们自觉地遵从法律规范的内部过程，后者是指通过使用各种正式和非正式的法律制裁，使人们遵从法律规范的外部压力。而法律意识在这两种法律控制过程中始终都占有非常重要的地位。

一、法律意识的内部控制作用

法律意识是法律内部控制中承前启后的重要环节。人们把现实中的法律规范接受下来，形成自己的法律意识，指导自己合法的法律行为。当人们的法律意识水平适应了国家立法，法律内部控制就实现了。比如，一个人在无他人在场时，也会遵守国家立法；即使产生了违法冲动，也会产生憎恨心理，感到内疚或自尊心的压力，最后放弃违法行为。这就是法律内部控制实现的具体表现。

法律社会学在法律内部控制中如此重视法律意识的重要作用，其理论根源有三个方面。

首先，法律社会学认为，社会中存在着导致违法行为的各种不良因素，但是同时也存在着促成合法行为的积极因素，即适法因素。前者是很受人们重视的，后者则几乎很少被人研究。事实上在法律意识中，适法因素正是实现法律内部控制的关键。那么，不应当只研究法律意识中的不良因素，还要注意研究法律意识中的适法因素，并积极诱导，争取主动实现法律内部控制。上述理论称之为“适法因素说”。其次，人们的法律意识水平决定着法律规范约束力的实际效益。当法律规范的内容没有成为人们头脑中的一种思想时,该法律规范实际上是不具有约束力的。只有当法律对全体居民和执法者产生了一种心理影响时,才有约束力。换个角度说,公民对法律规范的理解和态度,决定着法律规范约束力的实际效益。澳大利亚法律社会学家诺曼·托马斯克指出:“公众不仅被法律控制,他们也应该是法律的控制者。”[①]一种法律规范要产生效力,必须首先使社会成员默许它,即从心理上认可它。俄国法律哲学家雷昂·彼得拉日茨基(1867—1931)指出,在日常生活中,我们都有为某种行为的权利,然而,这完全不是因为法典或者诸如此类的规定对此做出了陈述,而只是因为,我们独立地确信应该这样。[②] 再次,法律社会学的“活法”理论认为,法律意识在法律规范的实施中比强制力更具重要意义。“社会生活中实际被人们遵循的规则是真正的‘活的法’,这种‘法’通常可用来防范纠纷,而且一旦纠纷发生,也可以以此来解决,而毋需求助于国家的法律机构。”[③]“活法”即现实生活中的法,包括人们的法律意识及实施的法律行为。如果一项法律没有深入到人们心中,没有成为人们法律意识的一部分并指导人们的法律行为,即使最猛烈的强制和惩罚也无济于事。[④] 就法律规范中权利义务的规定而言,如果义务没有得到主动履行,那么,权利也就不能实现,最终整个规范就形同虚设。即使对不履行义务者实行了制裁,也只是被动地对这个法律规范的实施尽了点努力,而无法补救以前此规范存在的意义。埃利希指出,与日常社会生活中所完成的无数契约和交易相比,法院的审判就只是一种例外的情况了。现实生活中只有少部分纠纷是提交享有审判权的人员去解决的。他认为,最重要的规范只是通过联想起作用的,通常来讲,并不是国家强制的威胁使一个人履行他的义务,而常常是个人无意识地习惯那样做。[⑤]

二、法律意识的外部控制作用

法律社会学在强调法律意识在法律内部控制中的作用的同时,也没有忽略法律意识在法律外部控制中的作用。

该学科认为,虽然作为审判活动结果的裁决(如侦缉员的决定、法院的判决等)是严格按照法律规定做出的,但在这些以法律的形式体现出来的裁决内容中包括着无形要素,如裁决者的经验、世界观、反应能力、受教育水平等也起着重要作用。这些无形的要素,是裁决者法律意识的一部分。

法律意识在法律外部控制中作用的理论根源,来自于法律社会学的“法官立法”理

① [澳]诺曼·托马斯克:《法律社会学》,118页。
② 参见[美]博登海默:《法理学——法哲学及其方法》,135页。
③ [英]罗杰·科特威尔:《法律社会学导论》,31页。
④ 参见[美]博登海默:《法理学——法哲学及其方法》,111页。
⑤ 同上书,143页。

论。法官立法，主张法官应当自由地去发现活的法律，不能从法律或法哲学的教条出发，而要从实际的社会状况出发来进行裁决，美国著名法官本杰明·N.卡多佐（Benjamin N. Cardozo，1870—1938）指出："司法程序中既包含着创造的因素，也包含着发现的因素。法官必须经常地对相对冲突的利益加以权衡，并在两个或两个以上可供选择的在逻辑上可以接受的判决中做出抉择。做出抉择时法官必然会受到其固有的本能、传统信仰和社会需要观念的影响。他必须权衡所有的因素，他的哲学、逻辑、权利意识等，尽可能明智地确定何者具有更加重要的意义。"①法官在司法裁决中起着如此巨大的作用，而法官的法律意识又是指导其行为的思想意识主流。因此，法律意识在法律外部控制中发挥着举足轻重的作用。

法律社会学从法律内部和外部控制的动态研究中，揭示了法律意识的重要作用。它的意义不仅在于认识到了法律意识问题的重要性，还在于从中发现了深入探索法律意识问题的新角度、新课题。

该学科对法律意识重要作用的剖析，对于我们目前关于法律意识问题的理论研究和增强公民社会主义法律意识的社会实践具有较大启发和促进意义，有利于我们填补以前在这方面的理论空白，以发现和解决现实生活中的法律意识问题。

第三节　法律意识传播的途径

在法律社会学关于法律意识问题的研究中，法律知识的传播途径与效果是一个重要课题。其研究结果表明，法律要求首先应当通过立法文件和其他规范性文件的颁布为社会所知晓。其次，应当通过报刊、广播、电视等大众传播媒介，使法律要求家喻户晓。再次，应通过适用法律的司法活动提高人们对法律的认识。以上三种途径传播法律知识的效果直接制约着公民法律意识水平。

一、法律、法规的公布

立法文件和其他规范性文件的颁布，关键不在于颁布的手续，而在于法律规范自身在立法技术和内容两方面是否过关。美国法学家J.梅里曼在论及《法国民法典》时曾说到："法典编著者们曾经设想过，1804年的《法国民法典》会成为像摆在家庭书架上的《圣经》那样广为流传的书籍。它具有清楚的条理，使公民能够自己认定他们的合法权利和义务。"②由此可见，法律规范传播的效果与其质量息息相关。

法律规范是法律信息中最可靠的信息源，因此有必要重视法律规范的汇编，以备

① ［美］博登海默：《法理学——法哲学及其方法》，143页。

② ［美］梅里曼：《大陆法系》，西南政法学院顾培东等译，31页。

公众在不清楚法律要求时加以查询。但是,这类信息源也有其局限性。由于利用这类信息源需要有专门的素养和技能,所以它对大众的影响面较小,大多只及于法律专家和从事法律适用活动的人员。若使法律要求普遍深入到公民的法律意识中去,还必须大量地利用大众法律知识传播媒介。

二、大众传播媒介

报刊、广播、电视等大众传播媒介会使法律要求家喻户晓。

法律知识大众传播媒介的特点在于:第一,具有普遍性、日常性、高效性。普遍性指能对整个社会起作用;日常性指其作用是不断的,每时每刻的;高效性指可以在短时间内报道信息。第二,所宣传的法律要求比法律规范本身更广泛。它不仅包括法律规范本身的内容,还包括与法律规范的适用、研究等有关方面的问题。在传播法律要求的内容上,广播、电视传递新法律的信息,报纸、杂志帮助公民补充理解法律信息。如果说广播传递新制定的规范性文件的信息并加以简明陈述,那么报纸就不应当只说明为什么制定法律,而且还要说明在社会生活中发生了哪些变化,新法律目标何在,内容实质新在哪里,在立法体系中占据何种地位,等等。

法律知识大众传播媒介在法律知识传播中具有重要意义。它们不断地向人们提供法律信息,像一面面镜子,告诉人们应该怎么做,不应该怎么做,以及哪些应该发扬,哪些应该纠正,等等。它们直接窥探着人们的心理,不断帮助公民改变旧的法律意识,形成新的法律意识,对公民法律意识起着提高或减弱的重要作用。"当一个国家软弱无力、缺乏有效的监督和控制机构,并且不能依赖于大量的宣传工具来控制众多的通讯网络时,人们决不会认真考虑把法律作为一种大规模社会和经济计划的有效工具这样一种现代法律观念。"[①]甚至,"法律可以因行政上、预算上的不足或缺少宣传途径等问题而被实际上废除"[②]。1848 年挪威制定了一部关于女佣或帮工妇女工作条件的法律,该法律限制了工作时间,规定超过时间给付报酬的最低额,以及保护女佣地位的其他条件。V. 奥伯特(Aubert)的著名研究表明,该法颁布后,并没能改变妇女工作条件。其明显无效的原因在于:受法律保护的主体,并没有广泛地知晓法律的内容,即立法机关在制定法律时没有考虑到让那些受法律保护的当事人了解法律的内容。[③]

三、司法实践

法律有时在社会中隐蔽地执行自己的职能,即有时人们并不知道准确的法律条

① [英]罗杰·科特威尔:《法律社会学导论》,51 页。
② 同上书,122 页。
③ 参见上书,122 页。

文，而由司法实践直接弥补了他们的这一缺陷。人们在社会群体、阶层和阶级的交往中相互传递司法实践信息，通过日益积累逐渐形成一部分法律意识。例如，参加司法活动的人，无论他作为何种角色，都获得了有关法律规定的信息，进而又在其直接往来的人（家庭成员、朋友、同事、同行等）之间加以传播。通过这种传播，即使人们不知道法律的条文，也可以通过人们参与的司法活动形成一定的法律意识。从而，法律以隐蔽的形式对社会关系起着调整作用。

法律社会学家强调法律适用对公民法律意识的影响，有其理论根源。美国的O. W. 霍姆斯曾给法律下定义说："我所理解的法律，不是别的什么东西，而是法院在事实上将要做什么的预言。"[①]他们在理论上竭力主张法典的权威必须缩减到最小的限度，而法官在审案过程中的自由裁量权应当加以扩大。虽然他们也或多或少地承认假使把法官的自由裁量权发挥到极端，将会导致无法状态。例如德国H. 康多洛维奇说："没有社会学的概念法学是空洞的，没有概念法学的社会学是盲目的。"[②]但他们宁肯贬低法律或法典，而依赖法官的自由人格。因此，该学科认为适用法律的活动对人们法律意识的影响并不亚于法典本身。

四、几个值得注意的问题

法律社会学在研究法律要求如何反映到法律意识中的三个途径时，注意了以下几方面的问题。

（1）法律知识宣传的针对性问题。法律知识宣传要因法律知识的特点，人们所从事职业的特点和人们受教育水平的不同而异。首先，法律规范的内容与人们生活的联系有远些和近些之分。有针对性的宣传，就是要着重宣传那些与日常生活密切相关的法律知识，如刑法、民法、行政法、婚姻法等。其次，有些法律规范的内容仅与从事某项职业的公民有关。从事这项特定职业的人员都必须了解和执行它，而非专业领域的公民则不需要了解它。这就要求我们对某些公民进行特定的法律知识宣传。最后，对受教育水平不同的公民进行法律知识宣传也要有针对性。受教育水平不同影响人们对法律信息的接受，既影响人们对法律信息种类的选择，又影响人们对法律信息内容的选择。比如受教育程度较高的人愿从印刷品信息源获取法律信息，因为这种方式提供的信息量大，可供选择的面宽；而受教育程度较低的人却很少光顾印刷品。

（2）群体意识在法律信息传递中的重大作用。在法学领域里，法律社会学首先注意到了社会群体意识在法律信息传递中的重大作用。该学科研究结果表明，当某些法律信息以个体方式传递时，其被知晓的程度远远低于通过群体方式传递而被知晓的程

---

① 吕世伦、谷春德：《西方政治法律思想史》（下），341页，沈阳，辽宁人民出版社，1987。

② 同上书，333页。

度。前苏联列宁格勒所进行的关于法律宣传方面的调查表明，有 1/2 被询问者从报上直接得到了法律信息；1/3 的人通过讲座得到法律信息；而所有的被询问者都从同事、家庭成员、邻居那里得到前苏联现行立法的信息。

(3)法律规范内容的正义性有利于公民对该规范的接受。法律社会学强调，要使公民接受实施中的法律，必须使公民相信这个法律规范的内容是正义的，是社会所需要的。只有在此基础上，公民才有可能对法律问题表现出积极的态度，并参与对这些问题的解决。否则，即使法律被广泛传播了，也会因为其本身缺乏正义性而不能在人们心目中树立起威信。人们将不愿接受它，并且回避它，以至于抗拒它。简言之，法律内容只有在社会成员的评判中经得起考验，才会赢得社会的尊重，并被接受。

法律社会学对法律知识传播途径与效果的研究和考察，为有效地提高公民法律意识奠定了理论基础，从而避免了仅就法律意识论述法律意识的做法。

第四节　执法者的法律意识

法律知识宣传的途径及效果与公民法律意识水平的高低息息相关，执法者的法律意识水平及社会威望对公民法律意识的形成有更直接的制约作用。

一、执法者的素质

法律社会学认为，执法者的法律意识对社会产生巨大影响的主要原因在于他们在法律适用中所起的重要作用。法官在司法中赋予刑法、刑事诉讼法等法律规范以生命，决定着现实法律生活的面目，决定着立法者的思想能否得以实现。T. 帕森斯曾经分析过，虽然执法者也同其他行为角色一样，基本上受规范要求支配，但由于执法职业的特殊社会功能，引起立法者和全社会公民的共同关注，使执法者的法律行为对社会产生重要影响。例如，法官在审判过程中，受到诸多因素的影响，其结果可能做出公正的判决，也可能做不公正的判决。做不公正的判决的法必然会使公民不满，并降低法律职业的社会威望，降低法律在公民面前的威信，从而阻碍公民法律意识水平的提高。

该学科认为，提高执法者的法律意识水平及其社会威望，必须首先了解影响执法者法律行为的客观因素。考察结果表明，直接影响执法者法律行为的因素很多。如：①法官的法律意识和法律修养水平。在解释和适用实体法律规范、判定证据效力、在法律没有严格规定时决定所应采取的对策等方面，法官的法律意识和法律修养都起着重大作用。②法官的情绪与健康。美国的列维林甚至说："一顿不愉快的早饭也足以对法官做出的判决有决定意义。"[①]③法官的工作条件及劳动奖惩制度。④法官是否喜

① 吕世伦、谷春德:《西方政治法律思想史》(下),350 页。

欢自己的职业。⑤法官的个人品质。⑥法官的家庭背景、宗教信仰、文化渊源、受教育程度和党派出身等。以上诸种因素既有个人方面的,也有环境方面的;既有历史的,也有现实的。诸种因素共同影响法官的态度及法律行为。法官并不是中性的和适用法律的机器人,他所作的判决极大地受到其主观态度和偏见的影响。如此众多的因素影响法官的判决,要维护法律职业社会威望的提高,首要的问题就是把握好法官质量。

承认诸种因素对执法者法律行为的影响,并不等于承认任何一个人都能成为法官,并随心所欲地执法。公民必须具备以下几方面基本素质,才有成为法官的资格。①受教育素质。法官的受教育素质,包括法律知识水平和社会实践经验两个层次,后者有助于加深对前者的理解。“一个丰富的专业课程表,一种广泛的各式各样的基础课程安排,一种对科学的法律文化的深入钻研,对于那些伟大的法官并不是必不可少的。”[①]美国人霍姆斯和卡多佐等法官不仅具有书本上的法律知识,更具有通过参与社会实践所获得的经验。②个人才智。具备适合法律职业的个人才智,是成为一个伟大法官的必备条件之一。这种才智表现于良好的记忆、敏感,以及类推、鉴别、运用材料、掌握事物之间联系的能力。并不需要文学天才,但不能缺少天赋的表达能力。审判工作是最复杂的工作,法官必须善于领导每个案件所独有的诉讼参加者集体。法律社会学家要求心理学家、教育学家和法学家要协调工作,为准备从事审判工作的人制定录用和平时测评标准。③公正。非凡的才智并不能造就一个伟大的法官,公正应是法官最重要的品质。弗朗西斯·培根是英国辉煌时代最光彩夺目和最有才华的人,是一位杰出的散文作家,但他所具有的超凡的才智并未能避免他成为一个腐败的法官。他屈服于金钱诱惑,利用职务之便,以雇佣律师为掮客,以他的助手为经手人,大肆进行贿赂活动,使法官这个职业成为营利的营生。他最后被宣布不得再任职。他所受到的惩罚完全适合于他的罪行。由于培根缺乏公正,他已不是任何意义上的法官了。理想的法官就是公正的化身,缺乏公正就根本不是法官。④坚韧不拔。真正的坚韧不拔既不是顽固不化,又不是优柔寡断,而是这两者之间的东西。历史上英国的E. 科克[②]可称具有坚韧不拔品质的典范。他为了维护司法机关的独立性,以他的自由甚至生命安全,勇敢地反对国王詹姆斯一世。他当面告诉詹姆斯一世:“国王自己不得审理案件。”[③]⑤超脱职业的局限性。法律社会学认为,法律职业的局限性表现在,往往只从诉讼技术角度看待和处理复杂社会经济背景中的案件或问题,这一局限性导致有时不能正确解释立法意图和案件性质。霍姆斯法官说过:“只有熟悉与法律有关的历史背景、社会因素和经济情况的法官和律师,才能够适当地履行职责。”[④]否则,“如果一个人只是一个法律工匠,只知道审判程序法和实体法的专门规则,那么,他的确不能成为第一

---

① [美]约翰·T. 小努南:《法官的教育、才智和品德》,载《明尼苏达法律评论》,1987(5)。

② 英国詹姆斯一世时代的大法官。

③ [美]约翰·T. 小努南:《法官的教育、才智和品德》,载《明尼苏达法律评论》,1987(5)。

④ [美]博登海默:《法理学——法哲学及其方法》,145 页。

流的法律工作者。"①比如,如果对本国历史很陌生,那么,他就不可能理解该国法律制度的演变及该国法律机构对其历史条件的依赖关系;如果对世界历史、文化和文明的贡献不是很了解,那么,他在理解可能对法律产生影响的重大国际事件时就会遇到障碍;如果未接受经济学方面的训练,那么,他就无法认识许多法律领域中出现的决定性经济关系。总之,法律社会学要求执法者不仅要明了法律的具体规定,而且还要明了为什么要这样规定和怎样才能在社会政治经济生活中更好地运用这些法律规定。

二、对法官法律意识水平的检测

切实有效地提高执法者的法律意识水平及其社会威望,还必须采取行之有效的实际措施。法律社会学非常重视在实践中对每个法官的办案水平进行检验,及时查找出现审判错误的原因,并加以解决。

该学科认为,由于法院审判以前,法官要以自己的好恶标准去选择案件事实,所以,在现实生活中,法官不可能都是一样地在工作。如,有的法官可能歪曲法律规范的含义或以个人的自行其是代替法律,以至一年就被撤销或变更判决 10 至 15 次;而有的法官则在多年工作中从未被撤销或变更判决。审判错误的出现,标志着法官法律意识水平的低下,必然导致执法者社会威望的下降。因此,及时发现法官的审判错误并加以纠正,不失为提高执法者法律意识水平及其社会威望的良好开端。

检验的具体标准主要有两个方面。首先,考察法官做出的合法的和有根据的判决以外的情况,即不合法判决的情况。用调查表的方法调查错误审判该案件的法院的审理材料,由参加纠正错误的法官详细填写发生审判错误的原因。其次,当某些专职人员对法院施加非法影响并以此左右裁决时,法官表现出来的行为,也是检验的一个重要标志。总之,法官做出的合法的和有根据的判决比例越大,他的社会威望也就越高;尤其是当有些人想左右裁决时,他越能坚持做出合法的和有根据的判决,他的社会威望就越高。不能做到这一点的,就应由参加改判的人员填写改判原因,以便有针对性地加以改进和提高。

执法者的法律意识及法律行为直接决定了其社会威望的高低,从而影响公民提高自身法律意识的自觉性。要提高全社会公民的法律意识水平,在传播法律知识的同时,还必须不断提高法律职业的社会威望,在社会上树立起法律的威信。否则,法官失去人们的信任,法律失去人们的信仰,即使加倍进行法律知识宣传,也不会收到预期的社会效果。

法律社会学的这一研究成果对我们借鉴意义颇大。一方面,我国执法者中以权枉法者有之,这在一定程度上降低了法律职业的社会威望;另一方面,公民中文盲者有

---

① [美]博登海默:《法理学——法哲学及其方法》,145 页。

之,靠司法实践经验获得法律信息者多。因此,提高执法者的社会威望,对于提高我国公民的社会主义法律意识,具有更加现实的意义。这是从我国的具体国情出发而做出的思考。

第五节　公民的法律知识水平

在分析和考察"法律知识传播途径"与"执法者社会威望"如何对公民法律意识产生影响的同时,法律社会学还对公民法律意识现实状况,即"不同社会角色法律知识水平的不平衡性"进行了探索。

如果说人类社会是一个天然舞台,人类社会的种种活动是一种社会剧,那么,每个人都在这个剧中扮演着自己的角色。

该学科研究结果表明,不同社会角色法律知识水平具有明显的不平衡性。澳大利亚法律社会学家诺曼·托马斯克在他的《法律社会学》一书中写道:"法律意识探索所产生的调查结果表明了一个毫无疑问的结论,即不同的社会背景必然导致关于法律和法律制度的观点的不同。"[①]法律意识受政治意识和社会意识的深刻影响,同时受到个性、偏好、情绪等因素的干扰。"美国的库恩·罗伯逊(Cohen Robson)和贝兹(Bates)在其早期著作中研究表明,在不同社会经济群体,不同法律领域,不同性别、年龄、种族的公民之间,以及城市和乡村居民之间,对法律的态度和认识是迥然不同的。"[②]格罗斯曼(Grosman)曾说:"根本就不存在可以代表整体的公众,如果要理解法律文化,你就必须谨慎地确定一个有关公民的概念,在涉及不同问题时,这将是一群不同的人。"[③]

关于不同社会角色法律知识水平不平衡性考察的范例主要如下:

一、不同性别角色的法律知识水平不同

男子法律知识水平的平均指数比妇女要高一些。如果不把考察范围仅限于有正式工作的男女公民,可能这种差别还要大,因为不工作的妇女比在职妇女得到的法律信息少。妇女法律知识水平较低的直接原因是,妇女的政治信息量比男人少。而政治信息量又决定着法律意向的确定和法律知识的增进。妇女法律知识水平落后,其根源是男女实际平等还没有得到完全实现。妇女操持家务、教育子女等负担相当大,所有这一切降低了她们的政治信息灵通程度。男女法律知识水平的最大差别体现在国家法和行政法方面,因为这两个部门的规范是通过参与社会事业了解的。不容忽视的一点是,妇女在继承法、婚姻法方面的知识并不比男人低,这与其兴趣有直接关系。

---

① [澳]诺曼·托马斯克:《法律社会学》,116 页。

② [英]罗杰·科特威尔:《法律社会学导论》,163 页。

③ 同上。

二、不同居住地的公民法律知识水平不同

大型工业、文化城市居民之间的法律知识水平没有重大差别，因为他们大致拥有相同的信息渠道。而农村居民与城市居民相比，在获得法律信息上还处于不利地位。农村居民的受教育程度较低，法律意识水平也较低。美国社会学家唐纳德·布莱克指出："法律直接随文化而变化，文化落后的地区，法律也软弱无力；文化发达的地区，法律必然受到重视。"①

三、社会积极性大小不同的个人，其法律知识水平不同

一个人社会积极性的大小、参加社会活动的多少，直接影响其法律知识水平。在社会组织中积极工作的公民，自然为自己提供了必要的法律知识。各种社会活动或多或少地受到法律规范的约束，人们为实现其工作职能有必要知道有关立法文件。所以，一般来说，积极为社会组织工作的人能获得较多的法律知识。

四、脑力劳动者和体力劳动者的法律知识水平不同

考察结果表明，脑力劳动者的法律知识水平比体力劳动者的法律知识水平高。

除以上几方面外，法律社会学还对所有不同社会角色的法律知识状况进行了考察。其结果表明：首先，对所有公民来说，其刑法、民法知识水平普遍高于国家行政法知识水平。其次，公民的法律知识水平与立法者的期望相去甚远。丹麦学者伯尔·库钦斯基(Berl Kufchinsky)在一份KOL研究文献评论中提到："公众关于法律问题的普遍知识，比立法者和许多学者所期望的要贫乏得多。甚至，其利益受到法律保护的群体也是如此。"②在丹麦成年人的调查中，库钦斯基发现，只有3%的人能够正确回答"谁审查过法律"这一问题。③ 波特格雷基(Podgrcdci)指出，公民中一般只具有关于基本权利和义务的性质以及法律所允许或禁止的行为的大致划分的一定知识，而对蕴藏在法律原则中的目的有效地实现可以适用的方法和程序规则，只能是有限地了解。④

考察上述不同社会角色法律知识水平(N)基本公式为：

---

① [英]罗杰·科特威尔：《法律社会学导论》，15页。

② 同上书，163页。

③ 同上。

④ 同上。

$$N=\frac{\text{正确答案数}}{\text{提出全部问题数}}$$①

在这个公式中，最好的结果是法律知识水平为1，得1只是个理想的假设，实际水平不可能达到1。这种调查只做一次是没法得出结论的，只有多做几次，前后比较，才能看出水平的高低。

法律社会学对不同社会角色法律知识水平不平衡性的考察，使理论工作者和立法、执法、司法各部门的实际工作者掌握了公民法律意识水平的现实状况。既为理论工作者结合实际，寻求增强公民法律意识的有利对策提供了现实依据，也为实际工作者更加有效地开展法律工作指明了方向。

在我国进行全国范围的公民法律知识水平的考察尤为重要。我国人口众多，各地区、各民族生产力发展水平和文化水平差异很大，因而公民的法律知识水平不平衡性十分明显。如果对这些情况缺乏全面系统的了解，增强公民社会主义法律意识的努力必定是盲目和缺乏成效的。

第六节　法律社会学研究法律意识的技术和方法

取得以上诸课题的研究成果，除依靠动态研究理论的宏观指导外，更重要的是依靠了法律社会学家在理论研究与社会实践中对社会学技术方法一丝不苟的运用。一位美国法律社会学教授曾说过："什么是法律社会学？回答就是：'拿出具体数字来'。"比如，对一项农业立法，你就要拿出它会带来产量和出口的多大提高。同样，普及一项立法，你就要拿出基本知晓这项法律的人数百分比。法律意识调查的技术方法，决定了该学科法律意识问题研究的全貌。

法律社会学研究法律意识所运用的技术和方法基本上分两个阶段，一是法律意识信息的收集，二是法律意识信息的处理。

法律意识信息收集阶段所运用的具有重要意义的方法主要是：选择法、观察法、测验法、采访法、调查表法等。这些方法都是结合使用的，其中调查表法是这一领域中最受欢迎的方法。

一、选择法

该学科认为，无论是运用观察法、采访法、测验法，还是调查表法，当研究数量大、范围广、又十分分散的人员的法律意识时，都应当注意对选择法加以运用。

由于社会现实中的法律现象具有重复性特点，因此，就有可能用比较有限的原始

① 参见［苏］A.齐霍米罗夫：《法和社会学》（下册），中国人民大学法理教研室译，58页，1989。

资料，表示出概括性的结论，再外推到所有类似的课题。值得注意的是，选择一定要具备代表性，否则，外推的结论就不可能科学。虽然不能够一个不漏地研究每个人，但首先应该做到对被调查人员的基本了解。在此基础上，才能从总体上把握被调查人员，就某一最典型特征（如性别、年龄、职业等）分成若干个组，继而以随机的方式从每组中挑选单元，并在每个被选者名单上注明类别。这样，能够保证研究课题的代表性，避免法律意识信息收集的盲目性。在选择中一定要认真做好每一步，如果选择中出现错误或不正确使用技术方法，会使一切成果化为乌有。

二、观察法

观察法，是获得法律意识信息的比较简单的方法。其实质在于通过直接研究人们的言行举止来分析人们的动机和意向。观察者本人可以出席会议等，从而亲自注视情况的发生。现代技术（录音机、录像机等）可以大大改进观察的方法，能在社会科学的一切领域获得许多有益的资料。

三、测验法

测验，即提出某一相同问题对被调查者进行考试，评价考试结果。测验要求技术手段精简，所提问题明了。在法律意识研究中，测验法被广泛应用。

在应用测验法考察法律职业的社会威望、考察对法律准则遵守的程度等问题时，最好利用影射测验（例如利用各种案例的形式），这可以掩饰上下文中过分直截了当的问题。通过影射测验获得的被调查者的回答，应当由法律专家予以解释。

四、采访法

采访，能成功地考察群众法律意识。在采访中，被采访人常常希望他们的意见能够得到传播，对改善立法和运用法律活动产生影响。

采访法在某些方面比调查表法更为优越。调查表不是任何时候都能够使被调查者对调查目标和调查任务形成心理上的有利态度。调查互不见面，在研究者和被研究者之间有一些并不懂得调查目的的中间人。采访法没有这样的问题。采访时，不明白的问题可以询问，疑难的问题可以用别的方法加以表示。甚至，被采访者对某一问题拒绝回答，也具有信息意义，因为这可以同其他的回答结合在一起，用以评价被调查者的法律意识。

运用采访法时要注意创造无拘无束的环境，以利于回答者表达对法律的真实想法。

五、调查表法

调查表,即向被询问者提出一系列问题的某种连贯性表格。调查表法是在法律意识研究中运用得最广的一种方法。用调查表法获得的违法次数和违法内容等指标,能够很好地确定被调查者法律知识程度。同时,使用调查表法还可以使公民摆脱被当面询问的难堪及顾虑。

制作调查表,包括选题、提出假设、编写提纲三个步骤。调查成功与否,在很大程度上取决于调查表的内容。因此,首先应当从大批问题中选择几个有代表性的问题,即选题。所选的问题,要求不仅可以调查出公民的整个法律知识水平,而且能够把公民对不同部门法的了解程度做一横向比较;不仅涉及与日常生活紧密相联的法律规范,而且涉及在司法实践中很少适用的法律规范。选题之后,是提出假设。假设的思想来源包括:研究者研究掌握的法律知识和实践经验,研究者从他人那里获取的知识和经验,如与领导人、专家或实际工作者座谈所得,以前的调查和观察所获得的材料。提出假设之后,是编写以题目内容为主线的调查提纲。

与采访法相比,调查表法更具优点。首先,采用这种方法可以使研究者搜集大批材料,而且材料内容广泛,既与被研究的问题有关,又与相邻问题有关。其次,采用匿名形式询问被调查人,使回答更为直率。最后,由于为数巨大的材料可以使用机器处理,保证了处理结果的准确程度,避免了人工处理的误差。

法律意识信息处理的方法是排队、分组、填制统计表、计算百分比数和其他指数等。

排队就是将作为排队基础的某一特征按增加或减少的程度排列起来。排队是整理法律意识信息原始资料的最简单的方法。

分组在信息处理中起着重要作用。其中结构分组是要弄清被研究者总体的构成;典型分组是分析现象的典型特征,解析分组用来确定某些特征之间的联系。

最后,填制统计表,并在此基础上计算出百分数和其他指数,总结研究结果,为各种国家事业单位和管理机关写报告书,提出科学建议。

法律社会学在研究法律意识问题时是运用一种或多种上述方法和技术,即从多角度对法律意识这一现象进行考察的。这不仅获得了很多关于公民法律意识的具体资料,为法律意识问题研究提供了科学依据,而且为解决立法、执法、守法等方面的有关问题提供了有益的帮助。

法律社会学家在运用社会学方法考察公民法律意识的理论与实践基础上,做了许多进一步的思考。

美国历史学家 H·斯图尔特·休斯认为,“用社会学观点来研究法律,并不要求将法律纳入经院社会学的学术轨道,而应该带着社会学的想象力来观察法律,即根据不同的假设,通过多角度观察方法,获得有关法律意识的社会氛围、理论和数据,并加以解释和吸收”[①]。科特威尔告诫我们,在用社会学方法考察法律意识问题时,要避免两种倾向:一是避免期望过高,即自认为收集一些定量的材料就可以解决这个时代的社会问题。事实上,这些材料不可避免地带有片面性,也有或然性。二是避免期望过低,即专注于收罗以研究暂时改革为目的的素材,转移了社会学想象能力的发挥。[②] 总之,该学科认为,我们应该在广阔的社会中,在社会文化的环境中,不断地多角度地对法律意识问题做出考察。在这一科学意义上,德国的经典社会理论家马克斯·韦伯、卡尔·马克思、法国的埃米尔·杜尔克姆都是我们的楷模。

法律社会学在研究法律意识问题时,通过科学地运用社会学方法,使法律意识问题研究课题和成果更加深入和具体,与社会实际紧密结合起来。这既使研究本身更具生命力,又使研究对社会实践更加具有指导作用。[③]

第七节　当代西方社会学派法律意识研究成果的借鉴意义

综上所述,法律社会学关于法律意识问题的理论研究冲破了以前法理学关于法律问题研究的旧框框,从动态研究的新角度,科学地运用社会学技术方法,经验地考察了法律意识在法律控制中的重要作用、法律知识传播途径和效果、执法者的社会威望对公民法律意识的影响以及公民法律意识状况等问题。这就使法律意识问题不再仅是一个重要的理论问题,而且成为一个重要的社会实践问题,从而极大地丰富了法律意识研究领域的内容。虽然法律社会学关于法律意识问题的研究成果也不可避免地打上了阶级的烙印,但是其科学的社会学经验考察方法,其强调研究者要结合实际得出自己结论的理论,使之对不同社会环境、历史条件、政治和经济发展条件下的法律意识理论研究和社会实践都有借鉴意义。

法律社会学关于法律意识问题的研究成果有以下几个方面值得我们深入思考和研究。第一,从动态研究角度看待法律意识问题的重要地位。这不仅使我们看到了法律意识如何起着重要作用,还看到社会政治、经济、文化、道德、宗教以及执法者社会威望等多方面因素对形成公民法律意识的实际影响,有助于我们开阔法律意识问题理论研究的视野,在实践中有效地发现和解决问题。第二,重视法律知识宣传的针对性、群体意识在法律信息传递中的重大作用、法律规范内容的正义性对公民接受该规范的影响等问题的考察。这有助于我们把法律知识宣传落到实处,避免流于形式。第三,重视执法者法律意识水平及社会威望对公民法律意识的影响。这有助于我们解决现实问题。在我们社会中,执法人员以权枉法者有之,这在一定程度上降低了法律职业的

---

① [英]罗杰·科特威尔:《法律社会学导论》,4 页。

② 同上书,7、8 页。

③ 同上。

社会威望;另一方面,公民中文盲者有之,靠司法实践获得法律信息的占多数。因此,提高法律职业的社会威望对于提高公民法律意识水平具有更加现实的意义,在实践中应当同普法宣传摆在同等重要的位置。第四,重视对不同社会角色法律知识水平不平衡性的考察。在我国进行全国范围的公民法律知识水平考察尤为重要。我国人口众多,各地区、各民族生产力发展水平和文化水平差异很大,因而公民的法律知识水平不平衡性十分明显。如果对这些情况缺乏全面、准确的了解,增强公民社会主义法律意识的社会实践将是盲目和缺乏成效的。第五,重视科学地运用社会学方法。我们目前的普法实践对调查等技术方法运用得不够科学,有的普法工作者素质差,有的不负责任,从而使调查结果失去科学价值。在这一点上,当代法律社会学家关于法律意识的研究成果,对于我国社会法律意识的建设是颇有参考价值的。

第七章　法律行为论——D. 布莱克的阐述

第二次世界大战以后，美国社会科学发生了一场行为科学革命，法学家们借助行为主义的方法来研究法律现象，到20世纪70年代形成了行为主义法学。行为主义法学是西方最晚近的法学流派之一，尽管它没有自然法学派和分析主义法学派那样大的势力，但是，它对法学的冲击是不可低估的。今天，它已席卷西方尤其是美国的整个法学阵地，影响很大。行为主义法学有它自己产生和发展的历史背景，也有它自己的理论渊源。它提出了一套别具一格的理论，引起了很大的反响。

第一节　行为主义法学产生的历史背景

行为主义法学，也称行为法学，是借助一般行为科学的理论和方法来研究法律现象，特别是法行为的学科。它试图通过这种研究，发现法行为的规律，解释和预测并进而控制人们的法行为，以形成一种理想的法律秩序并维护社会的稳定。

行为主义法学在美国的产生和发展并不是偶然的，而是应运而生的。其历史背景就在于自然法学和分析主义法学与世界法律现实不相适应，美国文化传统的特性以及美国现代自然科学和社会科学的飞速发展和相互渗透。

一、自然法学和分析主义法学与世界法律现实不相适应

19世纪末20世纪初，资本主义进入帝国主义阶段。一方面，无产阶级同资产阶级的矛盾更加尖锐化，世界无产阶级反对资产阶级的斗争也进入了一个新的阶段；另一方面，资本主义国家之间的矛盾加深，争霸战争愈演愈烈，最终导致了两次世界大战的爆发，这对世界政治法律的影响是巨大而深远的。首先，在第二次世界大战中，法西斯主义使资本主义国家的民主和法制几乎名存实亡。其次，无产阶级的社会主义革命在两次大战中兴起，尤其是第二次世界大战以后，产生了一大批社会主义国家，形成了一个与剥削阶级法律体系根本不同的社会主义法律体系。再次，工人阶级对资本主义法律的反抗和斗争越来越尖锐。最后，资本主义国家之间的法律冲突也越来越多。

马克思和恩格斯早就指出："人们的观念、观点和概念，一句话，人们的意识，随着

人们的生活条件、人们的社会关系、人们的社会存在的改变而改变。”①面对世界法律现实的这些重大变化，面对资本主义法律的严重危机，自然法学和分析主义法学束手无策。因此，人们开始怀疑它们的结论。法学家们也开始反对抽象的、形而上学的哲学思辨，反对纯粹注释的和历史的研究方法，反对对法律只作定性研究，而不作定量分析，反对只研究法律的单纯的文字资料，而不研究现实的法行为。于是，他们面向实际的法律问题，借助行为主义的理论和方法（其中最重要的是经验的考察和定量的分析这种理论和方法）来研究法律现象，从而产生了行为主义法学。

二、美国文化传统的特性

“既然已经证明，一定的现象**必然**由当时存在的关系所引起，那就不难确定，在何种**外在**条件下这种现象会**真正**产生，在何种外在条件下即使需要它，它也不能产生。”②前面已经阐明，行为主义法学的产生是必然的，那它为什么首先产生并繁荣于美国呢？还是马克思说得好：“理论在一个国家的实现程度，总是决定于理论满足这个国家的需要的程度。”③行为主义法学在美国的产生和迅速发展，同美国文化传统的独特性和一贯性密切相关。

最初，美国人作为开拓者进入一个未经开发的富饶的国度，他们在精神上毫无束缚，开发了新大陆，并建立起民主社会；他们主要依靠自己的个人奋斗及其经验，顺利地发展起自己的资本主义经济，从未遇到强大的封建势力的阻挠。因此，美国人就表现出实用主义、求实主义、推崇科学等民族精神。在独立战争和南北战争后，美国资本主义经济进一步发展，几乎毫无约束、毫无顾忌地进行竞争和扩张，实用主义精神在美国更加深入人心。20 世纪以来，美国人的价值观发生了较大的变化，但历史上形成的实用主义精神仍然没有改变。正是由于这种精神的影响，美国的法学家们对自然法学和分析主义法学的研究方法感到不满，认为可以发现甚至发明一些别的研究方法，这些研究方法可以为法学提供一种经验主义的和系统的论述，只要对法律现象进行周密的、直接的和严格控制的观察就可以对这种论述进行检验。这一时期，刚好逻辑实证主义、科学主义、相对论等都在美国盛行，法学家们便吸收了逻辑实证主义和科学主义的价值和事实分离原则和实证原则，作为行为主义法学的理论基础，以构筑自身特有的一套新颖的理论体系。

---

① 《马克思恩格斯选集》，2 版，第 1 卷，291 页，北京，人民出版社，1995。

② 《马克思恩格斯全集》，第 1 卷，216 页。

③ 《马克思恩格斯选集》，2 版，第 1 卷，11 页。

三、美国现代自然科学和社会科学的迅速发展和互相渗透

战后,美国自然科学经历着一场技术革命,软硬科学、电子技术和有关资料处理手段均有突飞猛进的发展,研究工作中的设备、技术和程序都有巨大的变化。这就为包括行为主义法学在内的行为科学进行大规模复杂的研究提供了一个前所未有的条件,即向科学化发展的基础。技术革命波及社会科学,带来社会科学中的行为科学革命。起初,心理学、经济学、社会学和政治学纷纷使用新方法、新设备、新技术,并取得可观的成绩,这就使法学家们对各学科之间的合作也表现出越来越大的兴趣。他们力图仿效其他行为科学,并不断地在仿效、应用过程中吸收其中的理论、方法、观念、结构和研究成果,从而发展成为行为主义法学。

在上述历史背景下,行为主义法学在美国产生并发展起来,最后发展成为影响较大的法学思潮和法学流派。现在,行为科学仍然在不断地向前发展。随着其他行为科学的发展,行为主义法学也将进一步发展。

第二节　行为主义法学的理论渊源

行为主义法学广泛地吸收社会科学和自然科学的有关成果,只要是能够吸收、借鉴的,它都大胆地吸收和借鉴,因此,它的理论渊源比较复杂,主要有以下几个方面。

一、实证主义

行为主义法学和一般行为科学一样,强调对人的行为进行经验的、实证的和数量的分析和预测,认为价值与事实分离,反对价值判断,主张进行"纯粹"的科学研究。正如日本法学家川岛武宜所说的:"在日常的语言和思考中,把被当作质的东西,在量的差异中来观察分析,是科学的目标。"①近年来,行为主义法学越来越多地采用数学模型方法,即用符号、数学公式以及图表对法律现象和法行为进行描述。因此,行为主义法学这个"最新自然科学的法学"也可以称为"实证法学""计量法学",属于"经验法学"即"作为经验科学的法学"的范围之内。

二、结构功能主义

在现代西方社会学中,以美国社会学家 T. 帕森斯(Parsons)为代表的结构功能主

① [日]川岛武宜:《法社会学和法律学》,载《法社会学讲座》,第 3 卷,21—22 页,岩波书店,日文版,1972—1973。

义是一个主要的流派。它的研究对象是整个社会，重点是构成社会的各要素之间的关系。结构功能主义认为，稳定的社会秩序的建立，有赖于发现其要求（功能）的诸手段（结构）。帕森斯说："社会体系既成状态，就是两个或两个以上单独行为者的补充性的相互作用过程，在这一过程中，双方中的每一方对于另一方（他或他们）的一些期待表现出自己的顺应性。"①归根到底，社会秩序就是靠这种人们之间的相互"期待"行为的"顺应性"来实现的。

显而易见，行为主义法学的理论宗旨和研究方法与结构功能主义社会学的基调是完全一致的。因此，结构功能主义也是行为主义法学的理论渊源之一。

三、行为主义心理学

1913 年由美国心理学家 J. B. 瓦特生（Watson，1878—1958）创立的行为主义心理学，是现代西方一个极其突出的机械唯物主义的心理学流派。瓦特生等人坚决反对继续把"不可捉摸的和不可接近的"心理现象作为心理学的研究对象，而竭力主张科学心理学的研究对象应该是人和动物的可以观察的行为。因此，行为主义心理学是不研究心理而研究行为的心理学，实际上不是"心理学"，也许称之为行为学更为恰当。他们坚决主张严格地使用各种客观的方法，彻底废除内省法。他们否认人的意识和意志，断定人的一切行为都只是刺激—反应（Stimulus - Response）关系，因此，要把"刺激—反应"公式作为解释行为的原则。瓦特生说："心理学是自然科学的一个把人的活动和行为作为它的研究对象的部门。它企图通过系统的观察和实验来表述作为人的反应的基础的那些规律和原则。每一个人都同意人的动作是决定于某些事物的，而且同意无论他的动作是否有条不紊，他所以会如此动作，总是有充分理由的，问题只在于是否能够发现这些理由。为了表述这样的一些规律，我们必须研究行动着的人——他对日常的生活情境以及偶尔可能碰到的特殊情境所进行的顺应。"②把行为主义法学的研究对象和方法与行为主义心理学的研究对象和方法比较一下，就可以知道行为主义心理学毫无疑问是行为主义法学的理论渊源之一。

四、行为科学

对于行为科学，至今国内外都还没有一个统一的看法和定义。美国 1982 年版《管理百科全书》认为："行为科学（Behavioral Sciences）是包括一切研究自然和社会环境中人类（包括低级动物）行为的科学，包括心理学、社会学、社会人类学以及其他与研究行

---

① ［美］帕森斯、E. 希尔斯：《行为概念研究》，40 页，美国剑桥，英文版，1951。

② 参见［美］瓦特生：《从行为主义者的立场出发的心理学》，1 页，1919。

为有关的学科组成的学科群。这些学科在过去二十年中越来越广泛地应用于研究工作环境中的人的行为。"这可以说是一种广义的定义。还有一种狭义的定义,例如1980年英文版《国际管理词典》认为,"行为科学主要是有关对工作环境中个人和群体行为进行分析和解释的心理学和社会学学说……它强调的是试图去创造出一种最优的工作环境,以便每个人既能为实现公司目标、又能为实现个人目标有效地做出贡献。"我们这里所说的行为科学指的是广义的行为科学,人类行为受到社会的、心理的、自然的多种条件的影响和制约,因此要研究人的行为,就必须借助多方面的知识。可以说,行为科学是运用心理学、社会学、社会心理学和人类学的理论来研究人类行为的科学。行为科学所采取的主要是社会调查的方法,通过调查、实验和观察,了解和掌握各种情况和变化,从人的外在行为方式及其结果中加以综合分析,概括出原理、原则,再放到实践中去验证,在社会实践中经受检验,并在社会实践中得到发展。行为科学的目的是解释、预测和控制人们的行为。行为主义法学作为行为科学的一个分支学科,不能不受到其他行为科学的影响,尤其是在研究对象、研究方法、研究目的和知识来源等方面。因此,行为科学也是行为主义法学的理论渊源之一。

五、行为主义政治学

行为主义政治学是当代资产阶级政治学中运用行为科学的理论和方法研究政治现象的一个学派。它认为,政治就是政治主体的行为——政治反应、选举、游行、宣传、竞选、反抗等。因此,要研究政治现象,就必须从政治主体的政治行为着手;在政治主体的政治行为中又以个体的政治行为为主。在研究方法上,行为主义政治学主要注重观察的客观性和分析的准确性,因而大量采用行为科学以及社会学、心理学、统计学和生物学的方法,排除历史分析法、规范分析法、制度分析法、法律分析法、理论分析法等政治学的传统方法,试图通过对政治行为的观察、分析或实验,获得可靠的结论,推翻不适当的结论。19世纪初就有人将行为主义方法运用于政治学研究中,到40年代已大量开花结果,此后发展成为行为主义政治学,并成为当代欧美政治学的主流。很显然,行为主义心理学、行为主义政治学和行为主义法学一样,都是属于广义的行为科学的范围的。其中,行为主义心理学产生的历史最早,因此,行为主义政治学、行为主义法学和其他行为科学都毫无疑问地借鉴了行为主义心理学的理论和方法。行为科学各门学科之间也互相借鉴,而行为主义法学对行为主义心理学和其他行为科学的借鉴,主要是通过行为主义政治学这个中介而实现的。也就是说,行为主义法学是直接在行为主义政治学的基础上产生的。因此,行为主义政治学是行为主义法学的直接理论渊源。

第三节　布莱克法的行为理论概述

唐纳德·布莱克(Donald Black)是美国当代著名的法学家,行为主义法学派和社会学法学派的代表人物之一。布莱克是美国康涅狄克州纽黑文市耶鲁大学社会学系教授,1982 年转入哈佛大学任教。其主要著作是《法社会学的范围》(1972 年)和《法律行为》(1976 年)。《法律行为》(The Behavior of law)系统阐述了法的行为理论。本文主要依据该书以及其他有关资料,对布莱克法的行为理论作一简要述评。

布莱克说:"法是政府的社会控制,换句话说,它是一个国家及其公民的规范生活,如立法、诉讼和判决。"①按照布莱克的定义,法只是社会控制的一种形式,即国家对其公民的社会控制。因此,法不包括邮政局或消防队等政府服务部门日常生活中的社会控制,因为这种控制不是对公民的社会控制,而是对职员的社会控制。同样,法也不包括公立学校、监狱或军队中的纪律,因为这些纪律只是对学生、罪犯或士兵的社会控制,而不是国家对其公民的社会控制。因此,按照布莱克的观点,政府的社会控制的主体只能是国家。所谓国家,实际上是指国家机关及其工作人员,因为国家自己不能进行社会控制,必须由国家机关及其工作人员代为进行。政府的社会控制的对象必须是公民,如果不是公民,那就不是政府的社会控制。国家对公民进行社会控制,公民对这种社会控制必然要做出反应。这种控制及反应,包括立法、执法、诉讼和判决等,就是国家和公民的规范生活,也就是布莱克所说的国家和公民的法行为。

布莱克认为,既然有时有法,有时没有法,有时法多,有时法少,那就可以说法本身有自己的数量。所谓法的数量(the quantity of law)就是指法行为的有无和多少。有法行为和没法行为相比,法的数量较多;法行为较多和法行为较少相比,法的数量也较多。法的数量是不断变化的,在不同的时间、地点和环境下,法的数量是不同的,可以用多种方法来衡量。例如,在刑事案件中,逮捕、搜查、审问、控告、起诉都是法行为即法。与不逮捕、不搜查、不审问、不控告、不起诉相比,法的数量较多;而且,控告越严厉,法的数量越多。实际上,任何法律的创制、援引和适用都会增加法的数量,甚至罪犯自首、坦白或认罪也会增加法的数量。审判前的拘留和保释相比,法的数量也较多;有保证书的保释和没有保证书的保释相比,法的数量也较多,而且保释金额越高,法的数量越多。审判本身就是法的数量的增加,而且对原告有利的判决和对被告有利的判决相比,法的数量较多;有罪判决和无罪判决相比,法的数量也较多;判给的赔偿越多,法的数量也越多;惩罚越严厉,也就是说,罚金越多,刑期越长,身体越痛苦,肢体越残缺,罪犯越羞辱,剥夺的权利越多,法的数量就越多。法院判决也是法的数量的增加。赦免、减刑或假释都是法的数量的减少,但撤销假释则是法的数量的增加。政府对越

① D. 布莱克:《法律行为》,2 页,美国学术出版社,英文版,1976。

轨行为提供的治疗，不管是医治还是疗养，都是法的数量的增加。对于争端的调解和仲裁也是法的数量的增加。如果判决对原告不利而他上诉，这时法的数量增加；判决改为对他有利时，法的数量也增加。但是，如果被告胜诉，法的数量就减少。法的数量包括上面所说的这一切，而且不仅仅是这一切。总而言之，根据人们所受的禁令、义务和其他规范的数量和范围，根据立法、诉讼和判决的比例就可以知道法的数量。

法的数量随着时间和空间而变化；这种变化持续的时间也是变化的，有时长达几个世纪，有时短到几个小时。法的数量在不同的社会之间、宗教之间、共同体之间、邻里之间、家庭之间、各种关系之间也都可能发生。法的数量随着原被告、司法官员和第三人的变化而变化；随着他们的地位、他们和社会生活的结合程度、他们相互之间的亲密程度、他们的传统性、成员资格和名誉的变化而变化，随着社会生活的各个方面（无论是垂直方面、水平方面、文化方面、组织方面还是规范方面）的变化而变化。在世界各地，在各个历史时期，法的数量都在不断地变化。它随着社会和共同体环境的变化而变化，随着法院案件的变化而变化，也随着警察周围日常事物的变化而变化。

布莱克认为，法不仅有数量，而且有类型。他说，社会生活中存在着四种类型的社会控制，即惩罚的控制（penal control）、赔偿的控制（compensatory control）、治疗的控制（therapeutic control）和调解的控制（conciliatory control）。惩罚的、赔偿的和调解的社会控制，顾名思义，无需多说。所谓治疗的控制，就是指对越轨行为人提供治疗，包括医治和疗养，以使越轨行为人的行为恢复并保持正常。法本身就是一种社会控制，它同样也有这四种类型。每一种类型的社会控制都用它自己的方式规定越轨行为，并且对越轨行为做出反应。每一种类型都有各自的语言和逻辑。

纯粹惩罚的社会控制禁止某种行为，并且用惩罚来执行它的禁令。如果发生犯罪，团体即国家司法机关就行使动议权（the initiative）控告被告，问题是被告是否有罪。赔偿的社会控制，则与此相反，其动议权由受害人行使。他提出某人是他的债务人，有一项义务没有完成，并要求被告支付。惩罚的控制和赔偿的控制都是控告型（accusatory styles）的社会控制。这两种类型的控制都有对立的双方，即原告和被告， 方胜诉，而另一方败诉。对于这两种类型的控制来说，要么是全部要么什么也没有。也就是说，要么惩罚要么不惩罚，要么支付要么不支付，而没有折中的余地。与此相反，治疗的控制和调解的控制一样属于补救型（remedial styles）的控制，是帮助越轨行为人恢复和保持正常的方法。这不是要么胜诉要么败诉、要么全部要么什么也没有的问题。其实，对这两种类型的社会控制来说，问题是要改善不良状况必须采取什么手段。治疗的目的是恢复正常。在纯粹治疗的控制中，越轨行为人为了自己的利益而行使动议权。他是受害人并需要帮助。他寻找帮助者的服务，帮助者和他一起努力以求改善他的状况。最后，调解的控制的目的是社会协调。在纯粹调解的控制中，争执双方召开一个会议以求恢复以前的关系。在讨论中可能有一个调解人或几个第三人一起达成一项协议或者其他相互可以接受的决议。这四种类型的一览表如下：

社会控制的四种类型

	惩罚的	赔偿的	治疗的	调解的
规范	禁止	义务	正常	协调
问题	罪行	债务	需要	冲突
动议人	团体	受害人	越轨行为人	争议双方
越轨行为人	罪犯	债务人	受害人	争议一方
解决办法	惩罚	支付	帮助	协议

事实上，社会控制不一定是纯粹的一种类型，而可能是由两种不同的类型结合而成的。例如，惩罚的控制也可能像赔偿的控制那样，由原告即受害人为了自己的利益而行使动议权。治疗的控制也可能有惩罚的因素，例如，当团体或帮助者行使动议权，而反常行为人却宣称自己是正常的、不需要帮助时，治疗就有惩罚的因素。即使两种类型的控制结合在一起，由于每种类型的大部分因素都结合在一起，也可以知道大多数案件的主要类型。因此，即使一个案子的控制不是一种单一的类型，也可以知道它是由哪两种类型结合而成的。

法的类型（the style of law）和法的数量一样，也随着时间和空间的变化而变化。它在世界各地，在几个世纪之间发生变化，在不同的社会或共同体之间发生变化。它随着关系、法律环境、法院和案件的变化而变化，也随着社会生活的分层、形态、文化、组织和社会控制的变化而变化。一个社会可能比另一个社会有更多的惩罚，或者更多的赔偿、治疗或者调解。同样的案情，一个人可能要受到惩罚，而另一个人却可能只需要赔偿损失，一个人可能被送往精神病医院进行治疗，而另一个人则可能通过调解达成了协议；一个人被判有罪，而另一个人则只需要进行赔偿；一个人受到同情和帮助，而另一个人则得不到同情和帮助。

总而言之，法即法行为有它自己的数量和类型，而法的数量和类型又都是不断变化的。布莱克把法即法行为的数量和类型的变化称为法的行为。为了避免引起误解，本文把布莱克所说的“法的行为”称为“法的变化”（说到“法的行为理论”时除外）。因此，法的行为即法的变化有两个方面，一方面是法的数量的变化，另一方面是法的类型的变化。法的数量和类型都随着社会生活各个方面的变化而变化。

布莱克把社会生活分为分层（stratification）、形态（morphology）、文化（culture）、组织（organization）和社会控制（social control）五个变化的方面。分层指的是社会生活的垂直方面（vertical aspect），或者说生存条件（如食物、金钱以及土地和水的使用）的任何不平等的分配。形态指的是社会生活的水平方面（horizontal aspect），或者说人们相互之间的分配，包括他们的劳动分工（division of labor）、结合程度（integration）和亲密程度（intimacy）。文化指的是社会生活的符号方面（symbotic aspect），例如宗教、装饰和民间传说。组织指的是社会生活的规范方面(normative aspect),或者说是对越轨行为的规定和反应,例如禁止、起诉和赔偿。

社会生活的每个方面都有许多表现形式,而且所有这些表现形式都随着时间和地点的变化而不断变化。布莱克认为,可以提出一系列的命题来预测不同环境里每一种表现形式的数量,并相应地解释该表现形式的行为(即该表现形式的数量的变化)。甚至社会生活的每一方面都可以作为解释的方法,也就是说,分层、形态、文化、组织和社会控制都可以解释社会生活的其他各个方面,而其中每一种方法都是互相独立的,都可以用来解释法的变化。而且,还可以把解释每一社会中法的数量和类型的命题公式化,其中每一个命题都阐明法和社会生活的某一方面(即分层、形态、文化、组织或社会控制)的关系。每一个命题都解释了不同时间、不同社会中的法的变化,无论何时何地都可以衡量法和社会生活的其他方面的关系。每一个命题都解释了已知的与法有关的事实,同时还暗含了很多预测。如果已知社会生活进化的趋势,甚至还可以预测法的未来。

布莱克法的行为理论,简单地说,就是关于法和社会生活各方面的关系的理论。具体说来,就是阐述法行为的数量和类型如何随着分层、形态、文化、组织和社会控制的变化而变化的理论。前面对于法的行为理论的基本概念作了简要的说明,下面我们来看看布莱克是如何具体论述法和分层、形态、文化、组织和社会控制之间的关系的。

一、法和分层

前面已经说过,分层是社会生活的垂直方面,是生存条件的任何不平等的分配。更确切地说,分层是生存的物质条件以及生产这些物质条件的手段的任何不平等的分配。简单地说,分层就是财富的不平等。

分层本身有几个变化的方面。一个是财富的差别的大小,布莱克称之为垂直距离(vertical distance)。另一个是财富分配给各个阶层的程度,各个阶层之间都是相互分离的,而不是连在一起的。这些阶层的数量和相对大小都是变化的。财富分配的标准也是变化的,有时取决于人们的工作和职务,有时取决于人们的年龄、性别、种族、出生地或门第。因此,人们可以从一个阶层移到另一个阶层。

分层本身也有数量,分层的数量是指一个社会中人们之间的垂直距离即人们之间财富差别的大小。分层的数量可以用每个人或每个团体之间财富的差别来衡量,也可以用最富的个人或团体与最穷的个人或团体之间的差别来衡量。这种差别是最大的垂直距离,布莱克称之为分配的高度(the height of the distribution)。布莱克认为,分层的数量的变化可以预测和解释法的数量。他指出:法与分层成正比。

这个命题的意思是说,一个社会的分层越多,其法也越多。布莱克说,因为原始社会分层很少甚至没有分层,所以原始社会的法很少甚至没有。他举例说,波利尼西亚群岛各社会的分层的数量的差别相当大,每个社会中法随着分层的增多而增多。布莱克认为,法既随着世界的分层而增多,也随着任何关系的分层而增多,分层就意味着不平等,因此,法随着不平等的增加而增多。在欧洲、亚洲、非洲、大洋洲和拉丁美洲的现代化过程中,当传统的生产和分配模式消失以后,世界各地的不平等增加了。因此,法在各方面也都增加了,不但立法增加了,执法、司法、法律监督、诉讼、赔偿和惩罚也都增加了,而且,人们也变得越来越好讼了。布莱克认为,在现代社会里,法首先在市镇出现,最后才到达边远地区,并且到达边远地区的法也很少,因为在那里传统势力还很大,财富的分配还很平均。另外,在邻居、同事和朋友等平等者之间法较少。而地位不平等的人们之间的争端则更可能诉诸法律。甚至对于不同的案件来说,法和分层也成正比。例如,在刑事案件中,逮捕、起诉、定罪、判刑都与罪犯和受害人之间分层成正比。在民事案件中,诉讼、赔偿以及对原告有利的判决也是如此。在公民和司法官员包括警察、检察官和法官之间也存在分层。法也随着公民和司法官员之间的分层的增加而增加,司法官员和全部诉讼参与人包括原告、被告、受害人和证人等之间的关系都是如此。当事人一方和陪审员之间的关系也是这样,贫富相差越大,也就是说分层越多,陪审员适用的法律就可能越多。

如果人们之间的财富分配不平均,也就是说有分层的话,那么,每个人或团体相互之间总有高低。在这个意义上,每个人或团体都有一个等级(rank),布莱克称之为垂直地位(vertical status)。但是,每个社会里财富的种类不同,因此,人们或团体可能有一些不同的等级,这些等级综合起来就形成一个总的等级。

如果人们之间有分层,就可以按其等级的高低来描述他们的社会生活。社会生活随等级的变化而变化,法也是如此。我们可以用法的垂直位置(vertical location)来预测和解释法的数量:法与等级成正比。

这就意味着,当其他一切不变时,较高等级的法较多,较低等级的法较少,而且等级越高法越多,等级越低法也越少。在同一等级的人们内部,财富较少的人之间法也较少,他们处理相互之间的问题时,诉诸法律的可能性较少;而且,当他们诉诸法律时,他们胜诉的可能性也较小。例如,穷人之间的犯罪就没有富人之间的犯罪那么严重,所发生的后果也要少些。民事案件也是这样。如果一个穷人因为车祸而使另一个穷人死亡或受伤,打官司的可能性较小。而且无论如何,对穷人的生命或肢体的赔偿也较少。富人之间更喜欢打官司。在现代社会里,富人也更喜欢请律师。

团体也有财富,因此每个团体也有等级。法和团体的等级成正比,不仅在团体之间是如此,而且在团体与个人之间也是如此。既可以在所有社会之间划分等级,也可以在一个社会内部不同地区、宗教、共同体和邻里之间划分等级。团体的等级可以按照居民之间的财富的分配来划分,也可以按照社会和地区本身所拥有的财富来划分。在每一种情况下,法和富人成正比。例如,在现代美国,黑人居住区和贫民区的法与白人居住区的法相比要少。

除了居民之间的财富分配以外，一个社会或共同体的全部财富也可预测其法的数量，财富越多，法也越多。例如，在传统的波利尼西亚群岛各社会里，法的数量随着社会总产品的增多而增多。同样，世界上工业化社会比不发达社会（如非洲、拉丁美洲）有更多的法。如果一个社会是另一个社会的财产，比如说殖民地，那么所有者有更多的法。总之，不管是个人、团体、共同体还是社会，物质上越富有，法就越多。

布莱克认为，不管法的垂直位置的高低，法在垂直空间（vertical space）上总有一个垂直方向（vertical direction）。从较高等级指向较低等级的法是向下的法（downward law），从较低等级指向较高等级的法是向上的法（upward law）。例如，当被告比原告富裕时，不管双方的实际富裕程度如何，控告都有向上的方向。法的垂直方向和不法行为的垂直方向相反，当不法行为的方向向上时，法的方向向下。如果法行为的双方等级不相同，那么，法在刑事诉讼或民事诉讼的每一个诉讼阶段都有垂直方向。例如，立法的方向可以向上，也可以向下，每种诉讼和判决也都是如此。法的垂直方向可以预测和解释法的数量：向下的法多于向上的法。

这就意味着，当其他一切不变时，每种法，不管是法规、控告、逮捕、起诉、诉讼、定罪、赔偿，还是惩罚，向下的可能性比向上的可能性要大。它也意味着向上的不法行为比向下的不法行为更为严重。例如，在刑事案件中，等级比罪犯高的受害人和等级比罪犯低的受害人相比，叫警察的可能性更大。事实上，向上的犯罪和向下的犯罪相比，叫警察的更多。例如，在现代美国警察处理的案件中，黑人对白人的犯罪比白人对黑人的犯罪多、未成年人对成年人的犯罪比成年人对未成年人的犯罪多、穷人对富人的犯罪比富人对穷人的犯罪多。法院也是如此。例如，在古罗马帝国，较低等级的人的诉讼和较高等级的人的诉讼相比，前者很难得到受理。而且，从一段时间来看，当控告转向等级较高的人时，法甚至会放弃它最初的管辖。和向下的诉讼相比，向上的诉讼很难胜诉，即使没有贿赂或暴力威胁，有影响的人胜诉的可能性也比较大。因为法官和陪审员很容易被诸如社会声望、财富和性格之类的因素所影响，而这被认为是正当的。等级比当事人高的法官或其他官员很少看到当事人的长处，有陪审员参加时，法对比陪审员穷的一方不利，对比陪审员富裕的一方有利。总而言之，在任何环境中，在任何诉讼阶段，向下的案子总比向上的案子要多。赔偿和惩罚也是如此。布莱克还明确指出，这种比较应该根据罪犯的实际行为来进行，而不应该根据对他的罪行的控告来进行，因为控告本身就是法的一个可变的方面，向上的犯罪更可能受到严厉的控告。因此，不管怎么说，向上的犯罪总比向下的犯罪要严重。

布莱克认为，在当事人双方等级不一样的案子里，等级间的差距即垂直距离（vertical distance）也可以预测和解释法的数量。向下的法与垂直距离成正比；向上的法与垂直距离成反比。

也就是说，较低等级的人对较高等级的人的犯罪，其严重性随着双方财富差别的增加而增加；而较高等级的人对较低等级的人的犯罪，其严重性随着这种差别的增加而减小。假定受害人等级不变，那么，法和罪犯的等级成反比。实际上，在有些社会中，富裕的罪犯可以请律师，或者请较好的律师，而且，无论如何，代理富人进行诉讼的律师胜诉的可能性更大。即使已经定罪判刑，较高等级的人也有某些优势，例如，他更可能获得赦免或假释。如果蹲监狱的话，较高等级的人可能有某些特权。在许多社会里，财产可以作为赔偿代替惩罚，或者作为罚金代替更为严重的惩罚。另一方面，假定罪犯的等级不变，那么，法和受害者的等级成正比。例如，在传统印度，犯罪的严重性随着受害人的等级的提高而增加。受害人的性别也很重要，例如，杀死一个婆罗门妇女和杀死一个刹帝利男子一样严重，其余依此类推。赔偿也随着受害人的等级的提高而增加，受害人越富裕，损害越大，赔偿也越多。在现代美国，人身伤害赔偿也和受害人的等级成正比：受害人越富裕，他或者他的继承人获得的赔偿越多。正因为如此，富裕的受害人更可能要求赔偿。假定罪犯的等级不变，富裕的受害人对任何事情都更可能提出控告。例如，在刑事案件中，叫警察的可能性随着受害人的等级的提高而增加。对于警察本人的控告，比如对“警察暴行”（police brutality）和种族歧视的控告，也是如此。总之，人们越富有，就越好讼，也越容易胜诉。具体地说，在刑事案件中，受害人越富有，对罪犯侦查、逮捕、起诉、定罪和判刑的可能性更大。在民事案件中，原告越富有，案子对他越有利；一无所有的人，甚至连起诉的权利都没有。如果受害人是富人的家属，比如说妻子或孩子，那么损害也比较严重。例如，富人的孩子因车祸而死亡，就比穷人的孩子死亡更为严重，赔偿与其父母的财富成正比，而且富裕的父母本来就更喜欢要求赔偿。

布莱克还指出，不管是向上的案件还是向下的案件，也不管其垂直地位高低，法的数量都随着垂直地位的变化而变化。这是“法和等级成正比”这个命题所暗含的一个命题。如果其他一切不变，那么，即使同为向下的诉讼，诉讼双方都相当富裕的案子的法比诉讼双方都相当穷的案子的法要多，向上的诉讼也是如此。

布莱克认为，分层不仅可以预测和解释法的数量，也可以预测和解释法的类型，看法到底是惩罚的、赔偿的、治疗的还是调解的。他说，向下的法比向上的法更有惩罚性。也就是说，当罪犯的等级比受害人的等级低时，罪犯更可能受到较严厉的惩罚；当罪犯的等级比受害人高时，罪犯更可能受到较轻微的惩罚。向上的法比向下的法更具有赔偿性，也就是说，当罪犯的等级高于受害人的等级时，罪犯更可能被要求赔偿损失。向上的法比向下的法更具有治疗性，例如，对较高等级的犯罪可能受到惩罚，而对较低等级的犯罪则可能被认为是有病需要治疗。如果富人偷走了穷人的财产，他可能被要求返还财产，或者作为精神病患者受到治疗，但是偷走富人财产的穷人则更可能受到惩罚。

法的类型也随着垂直距离而变化。向下的惩罚性法和垂直距离成正比，向上的惩罚性法和垂直距离成反比。受害人比罪犯越富裕，法就越可能是惩罚性的；罪犯比受害人越富裕，法就越可能不是惩罚性的。从另一方面来看，如果罪犯比受害人更富裕，那么,他越富裕,法就越可能是赔偿性的和治疗性的。假定受害人的等级不变,那么,惩罚性法与罪犯的等级成反比。同时,赔偿性法和治疗性法与罪犯的等级成正比。假定罪犯的等级不变,那么,惩罚性法和受害人的等级成正比,而赔偿性法和治疗性法与受害人的等级成反比。

布莱克还指出,调解性法和分层成反比,也就是说,不同等级的人之间的法,不管是向上的法还是向下的法,与同一等级的人之间的法相比,调解性都比较少。同一等级的人,不管其等级的高低,和不同等级的人相比,更容易达成妥协。人们之间的等级差别越大,调解性法越少。当一个社会或共同体内部的分层增加时,调解性法就减少,而惩罚性法、赔偿性法和治疗性法却增加。总之,数个世纪以来,在世界各地,法的类型随着财富分配的变化而变化。

二、法和形态

所谓形态,是指社会生活的水平方面,即人们相互之间的分配,包括劳动分工、交际网(networks of interaction)、亲密度和结合度。每种社会环境的形态都是不相同的,而且,社会形态也随着时间而变化,不但每个世纪发生变化,甚至每天都发生变化。形态可以解释法的数量和类型,不仅可以解释法的进化,而且可以解释诉讼和判决等法行为。布莱克用分化(differentiation)、亲密度以及法本身相对于社会生活中心的位置和方向来解释法。

布莱克所说的分化指的是一个整体内部各部分功能的专门化。任何生物个体或团体的分化程度都不一样。对人类来说,不同社会的分化各不相同。布莱克认为,分化不仅仅是人口规模的一种功能,在大多数情况下,社会生活随着人口的增长而分化,但是,在有些情况下,它却仍保持原状,人口增殖了,但社会并没有分化,“生长了但没有发展”。社会生活的许多方面包括人口迅速增长的社会的经济生活,都可能发生退化。在一个社会内部,较小的团体可能比较大的团体有更多的分化。布莱克提出:法与分化的关系是曲线的(curvilinear)。

也就是说,当分化增加到互相依赖的程度时,法就增加;但是,当分化增加到共生[①]的程度时,法就减少。当人们的功能没有分化时,他们之间没有或者很少有交换,法也很少。另一方面,当人们完全互相依赖时,法也很少,在分工和交换比较发达的地方,人们互相依赖但不是共生,法就多。例如,在原始社会里,劳动分工不发达,财产交换和劳动服务也很少见,因此,合同法就不存在。当劳动进行分工时,法也随之增加。因此,布莱克说,法随着市场的扩大而增加。而且,随着分工的增加,法的严厉性也增加。

① 共生,本是生物学名词,指两种不同的生物生活在一起,互相依存,彼此有利,如果分离,任何一方都不能独立生存。

但是,当社会生活进化到共生的程度时,法又减少。在一定的时间里,一个社会内部各环境之间,法也随着分化的程度不同而变化。例如,在商业社会里,人们是互相依赖的,但不是共生的,法就多。可以说法喜欢一种真正的市场环境,在那里每个人都依赖别人,又有选择的余地。其实,对于由国家组成的共同体即国际组织来说,也是这样。国际法随着世界劳动的分工而增加,只是在共生时才减少。

人们相互参与别人生活的程度不同,也就是说人们的亲密度不同,布莱克把这种亲密度称为关系距离(rclational distancc)。最亲密的关系是互相完全参与,关系距离最小,而最大的关系距离就是指互相根本没有联系。布莱克说,可以用许多方法来衡量关系距离的大小,包括人们之间的交往范围(scope)、交往频率(frequency)、交往长度(length of interaction)、关系年龄(the age of relationship)以及一个社会网络内人们之间联系的性质和数量。一个较大的环境的亲密度可以用每个人或团体和其他人或团体之间的平均关系距离来衡量,也可以用最大关系距离来衡量。布莱克认为关系距离可以预测和解释法的数量。法与关系距离的关系是曲线的。

法在亲友之间是不活跃的,它随着人们的关系距离的增加而增多,但是到人们的关系距离增大到一定的程度,即当人们生活在完全分离的世界时,法又减少。在陌生人之间,法最多。在现代社会里,人们的关系距离很少达到完全分离的程度,但是,在原始社会这种情况却很常见。现代化一方面使亲属关系和公社关系淡化了,另一方面又把完全分离的人们拉到一起,把以前互相分离的世界联系起来。人们相互之间越来越陌生,但陌生本身就是一种关系距离。按照布莱克的观点,陌生是一种很现实的关系,是交往的一种特定形式。陌生就是指人们之间的关系距离很远而他们之间的实际距离又很近。布莱克认为,当其他一切都不变时,一个人起诉其近亲的可能性最小,然后是朋友、熟人、邻居、同部落人、同镇的人,依此类推,可能性随着关系距离的增加而增大,直到他所生活的世界的边缘为止。在现代社会里,人们经常迁移,在每个地方都碰到陌生人,什么时候都可能跟法打交道,但是,法很少进入关系亲密的人们之间。通过各种途径,亲友受到了法的豁免。另一方面,同样受到法的豁免的是生活在不同国家、不同文化里的人们,他们之间没有丝毫的联系。但是,关系距离不是固定不变的,关系距离可能随着时间而发生变化,以前完全没有联系的人可能会互相认识,今天的恋人明天也许会分手,这时候,法就可能进入他们的生活。

布莱克认为,关系距离也可以预测和解释诉讼的结果。当其他一切条件不变时,起诉亲友和起诉陌生人相比,胜诉的可能性要小,即使原告胜诉了,他得到的也比较少。同样,诉讼双方的律师关系越亲密,就越可能进行法庭外调解。当亲友之间诉诸法律时,结果依他们的亲密度而定。总之,不管怎么说,法在亲密度的两端减少。

按照布莱克的观点,不但人们之间有关系距离,而且公民和法律本身之间也有距离。在一定程度上,官员和罪犯之间的关系距离越近,法就越少。因此,布莱克认为,当其他条件不变时,警察对他亲近的人,如亲戚、朋友、邻居或同事就较为宽大,对其他人就没那么宽大了。不只是警察,其他官员也是这样。

现代生活一方面使人们聚集在一起,同时也使社会生活分化了。人们的关系距离扩大了,以至于在某一时间和地点,当人们聚集在一起时,几乎每个人都是陌生人。布莱克认为,因为人们的关系距离一般随着人口的增长而增大,所以仅仅依据人口的数目就可以预测法的数量。他认为法和人口的关系是曲线的。他说,国家和法律很可能出现在人口数量和密度都比较大的地方。例如,当美国早期居民变得越来越稠密时,就出现了各种新的法律。

布莱克认为,人口也预示着人们寻求法律帮助的比率和结果。在一定限度内,共同体或其环境越大,诉讼率越高。而且,在一定限度内,人口越多越集中的地方,法也越严厉。也就是说,人口相对稠密的社会可能实行严厉的惩罚,而人口相对分散的社会则更可能实行宽松的控制。因此,布莱克认为,在一定程度上,法随着城市化而增加,法增长的节奏和人口增长的节奏是一致的。

总之,当人们在不同的时间、地点进行分配和再分配时,他们的关系距离也随之变化,法也相应地发生变化。这种变化可能持续几十年、几百年,也可能在一天之内发生。

布莱克认为,关系距离也可以预测和解释法的类型。它可以预测法是控告型的(包括惩罚性法和赔偿性法)还是补救型的(包括治疗性法和调解性法)。控告型法和补救型法的条件正好相反。控告型法与关系距离成正比,而补救型法则与关系距离成反比。当其他条件不变时,陌生人之间更可能互相敌对,而亲友之间则更可能互相帮助。在部落社会里,如果有法的话,法也更可能是补救型的,但是,当部落社会现代化时,公共关系松弛了,控告型法不断增加。一个社会中陌生人越多,控告型法就越多,补救型法就越少。布莱克说,既然法院随它们受理的条件的种类的不同而不同,有些主要涉及陌生人,有些主要涉及亲友;那么,在一个社会里法的类型也随着法院的变化而变化,甚至在一个法院内部,当不同案件的双方当事人的亲密度发生变化时,法的类型也发生变化。无论是对社会、对法院还是对案件来说,原则都是一样的。

正如人们或多或少地参与别人的生活,他们也或多或少地参与社会生活本身。有的人完全参与,有的人则靠边站。正是在这个意义上,可以说每一种社会生活都有一个圆心、圆周和一些参与环(rings of participation)。每个人或团体相对于圆心都有一个位置,即辐射位置(radial location)。也就是说,每个人或团体都或多或少地结合在一起了。每种社会功能,不管是生产、再生产,还是娱乐或社交活动都是如此。一个人或团体的辐射位置,是有无特权的地位。处于社会生活中心的人即结合人(integrated people)比处于社会生活边缘的人即边缘人(marginal people)地位要高。布莱克说,法随着它自己在辐射空间(radial space)的位置的变化而变化。

法与结合成正比。也就是说,中心人比边缘人有更多的法。其他条件不变时,边缘人之间的犯罪没有中心人之间的犯罪那么严重。边缘人之间很少打官司,不论是关于过失、继承和诽谤的官司还是别的什么官司都很少。而且,边缘人提起的诉讼也很难胜诉。即使一个边缘人起诉另一个边缘人时胜诉了,他所得到的赔偿也要比中心人胜诉中心人时少。总之,边缘人的幸福是不值钱的,不管是他的人身、名誉还是财产。有许多法律只规定中心人的事务,如雇工、交换、组织行为、政府和婚姻等。边缘团体之间的法也比较少。布莱克说,如果社会生活是同一中心的,那么,法的分配就是圆锥形(conical)的,形成许多参与环,越接近中心法就越多。

但是,即使社会生活是同一圆心的,这也并不意味着人们只能跟辐射地位与自己相同的人交往。不同辐射地位的人之间的不法行为有一个辐射方向(radial direction)①,当不法行为人是结合人,而受害人是边缘人时,不法行为的方向是向外的,即离心的;当不法行为人是边缘人,而受害人是结合人时,不法行为的方向是向内的,即向心的。在每一个案件中,法的方向都和不法行为的方向相反,也就是说,离心的法(centrifugal law)规定和处理向心的不法行为,而向心的法(centripetal law)则规定和处理离心的不法行为。而且,法的数量相应地发生变化,布莱克提出:离心的法多于向心的法。这就意味着边缘人或边缘团体对结合人或结合团体的犯罪比相反方向的犯罪更为严重。

既然人们有的处于社会生活的中心,有的处于社会生活的边缘,因此,每个人的辐射位置都不相同,布莱克把这种辐射位置之间的差别称之为辐射距离(radial distance)。他说:"离心的法与辐射距离成正比;向心的法与辐射距离成反比。"

意思是说,中心人对边缘人起诉的可能性随着他们之间结合度的差别的增大而增加,胜诉的可能性也随之增加;但是相反方向的起诉,即边缘人对中心人起诉的可能性,随着他们之间结合度的差别的增大而减小,胜诉的可能性也减少。因此,当其他一切条件(包括罪犯的辐射地位)不变时,法和受害者的结合度成正比;其他一切条件(包括受害人的辐射地位)不变时,法和罪犯的结合度成反比。

无论如何,边缘人更容易受到法的惩罚,而中心人则更容易受到法的豁免。边缘人更可能被起诉、被逮捕,更可能败诉,也更可能被判处高额赔偿金或者严厉的惩罚。法与受害人的结合度成正比。在每一个法律制度中,不法行为的代价随着受害人的结合度的增加而增大,受害人越靠近中心,法对他越有利。

三、法和文化

文化是社会生活的符号方面,包括真、善、美的表现形式。文化包括对现实的性质的思考,不管是理论的还是实践的,也不管是超自然的、形而上学的还是经验主义的,

① 我们通常所说的辐射方向是指从中心指向四周的方向,即离心的方向。布莱克所说的 radial direction 既包括离心的方向,也包括向心的方向,所以严格地说来,翻译成辐射方向是不准确的,但是在找到更为合适的词以前,我们只好把它翻译为"辐射方向"。

例如科学、技术、宗教、逻辑和民俗。除了社会控制行为本身以外,文化还包括什么是应该的,什么是对的和错的,什么是合适的和不合适的等观念。价值、思想、道德和法都有这种符号方面。文化还包括各种美学生活,不管是高雅的艺术,还是通俗的艺术,例如诗歌、绘画、服装和其他装饰艺术、建筑艺术甚至烹调艺术。显然,文化除了人们体验到的以外,还有它自己的存在方式,它在每个社会环境中都出现,在不同的地方,它的数量和类型都不相同。法本身也有它自己的文化方面,它自己的现实形式、价值和各种规则。布莱克说,可以用法的文化方面来解释法,更一般地说,可以用各种文化的数量、多样化和法本身的文化位置和方向来解释法。

不同环境中文化的数量是不同的,每个地方和每个人都呈现出多种文化。但是,有些地方和有些人的文化比其他地方和其他人的文化更多,而且,文化也随着时间而变化。简而言之,可以衡量每种文化的数量,也可以衡量全部文化的总数量。文化稀少的地方,法也稀少,文化丰富的地方,法也繁荣。文化越多,法也越多,法与文化成正比。

在各种社会之间,部落民族特别是游牧民族的狩猎者和采集者的文化最少,他们只有一种语言、一种宗教、一种包罗万象的理论。和现代社会相比,他们的思想、价值和艺术几乎可以忽略不计。这种社会在日常生活里没有法。另一方面如果一个社会是文化社会,也就是说,如果它有许多文化、信仰、纪念物或大建筑以及生产食物或其他任何东西的复杂的技术,如果它有现代意义上的科学,那么,它就有法。而且,如果文化随着时间而增加,那么,法也增加,一个社会内部不同地区文化的数量也是不同的,有些地区有更多的文化。例如,沿海地区一般比内地有更多的文化,城市比农村有更多的文化,河谷和平原比山地有更多的文化。当其他条件不变时,文化最发达的地方,法也最发达。布莱克认为,在一个社会或共同体里,法在文化空间(culture space)上的分配是不平等的。与此相似,有些人比其他人有更多的文化。当然,这只是一个数量的问题,而不是质量的问题,只是一个客观的文化地位(culture status)的问题,而不是一个主观感受的问题。一个人的文化的数量取决于他有多少思想,取决于他吃什么,穿什么,看什么,做什么和玩什么。一个人生活中文化的数量可以预测他生活中法的数量。文化地位较高的人比其他人更喜欢诉讼。从数量的意义上讲,有文化的人对有文化的人的犯罪比没文化的人对没文化的人的犯罪更严重。相应地,法与文化程度和受教育程度成正比。例如,有文化的人和有教养的人更喜欢同别人打官司,他们也更可能打赢官司,而且赢得更多。不管怎么说,法和文化总是成正比的。甚至,法的条文和规范的数量与它自身的文化也成正比。法的文化越丰富,法的控制也越多,诉讼越多,赔偿越多,刑期也越长。

布莱克认为,法在不同的文化数量之间有一个文化方向(culture direction)。他说:"一个没有教养的人对一个有教养的人犯罪,这种不法行为的文化方向就是从文化较少到文化较多。而法的方向和不法行为的方向正好相反,因此,这时法的方向是从较多文化到较少文化。控告的方向也是这样。根据法的文化方向可以预测和解释法的数量。指向较少文化的法多于指向较多文化的法。”

这个命题的意思是说，当其他条件不变时，受害人文化水平低的人的犯罪比相反方向(文化水平高的人)的犯罪严重。如果犯罪是针对有较多文化的人的，例如对于比罪犯更有教养的人的犯罪，各种法都更多，也就是说，叫警察、控告、起诉、定罪、判重刑、判高额赔偿金或者别的什么事的可能性都更大。团体之间的纠纷也是这样，文化较多的一方更喜欢起诉，它的起诉也更可能成功。

布莱克把文化差别的大小称为文化距离(culture distance)，并且认为文化距离的大小也可以解释和预测法的数量。但是，这还要取决于法在文化空间上的方向(即文化方向)。他说：指向较少文化的法与文化距离成正比；指向较多文化的法与文化距离成反比。

也就是说，如果罪犯所接受的教育比受害人少，那么，犯罪的严重程度随着他们之间受教育程度的差别的增大而增加，但是，如果罪犯所受的教育比受害人更多，那么，犯罪的严重程度随着这种差别的增大而减小。

当其他条件(包括受害人的情况)不变时，法和罪犯的文化成反比。当其他条件(包括罪犯的情况)不变时，法和受害人的文化成正比。在一个地方，如果有的人有文化，有的人没文化，那么，文化就是法律上的一种优势，受教育程度也是如此。其他条件不变时，罪犯受的教育越多，他的罪行就越轻。例如，在现代社会里，那些受过大学教育的人最少受到法的惩罚，其次是那些受过中学教育的人，而受到惩罚最多的是只受过小学教育的人或文盲。另一方面，如果受害人受的教育越多，犯罪就越严重。任何文化较多的人，不管是教师、专业人员还是牧师，都受到法律的更多的保护。对他们的犯罪更为严重，而且，一般说来，他们也更容易认为是犯罪。他们更可能向当局控告，更可能上法院，也更可能得到他们想得到的东西。

布莱克认为，在其他条件(包括文化的其他可变方面)不变时，最严重的不法行为是较少文化的人对较多文化的人犯罪，其次是同样有文化的人之间的犯罪，再次是同样没文化的人之间的犯罪，文化较多的人对文化较少的人的犯罪最轻。

有些文化比其他文化更为合乎传统，更为常见，也就是说有些文化的频率(the frequency of culture)较大，布莱克把这种文化的频率叫做传统性(conventionality)。传统性是不断变化的，它规定了一种文化地位，有些人的传统性比别人多。

法随着传统性即其文化位置(culture location)而变化。当法接近文化主流时，就增加；当法离开文化主流时，就减少。法与传统性成正比。

传统性较多的人比传统性较少的人有更多的法。例如，当其他情况不变时，一个美国资本家往往对另一个资本家起诉，而一个波希米亚人则很少控告另一个波希米亚人。各种亚文化的法都很少。例如，在美国，中国城、希腊城、小意大利、印第安保留地和各少数民族地的法都很少。传统性很小的宗教徒之间、政治激进主义者之间、其他乌托邦主义者之间、神秘主义者之间、和平主义者之间、素食主义者之间和裸体主义者之间,法都很少,传统性越少,法就越少。

法在传统性的不同程度之间也有方向。这种文化方向指的是文化频率的差异,而不考虑它的绝对意义上的数量。法的方向和不法行为的方向相反,不管是从传统性较多到传统性较少,还是从较少到较多。布莱克认为,法的这种文化方向可以预测和解释法的数量。指向较少传统性的法多于指向较多传统性的法。换句话说,传统性较少的人或团体对传统性较多的人或团体的犯罪比相反方向的犯罪要严重。

法随着这种文化距离的变化而变化,但是这种变化依法在文化空间上的方向而定:指向较少传统性的法与文化距离成正比,指向较多传统性的法与文化距离成反比。

从这个命题我们可以得出两个结论:一是在其他一切情况(包括受害人的特征在内)都不变时,法与罪犯的传统性成反比;二是在其他一切情况(包括罪犯的特征在内)都不变时,法与受害人的传统性成正比。例如,在美国,由于印第安人是文化少数,因此他们比白人受到更严厉的惩罚。印第安人更容易受到刑事指控、逮捕、起诉、定罪和卷入各种民事诉讼。但是,如果印第安人是受害人,犯罪就不那么严重了。在美国,生活方式豪放不羁的人更容易受到法律的制裁。任何在穿着、谈吐、举止、思考或者任何别的方面传统性很少的人都更容易受到法律的制裁。不论是叫警察、逮捕、起诉、定罪,还是判刑,都是如此。人们也可能因有传统性很少的思想或持有不同政见而受到制裁,甚至传统性少本身就更容易受到法律的制裁。

文化距离有三种,第一种是文化数量的差别,第二种是文化频率的差别或者说文化的传统性,第三种是文化内容(culture content)的差别,或者说文化的多样性(culture diversity)。可以衡量每一种社会环境中各种文化之间的这种文化距离。每一种差别都是一个距离,因此,人们之间有宗教、意识形态、道德、语言或美学的距离,所有这一切综合在一起就构成了文化距离。一个较大环境的文化多样性由文化距离决定。文化距离可以由个人或团体之间的平均距离或最大距离来衡量。而且,不管是什么环境,这种文化距离都可以预测和解释法的数量。

法与文化距离的关系是曲线的。换句话说,法在文化距离的两端都很少。不管是没有或很少有文化差别的地方,还是文化差别很大的地方,法都很少。

在最原始的社会里,如游牧部落里,文化差异很少,法也很少或没有。因此,原始部落里很少有文化差异,如果有差异的话,差异就很大。两极之间的这种文化差异的出现,可以解释国家和法的出现。假定除了文化的差异以外其他都不变时,比较各种社会,在人们的日常生活中文化差异较多的人之间法也较多。社会现代化时,文化也多样化。东西方接触的突出后果是多元社会的出现,随着多元社会的出现,法也增多。现代社会里如美国,还存在一些几乎没有法的亚文化区,但是现在这些亚文化区正在消失。古老的少数民族现在分散居住了,与此同时,法也增多了。同样,在美国的中国城,中国人和非中国人之间的纠纷与中国人之间的纠纷相比,前者更可能通过诉讼来解决。如果一个少数民族成员损害了他自己同族的人,犯罪不那么严重。不论他干什么,如果受害人和他一样的话,他的犯罪就没那么严重。官员和公民之间的关系也是如此。例如,在一个美国城市,意大利籍的官员对意大利人就较为宽大。但是,当官员和公民的距离极大时,即双方互为外国人时,法又减少。警察或其他官员对于来自其他社会的参观者,比如旅游者或者外交官,都相当宽大。

在全世界范围内,当同种文化多样化,不同文化同样化时,法增加了。但是,还有许多环境(如家庭、朋友或部落)仍然是同种的,法仍然很少。而有些环境,仍然是不同的,法也很少。例如,巨大的文化距离仍然使非洲和大洋洲许多国家的人民分隔开来,法在他们之间很少出现。但是,这些距离正在缩小。曾经是外国人的人们逐渐分享一个更大的世界和一种更大的文化。每个地方,差别都在逐渐增加,而每个人又逐渐具有一些共同的东西。尽管世界上许多国家之间的文化距离仍然很大,但是世界文化正在同样化,而国际法也在不断增加。

布莱克认为,文化距离也可以预测和解释法的类型。其他一切不变时,惩罚性法和文化距离成正比,而调解性法和文化距离成反比。例如,对于同一少数民族集团成员之间的案件,警察更喜欢使双方进行调解或赔偿。如果案子送到法院,法官也很少惩罚罪犯,他可能会采取精神病治疗的方式,这也适合于法庭的类型甚至社会中法的类型。例如,部落社会的法庭不像现代法庭那样喜欢惩罚人,而且,部落社会没有现代社会那样多的惩罚性法。在文化条件对惩罚性法最不利的地方,对调解性法最有利。但是对赔偿性法和治疗性法最有利的条件,则介于两极之间。法的数量随文化的多样性而变化,法的类型也是如此。

四、法和组织

组织是社会生活的结合方面或集体行动的能力,有些团体比其他团体更有组织。组织是一个变量,组织的衡量包括行政官员的存在和数量,连续决定的集中,集体行动本身的数量。

布莱克认为,组织也可以解释法的各个方面。法的数量随着其环境的组织、不同组织的方向和法本身的组织而变化。

组织随时间和空间而变化。例如,一个社会可以或多或少地组织成为一个国家,其人民也可以或多或少地组织成为更小的团体。一个团体可能比另一个团体更有组织。如果用他的成员资格来衡量的话,甚至一个人也可以比另一个人更有组织。根据定义,任何团体都比个人更有组织。无论什么地方,无论怎样衡量,集体行为的能力可以预测和解释法的数量。布莱克说:法与组织成正比。

这也就是说,社会组织越发展、越复杂、越多样化,法也越多。不论是公共组织还是私人组织,也不管是正式组织还是非正式组织,法和各种组织成正比。法随着团体的数目和团体内部的结构而变化。例如，按人口计算，组织越多，法也越多。在原始社会里，组织很少，法也很少甚至没有。组织和团体比个人更喜欢诉讼，而且组织化程度越高，越喜欢诉讼。个人也是这样。法的每个方面都随双方的组织化程度而变化。组织起诉组织比个人起诉个人更可能胜诉。事实上，现代社会里许多组织法律事务太多，必须聘请专门法律顾问才行。这样，组织的法律，尤其是公司法，就特别多了。

布莱克认为，法在不同的组织地位(organizational status)之间有组织方向(organizational direction)。要么从较多组织到较少组织，要么从较少组织到较多组织。而且，法的组织方向和不法行为的组织方向相反。例如，当团体对个人犯罪时，不法行为的方向是从较多组织到较少组织，法的方向则是从较少组织到较多组织，这种组织方向也可以预测和解释法在数量上的差别。布莱克提出：指向较少组织的法多于指向较多组织的法。

也就是说，当其他情况不变时，一个商会或其他组织更可能向警察控告个人(而不是相反)。而且，当组织控告个人时，坦白、逮捕、起诉、定罪、重刑就可能随之而来。同样，团体也更喜欢对个人提起诉讼，而不是相反，而且，团体也更可能胜诉。比如说，在现代美国，指向较少组织的法的绝对数量比指向较多组织的法要多。在民事诉法中，有一半原告是组织，却有 2/3 的被告是个人。如果一个组织起诉个人败诉了，它很可能上诉。如果它上诉，它胜诉的可能性较大。

布莱克把组织化程度的差别看成是组织距离(organizational distance)。他认为组织距离也可以解释和预测法的数量。他说：指向较少组织的法与组织距离成正比；指向较多组织的法与组织距离成反比。

也就是说，与个人起诉团体相比，团体更喜欢起诉个人，而且团体起诉个人的可能性随着其组织的增加而增大；而个人对团体起诉的可能性却随着团体的组织的增加而减少。其他各种法都和起诉一样，当其他情况(包括受害人的组织)不变时，法与罪犯的组织成反比，相应地，法与受害人的组织成正比。

布莱克认为，组织提供了一种法的豁免，罪犯越有组织，享受的豁免越多。换句话说，组织的犯罪或者组织代表的犯罪没有个人的同样的犯罪那么严重，而且组织越多，罪行越轻。例如，在美国，处理组织犯罪的机构比处理个人犯罪的机构要更为宽大一些，而且组织所说的话比个人所说的话更有分量。公民起诉的由法律机构处理的典型案子，其可能性也随着罪犯的组织的增加而减少。因此，公民很少起诉组织代表的欺诈行为(和起诉个人相比)，而且所代表的组织的组织化程度越高，这种起诉越少。同样，一个组织受到起诉的可能性与其组织化程度成反比。而且，如果提起了诉讼，那么较大的组织败诉的可能性较小。例如，在美国，在几年的时间里，一个大型服装公司和一个小型服装公司的仲裁案件，大公司赢了 3/4；而另一个大公司和一个大型汽车制造厂打官司，大公司只赢了 1/3 多一点。同样，因为国家的组织化程度最高，因此和国家打官司是很难胜诉的。另一方面，受害者的组织化程度越高，罪行越严重。例如，在美国，顾客或职员对百货公司的盗窃案的定罪率几乎占起诉案件的100%，但是，对于汽车盗窃案——几乎都是对个人的犯罪，定罪率只有50%多一点。此外，强奸、伤害和谋杀等对个人的犯罪的定罪率也很低。因为国家的组织化程度最高，所以，对国家的犯罪是最为严重的犯罪。

在一个国家内，国家的组织化程度最高。但是，每个国家的组织化程度是不一样的，有些国家的组织化程度比其他国家高，刑法也相应地比较多。布莱克认为，集中是组织化的一个标准，因此刑法的多少和国家的集中成正比。因此，向警察控告的可能性随着刑事诉讼的集中的增加而增加，逮捕和定罪也是如此。国家越集中，惩罚越严厉。随着刑法的组织化程度的增加，法的要求也增加，刑法更加深入到社会里去，有更多的行为被规定为犯罪，而且也发现了更多的犯罪行为。在现代社会里，被告和专制政体合作的可能性较大，和民主政体或其他不那么集中的政体合作的可能性却比较小，与极权政体合作的可能性最大。

布莱克认为，组织也可以预测和解释法的类型。他说："指向较少组织的惩罚性法比指向较多组织的惩罚性法要多。"这就意味着个人对组织的不法行为比组织对个人的不法行为更可能被看作是犯罪。公司的许多所谓的"白领犯罪"实际上并没有被当作犯罪处理。即使其行为受到刑法的惩罚，一个现代公司或其代表所受的惩罚也没有犯同样罪行的个人所受的惩罚那么严厉。同样，白领犯罪也没有蓝领犯罪那么严重。

布莱克认为，指向较少组织的惩罚性法与组织距离成正比。也就是说，其他一切不变时，惩罚性法与国家的组织化程度成正比。例如，国家越集中，就有越多的不法行为被规定为犯罪。但是，不法行为人相对于受害人越有组织时，惩罚性法就越少。不法团体更可能被要求赔偿受害人，而这种可能性随着它的组织化程度而增加。它也更可能被要求进行谈判，以便和它的受害者达成妥协。

治疗性法和惩罚性法一样，也更可能是针对个人的，而且它和国家的组织化程度成正比。例如，在一个极权社会里，反对国家的人就很可能会被关进监狱或精神病医院。

五、法和社会控制

社会控制是社会生活的规范方面，它规定越轨行为，并对越轨行为做出反应，具体规定应该做什么，什么是违法、义务、反常或破坏。法是社会控制，但礼仪、习惯、道德、官僚（bureaucracy）和对精神病的治疗也都是社会控制。正如法是一个国家内公民之间的社会控制，部落成员也有他们自己的社会控制。家庭、车间、教堂、党派或比赛，也都是如此。无论何时何地，只要人们互相维持一定的标准，不管标准是否明确，也不管是否意识到了，都可以发现社会控制。在街上、在监狱、在家里、在晚会上都有社会控制。社会控制把人们分成受尊敬的和不受尊敬的，它使有些人不体面，却保护其他人的名誉。社会控制是一个变量,它因环境、时间和案件的不同而不同。一般说来,现代社会里的法比传统社会里的法要多,因为现代社会把更多的不轨行为纳入到法的管辖范围内。例如,一般认为,刑罚是最严厉的最正式的惩罚。各种社会控制的数量也各不相同,一般说来,惩罚性控制的数量最大,其次是治疗性的、赔偿性的和调解性的控制。社会控制可以解释不法行为和其他社会控制,而不考虑各种动机。可以用其他社会控制的数量来解释法的数量。体面(respectability)是社会控制的另一个方面,也可以解释法的变化。这包括体面本身的数量、不同体面之间的法的方向以及这些差别的数量。布莱克说:法和其他社会控制成反比。

这就是说,当其他社会控制较弱时,法就较强。例如,在现代美国,家庭纠纷和其他纠纷相比很少上法院;家庭越强大,上法院的可能性越小。有些家庭的社会控制比其他家庭要多,因而,这些家庭的成员更多地受到法的豁免。因此,未成年人受到父母的控制越多,他受到的法的控制就越少。其实,在美国这样的现代社会,家庭控制比传统社会要弱。家庭控制随着现代化进程到处都变弱了,而法在每个地方都相应地增加。例如,在非洲,家庭控制仍然强大,因此,在那里几乎不存在青少年犯罪。法在不同社会之间变化,在同一社会内部不同共同体或不同环境之间也发生变化。在人们互相亲密地观察对方的行为并且用自己的方式来批评和惩罚不法行为的任何环境里,法是不重要的。如果有人由于某种原因不受其他社会控制的管束,那他就可能得上法院甚至进监狱。在现代社会里,有些人每天都受到很多社会控制的管辖,这就使他们在一定程度上受到了法的豁免。社会控制的数量也随着各种环境而变化。例如,私人环境比公共环境有更多的社会控制,因此,私人环境里的法就比公共环境里的法要少。一个组织如果有自己的安全系统,那么它的法比较少。朋友关系与其他更加疏远的关系相比,法也比较少。甚至,法的数量也随着钟点而变化。例如,晚上人们入睡时,大多数社会控制都放松了,法的控制就增加。

社会控制不但规定了谁是不法行为人,它也规定了谁是值得尊敬的、体面的。所谓体面,就是指一个人受别人尊敬的程度。体面是一个变量,它由一个团体或个人所受的社会控制的处罚来决定的。一个人所受的社会控制的处罚越多,他的体面就越少。因此,一般说来,受到法的处罚的人没有受到其他社会控制的处罚的人那么体面,受到刑罚的处罚的人尤其不体面,罪行越严重,越不体面。

体面是一个人受尊敬的程度,是一个人所隶属的规范(即社会控制)的多少,因此,可以说体面是一种规范地位(normative status)。一个人的规范地位可能和垂直地位、辐射地位相一致,也可能不一致。一个人的规范地位要受到其亲友(如家属、朋友或同事)的规范地位的影响。因此,只要一件犯罪行为就可能使整个团体失掉体面,毁坏一个家庭的名声,或者损害一个组织或其成员的荣誉。

每种社会控制都规定自己的规范地位,都使受到它的处罚的团体或个人体面减少。因此,一个团体或个人在不同的环境里可能有不同的规范地位,这些地位合起来组成社会生活的总的规范地位。因此,各种社会控制或单独或共同地规定着体面。

布莱克认为,法的数量随着法在规范空间(normative space)中的位置而变化,由其环境中人们的体面来决定。一个人越体面,法就越多。法与体面成正比。

也就是说,当其他一切不变时,不受尊敬的人(即不体面的人)之间的法比受尊敬的人(即体面的人)之间的法要少。例如,罪犯之间和体面的人之间相比,前者很少向警察控告,各种流浪汉、妓女、赌徒、同性恋者、吸毒者、惯窃犯等相互之间也很少控告,即使控告也很少成功。事实上,下流社会本身就是一个规范地位,其中每个人都是不受人尊敬的,即不体面的。监狱和精神病医院就是如此。一个不体面的人即使起诉另一个不体面的人,他也很少成功。在这个意义上,可以说一个不体面的人控告另一个不体面的人的犯罪不那么严重。不体面的人之间的犯罪,罪犯的风险相对较小。而体面的人相互之间会得到更多的赔偿,当他们败诉时,他们更可能上诉,如果他们上诉,也更可能胜诉。

规范地位规定了一个人有没有特权。法的数量随着规范地位的变化而变化。如果不法行为人没有受害人那么体面,或者相反,受害人没有不法行为人那么体面的话,那么,不法行为就有规范方向(normative direction)。法的规范方向和不法行为的规范方向正好相反。如果不法行为的规范方向是从较少体面到较多体面,那么,法的规范方向就是从较多体面到较少体面。布莱克认为,这种规范方向也可以预测和解释法的数量。他说:指向较少体面的法多于指向较多体面的法。

意思是说,当其他一切不变时,不体面的一方更可能受到法的惩罚,他很少获得法的好处。体面的人控告不体面的人的情况比相反的情况多得多,而且更可能成功。在诉讼中,体面的一方更可能胜诉。例如,在刑事案件中,不体面的一方的话与司法官员的话或体面的一方的话相比,分量要轻得多。如果被告没有受害人那么体面时,逮捕、起诉、定罪和重刑都比相反的情况要多得多。这样一个被告很少上诉,即使上诉,也很少胜诉。

每个人的体面是不相同的,也就是说,人们的体面是有差别的,布莱克把这种体面的差别叫做规范距离(normative distance)。规范距离是一个变量,布莱克认为它可以预测和解释法的数量。他说:指向较少体面的法与规范距离成正比,指向较多体面的法与规范距离成反比。

具体地说,当罪犯没有控告人、法官、陪审员或证人那么受尊敬时,他可能要受到更多的法的惩罚。换句话说,他以前所受的社会控制的处罚越多,他再进行的不法行为就越严重。任何社会控制的处罚的记录都是一种不利,法律记录尤其是犯罪记录更加不利,罪行越严重,越不利。法和罪犯的体面(即受尊敬的程度)成反比。例如,在现代美国,一个人被控酗酒的时间越长、越近,他就越可能被送进监狱。这也适合于各种法律事实,也适合于控告人的命运。另一方面,法与受害人的体面成正比。

六、布莱克法的行为理论的特点

上面我们已经具体而详细地介绍了布莱克法的行为理论,分析和阐述了法和分层、形态、文化、组织和社会控制的关系。为了进一步理解布莱克法的行为理论,简要地分析一下其理论的特点是有必要的。

布莱克是美国行为主义法学的代表人物之一,他是用行为主义的方法来研究法的行为理论的,因此,其理论不能不带有行为主义的特点。前美国政治学会主席戴维·伊斯顿把行为主义归纳为八项设想和目标,即规则性(regularity)、验证(verification)、技术(techniques)、数量确定(quantification)、价值(values)、系统化(systematisation)、纯粹科学(pure science)和一体化(integration)。①

下面我们就从这八个方面着手来分析和概括布莱克法的行为理论的特点。

第一,规则性。布莱克认为,人们的法行为有其可以认识的一致性。这些一致性可以解释和说明法律现象。人们的法行为和他们的社会地位、经济地位、文化地位、组织地位等有很大关系。他通过观察和分析人们的法行为,发现了法行为与分层、形态、文化、组织和社会控制之间的相互关系,并提出了一系列命题和推论,这些命题和推论反映了法行为的规则性,不但解释了法行为,而且对法行为进行了预测。

第二,验证。布莱克认为,为了可靠,一切认识都应当由经验反复检验过的观点组成。所有的证据都必须以观察为基础,因而法学应注重研究可以观察的现象,研究人们的法行为。他自信所提出的一切命题都经受住了事实的检验。

第三,技术。行为主义法学强调采用先进技术和精密仪器,这样才能得出精确的、可靠的和有比较的数据。布莱克在研究法的行为理论时,采用了多向分析、直接探查、数学模型、数学公式和模拟试验等方法。这些技术手段使布莱克得以观察、记录和分析法行为的数据,并得出其法的行为理论中的一系列命题和推论。

第四,数量确定。布莱克认为,行为研究离不开测量和定量分析。要准确无误地认识千变万化的法律现象,法学就必须用严格的测量和数据处理过程代替不精确的数量判断。法学中采用的数据应当像其他科学一样准确,同时一切理论都必须建立在确定的数据之上。但是,实际上在法学领域中,数量确定是一个可望而不可即的目标,因为法学中有些重要问题如法的本质、法的价值等,是没有办法测量和确定的。目前,法学还不具备分析所需要的精确的概念和模型,以后能否具备还是一个未知数。

第五,价值观念。布莱克认为,价值观念与事实不相关,在分析时应当把价值观念和事实区别开来。虽然人们可以把它们放在一起进行研究,但决不可将这二者混淆起来。为了客观,科学的调查应当不受价值观念的约束。法学研究者在研究法学的过程

① 参见[美]戴维·伊斯顿:《政治分析的框架》,新泽西,英格伍德—克利夫斯公司,英文版,1965。

中必须严格防范自己价值观念的介入，应当采用不偏不倚的方法。

第六，系统化。布莱克认为，法学研究应是系统化的研究，法学应当成为“统一的理论”，理论和研究要成为一个整体。没有理论基础的研究是毫无价值的，没有数据证实的理论同样是毫无意义的。理论不应当由思辨和反省构成，而应由分析、解释和论证构成。只有在结构严密和逻辑连贯的概念和前提的基础上，理论才能站得住脚。假设本身应当经受严格的检验，新的理论才能以这些假设为基础。

第七，纯粹科学。布莱克坚持用纯粹科学的方法来研究法学。他认为，法学理论可以应用于实际生活，但是对法行为的理解和解释要以逻辑为先。同时，纯理论的研究必须摒弃“实用主义的投机”。

第八，一体化。布莱克认为，法学应当和其他社会科学一体化。人是一种社会动物，人的活动只有在比他个人整个生活更加广泛的环境中才能得到理解。理解法行为不能离开人与社会、政治、经济、文化、组织和社会控制等活动之间的联系。法律的人应当和经济的、社会的和文化的人联系起来考察，这样才能真正理解人们的法行为。

对上述八个方面进行归纳和概括，布莱克法的行为理论具有以下三大特点：

第一，从研究对象上看，布莱克注重法行为的研究。布莱克说：“法存在于可以观察到的行为中，而非存在于规则中。虽然在法学著作和日常语言中，规则或规范的语言被广泛使用，但从社会学观点看，法不是律师们认为有效的东西或有约束力的箴规，而是（举例说）可以观察到的法官、警察、检察官或行政官员的安排。”①于是，布莱克就用法即行为的观念取代了分析主义法学派的法即规则的概念和自然法学派的法即理性的观念，并把法看作是政府的社会控制，或者说国家和公民的规范行为，如立法、执法、司法、诉讼等，把法律制度理解为法行为的组合或法行为的体系。

既然布莱克把法看作是行为，那么他认为法学的任务就是研究法行为，这就是自然而然的事情了。他认为，法学研究法行为，主要是观察、测定、分析、解释、预测和控制立法者、执法者、司法者和诉讼参与人的与法有关的行为。也就是说，他只管人们的法行为实际怎样；尽管他也解释为什么是这样而不是那样，但是他不管它们应该怎样。正如布莱克在《法律行为》一书序言中所说的：“本书对于法的变化不作判断，它也不评介任何一种政策，更确切地说，它只是努力把法理解为一种自然现象。”②

第二，从研究原则上看，布莱克崇尚“纯科学精神”。他认为，法学是一门科学，它应当严格按照科学的精神进行研究。但是，很多法学家抛弃了科学的立场、观点和方法，公开进行非科学的活动，如对法进行公正与否、效用大小、政治上正确与否的评价，甚至为政治服务，他们使用的是科学的语言，但从事的却不是科学的工作。有鉴于此，必须强调“纯科学精神”。所谓“纯科学精神”其实是实证主义哲学的传统，其基本原则

---

① ［美］布莱克：《法社会学的范围》，载《耶鲁法学评论》，1972，第81卷，1096页。

② ［美］布莱克：《法律行为》，第X页。

是:①科学的功能主要在于了解并解释世界,而不在于改造世界。因此不应当向科学的法学提出探讨目标的问题,更不应伸手向法学要改革方案之类的东西。②科学只能认识现象,而不能认识本质。要求科学的法学向人们提供法的本质的理论是不适当的,是形而上学的。法的本质属于法哲学的范畴,而不是法科学(即法学)的范畴。③每一种科学思想都要求某种具体的经验指导,科学只能整理经验,而没有任何办法进入非经验的知识领域。因此,正义、法治、正当程序等在科学的法学中没有立足之地,因为它们不是经验的东西。④在经验的世界里不可能找到价值判断,故价值判断在科学的法学中没有认识论的意义。

基于上述原则,布莱克反对对政策进行评价,因为法的政策(立法政策)问题属于价值领域;反对研究“法的效用”,因为“法的效用”研究就是要把法的现实同某种法的理想或理论相比较,而这种比较必然暴露出“行动中的法”和“理论上的法”(理想法)之间的距离,据此,法学家们就会说现实的法不符合法的理论和法的理想,需要进行改革,提出改革方案。这明显地越出了法学的范围。布莱克还反对法学研究中的价值取向,主张价值中立,主张事实和价值分离。他认为,价值取向不仅会使问题的选择带有主观倾向性,而且会使问题的分析带有主观倾向性,从而严重影响法学研究的科学性。布莱克也承认,价值观念会从各个方面进入社会科学研究之中,有时会起明显的作用。但是,他指出,科学研究受价值的影响这一事实不会也不应该使科学研究成为价值研究,恰恰相反,这正是他强调价值中立的原因。他说,法学是一门科学,对法进行评价不是法学的任务,而是法哲学的内容。

第三,从研究方法上看,布莱克强调实证方法和定量分析的方法。日本政治学者田畑忍在《政治学概论》中指出,行为主义政治学“是对那些实际上能够观察的政治行为,能够验证的政治事实,或者客观上能够测定的政治事物的计量化、统计化”[①]。美国政治学者小理查德·F. 芬诺也说,政治学者在阐述自己的理论时要注意到它的实证性,以便“使其他的学者能够验证这种理论是否正确,是否要做某些修改。我们认为研究过程是一个不断发现、探索和证实的无止境的过程,其目的是找出关于政治现象的最准确的概括性理论”[②]。他们论述的虽然是行为主义政治学,但是对于布莱克也完全适用。布莱克不重视定性研究,认为法的性质无法确定和验证。他力图寻求法行为的规则并通过这种规则来说明法现象。他主张任何知识都必须由经验反复检验,所有的证据都必须以观察为基础,研究的范围只能局限于可观察的现象,即人们的所作所为和团体的行为,而且有时候只是抽象地、形而上学地罗列材料,不作合理的科学判断和阐释。布莱克还主张运用精密工具来研究法行为,如多向分析、直接探查、数学模型和模拟实验等。他认为,这样做,就可以清除制定和实施研究计划中的“价值偏好”(value

① [日]田畑忍:《政治学概论》,载《国外社会科学著作提要》,1982(10),3页。

② [美]芬诺:《行为主义政治学》,载《国外政治学》,1985(5),21页。

preference)。布莱克奉为至尊的方法是“数量确定”或者说定量方法，用严格的测量和数据处理过程来代替不精确的数量判断。在他看来，只有“数量确定”可以达到法学研究所追求的目的，得出关于法律数据的准确和精密的认识。法学研究所得出的结论和印象都应在经过数量确定的数据上进行验证。但是，众所周知，要解释许多法律现象，如法的本质，光靠“数量确定”是无济于事的。

正因为采用了实证的方法，所以，布莱克在其法学研究中排除了实体概念，即不把抽象的法律现象的整体作为研究对象，而只是从某种特定的侧面来进行研究，以达到实证的目的。因此，他与那些笼统地把一切社会现象产生的原因归结为经济的、心理的或者任何其他单一原因的人不同，他采取的是多元主义的研究。而且，他排除价值观念，关于这一点，前面已经说得不少，这里就不再重复。此外，他重视预测的可能性，这是强调法学科学化的必然结果。他通过以一般命题形式进行假设的方法，把局限于注重过去的规范研究转向注重于未来的行为预测。实证的方法使得精确地考虑问题、比较问题、掌握法律现象相关程度、验证法学理论命题的可靠性成为可能，从而使结论的客观性和观测的确凿性大大提高。

第四节　对布莱克法的行为理论的评价

根据布莱克法的行为理论的主要内容及其基本特点，我们可以看出，布莱克法的行为理论既有一定的积极作用，又有一定的局限性。

一、布莱克法的行为理论的积极作用

(1)布莱克把实证方法和定量分析的方法引入法学，在许多方面加深了我们对法的理解，增强了法学的科学度。主要表现在以下几个方面：

①前面说过，布莱克对法所下的定义是：“法是政府的社会控制，换句话说，它是一个国家及其公民的规范生活，如立法、诉讼和判决。”也就是说，法是国家和公民的法行为。他和自然法学派不一样，不是对法作抽象的、形而上学的哲学思辨。他和分析主义法学派也不一样，不是对纯粹的法律规范进行空洞的形式主义的研究。他研究的是国家和公民的规范性行为即法行为。他研究的不是静态的法、书本上的法，而是动态的法、生活中的法即法行为。他研究法行为和社会生活各方面的关系，因此，可以说布莱克既属于社会学法学派，又属于行为主义法学派。因为，行为主义法学派本来就是在社会学法学派内部产生的，是社会学法学派的一个支派。所以，布莱克既是美国行为主义法学派的代表人物，也是美国社会学法学派的代表人物。从研究抽象的法到研究具体的法，从研究书本上的法到研究生活中的法，从研究静态的法到研究动态的法，这无疑是法学研究中的进步，其作用和意义是不容抹杀的。但是，尽管布莱克在上述

几方面进一步深化了法学研究，他还是没有认识到法的本质，没有认识到法是统治阶级意志和利益的反映。

②布莱克从法的数量和类型两个方面来研究法，又把法分为惩罚性法、赔偿性法、治疗性法和调解性法四种类型，同时又把惩罚性法和赔偿性法概括为控告型的法，把治疗性法和调解性法概括为补救型的法。从法的数量和类型两方面来研究法，这本身就具有方法论上的意义。把法分成两大类四小类，而且还列表对这几种类型的法进行了简明扼要的阐述，这加深了我们对法的某些性质和特点的认识。定量分析方法的采用，是法学研究（甚至一切科学）的一大进步。它使我们对法的性质和特点的认识更加精确，更加深刻。但是，布莱克在采用定量分析方法的同时却又忽视了定性分析，这不能不说是他的一大缺陷。其实，定量分析主要是研究事物的量，定性分析主要是研究事物的质；而任何事物都是质和量的统一，没有脱离质的量，也没有脱离量的质。因此，对任何事物的研究（法学当然也不例外）都应当是定性研究和定量分析的统一，二者不可偏废。既不能只要定性分析不要定量分析，也不能只要定量分析不要定性分析。这两种偏向都是片面的、形而上学的。实际上，定量分析和定性分析二者也是相辅相成的。只有在定性分析的基础上才能进行定量分析，定量分析对定性分析又有反作用。

③布莱克把社会生活分为分层、形态、文化、组织和社会控制五个方面，从这五个方面来分析和理解社会，当然要比就社会论社会深刻得多、具体得多。同时，他还着重论述了法和分层、形态、文化、组织和社会控制的关系，提出了一系列命题和推论。对于这些命题和推论，我们前面已经逐条作了具体而详细的分析。概括起来，有以下几层意思：首先，每个社会的法的数量都是不相同的，一个社会分层越多、文化越多、组织越多、分工交换越发达、其他社会控制越少，法就越多。因此，布莱克发现了法的数量和经济、文化、组织、道德甚至人口等之间的关系。尤其需要指出的是，布莱克所说的分层指的是财富的不平等，从而等级的划分归根到底就是阶级的划分。因此，可以说布莱克所说的分层实际上是用定量分析的方法来进行阶级的分析。这种分析方法可以使我们的阶级分析方法更加具体、更加直观、更加明确。但是，布莱克并没有看到法的阶级本质，因此，他的这种方法也是不自觉的。其次，一个社会内部法的分布也是不平衡的。有地位的人之间法较多，没地位的人之间法较少。有地位的人指的是富裕的人、处于社会生活中心的人、有文化有教养的人、大组织的成员、有名望的人等，一般说来，这些人属于统治阶级，相应地，没地位的人则属于被统治阶级。因为法是统治阶级意志和利益的反映，法要调整统治阶级内部的各种关系，要保护统治阶级及其成员的利益，因此，统治阶级内部的法较多。反之，法对被统治阶级内部的关系不重视，不保护被统治阶级及其成员的利益，因此，被统治阶级内部法较少，而且，针对没地位的人的法多于针对有地位的人的法。也就是说，法是统治阶级统治被统治阶级的工具。虽然对于统治阶级内部个别人的犯罪行为也要惩罚，但是，法的主要矛头是对准被统治

阶级的，要严厉镇压被统治阶级的反抗。而且，就是在统治阶级内部和被统治阶级内部也存在着分层，也就是说有不同的阶层，等级越低的人犯罪越严重，法对他的惩罚也越严厉，等级越高的人犯罪越轻，法对他的惩罚也越轻。总而言之，虽然布莱克回避法的本质问题，他对法行为的具体分析，也没有揭示出剥削阶级法的本质，没有认识到法是统治阶级意志的反映，但是，他毕竟指出了这样的事实，即法对富人、对上等阶层是有利的，然而对穷人和下等阶层却是不利的，这就在一定程度上触及了剥削阶级法的本质。可以毫不夸张地说，布莱克所提出的命题对于我们进一步认识法的本质也是有帮助的。

(2)布莱克从法行为的新角度来研究法学，从而扩大了法学研究对象的领域。西方的传统法学，例如自然法学和分析主义法学，由于受到当时人们认识水平、科学技术和阶级斗争状况的限制，只注重单纯的文字资料的研究，或者着重在抽象的历史中进行研究，而不是研究人们生活中大量的现实的法行为，并且往往把法看成是静止的、一成不变的。因为法是一种行为规范，所以，以法为研究对象的法学对人们的法行为进行研究是不言而喻的。分析主义法学虽然也承认法是一种行为规范，指导人们如何行为或不行为，但是基本上停留在已经规范化了的、表现于文字上的法律规范的研究，而对人们的具体的活生生的法行为则很少进行研究。社会学法学虽然也承认法是社会关系的调整器，起着调整社会关系的作用，但是很多学者仍停留在静止状态作定性分析，而对法如何调整社会关系，以及社会关系所发生的错综复杂的变化缺乏研究，其原因就在于没有对具体的法行为进行研究。其实，社会关系是由于人们之间的相互行为而形成的，没有人们之间的相互行为就不可能产生社会关系。法是通过规范人们的行为来调整社会关系的。由于人们的行为受到内在的和外在的各种因素的作用和制约，经常发生变化，因而也不会有一成不变的静止的法。因此，法学研究仅仅停留在对已经形成的处于静态的法律规范的研究上是不够的，还必须对行为中的法即动态的法进行研究。处于静态的法律规范来源于人们的具体的法行为，并且只有依靠人们的具体的法行为才能获得实施和实现，其调整的直接目的在于规范人们的具体的行为。布莱克法的行为理论就是研究法行为的数量和类型如何随着分层、形态、文化、组织和社会控制等社会因素的变化而变化的。因此，他注重对法行为的研究，把法看成是一种动态的法，这样就克服了传统法学墨守规范研究的局限性，扩大了法学的视野，看到了传统法学所忽略的法律现象，使人们对法律现象的认识更加广泛。

(3)布莱克采用实证和定量分析的方法来研究法学，丰富了法学研究的方法。布莱克采用实证和定量分析的方法来研究法学，就是希望法学能够成为和自然科学一样精密的科学，可以解释、预测和控制人们的法行为，这种希望现在还未能实现，将来能否实现还是一个未知数。但是，布莱克的实证方法和定量分析方法的优点还是不可抹杀的。首先，他在行为主义政治学和法学先驱者已有成就的基础上，进一步发展和强化了这种实证的定量分析的法学研究方法，为人们不断地探索法的发展提供了新的方法。其次,他为法学研究提供了充实而可靠的精确的证明材料,这是传统法学所不及的。传统法学对某种法律现象的解释虽然也根据一定的材料,但往往不够精确,主要还是靠主观的见解,而非客观的验证。传统法学由于不会用调查、统计、观察、实验等方法,所以,根本不会去研究法行为的数量和类型的变化以及它与社会因素的关系,也不会注意精确的资料。布莱克由于掌握了可使资料精确、可靠的新方法,从而可以研究传统法学无法研究的问题。因为像法的数量、类型的变化和分层、形态、文化、组织、社会控制的关系这样的问题,不采用定量分析和实证的方法是无法进行研究的。因此,我们说布莱克法的行为理论在方法论上也是有重要意义的。

(4)从实践来看,布莱克法的行为理论在一定程度上为科学地对法律现象作预测和法律决策,作出了重要贡献。研究角度的增加、研究方法的丰富、研究技术的提高,都扩大了预测和决策所依据的信息的范围,提高了这些信息的准确性,从而使预测和决策进一步科学化。这种作用在立法、执法、司法、诉讼和法律监督等各方面都有一定的表现。

二、布莱克法的行为理论的局限性

(1)布莱克法的行为理论在研究对象、目的及方法上都主张"超阶级性"。从研究对象来说,布莱克注重法行为的研究,回避制度和规范的研究。从研究目的来说,布莱克只想解释和维持资本主义社会现象,不想变革这种现实。他只研究法行为,企图通过这种研究,发现资本主义国家法律在运行过程中某些环节上出现的矛盾和弊端,从而对它进行调节、修补和解释,而不研究它们为谁运转、为谁服务。从研究方法来看,布莱克采用实证的定量分析的纯科学方法,在研究法律问题上强调不受价值观念的影响或不表示价值观念的态度。他认为,价值观念与事实不相关。谁都知道,在研究自然科学问题时,事实与价值的区别问题是不会发生的,因为自然物的本质和现象不受人类价值观念的影响。但法律问题和这不一样,个人价值观念无法避免,影响法律问题的因素很多,研究者往往不自觉地因其本人的价值观念而重视或忽略某种因素。布莱克主张研究法律时应当祛除价值观念,把道德伦理问题和法律问题区分开来,采用"不偏不倚"的方法来研究法行为,防止把价值观念引入研究之中。因为主张价值祛除,所以有许多法学的重大理论问题无法进行研究。

布莱克的研究客观上揭示不出,主观上也不想揭示出法的本质。因为在不同的所有制形式上,在生存的社会条件上,耸立着由各种不同情感、幻想、思想方式和世界观构成的整个上层建筑。整个阶级在它的物质条件和相应的社会关系的基础上创造和构成这一切。通过传统和教育承受了这些情感和观点的个人,会以为这些情感和观点就是他的行为的真实动机和出发点。以体现客观主义观点和科学主义的价值祛除为研究的出发点,其本身就是一种价值观的选择。价值,作为一种"观念,无非是那些统治个人的物质关系的理论表现”①。法学研究上的事实问题与价值问题是不可分的。价值观的问题必然会出现在其中。研究法律问题不可能全然排斥价值观。对待法西斯主义与民主、法制与人治，对待自由与不自由、民主与不民主、平等与不平等，研究者没有价值观是不可思议的。行为主义的这种偏颇促使其在哲学上走上一种绝对的经验主义，而这种绝对的经验定义恰恰以带有主观唯心主义色彩的传统的实证主义为基础。布莱克之所以提出这些主张，从社会政治意义上讲，因为他是一个保守的资产阶级法学家，他的研究本身是立足于资产阶级制度内的，是维护既存的资本主义社会的政治法律体系的。总之，布莱克法的行为理论在研究对象、目的及方法上表现的阶级局限性明显反映了其保守倾向。我们在借鉴、吸收其优点时，必须认识到这一倾向，不以解释世界为限，更重要的是去改造世界。

（2）布莱克运用定量分析和实证等纯科学方法来研究法律现象具有局限性。布莱克过分强调定量分析和实证的方法是失之偏颇的，首先，因为所谓纯科学不能够解释一切法律现象。布莱克主张，任何知识都必须由经验反复检验，所有的证据都必须经过以观察为基础的实证研究，使研究范围只能局限于可观察的现象，即人们的具体的行为，结果又限制了法学研究的范围。他还极力主张定量分析，反对定性分析。可是，有些法律现象是无法定量分析的，他只好把它们都排除在法学的研究范围之外。因为法律问题有一定的社会现实性，现实性的重大问题至少在现阶段不能由实证的定量分析的纯科学方法进行全面的研究。法学有必要对法律现象进行全面的研究，不能只限于能够采用纯科学方法进行研究的范围。其次，理论也需要想象的非经验的假设，因为从逻辑上讲，一种观点即使被验证得再多，也不能说已包括一切现象。人们的行为中含有意志的成分，而每个人的意志是不一样的，并且是不断变化的，所以人们的行为不可能符合一定的常规，而这种常规却是纯科学方法所必不可少的。因此，布莱克以纯科学方法来精确地解释和预测法律现象这个目标，从总体上至今还没有达到，以后也不可能完全达到。最后，纯科学方法在操作上也面临着困难，因为布莱克在研究法律现象时，不得不沿用某些传统的概念提出自己的假设，但是法学的许多重要的传统概念却无法用数量来表示。

① 《马克思恩格斯全集》，第46卷（上），111页，北京，人民出版社，1979。

第八章　法律秩序论

法律秩序是一个错综复杂的社会秩序现象，又是一个深刻的重要理论问题，因而，历来受到众多法学家们的关注。与此相联系，法律秩序思想也是当代西方法哲学领域中重要的学术思想表现形式。研究当代西方法哲学中的法律秩序思想，乃是从另一个方面深入了解和把握当代西方法哲学的重要途径之一。本书仅就当代西方理论法学领域中有关法律秩序的概念、法律秩序产生、法律秩序的运作及模式等问题，作一简要的探讨。

第一节　法律秩序的概念

研究法律秩序，首先要解决的就是法律秩序是什么这一基本问题。关于法律秩序的概念，《牛津法律大辞典》有这样一段概括："法律秩序（legal order）是从法律的立场进行观察，从其组成部分的法律职能进行考虑的，存在于特殊社会中的人、机构、关系原则和规则的总体……法律秩序也包括某种原则与规则，如行为的推测等。法律秩序的这个术语被诸多法学家在不同意义上用作制度或法律体系，甚至是法律的同义词。"①当今，尽管有关法律秩序概念的表述多种多样，但概括起来亦可以分为两类基本观点。这就是：一类是把法律秩序等同于法律、制度或法律体系；另一类则是把法律秩序看成是法作用于社会所形成的一种社会状态或社会结果。为了研究的方便，不妨称前者为"制度论"，而称后者为"状态说"或"结果说"。在第一类观点持有者当中，极具代表性的就是现代西方两大法学主流派的代表人物：纯粹法学代表人物奥地利的汉斯·凯尔森（Hans Kelsen，1881—1973）和社会学法学代表人物奥地利的尤金·埃利希（Eugen Ehrlich）、马克斯·韦伯（1864—1920）和罗斯科·庞德（Roscoe Pound，1870—1964）等。但是，他们对有关法和法律秩序的具体论述，却又有着许多不同之处。

一、法律规范 = 法律秩序 = 国家——凯尔森纯粹法学的法律秩序概念

（一）凯尔森的论述

著名法哲学家、纯粹法学的杰出代表凯尔森在其诸多著述中，一再强调其纯粹法

① 《牛津法律大辞典》，539页，北京，光明日报出版社，1987。

学具有真正的科学性，是客观地把实在规范作为唯一的研究对象，而排除任何社会学、政治学、伦理学、心理学的因素，尤其是要排除多种价值判断因素的“干扰”。在此基础上，他对法律秩序以及法和法律秩序的关系、法律秩序和国家的关系等一系列基本问题，作了具有浓厚纯粹法学色彩的论述。

1. 法律就是强制性秩序

首先，他把法律和秩序相等同，写道：“法律是一种强制性秩序”，“法律是人类行为的一种秩序”①。他认为，当制裁成为一种有组织的社会行为时，对破坏社会秩序所适用的扼制手段就在于剥夺破坏者的所有物（possession）——生命、健康、自由或财产。由于所有物是违背其本人意愿而被剥夺的，所以这种制裁就具有一种强制性。因此，“凡设法以制定这种强制措施来实现社会所希望有的人的行为，这种社会秩序就被称之为强制秩序（coercive order），它之所以是这样一种秩序，就因为它以强制措施来威胁危害社会的行为”②。凯尔森认为，法律不是目的，而是一个手段，一个工具。法律通过其制裁手段确定人们应当如何行为，是一种特殊的技术。法律“这种秩序就是试图通过对相反行为（即法律上的错误行为），采取一种强迫性措施的威胁，引导人们为合乎希望的行为”③。也正因为“一个规范指令或允许人们为某种行为，一套规范由于某种理由或另一种理由形成为一个单位，我们称之为一个规范性秩序。法律是一个规范性秩序，而且，由于法律规范规定把强迫行为作为制裁，所以法律是一种强迫性秩序”④。

其次，凯尔森将法律秩序与道德、宗教和风俗等社会秩序相比较，认为法律“具有社会上有组织的制裁，从而能够一方面与宗教秩序，另一方面与纯粹的道德秩序明显地区别”⑤。他认为，法、道德和宗教三者都禁止杀人，但法禁止杀人是通过规定：如果一个人犯杀人罪，那么由法律秩序所选定的另一个人就应对杀人者适用由法律秩序所规定的某种强制措施。道德则是基于“不能杀人”的信念来限制自己。如果许多人之所以不去杀人，与其说是想逃避法律惩罚，倒不如说是由于逃避同伴们的道德谴责。法与道德的巨大差别就在于：“法的反应在于秩序所制定的社会有组织的强制措施，而道德对不道德行为的反应或者是不由道德所规定，或者是有规定，都不是社会有组织的。”⑥而宗教规范与法的区别又在于：宗教规范是以一种超人权威的惩罚去威胁杀人者。但是宗教规范所规定的制裁具有一种先验性，尽管宗教秩序规定了制裁，然而不是社会有组织的制裁。这种制裁也许比法律制裁更加有效，然而它的实效预定要依赖对超人权威的存在与权力的信仰。总之，法律秩序与道德秩序、宗教秩序是有着明显

① 凯尔森：《法律与国家》，3、5页，雷崧生译，台湾，1970。

② 凯尔森：《法与国家的一般理论》，19页，北京，中国大百科全书出版社，1996。

③ 凯尔森：《国际法原理》，3页，北京，华夏出版社，1989。

④ 同上书，4页。

⑤ 凯尔森：《法与国家的一般理论》，19页。

⑥ 同上书，20页。

的区别的。法律秩序就是将暴力手段的使用集中于社会，由社会统一使用，对违反法律的行为实施制裁。简言之，法律秩序就是法律整体“对暴力的垄断”，或者说“共同体对使用武力的垄断”①。

最后，为了进一步论证其“法律规范 = 法律秩序”的观点，凯尔森对法律规范和法律规则作了独特的区分。他说：“一个法律科学把其对象（法律）视为规范体系的说法，实际上是指，在某些条件下（其中起主要作用的是不法行为），某种后果即制裁应当发生。这种说法被称为法律规则，区别于法律规则所描述的法律规范。”②这就是说，法律规范是由法律机构发布的，而法律规则却是法学家所作的描述。法学不是法律机构，因而其所描述的“法律规则”不具有强制性。区分法律规范和法律规则是纯粹法学所独有的。在纯粹法学所谓的“法律科学”领域，应该严格区分法律规范与法律规则，认清它们是代表不同的范畴，适用不同的原则。具体地说，法律规范适用的是“归责”原则，是一种责任式的联系；而法律规则是一个科学（纯粹法学）的范畴，是用来描述法律规范的，是可以适用逻辑原则加以推理的。用凯尔森的话来说，就是：“法律创制权威所制定的法律规范是规定性的（prescriptive）；法律科学所陈述的法律规则却是叙述性的（descriptive）。”③

基于以上的认识，凯尔森得出：法律秩序就是法律规范的一种等级体系。在这一等级体系当中，法律秩序是依次由“个别规范”“一般规范”“宪法”和“基本规范”所构成的等级制度。凯尔森又把构成其法律秩序的这一规范体系称之为“动态法”，继而，他进一步探讨了“什么东西使许多规范成为一个体系，什么时候一个规范属于某个规范体系、某个秩序”等其他有关法律秩序的基本问题。

2. 法律秩序的效力渊源

凯尔森认为，在一个可以称之为法律秩序的等级体系当中，一个规范的创立方式由另一个规范所决定，亦即低级规范的创立方式为高级规范所决定；而后者的创立方式，便被较高级的规范秩序所决定。这种依次的“上溯”，最终会达到一个最高级的规范即基本规范。

把“基本规范”作为整个法律秩序的最高效力渊源，是整个法律秩序统一性的依据。然而，这势必会引起人们提出“什么是基本规范”的问题。综合凯尔森在不同场合对这一问题的阐述，我们可以概括出：所谓“基本规范”实际上是指一个国家的宪法。在凯尔森看来，每个国家都会有某种宪法，它可能是柔性的，也可能是刚性的。而宪法的根源恰恰又在于“先贤的意旨”和众人公认需要法律秩序的某种“共识”。这种“公认”所体现的“行为”和“先贤的意旨”就构成了所谓的基本规范。通过凯尔森对“基本规范”的解释，我们似乎又依稀可见这个典型的“规范性神话”的纯粹法学在寻找其基

① 凯尔森：《法与国家的一般理论》，22 页。

② 凯尔森：《国际法原理》，4 页。

③ 凯尔森：《法与国家的一般理论》，49 页。

本理论范畴的终极依据时，又不免走入了传统自然法学的抽象的人类理性的理论推论模式之中。很简单的一个问题就是，法律秩序和宪法的产生的确是基于人类对安全的客观需要。但这一“需要”又是如何产生的呢？对于这一更为基本、也更深层次的问题，凯尔森却未去涉及。

凯尔森认为，作为法律秩序的规范体系可以分为静态体系和动态体系。静态的规范体系（秩序）之所以有效，是由于它的所有特殊规范以及基本规范的内容具有一种不证自明的效力，可以依据人的智力，从一般到个别的逻辑推理引申出来。例如，“像‘你决不可说谎’‘你决不可欺骗’‘你应守信’这样一些规范，都是随着一个规定真诚老实的一般规范而产生的，从‘你应爱你的邻人’这个规范里，人们可以推断出像‘你决不可伤害你的邻人’‘在困难时你应帮助他’等的规范。”①因此，静态的规范体系（秩序）中的所有特殊规范，只能通过一种智力的作用，即通过从一般到特殊的推论才能得到。在这里，人们似乎又不难看出凯尔森所指的静态规范体系，就是指社会生活中经常起作用的风俗、道德。也正因为如此，他把道德规范纳入了他的静态规范系列。

法律规范体系又是动态的。所谓动态，就是规范的效力不是通过逻辑推理活动从基本规范中推论出来，而是通过一种特殊的意志活动创立的，每一规范又是由另一更高规范，最终由基本规范规定的方式创立。动态体系中的各个规范只能由某一更高规范授权创立的人通过活动加以创立。因而，整个规范体系形成一个以基本规范为顶峰、层层委托、层层授权的规范等级体系。

对此，凯尔森进一步明确地指出：“第一部宪法的效力是最后的假设，是法律秩序中一切规范效力所根据的最高假设，即人们应当像第一部宪法创立者所命令的那样行为，这就是该法律秩序的基本规范。”②基本规范也就是法律秩序得以建立的最后依据。也就是说，在凯尔森看来，“法律之所以有效，是因为它被假定有效，而它之所以被假定有效，是因为它如果没有这一假定的话，人们的任何行为都不能被理解为法律行为，尤其是创立法律的行为。”③虽然凯尔森在创立纯粹法学时一再坚持其分析实证方法的纯粹立场，可他却在最后的关键性的规范效力根据问题上无法将纯粹法学贯彻到底。他对基本规范之效力的假设，就好像康德在严格坚持可认识现象之上又搬出一个不可认识的“自在之物”作为最后基石。

3.“国家不多不少，就等于法律秩序”

凯尔森论述了法律规范就是一种权利集中行使的“强制性秩序”以后，又进一步发挥了其国家学说。

在国家学说方面，凯尔森否定国家与法律的二元论。为此，他也极力反对传统上公法和私法的划分。他认为，划分公法和私法，是把国家看成一个权利义务主体即法

① 凯尔森：《法与国家的一般理论》，126—127 页。

② 同上书，115 页。

③ 同上书，116 页。

律人格，是给予其独立于法律秩序的存在位置。人们把国家当作一个先于法而存在的自然组织或政治团体，把国家看成是法的背后力量，是不科学的。“科学的”结论应该是，国家是一个政治组织，是一种强制性秩序。“作为一种社会秩序的国家和法律必须是同一的”。国家是“法律秩序的人格化”①。一句话，“国家不多不少，就等于法律秩序”。因为，凡是构成法律秩序的条件，国家也都具备，如规范、规范阶梯、有效原则等。他说，比如在一个国家里，警察剥夺一个人的自由而捉他入狱，这是有效的，因为这是根据司法判决的委托；司法判决是有效的，因为它是根据宪法而制定的；宪法是有效的，因为它是受立法权威的委托；追溯到制定宪法的立法权威就不能也不应该再向上追溯它是受什么权威的委托才有效的了。在凯尔森看来，制定宪法的立法权威之所以有效仅仅因为它是“现实的”立法权威。它不依靠、也没有比它再高的权威的委托，它的“有效性”就是它的“现实性”。因此，“国家不多不少恰好等于法律秩序”。

此外，凯尔森还从国家作为某种秩序的共同体的角度出发来阐明其“国家 = 法律秩序”的学说。他认为，国家作为一个法律上的共同体不是一个和它的法律秩序分开的东西，正如社团并不同于它的构成秩序一样。若干人之所以形成一个共同体，只是因为一个规范性秩序在调整着他们的相互行为。共同体与秩序密不可分。既然找不出理由证明有两个不同的规范性秩序——国家的秩序与国家的法律秩序，那么“我们就必须承认我们称为‘国家’的那个共同体就是它的法律秩序”②。

由于国家恰好就等于法律秩序，所以，国家问题也就是国内法律秩序的问题。所谓国家权力，就是一个有实效的国内法律秩序的效力。国家权力“不是任何藏在国家或其他法律背后的神秘力量，它只是国内法律秩序的实效”③。国家机构以分工方式行使职权（分权）只不过是法律的创立与适用，所谓立法、行政、司法也都是法律作用的表现，因此，“三权分立”也是没有必要的。

（二）对凯尔森论述的简要评析

生活在西方资本主义社会由自由竞争向垄断转化的时代里，作为这一时期资产阶级法学的主要代言人，凯尔森的学术思想无疑会深深地打上那个社会、那个时代的烙印：浓厚的资产阶级国家主义观和对法律强制性的推崇备至。这种烙印反映在其法律秩序思想上则主要体现在以下几个方面：

第一，资本主义在由自由竞争逐步向垄断转化的过程中，伴随着一个突出的政治现象，就是资产阶级国家行政权力的不断加强，资本主义的国家干预也急剧膨胀，渗透到社会经济、政治、文化，甚至人们生活的各个领域。体现在带有浓厚国家主义色彩的纯粹法学之中的，就是把作为法律秩序等级规范体系中最高级别的“基本规范”等同于

① 凯尔森：《法与国家的一般理论》，序言，Ⅳ页。

② 同上书，序言，205页。

③ 凯尔森：《纯粹法学》，290页，英文版，1966。

国家宪法，同时又把宪法的产生看作是社会成员对“秩序”需要而产生的一种“共识”。这就隐喻着资本主义国家高于一切。同时又通过所谓“共识”的揭示巧妙地达到了美化资产阶级国家统治，美化资产阶级法律秩序的目的，从而为资产阶级国家及法律秩序的存在，从另一个角度找到了充足的理由。事实上，在现代资本主义的发展过程中，尽管在经济技术方面资本主义国家取得了巨大成就，但是，资本主义社会固有的深刻的阶级矛盾并没有得到解决。与资本主义自由竞争时期相比，所不同的只不过是由于社会物质财富的极大增长，在充分满足资产阶级本身能获取更大、更丰厚的“超额”利润前提下，劳动者相对地获得了能维护自己生存的生活资料，以及资本主义国家统治的越来越“艺术化”和隐蔽，阶级矛盾的激烈冲突现象得到了缓和，但这丝毫不能改变资本主义国家的固有性质。

第二，凯尔森把国家和法律秩序等同起来，说明他在一定程度上看到了法和国家之间密不可分的内在联系。但是，他把两者等同起来的目的还在于论证国家就是一种社会共识。这样，凯尔森就巧妙地抽去了国家的阶级性，把国家描绘成了一个超阶级、超意识形态的纯粹的“共同体”。然而，凯尔森所美化的国家又仅仅是资产阶级国家。至于说到社会主义国家，他所采取的态度则是人所共知的。在凯尔森一生众多的著述中，就有两部①是专门攻击马克思主义国家学说和苏维埃无产阶级专政的。他甚至把当时社会主义国家和资本主义国家交往的事实说成是联合国宪章的结果，似乎没有联合国宪章，社会主义国家就不成其为国家，就会被与世隔绝。②

有人说凯尔森是极端国家主义者，又有人说凯尔森反对国家主权主义，倡导“国际法优于国内法”。结合凯尔森所处的那个时代，再仔细剖析其国家学说的真实本质，我们就可以发现，这两种说法并不矛盾。他所指的国家是垄断资本主义国家。在垄断资本主义时代，垄断资产阶级早已把他们前辈们的“个人权利”和“自由”口号置于了次要地位，而把义务提到首要地位。早期资产阶级视为至宝的“个人权利”和“自由”遭到后继者们的竭力排斥。在这种情况下，个人毫无疑问要服从国家，服从法律秩序。但从另一方面说，凯尔森所处的时代很长一段时期正是世界两大阵营激烈对峙时期，美国扮演着“自由世界”霸主和“世界宪兵”的角色，控制联合国表决器，到处颐指气使。在这种情形下，凯尔森提出“国际法律秩序优先于国内法律秩序”，竭力倡导建立“世界国家”“世界政府”和所谓的“国际法律秩序”，其实质就是为以美国为首的一系列西方资本主义国家称霸世界呐喊助威的。显而易见，在凯尔森的法律秩序论中同样包含着鲜明的、“纯粹的”资产阶级立场。

有些资产阶级法学家认为国家是法律的副产品，法律在国家之上，这固然是荒谬

---

① 即《布尔什维主义的政治理论》和《共产主义的法律理论》。

② 凯尔森在《布尔什维主义的政治理论》小册子里曾提出，社会主义国家和西方国家“由于联合国宪章的规定而发生的交往，产生了这样的问题：鉴于两方面政治制度的差别，它们在一个比较集中的国际组织里是否有合作的可能”。

的,但简单地把法律秩序和国家等同起来,同样也是错误的。的确,马克思主义认为国家和法律有着内在的必然联系,但这与凯尔森的"国家=法律秩序"有着本质的不同。马克思主义的基本观点是,法律是统治阶级掌握政权、建立起自己阶级的专政(国家)以后才制定出来的,是一种"国家意志"和实现国家利益的工具。而所谓法律创造国家或法律秩序等于国家,则是完全颠倒和混淆法律和国家的真实关系。

第三,凯尔森在论述其法律秩序与国家学说时,从规范到规范,充分运用其高超的逻辑技巧和思辨艺术,完全否定了法律秩序本身也是一定社会政治经济关系的客观反映这一基本事实。正像马克思在《政治经济学批判》序言中曾经明确而深刻地说明的那样,法的关系正像国家的形式一样,既不能从它们本身来理解,也不能从所谓人类精神的一般发展来理解,相反,它们根源于物质的生活关系,这种物质的生活关系的总和,黑格尔按照18世纪的英国人和法国人的先例,称之为"市民社会",而对市民社会的解剖应该到政治经济学中去寻求。马克思纵观人类历史发展的总规律,在借鉴和吸收一切人类文化优秀成果的基础上得出来的这一规律性认识,是对法律秩序和国家本质的最充分、最正确的说明。

二、法→社会控制→法律秩序——社会学法学的法律秩序概念

所谓法律秩序,从某种意义上讲,也就是法和社会关系或社会秩序关系问题。

作为把法与社会紧密结合加以研究而兴起的社会学法学派也是把法律秩序当作其重要的研究课题的。如果说早期的社会学法学派的代表人物孔德仅仅是从一般的、抽象的口号上宣扬"秩序"和"进步"的密切关系,那么,其后一系列社会学法学的代表人物,如埃利希、马克斯·韦伯、庞德等人,则是系统、具体地研究了法和社会秩序的关系,并在此基础上创立和论证了"法=秩序"的理论命题,完成了法和社会秩序及社会控制之间紧密结合的理论体系。

(一)马克斯·韦伯的法律秩序观

德国的马克斯·韦伯以其一部《经济和社会》的鸿篇巨著确立了其在社会学法学领域中的重要地位。在这部著作中,他从社会学理论的角度全面考察和研究了社会经济、政治的结构及发展过程,并强调要完成这一考察,必须充分地分析其与规范秩序的关系。为此,他还试图解释为什么工业资本主义是在西方,而不是在别的什么地方产生的问题。

他认为,利益的刺激和激励机制所形成的每个人成为他人的对手的制度,似乎有悖于经济或技术合作的要求。相对交换的一方来说,交换促成了其对资本的控制。如果当事人一方取消了契约也就丧失了其初衷。在这过程中,习惯和简单的个人约定(君子协定)并不能保证交易主体所要求的可预测性,由此,法律秩序强制执行对于达成合意的契约就变得很必要。在韦伯看来,法律秩序是由这样三个要素构成:自治的

法律制度、普遍规则和适用法律的推理过程。对此,他进一步认为,一个促使行为合乎规范的法律的失败,正是源于法律制度的自治的不充分、规则的不够普遍、代表法律推理过程的不怎么合乎规律,亦即缺乏法律秩序的要素①。

在韦伯的社会法学理论中,其关于"法"的认识,虽然没有完全否定"先验"的价值观,但已经脱离了形而上学的"本质论"的思辨,法被称之为"秩序",从而创立了"法 = 秩序"的基本理论命题。他把法的外延扩大至实定法之外,认为法是妥当的秩序和其外部保障。现代法律要想真正合理,就必须避免对不同的价值做出选择。对于价值取向,法不具有任何评价作用,而仅仅把个人主观主义作为社会行为的一个重要因素而加以研究,从而解释社会行为发生、变化的规律。因此,法律秩序在法律社会学意义上的解释不能被理解为一套逻辑上正确的法规,而是一种经验证实了的决定人的行为的复杂体系。② 用韦伯的话说就是,"法是得到(身体的或心理的)强制力的可能性所保证的,目的在于使人的服从或对违反它加以报复的,由为此目的而产生的特殊的工作人员而执行的秩序"③。

韦伯的这一认识的确被西方许多学者所注意。纯粹法学的杰出代表凯尔森在评价韦伯的社会学法学关于法律、法律秩序的定义时曾指出:"迄今为止,对法律社会学的对象下定义的最成功的尝试已由马克斯·韦伯所做出。"他写道:"当我们涉及法律、法律秩序、法治时,我们一定要严格注意法学观点与社会学观点之间的区分。法学要求的是理想上有效力的法律规范。那就是说……什么规范意义将被赋予自称代表法律规范的那一种法。社会学所研究的是社会中实际上发生了什么,因为有个机会,即社会或是相信秩序的效力并且使自己行为适应这一秩序。"④依据凯尔森的分析,与法学(严格地说是纯粹法学)所不同的是,社会学法学认为,法律秩序之所以有效,是因为有这种行为适用了这一法律秩序。法律秩序之所以有权威,是因为在人们的心中有关于法律秩序权威性的观念。在社会学法学的领域中,人类行为始终是其关注和研究的重心。对此,美国学者艾尔文(Michael John Iruin)在其 1986 年出版的《对法社会学发展的社会学评介》中还指出:社会学家关心的不是书本上的法,而是法的创制者的行为,创制法的原因,法的解释、适用、执行及其原因,即由于法的创制、解释、适用和执行而在社会中实际发生的行为。⑤ 由此可见,韦伯的法律秩序已不再单纯是形而上学的认识,而是具有诸社会现象之间的相互联系而形成的系统概念的属性。

(二)庞德的"法→社会控制→法律秩序"

如果说韦伯关于"法 = 秩序"命题的论述只是实证了法和社会秩序客观、非能动的

---

① 参见罗伯特·B.塞得曼:《法律秩序和社会改革》,162—164 页,北京,中国政法大学出版社,1987。

② 参见[美]马克斯·韦伯:《经济和社会》,944 页,英文版,1978。

③ 朱景文:《现代西方法社会学》,56 页,北京,法律出版社,1994。

④ 凯尔森:《法与国家的一般理论》,197 页。

⑤ 参见朱景文:《现代西方法社会学》,1—2 页。

同一性,那么,美国的庞德则是以“社会控制”作为中介把法和社会秩序联系起来,构筑了“法→社会控制→法律秩序(或社会秩序)”的理论框架。

庞德在《法理学》一书中,为重构其所谓“法律科学”,对各种关于“法”的解释作了一番罗列和剖析。他说:“关于我们所使用的‘法’这个英语术语(以及其他语种中的相应词汇),一般都有三种含义,但有时只具其中的一种含义。

“①从历史上看,法学著述中‘法’这个术语最为悠久的含义是指法律的集合,亦即于某个政治组织社会中得到公认的法律律令的总和。然而,从该含义的较为宽泛的一面来看,它也可能是指于某个政治组织社会中得以确立和公认的有关司法和行政诉讼的权威性根据(或指南)的总和,从而也是有关预测这类诉讼结果的权威性根据的总和,其中包括法律律令、方法技术和公认的理想。法学家在说‘法系’和‘依法审判’时就是取的这一术语的上述含义;当然,我们在说‘比较法’时通常取的也是这个含义。这就是司法和行政审判所应当从总体上讲必须依照的那些业经确立并得到承认的文献总和。此后,我将称其为‘第二意义上的法’,这个称谓所依据的是逻辑而非编年顺序。

“②‘法’这个术语的另一含义是指法律秩序。它意味着某种通过系统运用政治组织社会的强力而安排人类活动和调整人类关系的统治。然而,这个含义也可作宽泛理解,即法律秩序乃是社会控制的一个特殊方面。说它是通过以政治组织强力为后盾的社会压力来安排人类活动的统治,只是从一个角度而言的。如果我们再往前追溯一下法律历史,我们就会发现不具有这种后盾的社会压力统治,为了使发达社会的各种现象与较为原始的社会的现象得以合一,历史法学家一直用‘法’来意指整个社会秩序的现象得以合一,历史法学家一直用‘法’来意指整个社会控制的统治。当我们说‘尊法’和‘法律目的’时,‘法’这一术语便意指法律秩序。据此,说尊法,亦就是说尊重法律秩序。例如,某人虽说尊重法律秩序,但却反对法规律令中的某些特别法规,如逃亡奴隶法或全国禁酒令。所谓法律哲学,大多是对法律秩序的哲学关照,近年来,法律科学不仅逐渐成了法律秩序科学的同义词,而且也成了权威性判决文献科学的同义语。此后,我将称法律秩序为‘第一意义上的法’,其依据亦是逻辑而非历史顺序。

“③许多人在论述‘法’时还会指另一种含义,亦即法官卡多佐先生教导我们称谓的‘司法程序’。在这个意义上,法被用来意指确定争议是否确已发生或被认为应当发生的程序。今天,我们还必须在上述含义中增加一种意思,即我们所称之为的‘行政程序’;从行政上确定争议是否确已发生或被认为应当发生的程序。在这一意义上使用‘法’这个术语的,大多是当下的新现实主义学者,恰如卢埃林教授所宣称的那样,他将所有官方行为统统纳入了‘法’这个称谓之中。

“④再者,‘法’这一术语也可能被用来意指所有上述三种含义,恰如在讨论‘法与道德’关系中一般;它可能指道德或道德规范(或二者)与法律秩序的关系,可能指其与司法程序(或这三者)的关系。同样,当我们说‘法律科学’时,我们也可以是指一种有关司法和行政审判的权威性文献的业经条理的知识，一如上个世纪的分析法学家所为；然而，我们于目前更倾向于指一种将法律秩序、指导法官和行政官员的权威性文献及司法和行政程序全数考虑在内且构成一个论题的知识或研究，即政治组织社会系统调整人际关系的文献和过程。”①

庞德在罗列了上述几种关于“法”的不同理解以后，便试图将上述三种观点（法律秩序，权威性审判依据及预测审判结果的根据，司法的行政程序）综合为一体，使之成为一门单一命题的科学。庞德做出这种合一的中介就是“社会控制”。他说：“我于此所用的社会控制这个术语的含义不同于某些经济学家历来所采用的含义，他们认为社会控制意指那些运用政治组织社会强力的人士自觉安排的经济程序的指南。我本愿在较宽泛的意义上使用该术语……这个含义指凭藉同伴的压力而对每个人进行的控制，且不论它是有意安排的还是无意安排的。正是这种日具规范和指导的压力，确立并维持了我们对人性的支配。”②庞德进一步明确，法学家所意指的法并不能囊括各种社会控制手段，也并非只有通过法律才能实现社会控制。因此，法理学或“法律科学”的范围乃是通过系统运用政治组织社会的强力的社会控制。这种控制趋导为法律秩序，它要求具有一些法院应予遵循的裁判依据；而在一个业已发达的法律秩序中，它则要求具有一种可供人们合理预测审判结果的司法和行政程序。简而言之，法律秩序就是国家（尤其是司法和行政机关）借助法律程序和技术进行社会控制而产生的秩序。

庞德认为，法律不是权力而是对权力的限制。他说：今天许多人都说法律乃是权力，而我们却认为法律是对权力的限制。社会控制是需要权力的，它需要用其他人的压力来影响人们行为的那种权力。作为社会控制的一种高度专门形式的法律程序，是建设在政治组织社会的权力或强力之上的。但是法律决不是权力，它只是把权力的行使加以组织化和系统化，并使权力有效地维护和促进文明的一种，另一种是“社会秩序本身”，或者称为人类联合的内在秩序。“人类联合的内在秩序不仅是法律最初的形式，而且直到现在为止，还是它的基本形式。”③法律命题不仅很久以后才出现，而且主要来自联合的内在秩序。为了注明法律的起源、发展和情况，人们首先应研究联合的秩序。迄今为止了解法律性质的一切企图都未成功，就因为这种考察不是以联合的秩序（社会秩序）而是以法律命题作为基础。法律是社会秩序本身，也就是联合的内在秩序。这种法律即自由主义法学创始人埃利希所说的“活法”（living law），它不同于国家制定的或由法院强制执行的法律。④ 活法意义上的“法律”在国家以前就自发地与社会同时出现和发展。他认为人类最早的法庭并不是由国家建立的，法庭的判决也不是由于国家的强制才成为有效的。如果当事人不服从法庭判决，他可以自卫进行报复。

① ［美］庞德：《法理学》，哈佛大学出版社，英文版，1958，载《中外法学》，1991(6)。

② 同上。

③ ［美］庞德：《法律社会学基本原理》，37 页，哈佛大学出版社，英文版，1936。

④ 参见上书，493 页。

这在古罗马《十二铜表法》中是很常见的,只是到了后来,人类才出现了国家所建立的法庭和国家制定的法律。

按照埃利希的看法,“活法”不仅比国家法出现得早,而且即使现在国家对社会关系的作用比以前扩大了,“活法”的作用也仍比国家法的作用要大。他说,一个人显然生活在无数法律关系之中,除了少数例外,他很自愿履行这些关系所加给他们的义务。

(三)对社会学法学法律秩序概念的简要评析

随着社会关系的越来越复杂化,以及法作用于社会生活的范围不断扩大和深入,对法和法律现象的考察不应仅停留在单纯的法律规则上,而应注重这些具体的法律规则如何在现实生活中充分发挥作用,如何具体地运作这些规则。徒法不足以自行。如果忽视法律规则的实际运作及其实际效果,法律也就无法发挥其应有的权威性,充其量只不过是书本上的规则(law in book)。从这种意义上讲,当代西方社会学法学区别“书本上的法”和“行动中的法”(law in action),注重实际的法律行为及其效果,是有积极意义的。但是,作为现代西方法学三大主流派之一的社会学法学同其他资产阶级法学流派一样,其理论观点也存在着许多根本的不足之处,反映在其法律秩序观上,主要体现在以下几个方面。

第一,无论是韦伯的法律社会学、庞德的社会法学,还是埃利希的自由主义法学,在论述法和法律秩序的基本概念时,都毫无例外地对法律秩序的阶级本质避而不谈。韦伯的“法 = 秩序”的公式,是借助于某种“身体的或心理的强制力所保证的”,能“使人们服从或对违反它加以报复的”,并由此而由特殊的工作人员实施的行为这一中介而建立起来的。在这里,法律秩序的构成就是一系列抽去任何阶级内容的人类行为的系统。庞德的“社会控制”也是单纯从某一政治团体或国家或政府的工具角度来论证的。这一“社会控制”的出发点是什么,为什么“社会控制”的工具始终操纵在某一部分人手中,而另一部分人又始终被控制等这些更深层次的问题,他却未曾涉及。埃利希的活法更是把法的概念无限扩大延伸,其“活法”不仅指法律,也指道德、宗教、风俗习惯甚至礼仪、决斗规则等社会生活中的诸多规则。

的确,法律是社会控制的工具之一,但法律更是国家的工具之一,法律秩序更是一种国家秩序,是一定国家的统治阶级为维护其根本利益,借助国家强制力而建立起来的一种社会秩序。这一点,在阶级社会里是永远不会改变的。

第二,注重对行为的研究,是当代社会学法学理论的一大特色。这一研究方法的确为资本主义国家完善其法治建设起了积极的作用,也为我们所借鉴和吸收。但是这种把法律行为、法的实际运作同法本身等同起来,则是马克思主义法学所不能同意的。法是国家制定、认可的行为规则,应属上层建筑的思想范畴;如果说有行为的因素,也只不过是法律所规定的人们应该去为或不为的行为,而不是现实外在的行为。然而现实的法律行为,包括立法、法的运作、法的实现则属现实范畴,是人们已为的行为。所以把法律规则和法律行为等同起来,实际上是混淆了思想与现实的关系,从其社会意义上看,实际上是为资产阶级国家的司法专横打下了基础。因为,在资本主义社会里,起主导作用的法律行为和真正能自主地实施其法律行为的只有资产阶级及其国家机构。这样,资产阶级的行为势必就成为该社会占统治地位的"法"。而在此基础上形成的法律秩序,无疑只是资产阶级及其国家所需要的法律秩序。显而易见,看似不带任何阶级偏见的现代西方社会学法学,事实上仍有着深深的阶级烙印,仍是为整体资产阶级利益着想的。

三、"法律秩序是一个复杂而有序的整体性法律"——斯通的法律秩序概念

当代西方法哲学的发展呈现出这样两种趋势:一是自然法学派(又称价值侧重法学派)、分析主义法学派和社会学法学派,竞相发展,势均力敌,三足鼎立。二是三大主流派又有相互包容,并按各自不同的需要互为借鉴和吸收的倾向。这一趋势又导致一种新的法学派别——综合折中法学派的产生。澳大利亚的 J. 斯通就是其中的代表人物之一。他说:20 世纪中叶,严肃的学者们已不再为支持或反对分析逻辑方法、正义—伦理学方法或社会学方法这三者中任何一个的绝对统治而辩论了。不管法学是否在某种科学意义上是一个单一的领域,或者是否它的统一性在于有必要为那些涉及制定、适用和改建成为一般理解法律的人提供智力上的需要,所有上述这些范围被包括其中了。

J. 斯通从其"综合"的角度出发,认为法律具有以下主要性质和特征:①法律是许多现象的复杂整体。②这些现象包括规范,这些规范通过指定、禁止和准许等方式规定行为。③法律所包括的作为一个复杂整体的统一体的规范是社会规范,它们一般规定社会一个成员对其他成员的行为。④这种法律的复杂整体是一种有秩序的整体,是一种法律秩序。⑤这种秩序是强制的,而强制性理解或外在的强制,如剥夺生命、健康、自由或财产,或者对此类利益予以限制,强制是被制度化了的,即它必须根据已建立的规范体系。⑥这种制度化了的社会规范的强制性秩序,应有一定的效力能够维护自身。斯通的这一归纳,表明其对法的概念界定是综合的,他对法律秩序的概括也是一个对自然法理性主义、分析实证法学和社会学法学的折中,人们称之为"整体性法律秩序"。

如果说,西方三大主流派的理论错误在于其仅顾及一点而不顾及全面,那么,斯通等人的"综合法学"的错误恰恰是面面俱到,失之轻重,从一个极端走向另一个极端。由于固有的世界观方面的局限性,他们没有也不可能对法律秩序这一复杂的社会现象做出科学的回答。

四、法律秩序概念的科学解释

一切资产阶级法学家无论从何种角度对法律秩序做出的解释，都因其固有的世界观方面的局限性和思维方式上的片面性，而决定了其不可能是真正全面和科学的。只有马克思主义运用科学的思维方法，正确地揭示客观物质世界和一切复杂的现象的真正本质，才能对法律秩序的概念做出真正科学的解释。

马克思主义法学对法律秩序概念的解释主要体现在经典作家诸多著述中。在此基础上，众多马克思主义的理论研究人员也在一定程度上丰富和发展了马克思主义法律秩序学说。

譬如，前苏联法学家雅维茨认为："法律秩序是社会关系的这样一种状态，它是法律规范和法制实现的结果，保证社会所有成员无阻碍地享受赋予他们的权利，并且也履行他们的义务"。这里，雅维茨是把法律秩序作为法在现实中实现所形成的一种社会状态来看的，也称之为"状态说"。而另一位前苏联法学家 T. M. 尚巴对法律秩序的概念解释则更为系统和具体。他说："法和法律秩序不属于同一范畴，但也并非两种不同的现象。法律秩序是法的实践方面，即在社会关系中执行和实现的法"；"在任何阶级社会里都有法规、法律和法制，它的实施的结果形成法律秩序"；"每一种类型的国家与法，都有与之相适应的法律秩序，并反映统治阶级的利益"；"社会主义法律秩序是随着新的社会经济制度的胜利而确立的。这种法律秩序能积极地促进实现国家的经济组织活动，最大限度地保护社会主义公有制及公民的权利和合法利益"①。尚巴对法律秩序的这些论述基本上体现了马克思主义关于法律秩序的主要内容。

近些年，我国法学家也发表了许多较有说服力的见解。例如：

"所谓法律秩序就是法律与其他社会因素（社会控制）手段互动所产生的社会主体间与法律直接相关的社会关系体系。"②这里是把法律秩序视为社会关系体系。

"法律秩序是掌握国家政权的阶级凭借法律重构的有序的社会结构，它表现为：法律规范的有序性、社会关系的稳定性、主体行为的规则性、社会财产和人们心理的安全性、主体实现权力的可靠性。"③在这里，法律秩序基本上被这些学者视为一种良性的社会结构。

"法律秩序，就是人的根据社会生活的需要，归根到底根据社会经济生活的需要，在总结经验的基础上、结合一定的预见，'设计'出法律规范，并使其在生活中实现的结果。"④在这里，是把法律秩序作为一种法律规范作用的结果来表述的。

---

① T. M. 尚巴：《法律秩序和民主》，7—10 页，载《法学译丛》，1987。

② 傅再明、张文彪：《论法律秩序》，14 页，载《学术研究》，1989(4)。

③ 李邨：《论法律秩序的概念及构成》，5 页，载《法律科学》，1989(6)。

④ 孙国华：《法理学教程》，106 页，北京，中国人民大学出版社，1994。

综上所述,我们认为法律秩序概念的科学解释基本上应当包括这样几个方面:

第一,法律秩序是社会秩序的有机组成部分,它与某一社会的政治秩序、经济秩序、道德伦理秩序等构成一个有机整体,共同组成一个社会调整的大系统,成为社会稳定的有力保障。随着社会的不断发展,法律秩序则越来越成为社会明确的、稳定的、最具权威的秩序模式。

第二,法律秩序是阶级社会特有的现象,它与法律紧密相联,也是一个社会阶级矛盾不可调和的产物。因此,阶级性是法律秩序自始至终固有的内在属性。这是马克思主义法律秩序观区别于其他资产阶级法学派别的法秩序观的根本点。有关法秩序的阶级本质,本文稍后将相应作更为详尽的叙述。

第三,法律秩序不能与法律或法律制度简单等同,但二者又密不可分。法律制度也可以说是法律秩序的静态方面,它与在现实中不断发挥其调节作用的一切法的活动,如立法、执法、法律监督乃至法律实际效果的测评和反馈,以及这一系列法的活动所达到或形成的一种结果,构成一个错综复杂、多环节而又井然有序的秩序状态,即动态的法律秩序。从逻辑上讲,法律就是法律,法律秩序就是法律秩序,二者不能混淆。但它们之间又紧密相联,法律是法律秩序的前提,法律秩序是法律实施的结果,是被实现了的法。

简言之,所谓法律秩序就是在一定物质生活条件下所形成的代表统治阶级意志的法借助于国家的强制力,发挥其调整社会关系的作用,建立和巩固有利于统治阶级根本利益的社会协调状态。

第二节　法律秩序的形成和发展

在现代西方法学中,有关法律秩序形成的学说是多种多样的。如L.狄骥的"国家和法从来就有论"认为,"客观法是整个人类社会所固有的,只要人类存在,客观法就存在……社会的概念就含有法的概念。"神意说认为法来自于神的意志,建立在这种意义上的法之基础上的法律秩序又称为神学法律秩序。古典自然法学派的理性说认为,法是基于人的理性,通过订立社会契约而组成国家或政治共同体,这种法律秩序又叫理性法律秩序,等等。限于本书篇幅,在此仅就当代西方法哲学领域里几种区别于传统的法律秩序形成观作一简要的探讨。

一、法律秩序——对暴力冲突的权威控制、秩序和正义的综合体——彼得·斯坦、约翰·香德、博登海默等人关于法律秩序形成的学说

(一)彼得·斯坦、约翰·香德的论述

当代法国法学家彼得·斯坦和约翰·香德是从法律秩序是暴力冲突的有效制止

器的角度来论述法律秩序的产生原因的。

他们认为,秩序是与法律永相伴随的基本价值,消除社会混乱是社会生活的必要条件。即使是在尚未形成组织群体的原始人当中,人们也朦胧地意识到暴力冲突必须加以控制。尽管,冲突本身能在一定条件下促进社会进化和发展,但为避免冲突给社会造成不可收拾的恶果,必须对冲突进行必要的有效的调节。而要实现这种调节,只有靠采用法律规则才能实现。即:"社会秩序要靠一整套普遍性的法律规则来建立。而法律规则又需要整个社会系统地、正式地使用其力量加以维持。"①

为了探讨为什么只有法律才能对暴力冲突进行有效的防止,彼得·斯坦等人回顾了原始氏族社会、古罗马时代不同历史时期的人们解除冲突的途径。他们认为,在原始社会中,解决冲突的方法则首先表现在报复性惩罚规则上,以牙还牙、以眼还眼的"同态复仇"是基本的报复惩罚形式。不过,"受到攻击的受害者可以还击,但最多只能给对方造成与自己所受伤害相等程度的伤害。群体习惯禁止他进行无限度的报复。'报复的原则是以武力对武力,但必须将报复的方式限制在受害人做出相应行为的限度之内,冲突由此而告终'。"②

"同态复仇"即使在古罗马成文法已形成的时期,仍然存在。如《十二铜表法》就规定被打断手臂的人可以进行同态复仇,除非他自愿接受金钱。后来,由于社会力量的增强,金钱数量的增加,渐渐地通过诉讼的法律程序确定金钱赔偿作为解决纠纷的恰当方式就理所当然地代替了"同态复仇"。从此,法律程序便引人注目地取代了暴力冲突。

彼得·斯坦和约翰·香德认为,维持秩序是实现其他法律价值的先决条件。如果某个公民不论是在自己的家中还是在家庭以外,都无法保证自己是安全的,无法避免不受他人的攻击和伤害,那么侈谈公平、自由便毫无意义。在人类早期的氏族社会里,对暴力冲突的控制主要出于氏族群体的自发和习惯因素,人们并没有明确地意识到应当用法律来专门控制暴力的冲突。那时,在维持社会秩序方面,结构明确的行为规则和正式的强制秩序发挥的作用很有限。随着社会的规模不断扩大,社会生活变得日益复杂化,人与人的关系日益间接化,就需要有更多的这一类行为规则和正式程序。

法律规则的首要目标是使社会中各个成员的人身和财产得到保障,使他们的精力不必因操心自我保护而消耗殆尽。为了实现这一目标,法律规则必须对个人或群体的行为规定某种限度。在这个限度以内,利益相互冲突的个人或集团才能进行某种非暴力形式的斗争。宪法就是这样一套规则,人们依据宪法规定进行政治斗争,改进政治体制,使社会的变革和政府的更迭采取井然有序的形式。如果逾越了这一规则,暴力革命的形式就必然要发生。总之法律赋予人们种种权利,同时又规定人们必须履行种

① [法]彼得·斯坦、约翰·香德:《西方社会的法律价值》,38页,北京,中国人民公安大学出版社,1989。

② 同上书,39页。

种义务。社会是一个整体,假如有一部分人不遵守这种义务,社会安全就会受到威胁,一旦个人或集团的行为威胁到社会公共秩序,就只能用法律手段来对待。正如他们所说的:"某个人可以在自己家中或朋友家中喝得酩酊大醉、不省人事;但若在大庭广众之中这样做,就危及了公共秩序,因此就必须受到法律的限制。"①

(二)博登海默的论述

美国当代法律哲学家博登海默是从自然界中有序模式的普遍性出发,通过分析个人与社会生活中的秩序,人类对秩序需求的心理根源,无政府状态和专制政体的非合理性,以及法律之能够给人带来一种什么样的好处等,得出"法律——秩序与正义的综合体"的结论,从而完成了其有关法律秩序之所以形成和发展的理论探讨。

博登海默认为,在"客观自然界的现象中,秩序似乎压倒了无序,规则压倒了偏差,纪律压倒了例外"②。地球总是环绕太阳运行,季节总是可靠地更替,物质世界的组成部分,诸如水、火、化学物质等,多少都具有某些恒久不变的特征。人们对自然界的控制是以一些确定的,并且往往是可以用数学方法演算的自然法则的存在为基础的。生物的自然变化过程也同样受制于一些法则。例如,人体的正常新陈代谢就是按一种有序的规律而发生的,根据这一规律,它只会生长出为替换衰弱或损坏的细胞所需要的新细胞。

各种化学元素以及由不同的化学元素所组成的各种物质在各自的时间、空间以外的条件下处于相对稳定状态,宇宙按照某一速率处于膨胀状态,太阳系各行星在相当长的时间内有着自身的相对稳定、确定的运行轨道。地球处于常数状态的外力的存在使地上的物体处于相对固定的位置,使水始终向低处流动,使包裹着地球的密密的空气分子不至逃逸,等等。正是这一系列无数错综复杂的占支配地位的自然进化规则性,给人类生活提供了极大益处。如果没有这种规则性(秩序),人类要么生活在一个疯狂混乱的世界里,要么一切均不可想象。

在自然界中,其总趋势是秩序压倒了无序。如同在自然界中一样,秩序在人类生活中也起着重要的作用。大多数人在安排他们各自生活时都遵循某些习惯。大多数组织成员都遵守固定的工作时间,企业都实施生产计划,百货公司的零售商都遵循零售程序。而在整个社会中,规范调整表现出更大的范围。法律秩序则禁止某些明显反社会的行为。许多社会都颁布了规定政治决策程序和公民基本权利的根本法。并且,随着社会进步,人口愈趋稠密,形式愈趋多样,问题愈趋复杂,规范性社会控制程度也愈趋提高。

博登海默还认为,即使在一个偶然形成的人类群体中,人们为使该群体免于溃散也强烈倾向于建立法律控制措施。例如,遭受船难并登上一个荒岛的人们,几乎也会

① [法]彼得·斯坦、约翰·香德:《西方社会的法律价值》,42页。
② [美]博登海默:《法理学——法哲学及其方法》,208页。

很快就着手制定某种临时性的“法律”与“政府”制度。

尽管,人类对秩序的追求时常为偶然情形所阻碍,有时甚至会被普遍的混乱状况所挫败,尽管在历史和现实中一直存在着与主张行为受法律控制、社会生活等调整的观念相反的意见,但是人类历史的发展也表明,有序生活方式要比杂乱生活方式占优势。在正常情形下,传统、习惯、业务确立的惯例、文化模式、社会规范的法律规范,却有助于将集体生活发展控制在合理惩罚的秩序范围之内。正如古罗马人的格言所说的:只要有社会就会有法律。

此外,以博登海默为代表的综合法学派还借用著名的西方心理学家弗洛伊德的精神分析理论和马斯洛的人的需求理论,推论出人对秩序的需要具有着深刻的心理或精神根源。人类行为往往又是倾向于受瞬时兴致、任性和专横力量控制而不是受对待权利和义务的合理稳定的信心控制。对此,法律秩序要素中还有一种审美成分,该成分在对艺术匀称美和音乐节奏的欣赏中得到相应的表现。因此,对秩序的追求具有一种精神(理智)成分,是根植于人的思想结构之中的。

博登海默还指出,在人类社会普遍追求秩序的过程中,似有两种社会模式是不具有用以创设与维护有序的管理过程的,即无政府状态和专制政体。在无政府状态中,任何人都不受他人或群体的权力与命令的支配。尽管许多无政府论的鼓吹者找出了许多无政府状况是多么地合乎“人性”,但博登海默仍认为“彻底消灭国家或其他有组织的政府形式就会使人们建立起不受干扰的和睦融洽联合,是完全不可能的”①。因为,社会中总有那些“不合作的寻衅的少数人”,而对付这样的人就不得不诉诸强力以作为最后手段。

与无政府状态相反的是专制政体,在该政治制度中,一个人对其他人实施无限的专制统治。主权者(君主)判处一个人死刑,是因为他偷了一匹马;而次日他会判定另一个偷马贼无罪,是因为该盗马贼在他面前讲了一个逗人的故事。因此,在专制政体中,每个个人都必须意识到统治者瞬时即变的怪念头,人人自危,终日“忧虑不安”,要预防这一状况,只有法律手段。

因为法律在本质上是对专制权力行使的一种限制。为了防止具有为数众多而又相互抵触的意志的无政府状态,法律限制了私人的权力。为了防止一个专制政府的暴政,法律控制了统治当局的权力。“一个完整与充分发达的法律制度,对于无政府状态和专制政府”都处于等距离的位置。因此,要把有序关系引入私人和私人群体的交往之中,并引入政府工作中的法律企图,若没有规范就无从实现。

博登海默还探讨到:规范这一术语源自拉丁文 norma 一词,它意指规则、标准或尺度。规范的特征在于它包含着一种允许、命令、禁止或调整人们的行为与行动的概括性声明或指令。也就是说,法律规范具有一种无可比拟的普遍性要素,正是这一普遍

① [美]博登海默:《法理学——法哲学及其方法》,220 页。

性要素，使得法律能很好地发挥其秩序作用，以防止采用专制的和完全不能预见的方法去对待人类。一句话，即只有法律才能创设一种正义的社会秩序。

(三)简要评析

彼得·斯坦和约翰·香德、博登海默上述有关法律秩序之形成的论述，的确有不少有价值的见解。但是，他们仅仅从人类对秩序的需要这一简单的目的论出发，来研究法律秩序产生的深刻社会历史根源，这一点则是片面的。

综合法学派试图抛弃偏见，博采三大法学主流派之众长，企图达到兼容并蓄，尽取各家之精华的目的，但它却忽视了三大主流法学派共同的固有世界观的局限性和理论方法上的不足，因而综合法学从其产生那天起，就难免先天不足。这也就决定了博登海默对法律秩序的产生、正义问题的探讨，也只不过是另一种形式的形而上学式的逻辑推理而已。不错，人都需要秩序，以求得和平与安全，但为什么在同一种秩序条件下，一部分人获得了安全，而另一部分人却未获得真正的安全呢？从另一角度说，如果同一社会不同利益群体在秩序的选择上出现根本的分歧，那又由什么标准和权威来决定如何取舍呢？对于这些深刻和更为尖锐的问题，综合法学却未再去涉及过，更谈不上给予科学的回答了。

与博登海默综合法学一样，彼得·斯坦和约翰·香德的论述也有着同样的缺陷。法律秩序产生并发展成为实现社会控制的重要工具，固然是经过了氏族社会的血亲同态复仇到习惯的逐步演化，但这只是一个表面现象。从深层次来说，法律与法律秩序的产生，更重要的是由于生产力的发展，引起原始社会公有制经济的瓦解，私有制经济的产生以及社会分裂为阶级，阶级之间的冲突和斗争已达到了不可调和的地步，从而导致原有社会系统的解体和具有极大权威和强制性的政治实体——国家的产生，从而也标志着体现统治阶级意志的法和法律秩序的最终形成。由此，统治阶级所享有的"自由、公平、安全"等也就获得了"特殊神圣的不可侵犯"的地位。脱离社会物质生产，避开法律秩序的阶级属性，是一切资产阶级法学的通病。

二、法律秩序的出现：多元利益集团、自然法、自由主义社会与高级法观念——昂格尔批判法学的法律秩序形成理论

20 世纪 60 年代末期，在美国一些大学里（开始是著名的耶鲁大学法学院，后又蔓延到哈佛大学和斯坦福大学），以邓肯·肯尼迪、莫顿·哈维茨、达维德、楚贝克和昂格尔等一批年轻的学生和青年教员为代表，掀起了一股新的法学思潮。这股思潮全盘否定西方现存的法学理论的基本观点，并提出了自己的独到看法，人们称之为方兴未艾的批判法学。

(一)作为法律秩序的法律

批判法学针对现存的美国法律制度对法律的本质、目的、法律的起源等一系列基

本法学理论问题，都有不少新颖独到的看法，其中尤以昂格尔的法律秩序思想最引人注目。昂格尔在其著名的《现代社会中的法律》(Law in modern society)一书中，从历史的演变和现代社会的转折两个层次上透视法律秩序的本质，认为法律秩序的产生或形成必须有赖于两种历史条件：其一是某一社会的多元利益集团；其二是有一种"更高的"普遍的或神圣的法则为依据，用来论证或批判国家制定的实在法。

首先，昂格尔别具一格地把法律从概念上划分为三种类型。他认为，长期以来，各种学说争论不休，都是出自术语的普遍混乱。他反对某些学派把法律看成是所有社会形态所共有的一种普遍现象，也不同意把法律概念仅仅限定为一种特殊的现代法律制度。前者使得人们不可能研究法律的产生和消亡，后者便使人们不可能把比较研究形形色色社会形态中法律的地位作为探讨更为普遍的社会理论问题。[①] 因此必须区分不同社会形态下的法律，也就是说，从法律和社会秩序的关系角度出发，针对在不同的社会形态下发挥作用的规范形式，必须把法律划分为习惯法、官僚法、法律制度或法律秩序三种形态。

所谓习惯法，也就是最广泛意义上的法，是"反复出现的、个人和群体之间相互作用的模式，同时，这些个人和群体或多或少地明确承担这种模式产生了应当得到满足的相互的行为期望"[②]，也叫相互作用的法律。对于习惯法来说，其最明显的不足便是"每一个行为都具有双重意义：它既符合习惯又违反了习惯"，因此，"选择规则和依据规则做出决定之间的区别，就像习惯与义务的差异一样，在习惯法的世界中是颇为模糊的"。此时，习惯法也缺乏公共性和实在性。尽管在每一种社会生活形态中都可以找到习惯，但是，在某些情况下，习惯法的作用却是排他性的，即缺乏公共性或普遍性。

与习惯法不同，官僚法是由一个可认定的政府所制定和强制实施的明确的规则所组成，官僚法与国家密切相联。之所以称之为官僚法，是因为它"专属于中央集权的统治者和他们的专业助手的活动领域"[③]。这种法律是由政府或国家蓄意强加的，而不是社会自发形成的。尽管官僚法的产生是基于国家和社会的分离，基于社会共同体的解体，是社会分工的社会等级制的产物[④]，但是，"无论说明公共的实在的规则之所以产生的社会变化基于什么原因，官僚法本身仍然具有内在的矛盾"。这一矛盾不仅使得官僚法不稳定，而且也导致对官僚法的改革。

昂格尔的第三种意义上的法律概念，也就是所谓严格的法的概念。这种法律绝对不是各种社会的普遍现象，而是仅仅在非常特殊的情况下才能产生和生存，这就是法律秩序或法律制度。"作为法律秩序的法律不仅具备公共性和实用性，而且具备普遍

---

① 参见[美]昂格尔：《现代社会中的法律》，42—43页，北京，中国政法大学出版社，1994。

② 同上书，43页。

③ 同上书，45页。

④ 参见上书，52—58页。

性和自治性"①。其所具有的自治性则表现在以下四个方面：①实体内容上的自治，即政府制定的强制实行的规则不能令人信服地被看作只是重复了任何一套可认定的非法律信念或标准。作为世俗规范体系，它不仅置身于支配人与上帝关系的戒律之外，而且置身于任何单一的关于社会关系的宗教观念之外。②机构上的自治性，即法律规则由审判机关专门加以适用，从而使得国家与社会的分离因国家内部立法、行政和审判的分立而更加完善。③方法论上的自治，这意味着法律推理具有一种使其区别于科学解释以及政治、经济的论证的方法和风格。④职业的自治性，即具有一个由其活动、特权和训练所形成的法律职业集团，操纵规则、充实法律机构及参加法律争论的活动。

法律秩序或法律制度的自治性的四个方面是相互依存的。尽管官僚法可以包括具有广泛适用范围的规则和时间、空间上都严格限定的命令，但是作为法律秩序，却因其区别于政治和行政，而具有立法的普遍性和判决的一致性的和谐统一。在昂格尔看来，官僚法的普遍性不过是权宜之计。而在法律制度（法律秩序）之中，正是法律的普遍性确立了公民在形式上的平等。"为了确保普遍性，行政必须与立法相互分离；而为了确保一致性，审判必然与行政分离。而这种分离正是法治理想的核心。"在此，我们可以看到，昂格尔是在两种名义上来论述其法与法律秩序思想的。首先，他把一切社会形态中的行为规则（包括习惯、宗教教规）都视为法的范畴，即最广泛意义上的法。其次，他又把民族社会的习惯、专制社会权力高度集中之工具的"官僚法"严格排除在法律制度或法律秩序之外。作为具有浓厚"批判"色彩的昂格尔法律学说，显然在一定程度上揭示了专制社会中的法赋予独裁者和专制政府对他人所拥有的"任意监护"之权，这种权利具有在形式上（法律上）剥夺了公民的平等权的非合理性，是违背法治原则的，但它却没有进一步揭示出法律秩序的本质要素，没有也不可能认识到任何社会都具有一定的法和法律秩序，所不同的仅仅是不同社会形态中的法律制度所赖以形成的物质生活条件不同，所体现的主权者的意志不同而已。昂格尔的批判法学也毫无例外地陷入了抽象的法治幻想之中，客观上也是回避了法与法律秩序所固有的阶级本质这一根本性问题。

（二）法律秩序形成的条件

昂格尔从其独到的"三种法律概念"出发，得出"法律秩序的产生是与现代欧洲自由主义社会的形成联系在一起的"结论。立足于这一点，他进一步研究了法律秩序为什么仅在现代西方国家成为现实，而与西方社会文明发展具有同样发达水平的中华帝国却没有走向法治的时代。昂格尔认为，法律秩序是一个非常罕见的历史现象，法律秩序的形成必须具有如下两种历史条件。第一种是法律秩序要发展，必须是没有一个集团在社会生活中永恒地占支配地位，也没有一个集团被认为具有一种与生俱来的统治权利，即利益集团的多元化。第二种法律秩序的历史基础则是，该社会生活中有一

① ［美］昂格尔：《现代社会中的法律》，46页。

种"更高的"普遍的或神圣的法则(自然法观念),用来论证或抵制国家制定的实在法。

所谓多元集团社会或称自由主义社会,是指这样一种社会生活形态:"法律的普遍性和自治性不再仅仅是政府发展的偶然产物,它们是以一种可证明或至少广泛容忍的方式规定社会秩序的分配权力的努力的必然结果。"①在利益集团呈多元化的社会里,没有一个集团能够长期博得所有其他集团的效忠和服从。因此,可以设计出一种能够防止其中任何一个集团(阶级)的人们把专政强加在其他阶级身上的法律。法律秩序之所以首先产生在欧洲封建社会后期的实例就是一个最好的说明。因为,在这一时代中,欧洲社会已经确立了一个独立于君主或国王及其官僚助手的,由富裕商人和特定职业集团所结成的贵族或"第三等级"群体。

在近代欧洲的历史上,有相当长的一段时期是中央集权的君主反复地在与贵族和"第三等级"进行激烈的较量。一方面,中央集权的君主及其庞大的官僚群体竭力保护自己的特权;另一方面,贵族阶层和新兴的富裕的"第三等级"集团,又想竭力"获得某种摆脱君主控制的独立性"。其结果是"双方势均力敌,各个集团在激烈的角逐中,又有着相互作用和彼此适应的趋势"。在许多欧洲社会中,君主和"第三等级"除了相互斗争之外,它们还联合起来共同反对贵族和等级制本身。君主也没有足够的权力完全破坏第三等级独立性,而第三等级也往往过于软弱以至于不能获得或维持对自己利益的自治;君主和第三等级又往往向贵族做出让步。因此,彼此冲突的各方不得不选择一个次佳的妥协方案,即法律秩序。为此,统治者(君主)不得不放弃一些自由裁决的权力,而贵族和第三等级也愿意放弃某些摆脱政府的独立性的要求。"正是通过这种相互的调和和让步,法律秩序才得以实现。"②

不过,多元利益集团的存在仅是法律秩序产生的第一个条件,或称先决条件;法律秩序的产生还有赖于"一种广泛流传的信念",也称之为非严格意义的"自然法观念"。这里所说的"自然法观念"并非自然法学派学者们所说的人的纯粹理性,而是一种"包括了一些规则与描述结合在一起的、普遍适用于各种社会形态的原则"③,也称"高级法"。由于社会被看作是宇宙秩序的一个组成部分,而社会的规则或多或少地是上天制定的规则的机械模仿,这种先验的戒律又描述了"什么是应当的行为",因此,就有可能存在一个"上天的立法者",也就形成了不同于并且高于特定社会集团和尘世统治者命令(实在法)的自然法或高级法。由于有了"自然法观念",人们对社会安排进行评判才第一次有了可能。伴随着自然的普遍法则的观念,人们才得以明白:这一熟悉的"社会组织与存在形式并不能穷尽一切好的或可能的社会存在状态"④。

如果说昂格尔关于法律秩序的产生是基于社会多元利益集团的相互斗争又相互

---

① [美]昂格尔:《现代社会中的法律》,61 页。

② 同上书,68 页。

③ 同上。

④ 同上书,71 页。

妥协的观点，倒有些接近恩格斯的关于国家的法律秩序形成的基本观点，那么他的所谓非严格意义上的“自然法观念”或一种超验的高级法的假设，则是典型的唯心主义推测。深究下去，亦不难看出其具有的浓厚的自然法学色彩。

依据昂格尔的推理，正是近代欧洲社会存在着多元的社会利益集团和超验的“自然法观念”，形成了一个自由主义的社会，才形成了现代的法律秩序。即：“政治行政审判的分立不仅构成了宪政的奠基石，而且成为政治思想中的一个指导原则——存在着一套独立的法律准则，一种专业化的法律机构体系，一种明确表述的法律理论传统及具有自己相对独立的观点、利益的理想的法律职业集团。”①

（三）古代中国的法律秩序状况

昂格尔在分析了现代欧洲法律秩序形成的原因以后，又用比较法的研究方法企图探讨与西方社会具有同样文明发达水平的“中华帝国”为什么没有走上法治之路，或者说，法律秩序为何没有在中国的土地上形成气候。

在探讨这一问题的时候，昂格尔明确“我所指的文明就是中国文明，特别是从春秋开始到秦统一即公元前221年建立秦帝国这一时期的中国文明”②。其总的看法是，在这一时期的中国文明里，尽管经历了对作为新的政治控制工具的公共的、实在的规则的倡导者和批判者的激烈争论，但因未有类似于后封建时期欧洲社会那种专业的法院、律师和法律理论，“中国文明”则未走上法治之路。

在具体讨论过程中，他首先把早期中国历史划分为两个阶段：第一阶段，即封建时期，这一时期包括了西周的大部分（公元前1122—公元前771）以及随后的春秋的部分时期（公元前772—公元前464），大致上从公元前12世纪到公元前5世纪中叶。第二阶段也叫改革时期，从春秋中期开始，经战国（公元前463—元前222），直到秦的统一（公元前221）。

中国文明为什么没有发展成欧洲式的法律秩序，第一个原因就是中国在其“改革阶段”缺乏相对独立于君主集权政府的“第三等级”。昂格尔认为，在春秋开始之前，尽管那时出现了大量由于兼并战争而不断扩大的世袭封地，但是，由于不能建立有效的政治组织系统，国王被迫成了一个形式上的统治者。封地一般都分布在要塞周围，而要塞既是军事保垒又是行政中心，但却不是贸易中心，也缺乏独立性。与缺乏独立的城市中心和农业的主导地位密切相关，商人处于明显的依附地位。在中世纪的欧洲，城市通常是自治的商人集团的独占区，而在中国这样的集团却依附于贵族。像欧洲封建社会的等级国家一样，古代中国也有贵族和平民之分，所不同的是，贵族在中国不仅被称为“君子”，平民被称为“小人”，更重要的是作为古代中国贵族中的一员的“士”，其独立性也远逊于西欧的骑士阶层。在这种情况下，商人们既无动因也没有机会维护

---

① ［美］昂格尔：《现代社会中的法律》，48页。

② 同上书，78页。

自己的利益,发展自己的法律;而“士”由于被吸收到新兴的国家官僚机器中也就不能成为独立的法律职业集团了。

古代中国文明没有走向类似欧洲那样的法治之路,另一个重要原因就是中国的法文化之中没有发展起像欧洲那样超验的宗教观念,没有形成一种“自然法观念”或高级法。

在早期中国历史上,伴随着政治上的中央集权而出现了“一神论也是统一功能神论的结果”,“天”的观念代替了一切。与此相适应,“礼”的概念则又充分体现了中国封建社会中法的含义。“礼”作为支配了儒家思想的全部观念,具有四个特征:①“礼”是一种与等级紧密相关的行为标准,它是根据个人相对的社会地位而支配人们之间的关系,“礼”的等级性与封建社会的政治结构及其等级制联系在一起,因此,把人区分为“君子”和“小人”也就顺理成章了。②“礼”是特殊的、具体的行为标准,而不是普遍的和抽象的行为准则,它适用于高度具体的情况并依人的不同身份而各异。“礼”规定各种不同等级人的关系的基本格局是无法打破、无法超越的。③“礼”从某种意义上讲,根本就不是规则。“礼”不是人们制定的,而是社会活生生的、自发形成的秩序,是一种人虽有能力破坏却无力创造的秩序。它由于缺乏实在性,也就不能脱离具体关系而受到理解、规定或服从。④“礼”的最后一个主要特点就在于它们不是公共的规则。由于被视为是非制造的,“礼”也就不被看作是国家机关的产物。“礼”的这一属性,是基于古代中国的封建时期缺乏国家与社会的分离,由于等级制度决定了社会权利的分配,个人在等级秩序中的地位也大致决定了其与权力的亲疏关系。由于统治集团天生的就是社会中的最高等级,因此,也就没有一个机构可以作为国家权威置身于等级制度之外。因此,在古代中国封建社会里,只有一种“完全依赖于相互作用的法律”(习惯法)而不存在其他形式的法律(特别是法律秩序或法治)了。

在古代中国,宗教最主要的倾向就是日益强调“天”的神圣性而不是“上帝”。结果,神的观念渐渐地非人格化、自然化了。同时,由于社会经济中农业的独特地位,自然崇拜的观念在不断加强。“改革时期”的基本趋势是政治上的中央集权,政府权力的逐渐集中以及相应的贵族或第三等级集团(商业的、官僚的和学术的集团)对国家利益的屈从,使得先知或独立的教士集团很难产生。在中国,宗教是为政府服务的,古代中国与其他类型的文明接触甚少,从而使其不能获得足以取代作为自然法基础的超验宗教的多元文化经验。另外,古代中国宗教发展还有一个结果便是缺乏可以对政府权力加以有效制约的学说。

总之,如果人们把古代中国的文明(即上述改革时期政治、社会和宗教的若干特点)对中国法律的影响,同现代西方的经验加以比较就可以发现这样一种事实:一方面,中国人称为法的这种法律在社会生活中有了值得注目的广泛运用;另一方面,没有出现类似于现代西方所确立的那种与众不同的法律秩序的东西。

尽管古代中国于公元前7世纪末就开始出现了成文法典,公元前3世纪秦统一之前，政府已通过成文法管理着社会生活的很多方面，但是，与西方模式相比，在西方式政府形成过程中发挥了重要作用的法律制约观念对于古代中国几乎没有起到什么作用。在古代中国，行政命令和法律规则之间并无明确界限；没有摆脱统治者而相应独立的法律职业群体；没有置身于伦理（“礼”）和政策之外的特殊的法律推理模式。就法的自治性的四个方面的特点而言，即实证的及体制的、方法的、职业的自治，中国古代的法并不意味着自治。这是因为：

（1）法是公共的。古代中国“改革时期”的新的法律单独由政府制定。官僚法的出现是社会规则由“既定的”（习惯）到制定法转变的重要标志，是法律发展史上的第一次革命。而第二次革命则是由规范秩序变为相对正规的规则的转变，其结果是法的地位至高无上。古代中国却没有出现这样的第二次革命。

（2）法是普遍的。而在古代中国，这种普遍性却是用于确保统治者对大众的控制，约束自己的代理人，而没有形成一种普遍的“法治”观念。

（3）法是自治的。古代中国“改革时期”的官僚法却缺乏这种自治性。专门的法院在那时尚不存在，缺乏对诉诸法律推理方法、法律部门的竞争，也没有区别于公共管理活动的政策制定者和治国专家的职业法学家，而这一切在西方人关于法律的思考中却占有很大比重。

昂格尔认为，尽管中国的改革阶段和现代文明的法律史进程有一些相似性，但却有着根本不同的发展趋势；一种是趋向于帝国式的官僚国家和其规章性的法律；一种则是趋向于自由主义国家，法律秩序与政府的行政机构并肩产生。又由于古代中国没有发展出一种超验的宗教和神法体系，因而就更谈不上法律秩序得以产生的其他条件了。

接着，昂格尔还运用比较法的研究方法，进一步论述了古代印度、伊斯兰国家的法律秩序发展状况，同样得出结论：“这三种文明形态（古代印度、伊斯兰国家和犹太教）都缺乏一种法律秩序得以产生的某些必不可少的条件”①。

（四）对昂格尔论述的简要评析

通过对昂格尔批判法学法律秩序理论的研究和分析，我们可以看出其关于法律秩序的形成和中国法律发展过程的特点的研究，的确有许多发人深思的地方，具有一定的借鉴意义。首先，作为对传统西方法学采取全盘否定的激进态度的批判法学，极为难得地承认法是统治阶级意志的产物。昂格尔说：“谁的意志可以取代自然法而成为社会秩序的渊源呢？由于危机与日益扩大的等级分裂有密切的关系，这种渊源就只能是统治者的意志或控制政府机构的特定统治集团的意志。”②在西方，特别是在美国，传统的法学理论的基本观点总是认为法律反映了全社会的意志，是社会冲突的预防者和

① ［美］昂格尔：《现代社会中的法律》，109 页。

② 同上书，124 页。

调解人。而以昂格尔为代表的批判法学则坚持认为法根本就不是全社会意志的反应，而是统治集团特殊意志的反应，也不是社会冲突的预防者和调解人，而是实现非正义统治的工具。作为当代资产阶级法学主要流派的代表人之一，昂格尔提出这样的观点实在是难得的。

其次，他看到了法是社会内在矛盾的产物。他认为"多元利益集团"的相互斗争又相互妥协导致法律秩序的形成，因此他在一定程度上看到了法秩序产生的一般规律。但令人遗憾的是，他的这一观点仍和法秩序的形成的真正规律相去甚远。依照马克思主义的观点，法与法律秩序的确是社会矛盾的产物，但更是社会阶级矛盾不可调和的产物。正是由于社会阶级矛盾的不可调和，统治者才需要用法的强制性工具（诸如国家、官吏、警察、军队）来实现对社会其他阶级的制约，以达到建立、维护、巩固有利于自己的法律秩序，实现本阶级的根本利益的目的。

再次，昂格尔对古代中国法律发展过程的分析确有其独到之处。从其理论中可以看出，他对古代中国的历史及当时的社会结构状况是有相当程度的了解的。在古代中国春秋时期，我国的确出现了学术思想上"百花齐放，百家争鸣"的黄金时代，法家的法治观念也曾被当时的一些统治者（如秦始皇）所采纳，一批法家代表人物也纷纷成为某些诸侯王国统治者的座上宾，法家的法治思想盛极一时。但在当时以至此后几千年的中国历史发展过程中，始终未形成一种专门的法律职业群体，法家所倡导的"法治"思想也始终没有摆脱其原初的人治性质，中国仍是沿着两千多年的封建专制道路发展下去的。其中缘由不全像昂格尔分析的那样，但他所提出的见解是值得当今人们去深入研究的。

在肯定昂格尔法秩序思想积极方面的同时，也要剖析其中的根本不足之处，这主要表现在他对古代中国历史的描述和分析手法并不完全正确。昂格尔把古代中国的"礼"看作是自发的秩序，认为"礼"既不是实证的又不是公正的，甚至算不上规则，这是不准确的。从中国古典文献和考古学的研究表明，在许多场合"礼"恰恰是正式的明文规范。昂格尔在评价古代中国的法观念时，忽视了天命观、大同的理想以及中国宗教（主要是道家学说）所内含的近似于西方古典自然法学派的契约观念和自然法思想的事实。①

纵观昂格尔对法律秩序的论述，我们还可以发现其学术观点所隐含的那种难免带有偏见的"西方中心论"和东方"法治虚无论"观点。就拿中国来说，几千年的文明史表明，中国不仅具有丰富灿烂的文学、艺术成果，其法律文化思想也是丰富的。在长期的社会进化过程中，"王子犯法与庶民同罪"的正义呼声也一直是社会众多人的价值观念之一。在无数的历代封建官僚中也不乏刚正不阿、执法公正、大义灭亲的"青天"。尽

---

① 参见季卫东：《现代法治国的条件》（代译序），载《现代社会中的法律》，1—4页，北京，中国政法大学出版社，1994。

管如此，还必须承认，昂格尔关于中国法治状况发展的论述，仍是耐人寻味、发人深思的。

三、法律秩序形成问题的科学解释

纵观以上所述的彼得·斯坦、约翰·香德、博登海默等人和昂格尔批判法学的法律秩序观，可以发现前者主要是从人类对秩序的天然需要的目的论出发来探讨法律秩序的形成原因的，后者（昂格尔）则是从社会结构深层次的矛盾运动规律中来寻求法律秩序的终极渊源，但两者在研究法律秩序形成时都有唯心主义史观的根本缺陷。这一缺陷就决定了他们尽管都提出了许多有价值的可供人参考借鉴的理论观点，但却不能揭示出法律秩序形成的真正社会历史根源。

在马克思主义看来，法是阶级矛盾不可调和的产物，法秩序的产生与国家有着密切的联系。恩格斯说："国家是承认：这个社会陷入了不可解决的自我矛盾，分裂为不可调和的对立面而又无力摆脱这些对立面。而为了使这些对立面，这些经济利益互相冲突的阶级，不致在无谓的斗争中把自己的社会消灭，就需要有一种表面上凌驾于社会之上的力量，这种力量应当缓和冲突，把冲突保持在'秩序'的范围以内。"[①]这是国家产生的一般规律，也是法律秩序形成的一般规律。综合法学只看到任何一个社会都必须建立起某种秩序，都需要有某种强制力，但却看不到这一秩序（尤其是法律秩序）产生的社会经济根源。批判法学虽然看到法作为统治者意志的体现，是社会冲突的多元利益集团相互斗争又相互妥协的结果，但它却把这种"妥协"视为一种简单的调和，似乎法律秩序的产生就是基于各利益集团势均力敌的情况，为了各自利益的需要，握手言和的结果。昂格尔之所以持这种观点，在于其学术研究中价值观念的根本局限性，因此，他不能看到在法律秩序形成过程中，在历次社会形态变化的情况下，社会阶级矛盾冲突的尖锐性；不能看到法及法律秩序本质上就是阶级社会当中，一个阶级实现对另一个阶级的规范性强制的工具。这是其一。

另一方面，昂格尔在结合社会形态来探讨法律秩序产生之根源时，犯了另一个根本性的错误，这就是他一方面割裂法律与法律秩序的内在联系，设计出一个异于法律秩序（法律制度）的另　种类型的法律　　官僚法或管理的法。而在另一方面，他又不加区别地把法律制度等同于法律秩序。殊不知，法律与法律秩序必然紧密联系在一起，决不存在一个没有法律的法律秩序，而且，法律及法律秩序的存在与发展，必然与阶级社会紧密相连。任何一个阶级社会必然伴随着一定的法律秩序。所不同的是，与不同的社会形态相适应，依次有着不同类型的法律秩序。如奴隶社会在其一定的稳定时期必然会出现奴隶社会的法律秩序；封建社会有封建社会的法律秩序。不能想象，

① 《马克思恩格斯选集》，2版，第4卷，170页，北京，人民出版社，1995。

在封建社会发展的漫长历史过程中多次出现的“太平盛世”不是其法律秩序的结果。像昂格尔那样，把古代中国奴隶制社会（西周）和封建中央集权社会（秦）混为一谈，否认那个时期事实上存在的奴隶制法律秩序，以及秦王朝高度集中的封建制法律秩序是法律秩序中的一个形态，毫无疑问是片面的。很显然，昂格尔（甚至包括许多资产阶级法学家）所指的法律秩序或法律制度，仅仅是指当代的资本主义国家的法治，在他们那里，甚至社会主义国家的法律秩序或法律制度都不在“法治”之列了。这足见其学说的深刻的资产阶级意识形态的局限性。

关于法律秩序的阶级本质，马克思曾作过十分精彩而又精辟的论述。马克思在其著名的《法兰西内战》一文中，针对拿破仑一世的侄儿，这个被马克思称之为“法国政坛上微不足道的政客”，正是以“奠定秩序为名”完成了他推翻资产阶级共和派，在法兰西恢复帝制的“大业”的事实。马克思深刻地指出：“一切阶级和党派都团结成一个**维护秩序的党**来反对无产阶级……它们选择了旧社会的格言‘**财产、家庭、宗教、秩序**’作为自己的军队的口令……从这时起，许多曾经团结在这个旗号下反对过六月起义者的政党中的任何政党只要企图为自己的阶级利益而守住革命战场，它就要被‘财产、家庭、宗教、秩序’这一口号所战胜……最后，连那些‘宗教和秩序’的最高祭司自己也被踢出他们的皮蒂娅的座椅，半夜里被拖下床，关进囚车，投入监狱或流放……一群群酩酊大醉的兵士对那些站在自己阳台上的资产者即秩序的狂信者开枪射击，亵渎他们的家庭圣地，炮击他们的房屋以取乐，这一切都是为了财产、家庭、宗教和秩序。”[①]马克思在这里不仅无情地嘲弄了法国大资产阶级对“秩序”的亵渎，同时也深刻地说明，不同的阶级有着绝然不同的秩序价值观。

的确，法律秩序作为社会秩序的一种特殊形式，它之所以产生并随着人类社会不断发展而发展，无疑是基于人类社会存在的发展的特定需要的。与马克思主义的观点相比，一切唯心主义法学家（包括资产阶级法学的各个流派）几乎都一致地把这种需要解释为人的某种本能和抽象的纯粹的人性。而唯物主义法学史观则是从社会物质生活条件发展到一定程度，必然带来巨大的社会变革，并由此在客观上形成了法及法律秩序产生的条件这一深层次的关系中去寻找理由。正如马克思所指出的：法律应该是社会共同的、由一定物质生活方式所产生的利益和需要的表现，而不是单个的个人恣意横行。[②] 因此，法秩序尽管应合了人类的某种需要，但这种需要决不是什么纯粹的人的理性，更不是任何个人的随心所欲，而是由统治阶级物质生活条件决定的。如果说法的产生和发展没有特定社会内在的经济因素的制约，而单纯是人的本能或理性的需要，这种推论成立的话，那么决定人类是否具有理性和某种“本能”的需要的依据又在哪里呢？毫无疑问，如此下去，必然会陷入一种自相矛盾的怪圈之中。可见客观经济

---

① 《马克思恩格斯选集》，2版，第1卷，593—594页，北京，人民出版社，1995。

② 参见《马克思恩格斯全集》，第6卷，292页，北京，人民出版社，1961。

规律和社会物质生活方式这一根本问题,是研究法律秩序产生和发展所不能忽视和回避的。

第三节 法律秩序的运作与模式

一、结构功能主义的法律社会控制论

(一)结构功能主义法学社会控制论关于法律秩序运作和实现的论述

结构功能主义是现代西方哲学或社会学的一个重要理论流派。它的研究对象是整个社会,重点是构成社会的各要素之间的关系。其基本观点是:稳定的社会秩序的建立,有赖于发现其要求(功能)的诸手段(结构)。正如帕森斯所说:“社会体系既成状态,就是两个或两个以上单独行为者的补充性的相互作用过程,在这过程中,双方的每一方对于另一方(他或他的)的一些期待表现出自己的顺应性。”①也就是说,社会秩序就是靠这种人们之间的相互“期待”行为的“顺应性”来实现。

在当代西方,有一门借助于行为科学的理论和方法来研究法律现象的科学,人们称之为行为法学。该学派把结构功能主义引入到其学说领域,目的在于运用结构功能主义学术观念,找到一种发挥法律的“社会控制”作用的最佳模式,帮助国家制定适宜的法律政策,以期造成一种理想化的法律秩序并维护社会的稳定状态。这种模式基本上有两类,即所谓的“法律的社会控制模型”和“法律纠纷模型”。

“法律的社会控制模型”正是以个人间的“相互期待行为”说明法律的社会控制作用。换言之,法律社会控制的效果如何,取决于这些行为的“顺应”程度。

具体地,就是首先假定“1”表示社会平衡状态或法律秩序的正常状态;又假定,“K_1”表示社会经济要素(经济领域的法律行为的顺应性)在平衡状态中所占的比例,“K_2”表示社会政治要素(政治领域的法律行为的顺应性)在平衡状态中所占的比例,“K_3”表示社会道德要素(道德领域的法律行为的顺应性)在平衡状态中所占的比例。顺序下去,结合考虑各社会中的各种要素,那么,其公式便是:

$$1 = K_1 + K_2 + K_3 + K_4 + \cdots + K_n$$

即

$$1 = \sum_{i=1}^{n} K_i$$

在此基础上,则又可以建立起“法律纠纷模式”,即:解决 $\sum_{i=1}^{n} K_i \neq 1$ 的模式。

也就是说,当某项社会要素发生功能不足时,社会就将陷入不平衡,就要造成法律秩序的紊乱。此时,就需要向这个有关社会要素中注入“必要功能”C_i,以期恢复社会

① 帕森斯、E.希尔思:《行为概念研究》,40页,剑桥,英文版,1951。

状态的重新平衡，使法律秩序复归正常。从而达到：

$$\sum_{i=1}^{n}(K_i+C_i)=1$$

当 $C_i=0$ 时，表示 K_t 不注入“必要功能”；

当 $C_i<1$ 时，表示 K_t 要注入“必要功能”。

依据这一数理的逻辑原理，行为主义法学认为，“法律的社会控制模型”用以描述如何发挥法律的社会控制的作用；“法律纠纷模型”用以描述如何保证法律能够发挥其社会控制的作用。只要建立起这两类法律模型，就足可以形成严格的法律秩序，实现整个社会的稳定。

(二)对结构功能主义法律社会控制论关于法律运行和实现观点的简要评析

行为主义法学的法律模型论运用结构功能主义的数理逻辑原则，似乎很直观地告示人们，一个社会能否维持稳定，关键在于诸项社会要素发挥均衡的功能。仅就这一点来说，其理论模式在一定程度上揭示了法律秩序发挥作用的重要条件就是它有与社会其他因素和控制手段相互协调、相辅相成的功能，看到了法律秩序发挥作用的综合条件。但是，其理论上的弊病也是很多的。①它对于社会复杂的法律现象的结构和功能的分析，仅仅限于量(大小、多少、程度)的关系和单纯函数式的处理，而忽视了社会各现象和其各结构之间内在的质的因果联系，因而这种做法也是一种理论上的形而上学。②它以价值虚无主义的超社会观和法律观自居，把社会各阶级本质上对立的各种现象和思想都简单地翻译成可经验的符号。很明显，这是抹杀了事物之间质的规定性和差异性，而只承认存在着量上的不同。③这种模式认为社会法律秩序的稳定，只要由国家或执政党借助法律及政策的手段，向社会机体注入特异的“必要功能(C_i)”就可以达到，而无须采取什么其他的激进的变革(革命)措施。这是典型平衡论和资产阶级改良主义。显而易见，行为法学结构功能主义的法律秩序模式论，归根到底是为了维护现存的资本主义制度，是为资本主义社会的永久安定和发展而开出的一剂药方。

二、法律影响社会行为的新探索——罗·塞德曼的法律秩序模型和哈耶克的秩序自由论

罗·塞德曼(Robert B. Seidman)和弗里德里希·哈耶克(Hayek)也是美国当今著名的法学家。其中塞德曼教授曾在20世纪80年代末来我国北京大学讲学，并于1991年应中华人民共和国国务院法制局的邀请，来华参加了《立法支持经济改革》的项目设计和有关文件起草工作，并对中国改革时期的立法工作，尤其是如何使法制建设早日步入现代化轨道，提出过不少宝贵而中肯的建议。

(一)罗·塞德曼的法律秩序运作和实现的模型论

塞德曼在《法律秩序与社会改革》一书中曾描述这样一种认识：形成一个一般模型

来表示国家和法律如何影响社会行为。

他认为,巴斯对人的法律行为的解释是:人们按照其所处环境的资源和约束来选择在法律规定面前如何行动。法律秩序中包含的指令和机会,对它的作用对象而言就像他的周围环境中的其他因素一样,或者是某种人们能利用的因素,或者是某种人们必须服从的因素,但永远是人们必须在某种程度上给予考虑的因素。古典分析实证主义J. 奥斯丁等人描述了法律秩序结构的一种理想模型:立法者订出规范,或者命令其规范的对象予以服从,或者给他们提供机会;同时,立法者给相应的机构(政府、法院、警察等)规定有关的实施命令(如图1所示)。

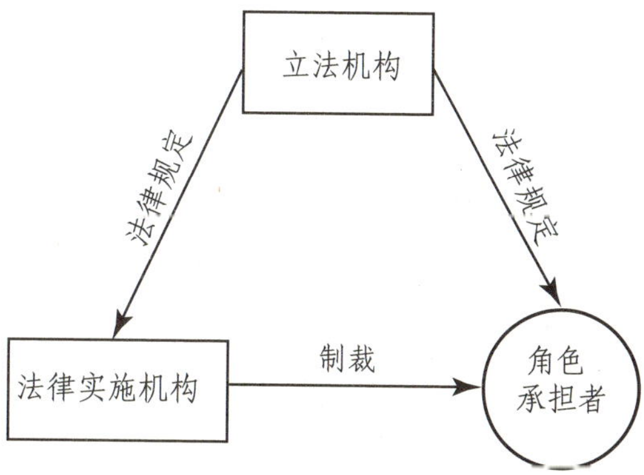

(图1)

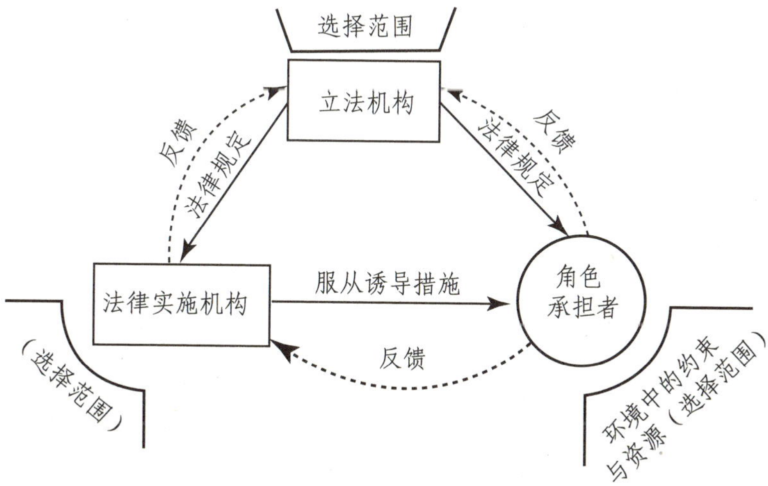

(图2)

将巴斯模型对行为的考查与分析实证主义的正式结构相结合,便可得出一个新的模型(如图2所示)。在这个模型当中,当主体决定在法律规定面前如何行为时,角色承担者考虑了其选择范围内的所有约束和资源。这些约束和资源包括法律本身的结构以及实施机构制裁行为的潜力。

巴斯—塞德曼模型(见图2)既吸收了针对一般人的指令,也吸收了对官员们的指令。对官员们的指令也像对一般人的规范一样,旨在诱导与实施立法目的和相应的行为。根据这一模型可以得出,法律秩序构成了社会分系统,它有其自身的活力,但深深植根于周围的社会环境之中。

在此基础上,塞德曼进一步设计出法律秩序的运作(The Mobilization of Law)的机制。这一机制包括:法律运作的结构,法律信息(Legal Intelligence),判例的建立(Access to Cases),法律之效力(The Availability of Law),自由裁量组织,道德的多元性(Moral Diversity),差别待遇(Discrimination),道德变化(Moral Change),计划的变化(Planned Change),法律的进化(Legal Evolution)。

塞德曼依据其法律运作机制系统,提出这样几个命题:

(1)法律体系越民主,它就越能使大众现有的道德长存。民主的法律使道德的多样性与公民之间道德的相似性同样长存。

(2)法律体系越民主,公民就越能使社会分层体系长存。在民主的法律秩序之下,由公民实践着的差别待遇就会由政府官员实践得更多,因而,它们就更难被发觉和消除。

(3)法律体系越民主,法律就越能反映公民的道德和其他的社会变化。民主的法律能更多地容纳由历史变迁带来的社会变化,而不是计划好的变化。

塞德曼关于法律秩序的思想还不止这些,只是由于篇幅之限,笔者仅就其有关法律秩序实现的理论略作介绍。通过研究和分析,塞德曼等人有关法律之于人的行为的影响方式,法律秩序运作的机制和模型的推理,对我们今天建设完善的社会主义市场经济法律秩序不无积极的参考价值。

(二)哈耶克的自由秩序论

针对法律如何影响人的行为而导致一种可期望的法律秩序,西方还有不少学者作过具体的论述。其中 F. A. 哈耶克有关市场秩序的自发性和市场对法治的依赖性的理论对于我们充分认识“市场经济就是法治经济”有着极大的启发意义。哈耶克是这样说的:“人们的社会行为的秩序性呈现在下列事实之中:一个人之所以能够完成他在他的计划中所要完成的事,主要是因为他在行动的每一阶段能够预期与他处在同一社会的其他人士在他们做他们所要做的事情的过程,对他提供他所需的各项服务。我们从这件事中可以很容易地看出社会中有一个恒常的秩序。如果这个秩序不存在的话,日常生活中的基本需求便不能得到满足。这个秩序不是由服从命令产生的。因为社会成员在此秩序中只是根据自己的意愿,就所处的环境调适自己的行为。基本上,社会秩序是由个人的行为需要依靠与自己相关的其他人的行为便能够产生预期的结果而形成的。换句话说,每个人都能运用自己的知识,在普遍和无具体目的的社会规则之内，做自己要做的事，这样每个人都可深具信心地知道自己的行为将获得别人提供的必要的服务；社会秩序就这样产生了。这种秩序可以称之为：自动自发的秩序，因为它绝不是中枢意志的指导或命令所能建立的。这种秩序的兴起，来自多种因素的相互适应、相互配合，以及它们对涉及其事务的即时反应，这不是任何一个人或一组人可以掌握的繁杂现象，这种自动自发的秩序，便是‘多元中心的秩序’，是当人们在只服从公平与适用于社会所有成员的法律的情况下，根据自己自发的意图彼此交互作用而产生的秩序。因此，我们可以说每个人在做自己要做的事情时，彼此产生了协调，这种自发式的协调所产生的秩序，足以证明自由有利于公众。这种个人的行为，可以称之为自由的行为，因为它不是上司或公共权威所决定的。个人所服从的，是法治之下的法律，而这些法律应当是无私地普遍地具有效力的。”①

（三）对塞德曼和哈耶克论述的简要评析

现代西方法学中的许多学者越来越注重从法律技术角度来研究法律如何实现、法律秩序如何运作的具体问题。这是社会发展对法律技术化、缜密化的客观需要，也是现代科学技术（尤其是信息科学、系统论等）被运用到法学研究领域中的结果。塞德曼的法律秩序模型的设计就是这一尝试的典型。应该承认，从具体的法律技术角度来研究具体的立法、法律实施，以及法律效果的预测和反馈，是法学研究方法在技术方面的一大进步。在一个国家或政府解决了宏观上的、抽象的法律总目标，明确了其法律制度的价值取向这一基本问题的前提下，接下来的就是具体研究并拿出一个让该法律制度切实有效运作，并达到能形成一个高效且稳定的法律秩序的方案。在这方面，很长一段时期我们做得的确很不够，前苏联、东欧社会主义国家在这方面也存在着同样的不足。因此，借鉴和吸收当代西方法学家在这方面的现有成果和先进的法学技术方法，对于我们实现社会主义市场经济法治的现代化是有着积极意义的。从这种意义上讲，塞德曼等人的论述对我们不无积极的启发价值。

如果从基本的价值倾向上去分类的话，哈耶克可以被归类为保守的自由主义者，因为他详细阐述并建立起的市场经济理论所依据的是其首尾一贯的自由主义哲学。在他看来，“人的生命与人的自由内在地是宝贵的”②。因为自由是宝贵的，个人自由是人生的终极目标③，而政府或政治组织又有可能通过其强制性的约束力威胁个人自由，所以，哈耶克又认为，为了避免这一现象的发生，政府的强制权力必须根据规则来运用。鉴于哈耶克建议把强制权力置于规则之下，有人便称其是一个软弱国家的拥护者。在西方还有不少学者持此观点。比如说当代著名的法律经济学家詹姆士·布坎南、戴维·弗里德曼等就倡导理想的政府即有序的无政府状态（anarchy）④，只有在这

① F. A. 哈耶克：《自由的宪章》，159—160页，芝加哥大学出版社，英文版，1960。

② ［美］霍伊：《自由主义政治哲学》，39页，上海，生活·读书·新知三联书店，中译本，1987。

③ 参见《契约自由及其法律制度基础》，载《法学》，1992（11）。

④ 参见《契约自由及其法律制度基础》，载《法学》，1992（11）。

种政府体制下才能保证契约自由或交易的自主性。然而,在当代,即使是在所谓的西方自由国度里,交易主体间的契约行为反倒因国家干涉的不断渗透变得越来越不“自由”了。主体利益的最大化原则必须做到和全社会或国家共同的“公共福利”相协调,这样才会被视为合理。可见,哈耶克的秩序条件下的个人充分自由的呼吁,一方面反映了秩序的有效运转必须以充分发挥社会主体的自主性为前提的基本规律,另一方面也从侧面揭示了西方发达资本主义在高度垄断条件下深藏在其社会之中的固有的矛盾和冲突仍然存在的客观事实。

当代西方法律秩序学说的种种理论是近几十年,尤其是第二次世界大战以后西方发达资本主义社会法律秩序现实的产物。它反映了当今西方发达社会现实法律秩序既存在一定程度的和谐与稳定,又存在着无法克服的内在矛盾和冲突,表明西方社会繁荣之中隐含着腐朽、稳定之中存在着危机的社会状况特点。正是为了找到解决其内在矛盾的妙计良策,众多西方法学家、社会学家、经济学家们纷纷注重对法律秩序的研究,并站在各自的立场上,从不同的角度,针对法律秩序问题的不同方面提出自己的见解。应该承认,这些学说在西方资本主义国家的政府制定政策、颁布法律方面,以及对西方社会的稳定和发展方面,的确起到过不少的积极作用。也正因为如此,他们中的许多人不仅是西方社会久负盛名的专家学者,有的还是政府长期倚重的高级智囊,有的甚至还被戴上很高的学术桂冠,而享誉世界。

法律秩序学说之所以越来越引起诸多学者的关注,原因在于法律秩序在整个法律价值体系之中,与安全、公平、正义、自由等均是法律的基本价值之一,而对于立法者来说秩序又是一切法律的最终价值目标。制订实施法律的最终目的是为了实现秩序。所谓安全、公平、正义、自由唯有在社会处于有序状态下,才得以体现。追求安全与自由是人的本性,自由若不被加以必要的引导和限制,就会被个人或团体肆无忌惮地滥用,势必造成冲突,导致社会无序、混乱,个人安全和自由则无法实现。在一个“弱肉强食”的暴力冲突状态下,是谈不上什么正义、公平的。只有在秩序的状态下才能使人们对自由的追求有序化。只有在秩序的保障机制下,才会有安全;只有对不正义行为进行有效强制,正义才不会遭到践踏,社会才会安宁,才谈得上发展和进步。